Jens Rosteck

Die Sphinx verstummt

Jens Rosteck

Die Sphinx verstummt

Oscar Wilde in Paris

Propyläen

Inhalt

❦

ANHANG

Sie fanden sie, den Schädel halb zerschlagen,
in starrer Hand das heiße Rohr von Stahl.
Die Menge gaffte. – Bis der Rettungswagen
sie brachte in das gelbe Stadtspital.

Nur einmal hat das Aug sie aufgeschlagen …
Kein Brief, kein Name, nur ein Kleid, ein Schal;
dann kam der Arzt mit seinen leisem Fragen
und dann der Priester. – Sie blieb stumm und fahl.

Doch spät bei Nacht, da wollt sie etwas sagen,
gestehn … Doch niemand hörte sie im Saal.
Ein Röcheln. – Dann ward sie herausgetragen,
sie und ihr Schmerz. –
                                    Und draußen steht kein Mal.

RAINER MARIA RILKE: *Sphinx* (1895)

Stadtstreicher

> Ich habe geschrieben, als ich das Leben noch nicht kannte.
> Jetzt, wo ich den Sinn des Lebens kenne,
> bleibt mir nichts mehr zu schreiben.

Paris am Abend, vor genau hundert Jahren: Die Lichterstadt zu Füßen des Eiffelturms quillt über von neugierigen Besuchern. Mitten im Sommer sind sie aus den Vororten, der Provinz und dem Ausland angereist, um eine sensationelle Weltausstellung am Trocadéro zu erleben, die zweite nach 1889. Noch größer, noch bunter, noch aufsehenerregender präsentieren sich diesmal die internationalen Pavillons, mit denen man das Marsfeld und die beiden Seineufer im Zentrum von Chaillot und Invalidendom in eine künstliche Flaniermeile verwandelt hat.

Kleine, aus Pappmaché und Holzfassaden gebastelte Schaubuden, Losverkäufer, Akrobaten und Bettler buhlen um die Gunst des rasch weiterziehenden Publikums oder hoffen auf ein Almosen. Drehorgelmänner lassen die vertrauten Chansons von Aristide Bruant ertönen und locken Unentschiedene in die Abendvorstellungen der Kabaretts auf der Butte Montmartre. Auf das siebte und sechzehnte Arrondissement richten sich in diesen heißen Julitagen die Augen der Welt.

Paris versinkt förmlich unter Staubwolken, aufgewirbelt von Tausenden verwöhnter Gäste der Exposition Universelle 1900. Vom Jardin du Luxembourg und aus den großen Prachthotels an den Tuilerien ziehen sie in Strömen Richtung Westen. Eine Etage tiefer, unter der Erde, werden zur gleichen Zeit die letzten Vorbereitungen für die Fertigstellung der ersten Métro-Linie getroffen. Die Vorfreude auf die Inbetriebnahme der Untergrundbahn ist groß. Zwischen Markthallen, Bastille und Louvre rumort es kräftig. Pferdekutschen, elegante Damen und gepflegte Herren, Ladenmädchen, Laufburschen und Kinderfräulein paradieren um die Wette. Geschwindigkeitsrausch, Technikbegeisterung, Volksfestlaune: Alle sind in Bewegung, das Sprachengemisch auf den

Trottoirs wird mit so manch exotischem Zungenschlag angereichert. Im Fin de Siècle-Paris herrscht Aufbruchstimmung.

Für die Comtesse Anna de Brémont ist das allgegenwärtige Gewimmel aus Schaulustigen, Droschken, Trambahnen, plärrenden Kindern und hektischen Passanten ein vertrauter Anblick, und auch die Begegnung mit schrägen Gestalten, hartnäckigen Hungerleidern oder vorlautem Gesindel aus der Banlieue vermag sie nicht aus der Fassung zu bringen. Doch jetzt, als sie sich mit Freunden im Spanischen Café von den Strapazen des Getümmels erholen will und im Begriff ist, sich eine wohlverdiente Erfrischung zu genehmigen, kann ihr Fächer gar nicht groß genug sein, um sich dahinter vor dem unförmigen, schwankenden Mann zu verbergen, der geradewegs auf sie zusteuert. Kein Zweifel: Er hat sie im Visier und niemand anderen. Unschlüssig bleibt er wenige Meter vor ihrem Tisch stehen und setzt zum Sprechen an. Augenblicklich verstummt die angeregte Unterhaltung ihrer Freunde. Anna stockt der Atem. Sie hofft inständig, der Riese in seinen schäbigen, abgetragenen Kleidern möge sich eines Besseren besinnen und von ihr ablassen.

An den Nebentischen beginnen englische Touristen, die fürs Wochenende den Kanal überquert haben, bereits vernehmlich zu tuscheln. Eine Absinthfahne geht von dem vor ihr Stehenden aus; die Sekunden dehnen sich zu kleinen Ewigkeiten. Ein einziger Satz aus dem Munde des Sohnes ihrer Freundin Lady Jane Francesca Speranza, und die Peinlichkeit ihrer Lage würde ins Unermeßliche gesteigert. Ein gegenseitiges Wiedererkennen ließe sich nicht länger hinauszögern. Überdeutlich nimmt sie das Tellergeklapper der Kellner und das rhythmische Klacken der Kastagnetten einer spanischen Tanzgruppe hinter ihr wahr. Die Hitze wird unerträglich, die Stille erdrückend. Kaum ein Luftzug lindert die Not der Befangenen, jede Ablenkung wäre ihr willkommen, die quälende Pause zu überbrücken. Sie fühlt sich zum Ausharren verurteilt. Lediglich die unmerklichen Bewegungen ihres Fächers trennen Anna de Brémont von den Blicken ihres Gegenübers – ein schwacher, lächerlicher Schutz.

Schließlich hat der Clochard, dessen Gesichtsmaske aus Puder und Schminke nur unvollkommen einen unansehnlichen Hautausschlag überdeckt, ein Einsehen mit ihrer Pein. Er macht auf dem Absatz kehrt und wankt mit wiegendem Gang davon. Noch ein paarmal dreht er sich um und entblößt beim Grinsen eine lückenhafte Zahnreihe. Ob spöttisch, traurig, mitleidig oder enttäuscht – die Comtesse ist nicht in der Lage, sein Mienenspiel zu deuten. Dann endlich wird seine Erscheinung von der Masse der anonymen Pflastertreter verschluckt, ist nur noch eine böse Erinnerung, ein Schemen.

Anna de Brémont läßt ihren Fächer sinken und ist sichtlich erleichtert. Nur ihre Begleiter hat sie maßlos enttäuscht: Zu gerne hätten sie aus nächster Nähe in Erfahrung gebracht, was an den Gerüchten um den gescheiterten Oscar Wilde wirklich dran sei. In der darauffolgenden Nacht findet die Comtesse keinen Schlaf. Sie verläßt ihr Zimmer schon im Morgengrauen, Gewissensbisse und Reue plagen sie. Sie will mit sich ins Reine kommen. Ziellos überquert sie die großen Boulevards, irrt an Nachtschwärmern vorbei, die sich in den Gärten um das Grand Palais herumdrücken, und gerät schließlich, nachdem sie die Place de la Concorde hinter sich gelassen hat, an eine der unzähligen Seinebrücken. Die Sonne geht über dem Panthéon auf, als sie kurzentschlossen ein Billett für eines der ersten Ausflugsschiffe, die Bateaux-Mouches, löst, um einen Abstecher über die Seine nach Saint-Cloud zu unternehmen.

Unversehens findet sie sich unter einer Handvoll von Frühaufstehern auf dem Oberdeck wieder und atmet die frische Morgenluft ein, während Passy und Beaugrenelle an ihr vorbeiziehen und das Boot Kurs auf den Pariser Südwesten nimmt. Langsam verflüchtigen sich Scham und Zorn über ihr gestriges Verhalten, und sie zwingt sich zur Ruhe. Als sie in ihrem Rücken die vertraute Stimme vernimmt, deren Klang sie am Vortag noch so gefürchtet hat, ist ihr, als hätte sie dieses Treffen erwartet, als hätten sie sich verabredet. Fast ist sie sogar dankbar für die Wiederbegegnung, denn diesmal handelt es sich um ein verschwiegenes, von der Öffentlichkeit unbemerktes *tête-à-tête*.

Freundlich erwidert Anna de Brémont Wildes Morgengruß und erkennt, daß sie »nicht der einzige rastlose Geist in diesem großen Paris ist«, der zu dieser Stunde schon auf den Beinen ist. Wildes angenehme Stimme, sein unverkennbarer, geistreicher Plauderton stehen in denkbarem Kontrast zu seinem ungepflegten, vernachlässigten Äußeren. Man möchte meinen, sie befänden sich auf einem vornehmen Empfang mitten im Londoner Westend oder in einer Belétage auf dem Boulevard des Italiens. Ein Dialog entspinnt sich, als wäre nichts vorgefallen. Während er philosophiert, ringt die Comtesse mit ihren Gefühlen. Vom überreich gefüllten Kelch des Lebens spricht ihr der Verstoßene, den man ihm an die Lippen geführt und den er bis zur Neige geleert habe. Vom Bitteren und vom Süßen habe er gekostet, und immer sei ihm das eine als notwendige Ergänzung, als komplementärer Sinnenreiz des anderen erschienen. Anna de Brémont stellt die Frage, die jeder Kenner des großen Dichters an ihn gerichtet hätte und die er in den letzten Wochen und Monaten immer aufs neue hat beantworten müssen: »Warum schreiben Sie nicht mehr?«

Immer mehr schämt sie sich dafür, diesen bedeutenden Mann, der da so arglos und ohne jeglichen Vorwurf mit ihr plaudert, vor ihren Freunden verleugnet zu haben. Vielleicht hätte ihm ihr Gruß vor aller Augen, ihr Bekenntnis zu ihm, viel bedeutet, ihn wenigstens für ein paar Stunden aufgeheitert, wieder zu einem Menschen unter Menschen gemacht. »Alles, was es zu schreiben gab, habe ich bereits geschrieben«, hört sie Wilde jetzt sagen, »das ist der Grund.« Er preist die Zeit, da er noch im Gefängnis saß, das Glück, das ihm dort widerfahren sei, da er in seiner Zelle den Grund seiner Seele erkannt und wiedergefunden habe. Anna de Brémont kommen die Tränen. Als sie ein Taschentuch zückt, legt das Ausflugsschiff in Saint-Cloud an.

Kaum hat der Bootsmann das Tau am Ufer festgemacht, ist Wilde schon mit einem Satz an Land gesprungen. Er wendet sich noch einmal kurz zu ihr um. »Ich bin es nicht wert, Comtesse, daß Sie sich an einem so schönen Sommermorgen Kummer bereiten. Vergessen Sie mich und leben Sie wohl! Was mich angeht, so habe ich gelebt. Ich habe alles erlebt, was zu erleben war.« Dann schreitet er rasch davon. Ein paradoxes Gespräch. Anna ist verwirrt: Nicht sie muntert ihn auf, sondern er tröstet sie! Bevor sie eine Entgegnung hervorbringen, eine Entschuldigung stammeln kann, ist Oscar Wilde bereits hinter den Platanen an der Uferpromenade verschwunden. Nun bedauert sie, daß die Unterhaltung schon beendet ist. Geradezu leichtfüßig entgleitet er ihren Blicken. Hat es sich an beiden Tagen überhaupt um denselben Mann gehandelt?

Was ihr am meisten zu schaffen macht, ist die Selbstverständlichkeit, mit der Wilde ihr öffentliches Versagen übergangen hat. Als wäre es nicht der Rede wert. Trotz allem, was ihm angetan worden ist, scheint er ein Gentleman geblieben zu sein. Es sollte das letzte Mal sein, daß Anna de Brémont den Schöpfer des *Dorian Gray* und des *Canterville Ghost*, Englands berühmtesten Theaterdichter, zu Gesicht bekommen hat.

Szenenwechsel: Café de la Régence, an einem Spätnachmittag kurz vor der Jahrhundertwende. Armstrong, ein gutsituierter, noch etwas unerfahrener junger Student aus dem amerikanischen Arkansas, genehmigt sich auf der Restaurantterrasse soeben einen Apéritif. Für das stundenlange Büffeln in den Lesesälen der Sorbonne belohnt er sich mit dem angenehmen Ausblick auf die vorbeischlendernden Pariserinnen, als seine Konzentration vom ältesten aller Anbandelungsversuche, der klassischen Bitte um Feuer, unterbrochen wird. Zu naiv, dahinter einen Flirt zu vermuten, läßt sich Armstrong auf eine Unterhaltung mit seinem Tischnachbarn ein, einem Herrn mittleren Alters in schäbiger, befleckter Kleidung. Armstrong lädt ihn auf ein Glas Weißwein ein, da es dem Unbekannten offensichtlich nicht besonders gut geht. Erst als der ältere, stark gepuderte Fremde neben ihm sich ungefragt ein Glas nach dem anderen einschenkt und ein Schwall von anzüglichen Komplimenten auf Armstrong niedergeht, klären wohlwollende Tischnachbarn den Studenten darüber auf, daß er im Begriff sei, keinem Geringeren als Oscar Wilde bereits den vierten Drink zu spendieren.

Wilde bemerkt, in welche Verlegenheit er den jungen Mann gebracht hat, erkundigt sich beiläufig nach der Uhrzeit und verläßt das Lokal ohne Umschweife. Der eingeschränkte Bewegungsradius aller anglophonen *expatriates* führt die beiden freilich bald wieder zusammen: auf dem Pont de la Tournelle. Die schmale Flußquerung, die das linke Seineufer mit der Île Saint-Louis verbindet und zu beiden Seiten von den Bouquinisten gesäumt wird, liegt heute auf halber Strecke zwischen der Place Saint-Michel, dem Institut du Monde Arabe und dem Universitätsviertel Jussieu. Wilde beobachtet dort eine ganze Weile den Jüngling, der sich als Amateurmaler an einem Aquarell der zu Tode porträtierten Notre Dame versucht. Schließlich blickt er ihm direkt über die Schulter, ergeht sich in einem langen Vortrag über die künstlerische Abbildbarkeit von Wasser und empfiehlt Armstrong, es den Griechen gleichzutun und die Seinewogen skizzenhaft, in nahezu abstrakten, geometrischen Wellenbewegungen zu zeichnen, anstatt an einer »naturgetreuen« Wiedergabe des Flusses zu scheitern. Er doziert, fabuliert, schweift ab. Mitten in einem Referat über die Geschichte Frankreichs, das in einer Schilderung der blutigen Bartholomäusnacht gipfelt, hält Wilde inne und fragt den Jüngling nach dessen amerikanischer Heimat aus. Er selbst hatte ja den riesigen Kontinent Anfang der achtziger Jahre bereist.

Was ihn an Armstrongs Auskünften am meisten beeindruckt, sind die heißen Quellen von Arkansas, an denen er sich gerne niederlassen würde. Wie ein »verwundeter Hirsch«, so Wilde, würde er am liebsten augenblicklich die Flucht nach Arkansas antreten. Der Student ist verwirrt, aber geschmeichelt vom Interesse und den Sehnsüchten eines so berühmten Mannes. Stolz murmelt er: »Keine Ursache«, als sich Wilde von ihm zurückzieht, nicht ohne ihm vorher für seine Gesellschaft und seine Freundlichkeit gedankt zu haben. »Ich bin Ihnen sehr verbunden, daß Sie mir eine Zeitlang Gehör geschenkt haben. Sie müssen wissen, daß ich mich sehr einsam fühle und mir Ihre Offenheit gutgetan hat.«

Als Armstrongs Eltern die Begegnungen ihres Filius mit Oscar Wilde zu Ohren kommen, sind sie allerdings gar nicht erfreut. Sie befehlen ihrem Sprößling, Paris unverzüglich zu verlassen und die Heimreise anzutreten.

Was Armstrong offensichtlich nicht weiß, ist, daß just zu dieser Zeit in den USA nicht nur vehemente Predigten gegen den verworfenen Iren gehalten werden, sondern daß darüber hinaus auch eine Broschüre über Wilde unter dem Ladentisch gehandelt wird, in der die Verfehlungen des Dichters explizit beschrieben und dargestellt sind: ein Kompendium »verbotener« homoerotischer Praktiken und selbstverständlich ein um so begehrterer Lesestoff für noch unschlüssige Heranwachsende jenseits des Atlantiks.

Paris 1900: Blick vom Trocadéro über die Seine in Richtung Marsfeld

Cafés und Brücken: Zwischen diesen beiden Stätten, dem Lebens-
elixier aller kontemplativen Flaneure und der Heimat aller trink-
festen Müßiggänger, pendelte Oscar Wilde wie ein Ausgestoßener.
Nur die lebensklugen Garçons in ihren schwarzweißen Schürzen
und die gelassenen, phlegmatischen Angler, die auch seine Anwesenheit nicht aus der Ruhe bringen konnte, sie blieben ihm
treu. Mit alten Bekannten und Pariser Platzhirschen hatte er es
sich gründlich verscherzt. Wer nur konnte, ging ihm aus dem
Weg – »so gut wie alle Franzosen, die sich für bedeutend hielten, ob
sie nun jung, alt oder mittleren Alters waren«, notierte der Zeuge
Vincent O'Sullivan. Man wechselte rasch die Straßenseite, wenn
Wildes imposante Gestalt aus der Menschenmenge auftauchte.
Andere waren verdutzt, wenn sie, beim Promenieren in Gedanken
versunken, von ihm um ein paar Francs oder eine warme Mahlzeit angegangen wurden.

Wie ein zu allem bereiter Wegelagerer lauerte er hinter den
Straßenecken. Mal ließ er sich von der Operndiva Nellie Melba,
einer alten Londoner Freundin, den gesamten Inhalt ihres Porte-
monnaies zustecken und war auf und davon, ehe sie es sich an-

ders überlegen konnte; mal hockte er in einem anderen Straßen-café und bat etwa André Gide, sich doch für ein paar Minuten ne-ben ihn zu setzen. Doch der Dichterkollege, selbst in ein unüber-windbares moralisches Dilemma verstrickt, auch er setzte sich schließlich nur unter Vorbehalt mit dem Rücken zum Bürger-steig, um nicht in der Gesellschaft dieses Vagabunden gesehen zu werden. Einmal rettete Wilde im Vorübergehen einen vermeint-lichen Selbstmörder, einen Friseur, der vom Pont des Arts in den Tod zu springen ansetzte, oder er sah dabei zu, wie ein Seemann unweit des Pont Neuf eine Frau aus der Seine zog – auch sie hatte ihrem Leben ein Ende machen wollen. Immer aufs neue traf er auf Menschen, die noch verzweifelter waren als er selbst. Zuwei-len stimmte ihn diese Erkenntnis beinahe heiter.

Für sich selbst hatte er nicht den Freitod gewählt, obwohl er in den Augen vieler nahegelegen hätte. Doch für die meisten Pariser von Rang und Namen, die sich vor Jahren noch um seine Gesell-schaft gerissen hatten, war er physisch ohnehin gar nicht mehr vorhanden. Ohne noch auf Konventionen minimaler Höflichkeit Rücksicht zu nehmen, schnitten sie ihn, sahen durch ihn hin-durch. Für sie war er längst gestorben. Wenn sich doch einmal je-mand seiner erbarmte, wie das Ehepaar Rothenstein, das auf der Durchreise in Paris Station machte und Wilde zum Diner einlud, dann verprellte er seine Gastgeber, indem er sich in aller Öffent-lichkeit an den zum Tanz aufspielenden Restaurantmusikanten heranpirschte und ihn mit Zärtlichkeiten bedrängte. Meinte man es gut mit ihm wie die Schauspielerin Ellen Terry, so wurde man beschämt: Sie hatte ihn, vertieft in die Auslagen einer Bäckerei, an-gesprochen und zum Essen ausgeführt. Zunächst wurde sie auch, wie erhofft, mit Bonmots belohnt. Aber am Ende der üppigen Mahlzeit fühlte sie sich ausgenutzt, und ihr wurde schnell klar, daß sie den nahenden Untergang Wildes, dessen unkontrollierte Völlerei ihr Abscheu eingeflößt hatte, nicht umkehren, sondern bestenfalls aufhalten konnte.

Zum Ende des Jahres 1900 hin hatten fern von ihm bereits viele Menschen, die ihm einst etwas bedeuteten, das Zeitliche ge-segnet. Von eigenen Todesahnungen geplagt, verfolgten ihn die Trugbilder der Verstorbenen. Aus der bedrückenden Enge seines winzigen Hotelzimmers trieb es ihn hinaus in die Öffentlichkeit, dorthin, wo er sich zum Gespött der Leute machte, wo »jene Pariser, die [ihm] noch vor zehn Jahren die Erobererstiefel geleckt« hatten, mit dem Finger auf ihn zeigten, dorthin, wo ihm Demütigungen am heftigsten zusetzten. Die Cafés und Brücken von Paris wurden zu seiner letzten Zuflucht.

Um der fortgesetzten öffentlichen Schmach zu entgehen, der sich Oscar Wilde in England nach seiner Entlassung aus dem Gefängnis von Reading ausgesetzt sah, hatte er sich an den einzigen Ort in Europa zurückgezogen, der ihm relative Anonymität, Toleranz bei der Wahl seiner Liebespartner, eine kreative Atmosphäre und eine Konzentration literarischer Avantgardisten zu versprechen schien.

Hier, an der Wirkungsstätte von Zola, Balzac und Baudelaire, hatte er in seinen Glanzzeiten brilliert. Hier, in der »Hauptstadt des neunzehnten Jahrhunderts«, waren in zwei unterschiedlichen Arbeitsphasen zwei seiner Meisterwerke entstanden: das so programmatische wie überdimensionierte Gedicht *The Sphinx,* an dem er jahrelang laborierte, und die *Salome-*Tragödie, von Wilde in einem Zug auf französisch verfaßt. Hierhin hatte er sich vor der zynischen Doppelmoral des viktorianischen England, der er einen Spiegel vorhielt, immer wieder geflüchtet. Hier hatte er gar sein gesamtes Leben zum Kunstwerk erklärt. Paris wurde immer dann zu seinem Fluchtort, wenn ihm in London die Luft zum Atmen ausging, wenn die Engstirnigkeit seiner Landsleute überhandnahm. Paris suchte er dann auf, wenn er eines großartigeren Forums oder internationalen Flairs bedurfte, wenn sich sein Hunger nach Selbstdarstellung auf den Bühnen der Themsestadt nicht mehr stillen ließ. Paris war die einzige Stadt, die weiterhin an Wilde glaubte, als ihn die ganze Welt zur Un-Person erklärt hatte: 1896, noch während er hinter Gittern saß, bot der mutige Regisseur Aurélien Lugné-Poë der Zensur die Stirn und brachte als Hommage an den Verbannten dessen *Salome* im Théâtre de l'Œuvre zur Uraufführung – mit einer der Titelheldin würdigen Leidenschaft und in der französischen Originalversion.

Mit zeitlosen Aphorismen, raffinierten Aperçus und pointengespickten Repliken – oft geflügelte Worte, bis heute zitierfähig geblieben – schrieb Wilde Literaturgeschichte, meldete sich als

Protagonist der Moderne vernehmlich zu Wort. Doch sein von Konventionen befreites *savoir-vivre*, seine ungehemmte Sexualität ließen den gefeierten Autor eleganter Gesellschaftskomödien auf der Bühne des Lebens tragisch enden.

Als unfreiwilliges Opfer eines komplizierten Vater-Sohn-Zwistes, als Probe aufs Exempel einer bigotten, überlebten Rechtsprechung war er seiner vorgeblichen, aber keineswegs nachgewiesenen Homosexualität wegen an den Pranger gestellt worden. Hier nun, in Paris, verbrachte er als Sebastian Melmoth – das Pseudonym des »ewigen Wanderers« borgte er sich von einem berühmten Vorfahren seiner Mutter, dem Reverend Charles Robert Maturin und dessen gleichnamigem Werk – die letzten drei Jahre seines Lebens nahezu anonym und von den einstigen literarischen Weggefährten geschmäht und verleugnet. Sein Niedergang wurde von seinen wenigen verbliebenen Anhängern schnell zur Legende eines Heiligen stilisiert, dessen Lehre von einem Tag auf den anderen nichts mehr galt, dessen Errungenschaften man mit Füßen trat, dessen Namen man in den Dreck zerrte. Diese mythische Stadt, von der Rilke wenig später in seinen *Aufzeichnungen des Malte Laurids Brigge* sagen sollte: »So, also hierher kommen die Leute, um zu leben; ich würde eher meinen, es stürbe sich hier«, war auch Wildes letzte Heimat.

Die Monate zwischen Mai 1897 und den Novembertagen des Jahres 1900, als er in einer armseligen Herberge der Rive Gauche einen qualvollen, langsamen Tod starb, sind von einem stetigen sozialen Abstieg gekennzeichnet: vom Causeur, Partylöwen und umworbenen Redner, dem Vorbild bzw. Zankapfel einer ganzen Generation zum absinthabhängigen Vagabunden, der – wie Verlaine seinem Rimbaud – seinem untreuen jugendlichen Liebhaber »Bosie« (Lord Alfred Douglas) vergeblich nachlief, am Ende zu betteln gezwungen war; zum Einsiedler, den Einladungen nach Italien und in die Schweiz nicht mehr aufzuheitern vermochten.

Eine Konzentration auf Wildes Pariser Jahre erlaubt es, ein genaues Bild dieser Metropole als Lebenshintergrund zu entwerfen: ein Porträt der Stadt, wo er in den 1880ern zum illustren Newcomer aufstieg, um bald darauf zu Mallarmés legendenumwobenen »Dienstagen« eingeladen zu werden. Eine Skizze des Ortes, an dem er seine Flitterwochen mit seiner Frau Constance verbracht hatte; einen Blick auf die literarisch-künstlerische Bühne, auf der er Sarah Bernhardt und Henri de Toulouse-Lautrec, Pierre Louÿs und Edmond de Goncourt, Paul Valéry und Marcel Proust, Paul Verlaine, Edgar Degas und Auguste Rodin begegnete.

Von Paris aus, der Stätte, wo sich Wildes spät erwachte Homosexualität am unkompliziertesten ausleben ließ, war er mit Bosie nach Nordafrika aufgebrochen, wo er den jungen, unerfahrenen Gide initiiert und ihm das Zauberreich der Erotik eröffnet hatte – gemeinsame Abenteuer in Algerien zählen mittlerweile zum Kanon einer ganzen Literaturtradition: von Gides Tagebüchern, autobiographischen Aufzeichnungen *Si le grain ne meurt* und seinen Wilde-Hommagen bis zu Klaus Manns *Wendepunkt* und dem Marokko-Kult der Beat-Generation um Paul Bowles, Allen Ginsberg und William S. Burroughs. Vorgelebt von Wilde und Bosie, weitergeführt von Gide, wurde der Maghreb zu einem Mekka der besonderen Art, einem Paradies der Knabenliebe, fruchtbar für avantgardistische Literaturexperimente.

Ironie der Geschichte: Zur selben Zeit, als Großbritannien danach trachtete, sich des Skandalfalls Wilde zu entledigen, wurde das intellektuelle Frankreich vom Ausmaß und der Wucht der Dreyfus-Affäre bis ins Mark getroffen. Der *poète maudit* und der auf die Teufelsinsel verbannte jüdische Offizier wurden zu Europas bekanntesten (gesellschafts-)politischen Gefangenen, zu Sündenböcken zweier Weltmächte, deren außenpolitische Stunde geschlagen hatte, indem ihre Kolonialmacht zu schwinden begann und deren moralische Autorität zunehmend ins Wanken geriet.

Während Wilde Anfang der neunziger Jahre in Paris eine geschliffene Sentenz nach der anderen schuf, in London Märchen, Epigramme und Novellen gleichsam aus dem Ärmel schüttelte, bejubelte das englische Publikum anfangs noch seine Gesellschaftsstücke. Bis 1895 währte der Spuk seines Erfolges, um dann einer bitteren, unbarmherzigen Realität Platz zu machen. Erst kurz nach seinem Tod entdeckten ambitionierte Librettisten und Komponisten in Deutschland und Österreich die Dramen des Sträflings als unvermutet moderne Opernvorlagen wieder.

Oscar Wilde überlebte das 19. Jahrhundert nicht und wirkte doch wie kaum ein anderer an seiner Überwindung mit: Als Fin de Siècle-Repräsentant einer überaus kosmopolitischen »Décadence« – er war, als Ire, in England, Italien, Deutschland, Frankreich und den USA wie selbstverständlich zu Hause – predigte er unermüdlich Schönheit, Hedonismus, Selbstverwirklichung. Er verklärte die Renaissance und huldigte den Präraffaeliten, er brachte sogar einfachen amerikanischen Minenarbeitern das Schicksal Benvenuto Cellinis nahe oder legte als Student in Oxford rabattengeschmückte Flanierwege an. Den Ästhetizismus und die *l'art pour l'art*-Bewegung prägte er in der Nachfolge von Joris-Karl Huysmans und Théophile Gautier entscheidend mit und antizipierte damit eine Lebenshaltung, die im zwanzigsten Jahrhundert wieder und wieder erprobt und thematisiert wurde: von so unterschiedlichen Literaten wie Hugo von Hofmannsthal, Hermann Broch oder Jean Cocteau.

Homosexuellen Schriftstellern erleichtert er bis in unsere Tage die Selbstfindung, bietet ihnen ein Identifikationsmuster, leiht ihnen eine Identität, den Impuls zum öffentlichen Auftritt, den Mut für das zwar unausweichliche, aber oftmals vom Gruppenzwang forcierte *coming out*. Wildes nach Belieben ausbeutbares Märtyrertum gerät in vielen einschlägigen, nicht selten sektiererhaften Publikationen zuweilen zum Stereotyp, der Tagespolitik verpflichtet und der *political correctness* zuliebe zu Rechtfertigungszwecken strapaziert. Denn Wildes Verfall trägt im Keim schon die Figur des Outcasts in sich, einer der literarischen Prototypen des 20. Jahrhunderts – man denke nur an Autoren wie Jean Genet, Bernard-Marie Koltès, Hervé Guibert. Ein Gefängnisaufenthalt, eine Biographie als Outlaw sollte bald zum Rüstzeug, zum guten Ton so manchen auf Originalität und Gesellschaftskritik zielenden Autors gehören, der sich damit auf Dostojewski, Verlaine oder Wilde als Ahnherren berufen kann. Welche Schublade der vielfältigen Schreibströmungen des vergangenen Jahrhunderts man auch immer aufzieht, Wildes Einfluß auf Zeitgenossen und Nachgeborene jeglicher Couleur begegnete man überall.

Dabei ist sein Gesamtwerk, sein produktiver Ausstoß vergleichsweise schmal, und mit Veröffentlichungen trat er erst spät ins Rampenlicht. Triumphiert hatte er bis zuletzt mit dem sprachverliebten, anspruchsvollen Konversationsstück, das seine Fortführung noch in den dialogischen, sprachreflexiven Dramen von

Oscar Wilde

Samuel Beckett, Eugène Ionesco und Nathalie Sarraute erfuhr. Darüber hinaus schuf er Vorlagen, nach denen einige der ersten kühnen Literaturopern der Moderne komponiert werden sollten – *Salome* inspirierte Richard Strauss zur Vertonung; *The Birthday of the Infanta* und *A Florentine Tragedy* Alexander von Zemlinsky: eine Trilogie von deutschen Opern-Einaktern. Seine frühen historischen Dramen und die Mehrzahl seiner Gedichte haben dem Urteil der Nachwelt hingegen nicht im selben Maße standhalten können. Aber Wildes Domäne, der provozierte wie inszenierte Kulturskandal, die öffentliche Debatte, die publikumswirksame Ankündigung, die Herausforderung zu Pamphlet und Parodie, sie wurde bald zu einem Topos der Neuzeit und unverzichtbar für die Publicity um Meilensteine der Avantgarde.

Abgesehen von seinem aufsehenerregenden Spätwerk *The Ballad of Reading Gaol (Die Ballade vom Zuchthaus zu Reading)*, das seine Hafterfahrungen in Gedichtform verarbeitete und sogar zu einer Reform des britischen Strafvollzugs führen sollte, brachte Wilde, ungeachtet mannigfaltiger Pläne, in der Freiheit seines französischen Exils keine einzige dichterische Zeile mehr zu Papier. Ausgerechnet er, der zwei Jahrzehnte lang so beredt und vollmundig orakelt hatte, verstummte vollends, als sich alle Blicke auf den Gescheiterten richteten.

Um sein Sterbehaus, das Hôtel d'Alsace in der Rue des Beaux-Arts, ranken sich Anekdoten und Legenden. An dieser mythischen Stätte – einst eine heruntergekommene Herberge, heute ein Kleinod für Eingeweihte – ließ sich später die Chansonsängerin Mistinguett, gefeierter Kabarettstar in den Tingeltangeln an der Butte Montmarte, nieder; hier bemühten sich die Surrealisten Claire und Yvan Goll ohne Erfolg um eine zweite, ihnen zugedachte Gedenktafel. Eine Tafel, die dann einem anderen, gewichtigeren Residenten, Jorge Luis Borges, gewährt wurde. Und um Wildes expressionistisches Grabmal auf dem Pariser Friedhof Père-Lachaise, das der Bildhauer Jacob Epstein mit der verstörenden Ausführung seines visionären Entwurfes gestaltete, entbrannten Streit und Polemiken, wurden leidenschaftliche Debatten in der Tagespresse geführt; es wurde geschändet, verstümmelt, verhüllt und wandelte sich zum umstrittenen Kultobjekt.

Im Mittelpunkt von Wildes *séjours parisiens* steht das Phänomen – und die Problematik – eines ausschließlich ästhetisch aufgefaßten und gelebten Daseins: eine Gewissensfrage nach dem Bild des Künstlers in der Moderne, hier zugespitzt vor der Kulisse der literarisierten Stadt schlechthin: Paris.

Als Flüchtling von der konservativen Insel zum modernen Kontinent spielte Oscar Wilde alle erdenklichen Facetten durch: die Maske des geläuterten Zuchthäuslers, der mit imaginierter katholischer Inbrunst nach Rom zum Papst pilgerte, um sich bei Privataudienzen segnen zu lassen; die Maske des Büßers, als er in seiner Zelle die Litanei *De Profundis* zu Papier brachte, den wohl berühmtesten Liebesbrief und das ergreifendste Liebes-Resümee der neueren Literaturgeschichte; die Fratzen und Grimassen des gesellschaftlich Geächteten, ja Pervertierten, die ihm ebenso zu Gesicht standen wie das Bildnis eines Narziß. Sein vielfach gebrochenes, dem Betrachter immer wieder entgleitendes Image glich den Spiegelbildern einer überlebten, degenerierten Zivilisationsform. 1897 konstatierte er sarkastisch: »Ich stellte ein Problem dar, für das es keine Lösung gab.«
Oscar Wilde war zum Sterben nach Paris gekommen.

Sein Irrlichtern zwischen Hotelzimmern, Caféterrassen und Pariser Sehenswürdigkeiten, sein miserables Versteckspiel mit seinen Gläubigern und den zeternden Patrons drittklassiger Absteigen gerieten zu einem endlosen Karneval, dessen Schauplätze er nach Belieben wechselte; ein Theaterstück, in dem die Haupt- und Nebenfiguren seiner Vita auf- und abtraten.
Eine Zeitlang würde er sich nun Monsieur Sébastien Melmoth nennen, an die Rollenspiele eines Chamäleons war er längst gewöhnt. Dandy, Snob, Ästhet; Poseur, Verführer, Sodomit; Missionar, Vortragsreisender, Häftling mit der Zellennummer C. 3. 3.; dies waren sämtlich Etikettierungen und Attribute, mit denen Wilde zeitlebens hatte zurechtkommen müssen. Nicht immer gelang es ihm, achselzuckend zur Kenntnis zu nehmen, daß man sich selbst bei seinem Barbier im Quartier Latin offen über ihn beschwerte. Niemand wollte auf demselben Stuhl rasiert werden, auf dem soeben noch »der Exilierte«, die Schande einer ganzen

Nation, gesessen hatte und wie ein ganz normaler Kunde bedient worden war.

Oscar Wilde war im Wartesaal seiner eigenen Geschichte angekommen. Er verließ sich darauf, daß der Anblick seines gelebten Fiaskos wie im Schlußbild des *Dorian Gray* dazu führen würde, ihn für immer zu zerstören: »Auf dem Boden lag ein toter Mann im Gesellschaftsanzug mit einem Messer im Herzen. Er war welk, runzlig und abscheuerregend von Angesicht. Erst als sie die Ringe untersuchten, erkannten sie, wer es war.«

Seines Debakels war er sich demnach schon als Jüngling gewiß. Einstweilen schrieb er weiter an der Chronik seines angekündigten Todes.

Boulevardier

༄

… ich weiß, daß es so etwas wie »sein Leben ändern« nicht gibt:
Man dreht sich nur beständig innerhalb des Kreises
der eigenen Persönlichkeit.

Wer nach Paris kommt, sei es zum ersten, sei es zum wiederholten Male, muß laufen, gehen, marschieren. Er wird nicht umhinkönnen, seine Ausdauer unter Beweis zu stellen, er wird seine Beinmuskeln spüren, wenn er die Stufen zur zweiten Etage des Eiffelturms hinauf- oder die Stiegen, die von seinem Dachzimmer ins Rez-de-Chaussée führen, hinabklettert. Er wird die endlosen Treppen beim Umsteigen in der Métro-Station Barbès-Rochechouart und die oft nicht funktionierenden Rollbänder von Montparnasse-Bienvenüe verfluchen. Er wird abends todmüde in die Federn sinken, doch für seine Aufmerksamkeit, sein Insistieren, sein Innehalten und seinen Spürsinn wird ihn das steinerne, bleiche Häusermeer mit den schrägen, grau-türkisen Dächern und den ungezählten rotbraunen Schornsteinen mit einer Fülle von Sinneseindrücken entschädigen, mit denen er in seinen kühnsten Träumen nicht gerechnet hat. Schlägt die *heure bleue* mit ihrem unverwechselbaren, diffusen Dämmerlicht, wird er sich zu einem Pastis hinreißen lassen, dem weitere folgen können; hält er in Montparnasse inne, wird er auf den Spuren seiner Idole in den großen Brasserien haltmachen, wird das Gesehene vor seinem inneren Auge Revue passieren lassen, während neue Menschenmengen an ihm vorbeibranden. Auf dem Gipfel des Montmartre wird ihm ein überwältigendes Panorama den Atem verschlagen; vor dem Triumphbogen ziehen sich zu seinen Füßen schnurgerade Schluchten aus Avenuen, Obelisken, Parks hin, deren grandioser Perspektivenreichtum ihresgleichen sucht. Nach wenigen Tagen weiß er: Dieser Ort will erobert werden.

Wohl nur wenige Metropolen in Europa eröffnen dem Betrachter so viele visuelle Reize, senden so viele Passanten hautnah an ihm vorbei wie Paris. Und all das, was er erblickt oder noch eben gesehen zu haben glaubt, verwandelt sich augenblicklich in Reflexionen, Ideen. Man flaniert und spinnt seine Gedanken mit jedem Schritt ein bißchen weiter. Ausgeburten der Phantasie wollen gehegt werden. Um das Entstehende wie das Bleibende zu fixieren, hält Paris Postkarten, Briefpapier, Tagebücher, Laptops bereit, doch verewigen kann man sich auch, indem man seine Botschaften in historische Steinfassaden ritzt oder sich als Graffiti-Künstler mit der Spraydose an den Betonwänden der Schnellbahnschächte auslebt.

Paris lohnt sich, ist der Mühe wert. So manch einer hat überhaupt erst an der Seine seine Berufung zum Dichter gespürt. Und viele Poeten haben in Paris erst das Sehen, das genaue Hinschauen gelernt. Andere sind gekommen, um eine verhaßte Heimat für immer hinter sich zu lassen. Wer sich in Paris aufhält, ist stets für einen längeren Zeitraum verliebt. Zunächst in die Stadt, die einem dieses Glücksgefühl beschert, und dann ein bißchen auch in sich selbst, weil man sich neu entdecken darf und die Lektüre der eigenen Seele ihr Echo in der Lektüre der zwanzig Arrondissements findet. »Ein aufgeschlagenes Buch ist Paris zu nennen«, bemerkte einst Ludwig Börne, »durch seine Straßen wandern heißt lesen. In diesem lehrreichen und ergötzlichen Werke, mit naturtreuen Abbildungen so reichlich ausgestattet, blättere ich täglich einige Stunden lang.«[1] Börne zählte zu den ersten Bücherwürmern des neunzehnten Jahrhunderts, die ihre Nase tief in die Pariser Erde, in einen Fundus alter und neuer Geschichten, steckten und gleichzeitig himmelwärts blickten, von den Turmspitzen der Sainte-Chapelle hinüber zur Conciergerie und dem doppelten Dach von Notre-Dame. Heinrich Heine versetzte allein schon der Anblick der Vorstadt Saint-Denis, die Aussicht, bald die Tore nach Paris passieren zu dürfen, in reinste Verzückung. Beide Dichter und Publizisten, bestattet auf zwei verschiedenen Totenäckern, wurden zu ewigen Residenten ihrer Traumstadt.

Paris, Blicke. Bereits Charles Baudelaire witterte hinter dem Glanz und der funkelnden Pracht der großen Boulevards eine abgründige, sinistre Gegenwelt: »In der alten Städte winklig engen Gassen,/wo alles, der Schauder sogar, in Entzücken sich kehrt,/ streif' ich umher und späh', schlimmer Laun' überlassen,/nach seltsamen Wesen, verwittert und reizvoll verklärt.«² Im ersten Drittel des zwanzigsten Jahrhunderts dann, als die Stunde der Promeneure erst richtig schlug, griff der im Umgang mit Großstädten erfahrene Franz Hessel wiederum ins urbane Regal: »Flanieren ist eine Art Lektüre der Straße, wobei Menschengesichter, Auslagen, Schaufenster, Café-Terrassen, Bahnen, Autos, Bäume zu lauter gleichberechtigten Buchstaben werden, die zusammen Worte, Sätze und Seiten eines immer neuen Buches ergeben. Um richtig zu flanieren, darf man nichts allzu Bestimmtes vorhaben.«³

Dieser Gefahr, sich vom Studium der fremden Stadt durch eine geregelte berufliche Tätigkeit ablenken, gar abhalten zu lassen, setzten sich gottlob nur sehr wenige der prominenten Beobachter aus – allesamt Stammgäste, die im Laufe der Jahre und Jahrzehnte vom Sog ihrer Lebensgeschichten durch Paris geschleust wurden und auf der Stelle Wurzeln schlugen. Die amerikanischen *expatriates* Ernest Hemingway oder Henry Miller, die beim Pferdewetten ihr Glück versuchten oder sich kopfüber in galante Abenteuer stürzten, entgingen ihr ebenso wie Kurt Tucholsky, der sich im Parc Monceau von seinem schwierigen Vaterland ausruhte. Wie Walter Benjamin mit seinem *Passagenwerk*, für dessen Niederschrift er wieder und wieder durch die überdachten Ladengalerien zwischen Bourse und Opéra bummelte. Oder der Feuilletonist Siegfried Kracauer, der im Auftrag der »Frankfurter Zeitung« Paris von der Seine aus an sich vorbeigleiten sah und dabei perspektivische Verkürzungen und Erweiterungen wahrnahm. Die Dächer mit den Dienstmädchenzimmern saßen von seiner Warte aus auf den Quaimauern, der gigantische Louvre reichte auf einmal bis in den Himmel hinein. Und je weiter er sich aus Paris herauszubewegen wähnte, desto dichter brachte ihn der Fluß mit seinen vielen Kurven und Windungen wieder ins Zentrum des Geschehens zurück: »Die Augenblicke der Trennung sind spannend. Ehe nämlich die Stadt versinkt, tritt sie zum ersten Male ganz hervor. Solange man in ihr weilte, war sie unsichtbar; jetzt, da die Loslösung erfolgt, wird sie zum Bild. Ich habe mich von der Stadt zu entfernen gemeint, aber die Seine hat Paris nur umarmt.«⁴

Paris kann anstrengend, verstörend, schwierig sein. Das mußten die Emigranten und Kriegsflüchtlinge erleben: Ihnen waren, ob 1871, 1918, 1933, 1939 oder 1945, weitaus weniger beschauliche Mußestunden vergönnt. Und auch die Pariser selbst konnten an ihrer Stadt verzweifeln: Die Chronistin Colette nahm aufgrund ihrer körperlichen Behinderung aus ihrem Fenster im Palais-Royal nur einen winzigen Ausschnitt der Ereignisse wahr und machte dennoch ein wichtiges Paris-Buch daraus. Léon-Paul Fargue und Julien Green trauerten. Sie beschworen ein historisches, längst versunkenes Paris wieder herauf, glorifizierten die Erinnerung, betrieben in eindringlichen Metaphern einen eleganten Totenkult. Ihre geistreich-nostalgischen Paris-Hommagen sind vielleicht die schönsten Stimmungsalben unseres Zeitalters: Städtebilder wie schwarz-weiße Schnappschüsse, im Vorübergehen eingefangen und später von ihren Autoren sorgfältig koloriert und gerahmt.

Die Surrealisten machten es sich ebenfalls nicht leicht und schickten, wie André Breton oder Louis Aragon, ihre Protagonisten, verstrickt in komplexe, ausufernde Liebesgeschichten, im Zickzack durch die Hauptstadt, ordneten bekannten Plätzen und Straßen innovative, verfremdende Konnotationen zu. Für sie wurde Paris zu einer Anhäufung exquisiter Stationen auf einer ziellosen Reise in einem noch nicht zu Ende gedeuteten Traum. Und Julio Cortázar ließ Oliveira und Maga, seine beiden aufmüpfigen Helden aus *Rayuela*, in den fünfziger Jahren durch ein chaotisches, sinnenfrohes Paris hüpfen, so wie kleine Kinder im Himmel-und-Hölle-Spiel von einem numerierten Planquadrat zum nächsten springen: Fehltritte und geglückte Landungen liegen da dicht beieinander.

Bei Cortázar brodelt die Stadt, dominieren der Jazz und der Sex, genauso wie in den Tagebüchern des amerikanischen Komponisten Ned Rorem. Ihm erscheint das vor Euphorie trunkene Nachkriegs-Paris, in dessen Kellern Boris Vian zur Trompete greift, als ein einziges erotisches Eldorado. Von Mäzeninnen gefördert, eilt er von einer existentialistischen Party zur anderen, gibt Konzerte, komponiert wie in einem Rausch. Doch im Vordergrund stehen die Streifzüge, die schnellen Abenteuer mit Unbekannten, die unersättliche Jagd nach Männern, der öffentliche Tabubruch. Exhibitionismus und Promiskuität werden zum Zwang, zur Notwendigkeit, und erst an der Seine traut er sich diesen Schritt wirklich zu. In dieser Hinsicht tritt er durchaus in die Fußstapfen von Oscar Wilde, aber Rorem darf die sexuelle Libertinage von Paris mit Anfang zwanzig genießen und einer Karriere erst entgegenfiebern, während sein Vorgänger, auf den er in seinen Schriften immer wieder rekurriert, mit Mitte vierzig sein Leben hinter sich hatte und seine Erfolge begraben waren: als Poet gebrandmarkt, als Privatmann ruiniert.

Man mag als gereifter Dichter, wie Peter Handke in den frühen Achtzigern, auch für Paris das *Ende des Flanierens* konstatieren, um danach, nur ein paar Jahre später, den *Versuch über den geglückten Tag* genau in der Beschreibung jener Seinekurven zwischen Saint-Cloud und Suresnes ansetzen zu lassen, hinter denen Wilde den Blicken der untröstlichen Anna de Brémont entschwunden war. Man mag als ambitionierter Jungautor, wie Benoît Duteurtre oder Detlev Meyer in ihren ironischen, tragikomischen Paris-Romanen aus jüngster Zeit, die französische Metropole als Hintergrund für eine selbstbewußte, selbstreflexive Bestandsaufnahme homosexueller Identität und Gegenwartskultur einsetzen: Ob als gelassener oder kulturpessimistischer Flaneur, ob als abenteuerlustiger Männerfreund, als Verfasser von *gay fiction*, immer wandelt der zeitgenössische Paris-Schriftsteller die Pfade entlang, auf denen schon Legionen illustrer Stadtschreiber vor ihm spazierengegangen sind, und immer schreitet er auch die Wege ab, auf denen sich Oscar Wilde sein Paris erobert hat.

Paris war für Wilde nicht unbedingt eine Liebe auf den ersten Blick. Der Ästhet und die Weltstadt schlichen eine ganze Weile umeinander herum, bis sie sich miteinander arrangierten. Für Stippvisiten und Zwischenstops blieb er anfangs nur tage- und wochenweise, dann intensivierte sich die Anziehungskraft, er kam wieder und ließ sich bald monate-, dann vierteljahrelang nieder. Jetzt erst schlug früheres Mißtrauen in affektive Ergebenheit um. Die Stadt und er wurden Verbündete. Am Ende war er ihr verfallen.

Die Zurückhaltung des Jünglings Wilde überrascht, denn niemand schien um 1880 für Paris so prädestiniert zu sein wie der eitle Oscar. Von der britischen und amerikanischen Presse zum Dandy *par excellence* erklärt, nahm es viele Berichterstatter wunder, daß er tatsächlich nicht aus Frankreich, sondern aus Irland

Pariser Straßenszene um die Jahrhundertwende

stammen sollte. Einzig Wilde schien würdig, als Verkörperung
eines verfeinerten Lebensstils und einer abgehobenen Kunstan-
schauung die Nachfolge des berühmten George Brummel anzutreten. Doch war er als literarischer Debütant und angehende
öffentliche Figur von Rang viel zu sehr mit anderen Städten beschäftigt, als daß er sich auch noch Paris hätte zuwenden können:
Dublin, Oxford, London und New York hießen die Stationen
seines beachtlichen Karriere-Parcours innerhalb weniger Jahre.
Ihnen räumte er den Vorrang ein. Selbst die amerikanische Provinz hatte er bereits flächendeckend mit seinen Predigten über
Wesen und Aufgabe der Schönheit in Augenschein genommen,
bevor er sich dazu herabließ, Paris länger als für einige gepflegte
Soireen seine Aufmerksamkeit zu schenken. Ein flüssiges, idio-
matisch tadelloses Französisch ging ihm leicht von den Lippen,
und bald handhabe er auch die Feder in der Fremdsprache so
einwandfrei, wie es einem am mediterranen Kulturkanon geschul-
ten Altphilologen gebührte.

Im Gegensatz zu den eingangs zitierten Paris-Bewunderern der
letzten beiden Jahrhunderte setzte er der Stadt, in deren Schoß er

bis zuletzt gnädige Aufnahme fand, freilich kein literarisches Denkmal, richtete keine fulminante Liebeserklärung an seine Nekropole. Nach antiken Stätten, der Wiege des Abendlandes, und den Hochburgen der italienischen Renaissancekultur stand ihm in seinen Studentenjahren viel mehr der Sinn. Verona, Ravenna und Rom sind lange Gedichte gewidmet; sein *Sonnet on Approaching Italy* spiegelt unter anderem seine am Arno, in Genua oder in der Sixtinischen Kapelle eingefangenen Reiseeindrücke. *Rome Unvisited* wurde zum kuriosen Porträt der Ewigen Stadt, die dem Autor auf seiner ersten Italienreise im Sommer 1875 entgangen war und deren imposante Schönheit er erst zwei Jahre später entdeckte. Mit seiner ausgedehnten, siebenteiligen Ode auf *Ravenna* gewann er im Juni 1878 gar den angesehenen Newdigate-Preis und trug sie bei der öffentlichen Preisverleihung in Oxford persönlich vor.

Um diskrete Hinweise auf eine explizite Thematisierung von Paris in seinem Gesamtwerk aufzuspüren, muß man schon genauer hinschauen: ein paar französische Gedichttitel *(Impression de voyage; Chanson; Le jardin; La mer; Les silhouettes; Les fuites de la lune; Ballade de Marguerite)*, einige Anspielungen in den Theaterstücken; ein Poem, das im Jardin des Tuileries angesiedelt ist. Nur am Beginn seiner Erzählung *The Sphinx without a Secret (Die Sphinx ohne Geheimnis)* – sie erschien zuerst 1888 unter dem Titel *Lady Alroy* in der Zeitschrift »The World« und kann wohl kaum zu Wildes stärksten Eingebungen gerechnet werden – kommt Paris expressis verbis vor: »Eines Nachmittags saß ich vor dem Café de la Paix, betrachtete Glanz und Schäbigkeit des Pariser Lebens und machte mir bei einem Glas Vermouth Gedanken über das seltsame Gemisch aus Pracht und Armut, das an mir vorüberzog. Da hörte ich jemanden meinen Namen rufen. Ich wandte mich um und erblickte Lord Murchison. Wir waren uns seit den gemeinsamen Collegetagen nicht mehr begegnet. Ich freute mich sehr, ihn wiederzusehen, und wir schüttelten uns herzlich die Hände. In Oxford waren wir eng befreundet gewesen. Ich hatte ihn ausnehmend gut leiden können: Er war so hübsch, so temperamentvoll und so ehrenhaft.«

Auf einer Caféterrasse, wo auch sonst, läßt Wilde seine Pariser Novelle ihren Anfang nehmen. In einer grünen Kutsche unternehmen der Erzähler, dessen Bericht mit »Eine Radierung« unter-

titel ist, und sein einstiger Kommilitone daraufhin eine Spazierfahrt den Boulevard de la Madeleine entlang, um in einem Restaurant im Bois de Boulogne zum Essen einzukehren. Lord
Murchison schildert seinem Freund dort, wie er sich in London
unglücklich in eine geheimnisvolle, schöne Lady verliebt hatte,
hinter deren rätselhaftem Verhalten, Ausflüchten und Versteckspiel sich letztlich gar kein Geheimnis, gar kein Nebenbuhler ver-
barg, und beklagt, daß seine Angebetete eines viel zu frühen Todes
starb. Der Erzähler beschwichtigt den Enttäuschten mit einem
Erklärungsversuch: »Lady Alroy hatte eben eine Sucht nach dem
Mysteriösen. [Es machte] ihr Spaß, ... tiefverschleiert in jene
Straße zu gehen und sich vorzustellen, sie sei eine Romanheldin.
Geheimnistuerei war ihre Leidenschaft, aber sie selbst war nichts
weiter als eine Sphinx ohne Geheimnis.« Der Getröstete hegt
Zweifel an dieser Deutung, während er noch das Photo der Lady
in den Händen wendet. »Wer weiß?« sagte er dann.

Fast wirkt es überflüssig, ja aufgesetzt, daß die seinem Jugendfreund vorgetragene Erinnerung in Frankreich stattfindet, lediglich die Nacherzählung seines Unglücks umrahmt, daß die
Londoner Begebenheit und die Pariser Kutschfahrt ineinander-
geschachtelt sind. Die Einleitung hat getrogen, nur vordergründig geht es um etwas, das sich außerhalb der gemeinsamen Heimat
der drei Personen vollzieht. Birgt auch Paris zu viele Geheimnisse,
eine »Gioconda im Zobel [mit] schwache[m] Lächeln, viel zu wis-
send, um echten Liebreiz auszustrahlen« – so äußert sich der Erzähler beim Anblick der jungen Toten –, oder ist es gerade der
Mangel an Geheimnissen, den Wilde enttäuscht konstatiert hat
und der eine künstlerische Gestaltung dieser Stadt für ihn aus-
schließt? Festzuhalten bleibt, immer dann, wenn Paris in Wildes
Œuvre Erwähnung findet, ist auch eine Sphinx mit im Spiel. Das
gleichnamige Gedicht begann er schon, als er ihr als Heranwach-
sender seinen ersten Besuch abstattete. Noch handelte es sich um
eine Radierung: eine Skizze eben. Und er benötigte viele Jahre
und Arbeitsphasen, um dem Geheimnis dieses Zwitterwesens auf
die Spur zu kommen.

Als der junge Wilde 1874, neunzehnjährig, zum ersten Mal nach
Paris kam, hatte seine Mutter ihn und seinen um zwei Jahre älte-

ren Bruder Willie im Schlepptau. Für das ungleiche Trio war die Metropole lediglich eine Durchgangsstation auf dem Weg von London und Genf zurück nach Dublin. Lady Jane Francesca Wilde, die sich mit Vorliebe »Speranza« nennen ließ, um damit auf eine vorgebliche Ahnenreihe, bis auf die Familie von Dante Alighieri zurückreichend, anzuspielen, war eine ausgesprochen energische, unternehmungslustige Person. Die drei Wilde-Sprößlinge – eine jüngere Tochter mit dem ausgefallenen Vornamen Isola war mit nur acht Jahren an einem verschleppten Fieber mit nachfolgender Hirnhautentzündung verstorben – durften ein wahrhaft ungewöhnliches Elternpaar ihr eigen nennen: Mutter und Vater schriftstellerten und führten eine selbst für heutige Verhältnisse unorthodoxe Ehe.

Lady Jane nahm ihrem Medizinergatten seine drei unehelichen Kinder – lang zurückliegende Jugendsünden – nicht krumm; die Familie Wilde stand sogar in regem Kontakt mit ihnen. Speranza hielt selbst dann noch zu Sir William Robert Wilde, als ein gegen ihn angestrengtes Verfahren wegen angeblicher Vergewaltigung einer seiner Patientinnen in eine Verleumdungsklage gegen ihre eigene Person mündete. Anstatt den Kopf in den Sand zu stecken, stellte Lady Jane sich den Anschuldigungen von Mary Travers, der Betroffenen, vertrat ihren Mann selbstbewußt vor Gericht und erreichte so, daß die Affäre für das Ansehen der Familie Wilde einigermaßen glimpflich endete und der Casanova im Arztkittel mit einem Viertelpenny Schmerzensgeld davonkam.

Von den Wogen, die der Skandal in der Öffentlichkeit schlug, ließ Jane Francesca Wilde sich nicht einschüchtern: Sie wuchs in schwierigen Situationen stets über sich hinaus, zeigte sich charakterfest, gegen Unbill gewappnet und wischte die peinliche Angelegenheit vom Tisch wie ein lästiges Insekt. Bravere Ehefrauen hätten ihrem Lebenspartner wohl Untreue vorgeworfen, ihm den Garaus gemacht, auf eine Trennung gedrungen oder wären in Selbstmitleid zerflossen. Oscar Wilde gab die Sittenkomödie Anlaß zur Wachsamkeit: Ihm hatten die Intrigen und perfiden Nachreden, mit denen Mary Travers auch die Sensationsgier der lokalen Presse zu schüren verstand, eindringlich vor Augen geführt, daß Verleumdungsklagen fortan zum Familienschicksal gehören sollten; das Verhalten seiner Mutter stellte für ihn hingegen eine Lektion in Loyalität und Unbeugsamkeit dar. Die öffentliche Meinung herauszufordern, zu seinen Besonderheiten zu stehen, sein Fähnchen nicht nach dem Winde zu drehen oder einen billigen Vorteil herauszuschinden: Alle diese Tugenden hatte Speranza ihm vorgelebt. Versteckspiel oder Selbstverleugnung duldete sie nicht.

Dr. William Wilde hatte sich zuvor großes Ansehen als renommierter Augen- und Ohrenheilkundler erworben und ermutigende Heilungsmethoden entwickelt, von denen einige noch heute seinen Namen tragen; ferner hatte er eine stattliche Anzahl von medizinischen Studien veröffentlicht. Seine Verdienste um eine erfolgreich durchgeführte Volkszählung für das Gesundheitswesen in Irland trugen ihm die Erhebung in den Adelsstand ein. Dem Abfassen von volkskundlichen, archäologischen und patriotischen Schriften galt gleichfalls sein Engagement, die Darstellung komplexer Zusammenhänge bereitete ihm keinerlei Mühe, und er unterstrich seine nationale Gesinnung bei jeder sich bietenden Gelegenheit. Auch hierin befand er sich im Einklang mit Speranza, die mit aufrührerischen Versen hervorgetreten war und in ihren Büchern Geschichte, Revolution und Nöte des irischen Volkes schilderte. Ihrer beider Aktivitäten gaben aller Welt zu verstehen, daß sie ein Duo waren, das aus dem Rahmen fiel. Ihren zweiten Sohn schmückten sie mit dem preziösen Kürzel O. F. O'F. W. W.: Es stand für den noch prätentiöseren Namen Oscar Fingal O'Flahertie Wills Wilde – dieser pompösen Bezeichnung alle Ehre zu machen und sich ihr gewachsen zu zeigen, es nicht bei Vorschußlorbeeren bewenden zu lassen, gaben Speranza und William ihrem Jüngsten als Lebensaufgabe mit auf den Weg.

Am Dubliner Merrion Square, dem Domizil der Wildes, bat Lady Jane gemeinsam mit ihrem Gemahl Poeten, Würdenträger, Künstler und schillernde Existenzen regelmäßig zu extravaganten Abendgesellschaften. Sie achtete darauf, daß um Gottes willen keine »ehrbaren« Leute unter ihren Gästen waren. Sie neigte zu Übertreibungen, verbalen Exzessen, hielt sich auf ihre Eloquenz, ihren Charme und ihre Schlagfertigkeit einiges zugute. Es war ihr Hauptanliegen und ihr Talent, »interessante« Menschen zusammenzuführen. Gerne gab sie sich mondän. Oscar konnte sich vieles von ihr abschauen: ihre Redeweise, ihre Umgangsformen, ihr gezieltes, unvoreingenommenes Zugehen auf Randfiguren einer streng definierten Gemeinschaft. Ihnen gab sie ganz eindeutig den Vorzug vor den alteingesessenen Langweilern. Er und sein Bruder waren mit einer überaus dominanten Mutter gesegnet, was nicht zwangsläufig hieß, daß ihr Vater in ihrem Schatten verblaßte oder etwa unter ihrem Pantoffel gestanden hätte. Doch gab es da noch den nicht zu leugnenden Größenunterschied.

Der schmächtige Arzt und die großwüchsige, ausladende Gesellschaftsdame waren ein gefundenes Fressen für die Dubliner Karikaturisten. Speranzas enormer Leibesumfang nötigte ihr einen wiegenden, schleppenden Gang ab, der an das ungelenke, tastende Sichvorwärtsschleppen eines gutmütigen Elefanten erinnerte. Ihr Angetrauter nahm sich neben dieser Riesin notgedrungen wie ein Zwerg aus. Betrachtet man Photos vom älteren Wilde, so kann man nicht umhin, eine gewisse Ähnlichkeit zwischen Mutter und Sohn auszumachen, nicht nur in charakterlichen Affinitäten, Verhalten und Gestik, sondern auch physiognomisch. Weiter sollte man die verführerische Analogiebildung allerdings nicht strapazieren: Speranza, wie mehrfach geschehen, auf der Grundlage ihrer vielfältigen Eigenschaften für die spätere Homosexualität ihres berühmten Zweitgeborenen verantwortlich zu machen, ihm ein von der Mutter vererbtes androgynes, deformiertes Erscheinungsbild anzudichten, solche Unterstellungen müssen schleunigst in die Mottenkiste vordergründiger Spekulation verbannt werden. Denn daß Speranza und William sich an Oscars Stelle ein Mädchen gewünscht haben sollen, mag zutreffen, ist aber nicht mehr als ein Gemeinplatz in vielen Familien, mit dem noch nichts erklärt werden kann. Und daß Oscars erstes, inzwischen weitverbreitetes Konterfei ihn als Kleinkind mit Lockenfrisur versehen und in Mädchenkleidern gewandet zeigt, war durchaus zeittypisch und ist als Tradition noch bis weit ins 20. Jahrhundert hineinzuverfolgen. Daß die exzentrische Lady Jane aber große Stücke auf ihren begabten Sohn hielt und er in ihr zugleich ein Vorbild erblickt haben mochte, ist unbestreitbar.

Wie auch immer man diese sonderbare Mutter-Kind-Relation im Dublin der sechziger Jahre interpretieren mag, das Heranwachsen im Haushalt zweier Schriftsteller, die, wo es nur ging,

Lady Jane Francesca »Speranza« und Sir William, Oscar Wildes Eltern,
in einer zeitgenössischen Karikatur

im Rampenlicht der Öffentlichkeit standen, bescherte Oscar eine inspirierte Kindheit. Er wurde geliebt und gefördert, und es gab mehr als eine Gelegenheit, mit der im Familienkreise an sein Selbstvertrauen und seine künstlerischen Regungen appelliert wurde. Hier am Merrion Square brauchte sich kein verkanntes Genie von einem repressiven, kulturfeindlichen, materiell schlechtgestellten Elternhaus zu befreien: Den Wildes ging es verhältnismäßig gut. Sie führten eine in Maßen erfolgreiche Partnerschaft, ernteten gewisse literarische Anerkennung, ermutigten ihre Söhne zu geistigen Höhenflügen, spornten sie zu schulischen Leistungen an und – vielleicht am wichtigsten – bewiesen Aufgeschlossenheit in Fragen der Sexualmoral. Sie erzogen Oscar zu einem freidenkenden, von jeglichem Puritanismus und erstickender Bigotterie unabhängigen jungen Menschen. Als Erwachsener war Wilde dann regelrecht stolz auf seine Eltern.

Wilde, in dessen Geburtsmonat Oktober 1854 auch sein Wahlverwandter, Arthur Rimbaud, allerdings im nordostfranzösischen Charleville-Mézières, das Licht der Welt erblickt hatte, sollte sie nicht enttäuschen: Seine Schulzeit verlief denkbar erfolgreich. An der renommierten Portora Royal School zu Enniskillen heimste er mehrere Preise und Auszeichnungen ein und kam alsbald in den Genuß eines Stipendiums für die protestantische Universität in Irland, das Dubliner Trinity College. Er glänzte in den sprachlichen Fächern und vernachlässigte mit Eifer die Naturwissenschaften, wie es sich für einen angehenden Literaten geziemt. Was sportliche Aktivitäten, Wettkämpfe und Ballspiele betraf, so legte er die für künftige Intellektuelle so bezeichnende Verachtung für körperliche Aktivitäten an den Tag, bekundete seine Abneigung gegen jegliche schweißtreibende Ertüchtigung.

Höchstens ein mittelmäßiges Tennismatch und Freizeitsport wie Angeln am Wochenende in der Nähe des kleinen Familienlandsitzes der Wildes mutete er sich von Zeit zu Zeit zu. Er gab sich jede erdenkliche Mühe, unter keinen Umständen irrtümlicherweise für einen »richtigen« Jungen gehalten zu werden. Als effeminierter Sonderling galt er dennoch nicht. Wenn er auch den altersbedingten Raufereien aus dem Wege ging, so verschaffte er sich unter seinen Klassenkameraden den nötigen Respekt, falls er überraschend zu einem Box- oder Ringkampf herausgefordert wurde. Von kräftiger Statur und hart im Nehmen, verteidigte er sich zäh und war keineswegs zartbesaitet. Und daß ihm das Lernen so leichtfiel, bewahrte ihn davor, als überempfindlicher Streber unter lauter Rüpeln und Dickschädeln zu gelten und besaß Integrationskraft.

Nur der frühe Tod seiner geliebten Schwester Isola – ihr Sterbejahr fiel mit dem von Wildes Pariser Idol, Charles Baudelaire, zusammen – traf Oscar tief. Zu ihrem Gedenken fertigte er auf einem Briefumschlag eine bunte Zeichnung an, versehen mit lateinischen Inschriften, Kreuzen und einer leuchtenden Krone. »She is not dead but sleepeth«, prangte in der Mitte des Kuverts, und die auf Isolas Totenbett abgeschnittene Locke behielt er bis an sein Lebensende wie eine Reliquie stets bei sich. Regelmäßige Besuche an ihrem Grab betrachtete er nicht als Pflichtübung, sondern absolvierte sie mit melancholischem Ernst. *Requiescat*, das dem kleinen Mädchen zu Ehren verfaßte Gedicht, entstand jedoch erst Jahre später anläßlich eines Reiseaufenthaltes in Avignon und beeindruckt mit seiner erstaunlichen Balance aus Anmut und Erschütterung. »Mein ganzes Leben liegt hier begraben«, lautet die vorletzte Zeile des Poems, und zwei Strophen zuvor ist auch schon von der Lilie die Rede – unverzichtbares Attribut und Erkennungszeichen des predigenden Ästheten Wilde. Die Leidenschaft für die Lilie und später auch für die Sonnenblume nahmen in naher Zukunft seine Gegner und Parodisten mit besonderer Häme aufs Korn; der Dichter machte es ihnen als Zielscheibe auch recht einfach, ließ er doch keine Gelegenheit aus, die ihm so teuren Blumen in der Öffentlichkeit mit sich herumzutragen, ins Knopfloch zu stecken, beim Reden aufs Pult zu legen oder kokett zu verteilen.

Sein späterer Liebhaber Bosie war noch ein Baby, als Wilde am Trinity College in den Bannkreis des Altertumshistorikers Reverend John Pentland Mahaffy geriet. Mahaffy, ein begnadeter, anregender Pädagoge, übertrug sein Schwelgen für die Klassiker und die Errungenschaften der Antike auf einen jungen Mann, in dem schon der Snob und auch der Emporkömmling schlummerten. Seine immensen Kenntnisse fesselten den Wißbegierigen. Und Mahaffys Gedankengut, das den Künsten und auch einer zur Schau getragenen, gekünstelten Lebenseinstellung klaren Vor-

rang gegenüber einer »natürlichen«, sich den Realitäten stellen-
den Verhaltens- und Sichtweise einräumte, war mehr als nur eine
Anregung, die Oscar, in dieser Hinsicht ganz und gar Speranzas
Sohn, bereitwillig aufnahm, weiterführte und auf die Spitze trieb.
Mahaffys Einfluß als Förderer und wenig später auch als Reisebegleiter wirkte sich auf Wildes gesamte Kunstphilosophie aus
und bestimmte noch wesentliche Partien seiner großen, zwischen
1889 und 1891 erschienenen Essays.

Der Mentor sah seinen Zögling nur ungern nach Oxford
weiterziehen. Doch im Frühsommer 1874 war es unwiderruflich
soweit: Mit einer Goldmedaille zum Abschluß seiner Studienzeit
im Trinity College für herausragende Griechisch-Leistungen und
mit einem soeben bei der Aufnahmeprüfung ergatterten, auf fünf
Jahre anberaumten sowie mit £ 95 pro Jahr recht gut dotierten
Stipendium für das Oxforder Magdalen College im Rücken, zog
Oscar aus, Europa zu erkunden. Bevor er im Oktober immatriku-
liert wurde, machte er mit Speranza und Willie im Pariser Hôtel
Voltaire am Quai Voltaire no. 19 Station – dort, wo vor ihm schon
Baudelaire abgestiegen war, um seine *Fleurs du Mal* niederzu-
schreiben, dort, wo Richard Wagner seine *Meistersinger* vollendet
hatte, dort, wo auch der finnische Komponist Jean Sibelius Quartier nehmen sollte, wenn er an die Seine kam. Alfred de Musset
wohnte nur ein paar Häuser weiter, und Corot, Delacroix und
Ingres hatten sich in unmittelbarer Nachbarschaft niedergelassen.
Am Quai Voltaire logierte der junge Wilde[5] unter den Zeitgrößen
seiner Zunft und den Wortführern der schönen Künste.

Paris war beim ersten Mal nur ein flüchtiger Eindruck unter vielen anderen. Er ließ es im Sommer 1874 bei einem Beschnuppern
bewenden, hatte für Boulevards und Nobelrestaurants kaum einen Blick übrig, stellte sich in Gedanken auf Oxford ein, skiz-
zierte aber immerhin sein *Sphinx*-Gedicht. Im Juni 1875 schaute er
zum zweiten Mal kurz in Paris vorbei, auf der Rückfahrt von einer
ausgiebigen Expedition nach Italien. Im Frühjahr 1877 diente
ihm Paris abermals als Ausgangspunkt einer derart in die Länge
gezogenen Italien- und Griechenlandreise unter den Fittichen seines alten Dubliner Betreuers Mahaffy, daß Wilde beinahe seines
Oxford-Stipendiums verlustig gegangen wäre. Für die verspätete

Rückkehr ins Magdalen College brummte ihm die Universitätsleitung eine gehörige Geldstrafe auf. Als er im Juni 1878 mit seinem Kommilitonen Rennell Rodd in Belgien die Städte Laroche und Tournai bereiste, machte er um Paris einen großen Bogen. Erst wieder im Sommer 1881, als es ihn, gemeinsam mit Rodd, ins Loiretal zog, stattete Wilde der französischen Kapitale einen weiteren Kurzbesuch ab.

Im Januar 1883, im Anschluß an die kräftezehrende, seinen Ruhm vermehrende USA-Tournee, war es Zeit für eine Bestandsaufnahme: Jetzt, mit Ende zwanzig, sollte auch Oscar Wilde dem Nimbus von Paris, das mehr denn je literarischer und künstlerischer Brennpunkt der Alten Welt war, erliegen und sich an die Hauptstadt der Avantgarde heranwagen. Er war erst bereit für Paris, als daheim niemand mehr an seiner künstlerischen Reife rütteln konnte, als seine Reputation ihm meilenweit vorauseilte.

Der Dandy Wilde, dem Anfang der Achtziger die Presse von England, Amerika und Frankreich zu Füßen lag, der meistkarikierte und meistparodierte Dichter seiner Generation, war eine öffentliche Person geworden, an der niemand vorbeikam. Auf amerikanischem Boden beobachteten ihn die Reporter der Sensationsgazetten auf Schritt und Tritt. Jedes seiner Worte wurde auf die Goldwaage gelegt, und man registrierte wie sonst nur bei hochrangigen Politikern, mit wem er zusammentraf und wer ihm auf welcher Party die Ehre gab, ihn bei sich beherbergte. Seine Vorträge lösten Beifallsstürme aus, sein melodiöser, geschickt intonierter Redeschwall riß seine Verehrer, in der Mehrzahl Frauen, zu Hunderten mit und stieß seine ebenso zahlreichen Verächter gehörig ab. Er machte sich zum Gespött von Kritikern und ungehobelten Gesellen, unter ihnen Archibald Forbes, ein parallel zu ihm den amerikanischen Kontinent bereisender Kriegsberichterstatter. Dauerhaft vermochte dieser Haudegen seinem Konkurrenten nicht zu schaden. Auch Studenten nicht. Es wird kolportiert, daß einige besonders forsche unter ihnen das gewagte Outfit des globetrottenden Ästheten studiert, sich daraufhin als Wilde verkleidet und ihm in der ersten Reihe seiner Vortragssäle als vervielfachte Oscar Wildes aufgelauert hatten. Mit einer gehörigen Portion Chuzpe war es ihrem Opfer – vorgewarnt, hatte er sich in einen traditionellen Smoking statt seines üblichen Aufzuges geworfen – gelungen, die Provokation bereits in ihren Anfängen zu kappen. Der Gefoppte hatte die Performance seiner jugendlichen Kritiker im selben Atemzug in einen improvisierten, gänzlich unerwarteten Redeverlauf eingebaut: Die aufsässige Meute, nur wenig jünger als er, war sprachlos gewesen.

Ob mit Samtweste, Kniebundhosen, Seidenstrümpfen und Riesenschleife angetan, ob mit Pelzkragen und breitkrempigem Hut ausgestattet, Wilde machte allen seine Aufwartung: Dem Dichterfürsten Walt Whitman und seinem Romancier-Kollegen Henry James – den Journalisten entging kein Sterbenswörtchen ihrer eminenten Unterredungen. In Salt Lake City dinierte Wilde mit polygamen Mormonen in riesigen Speisesälen. Er machte unliebsame Bekanntschaft mit den Auswüchsen der Rassentrennung, geriet in Schneestürme, beeindruckte einfache Arbeiter im gleichen Maße wie kunstfeindliche Mittelständler, rezitierte in Nestern, die selbst alteingesessenen Amerikanern nicht einmal dem Namen nach bekannt waren, und füllte tags darauf wieder große Theater in Kansas, Kanada, Kalifornien oder South Carolina. Gleichgültig ließ er niemanden und kassierte nie dagewesene Summen für seine Auftritte, wenngleich man sich daheim in Großbritannien alle Mühe gab, seinen Triumphzug in der Neuen Welt zu einer mittelmäßigen, ja erfolglosen Werbekampagne herunterzuspielen.

Ein Blick in die Illustrierten genügte freilich, und Wilde wußte, daß sich sein »Fremdgehen in den USA«, sein enormer Energieaufwand gelohnt hatten: In London widmete man seinen Schrullen, seiner farbenfrohen Garderobe, seiner fast schulterlang wallenden Haartracht und seinem gezierten Redestil abendfüllende Musikrevuen und Komödien, und das Publikum freute sich diebisch, wenn es eine affektierte Bewegung, eine brillante Sentenz, einen Gedankengang wiedererkannte. Was er auch unternahm, er prägte den Zeitgeist. In Kaschemmen tanzten Vergnügungssüchtige zu »Oscar-Wilde-forget-me-not-Waltzes«. Man erkannte in ihm ein selbsternanntes Genie und witterte einen exotischen, sittenwidrigen Lebenswandel hinter der Fassade des hemmungslosen Genießers mit formvollendetem Benehmen. Die Züge seines ausdrucksstarken, großflächigen Gesichtes mit den so asymmetrischen Augen und ihrem spöttisch-provokativen Blick, der geschwungenen Nase, den sinnlichen Lippen, um die ein verwerflicher Zug spielte – seine Züge kannten Tausende. Kaum ein Zeichner, der sich nicht an Wildes Porträt versucht hätte. Kaum jemand unter den nach Zehntausenden zählenden Anhängern und Widersachern des Verfassers von *The English Renaissance, The Decorative Arts* und *The House Beautiful* – so lauteten die Titel seiner öffentlichen Kulturpredigten – wunderte sich hingegen, daß er von Oscar Wilde als Dichter noch nicht viel zu lesen bekommen hatte. Erst 1881 war ein schmaler Gedichtband mit dem schlichten Titel *Poems* beim Kleinverleger David Bogue, London, *à compte d'auteur* herausgekommen: Der Autor selbst hatte alle Kosten übernommen – ein Zuschußprojekt. Auch hier lohnte die Investition, denn amerikanische Ausgaben in dortigen Verlagshäusern ließen nicht lange auf sich warten, und wenn Wilde das Bändchen oft auch höchstpersönlich unter die Leute zu bringen gezwungen war, so öffnete es ihm doch, als eine Art luxuriöser Visitenkarte auf Bütten und Pergament, auf beiden Kontinenten Tür und Tor.

Aus den Lehren seiner beiden Universitätsdozenten von Rang, John Ruskin und auch Walter Pater, hatte er profunde Altertumskenntnisse, Renaissance-Kult, philosophische Elemente und eine Verabsolutierung des Schönen destilliert, vereinfacht, anschaulich gebündelt und zu einer griffigen, modischen Heilslehre transformiert: Damit verlieh Wilde dem Trend des europäischen Ästhetizismus, auf dessen fahrenden Zug er sich instinktiv noch rechtzeitig aufgeschwungen hatte, eine neue Richtung, die sich verständlich gab und außerdem in weiten Kreisen, zumal weitab von zu Hause, propagieren ließ. Was daran authentisches Gedankengut war, welcher Anteil sich als geschickt kaschiertes Plagiat entlarven ließ, kümmerte weder den Propheten noch sein Gefolge. Mahaffy hatte ihn in Dublin und vor Ort, an den Originalschauplätzen zwischen Adria und Ägäis, sensibilisiert. Im Spannungsfeld des späteren Antagonismus zwischen Pater und Ruskin, zu dessen Charakteristika bereits eine Debatte um Knabenliebe und Homoerotik zählte, nahm Wilde zunächst noch eine unentschiedene Position ein. Mit beiden Erziehern pflegte er einen respektvollen, freundlichen Kontakt und präsentierte sich als gelehriger, aufnahmewilliger Schüler mit bedeutendem Talent zur Intensivierung und Verbrämung des Lehrstoffs.

Auf dem Weg zu frühem Ruhm hatte er viele verblüffen, manche bluffen können; wenige hatte er verprellt, von einigen war er gar zur persona non grata erklärt worden. Seine Londoner Wohngemeinschaft mit dem Maler Frank Miles, zu der es 1879 nach Wildes erfolgreichem Bachelor-Abschluß in Oxford und seiner Übersiedlung nach Chelsea gekommen war, erklärte der Vater seines Mitbewohners kurzerhand für beendet, nachdem ihn die Lektüre von Wildes Gedichten – insbesondere von *Charmides* – in seinen Zweifeln hinsichtlich der sittlichen Verfassung ihres Urhebers bestärkt hatte. Dies war um so ärgerlicher für Oscar, als ihm die Bekanntschaft mit Frank so manchen Zugang zu entscheidenden Londoner Gesellschaftskreisen eröffnet hatte. Und mit seinem berühmtem Nachbarn James Whistler, einem der prominentesten Künstler seiner Epoche, entwickelte Wilde nach anfänglichen Sympathiekundgebungen und gegenseitiger Unterstützung schnell eine Haßliebe der besonderen Art, vehement und mit Vorliebe auf dem Pressewege als öffentliche Fehde ausgetragen. Deren Ausläufer erreichten verschiedentlich sogar gemeinsame Pariser Bekannte wie etwa Mallarmé.

Mit seinem früheren Reisekumpan Rennell Rodd verscherzte Wilde es sich, indem er ihm zunächst bei der Drucklegung von dessen erstem Gedichtband uneigennützig unter die Arme griff, nur um dann eine an ihn selbst gerichtete, zu allem Überfluß auch noch von ihm selbst formulierte Widmung in das Büchlein hineinzuschmuggeln, deren geschwollene Dankbarkeitsbezeugungen jedes Maß vermissen ließen: Die Freundschaft mit Rodd gehörte von Stund an der Vergangenheit an, und Oscar trieb Rennell ins feindliche Lager – in die Fraktion der Whistler-Anhänger, was ihm zusätzlich schaden sollte. Und Wildes vielfältige Versuche, sich in der Theatermetropole New York als Bühnenautor zu etablieren, waren trotz seiner ersten dramatischen Fingerübungen und der offenkundigen Verehrung, die er der beliebten Schauspielerin Lily Langtry entgegengebracht hatte, vorerst ebenfalls fehlgeschlagen: Mit *Vera* und der *Duchess of Padua* blieb er einstweilen in den Startlöchern stecken.

Was seine religiösen Überzeugungen betraf, so hatte sich der Griechenland- und Italienenthusiast Wilde noch in Studententagen als Freimaurer zerstreut und mehr als einmal, sehr zum

Entsetzen seiner Familie, mit einer Konversion geliebäugelt; die sinnliche, ästhetische Seite der katholischen Konfession, ihr äußeres Gepränge zogen Wilde an. Viel hätte nicht gefehlt, und er wäre, wie Dutzende seiner Studienkollegen, einer Mode gefolgt und zum Katholizismus übergetreten. Doch war es bei wankelmütigen Entschlüssen und halbherzigen Bekenntnissen geblieben. Schon allein aus testamentarischen Gründen ersparte er sich den Eklat eines voreiligen Gesinnungswandels. Nach dem Tod seines Vaters 1876 und seines Halbbruders Henry Wilson 1877 wäre er bei einem Glaubenswechsel um sein jeweiliges Erbteil gebracht worden.

Für die Stadt an der Seine hatte er sich eine andere Strategie überlegt, eine neue Pose zugelegt – galt es doch, zum ersten Mal eine Kultur zu erobern, die sich von Wildes Domäne, dem anglophonen Zungenschlag und den angelsächsischen Literatur- und Philosophietraditionen grundsätzlich unterschied. Gleichwohl – die Zeitungsberichte von seiner USA-Tournee, sie waren auch in Paris aufmerksam studiert worden, und daß es sich bei dem jungen, selbstbewußten Mann im Hôtel Continental in der Rue Castiglione, unweit der Place Vendôme, um einen bunten Vogel handelte, sahen die Droschkenfahrer, Hotelportiers und Rezeptionisten schon von weitem. Daß er eine weitgereiste Attraktion war, daß er in Oxford erlesenes Porzellan gesammelt, daß er in London Frankreichs größte Diva, Sarah Bernhardt, bei einem Gastspiel der »Comédie Française« mit einem riesigen Blumenstrauß empfangen hatte – es hatte sich herumgesprochen. Seine Vortragsreisen hatten ihm viel Geld eingebracht, hier, im ersten Arrondissement, wollte er es nun standesgemäß unter die Leute bringen.

Der Gast aus London schritt mit anmutigen Bewegungen und einem Spazierstöckchen aus Elfenbein, farblich genau auf die Kleidung abgestimmt, die Promenierwege zwischen Orangerie und Jeu de Paume ab und wertete die Reaktionen der Passanten aus, die alle zehn Meter die Hälse nach ihm reckten. Dabei handelte es sich keineswegs mehr um den Pfau von der Londoner Prachtmeile Strand oder den Gecken, der die Avenues von Manhattan entlangtänzelte: Wilde hatte sich in der Wahl seines Erscheinungsbildes deutlich gemäßigt. Die Haare trug er kurzgeschnitten, mit gebrannten Locken, eine Reverenz an die Nero-Skulptur aus dem Louvre. Ein tadelloser, heller Anzug, eine elegante Krawatte, ein Paar Handschuhe als Staubschutz, ein kontrapunktierendes Taschentuch – mehr nicht. Noch nie, so fand Oscar, hatte er eine unauffälligere Pose eingenommen. Und als man ihn auf dem rechten Seineufer gebührend bewundert und bestaunt hatte, ließ er seine Koffer wieder auf die andere Seite des Flusses, jenseits der Tuilerien, an den Quai Voltaire tragen. Dort warteten schon die Musen von Baudelaire, Ingres, Delacroix und de Musset auf ihn.

Er war sich nun sicher: Paris bot sich für seine Posen an. Hier war es ihm noch möglich, von vorn anzufangen, Traditionen in ihrer ganzen Tragweite zu ermessen, die Geschichte Stein für Stein zu berühren. An den Türklinken alter Gebäude klebte noch der Schweiß historischer Persönlichkeiten, auf deren Spuren er sich selbst wichtiger fühlen durfte. In Brasserien und Bistros ließ sich das jenseits des Ärmelkanals und westlich von New Jersey erworbene Selbstbewußtsein abhärten und schleifen: Dem eigenen Ebenbild war einfach nicht zu entkommen, und das gefiel ihm ausnehmend. Eingedenk des Prunks, den die Versailler Spiegelsäle verbreiteten, polierten Pariser Patrons die Scheiben stets auf Hochglanz, selbst in jenen schäbigen Etablissements, in denen man Kakerlaken auf dem Tassenboden oder Ratten hinter dem Tresen vermuten mußte.

Er setzte zu seiner ganz persönlichen Paris-Lektüre an. Was eine kurze Unterbrechung hätte sein sollen, wurde zu einem kreativen literarischen Intermezzo. Oscar, der Weltbürger, lebte jetzt schon seit mehreren Wochen in Paris. Nicht Sehenswürdigkeiten oder Bauwerke bildeten die Kapitel seines Lesepensums – er studierte Menschen. Mit großer Aufmerksamkeit beobachtete er die Männer und Frauen auf den Trottoirs und fragte sich, zu welcher Sorte er selbst gehören würde: zu den armseligen, grauen Rauchschwalben, die in ausgetretenen Schuhen herumstrichen, rechts und links mit vollgestopften Taschen behängt, gebeugt und abgestumpft, oder zu den zu einer anderen Welt gehörenden Boulevardiers mit Maniküre, Pomade und Dienstpersonal, Klavierstunden und Tafelsilber, eingehüllt in feinstes Tuch, in Wolken aus Körperpuder. Die einen waren kleine Modistinnen, Fleischer, Bäcker, Schuster und Coiffeure, die anderen deren Kunden und Kundinnen, die stets mit Nonchalance einen Sou für Chauffeure und Dienstboten bereithielten. Eilfertig wurden diesen Residenten der *beaux-quartiers* der Wagenschlag aufgehalten, in den Mantel geholfen, eine unterwürfige Grußformel entboten.

Oscar Wilde selbst rechnete sich noch zu den zugereisten Parvenüs, aber befand etwas voreilig, für eine Zugehörigkeit zur angestammten Zunft der Paris-Literaten bedürfe es keiner Legitimierung, keiner Daseinsberechtigung. Er hatte Großes vor. Er schrieb neue Gedichte, brütete über historischen Dramen, von denen er sich den Durchbruch in New York erhoffte – mit Vorliebe ließ er sich dabei von Verwechslungskomödien inspirieren. Im *quiproquo* der oberen Zehntausend konnte er mitreden, kannte er sich aus. Im Hôtel Voltaire hielt er Hof, nannte gar eine ganze Suite im ersten Stock sein eigen. Wenn er in seinem weißen Bademantel die Zimmerfluchten durchschritt, hielt er sich ganz ernsthaft für einen neuzeitlichen Balzac und vermied es tunlichst, wie ein Tourist auf das Panorama unter seinen Fenstern, auf die Seinekähne, Bouquinisten und die Außenfronten des Louvre hinauszublicken. Es reichte ihm, daß er die Aussicht mitbezahlen mußte. Sie zu genießen, ihren Genuß in Worte zu kleiden, wäre unter seiner Würde gewesen.

Für Abendempfänge schrieb Wilde im voraus wohlkalkulierte Widmungen in mehrere Exemplare seines Gedichtbandes, von dem er ganze Stapel aus England mitgebracht hatte.

Der erste Besucher, der sich in seiner Pariser Hotelresidenz angekündigt hatte, war Robert Harborough Sherard, ein junger, blonder Poet von einundzwanzig Jahren, eine Bekanntschaft vom Vorabend in Gesellschaft der Griechin Maria Cassavetti-Zambaco. Noch am Tisch war es zu einem heftigen Wortwechsel zwischen den beiden so ungleichen Männern gekommen. Dennoch hatte sich Sherard am nächsten Tag ins Hotel einladen lassen. Als es schließlich klopfte, öffnete Wilde und präsentierte sich seinem Gast in weißer Kutte und mit frisch onduliertem Nerohaupt, dieser eigens für Paris kreierten Frisur.

Sherard und Wilde standen sich gegenüber. Ihre anfängliche Abneigung verflüchtigte sich binnen Minuten in unverfängliches ästhetisches Geplänkel. In den nächsten Monaten sollten sie jeden Tag miteinander verbringen.

Liebesanwärter

༄།

Das Gesicht des Mannes ist seine Autobiographie,
das Gesicht der Frau ist ihr Roman.

Daß die enge Freundschaft zu Sherard mit einer Meinungsver-
schiedenheit über die Zweckmäßigkeit von Besuchen im Louvre
ihren Anfang genommen hatte – Wilde hatte beim ersten Diner
von kontemplativen Séancen vor der Venus von Milo geschwärmt,
Sherard frech zurückgegeben, er vermeide beflissene Museums-
gänge und denke eher an die Warenhäuser *du Louvre*, wo man
schäbige Halsbinden und wertlosen Krimskrams zuhauf erstehen könne –, war bezeichnend: Wilde sollte sich immer etwas
darauf einbilden, in Paris zunächst die Widerstände von Zweif-
lern überwunden zu haben. Er mußte auf der Hut sein. Stärker
als je zuvor lief er hier Gefahr, für einen Aufschneider, einen Poseur, einen Hochstapler gehalten zu werden; man strengte sich
an, hinter Wildes blendender Fassade den Schwindler zu entlarven. Gewappnet war er: Er trug eine gut gefüllte Kladde französischer Bonmots mit sich herum, Pointen, die er entweder auf
der Straße, beim Absinthgenuß oder bei Kutschfahrten auf-
geschnappt hatte – vorzugsweise Wortspiele von Straßenleuten
oder Bediensteten, denen er metaphorische Qualitäten aufbür-
dete –, oder Notate eigener Eingebungen, Lektüreeindrücke und
alltagsphilosophische Anmerkungen. Zusätzlich konnte er mit
einem Strauß bunter Anekdoten aus der amerikanischen Provinz
aufwarten: Mit diesen Begebenheiten aus erster Hand hatte er
den überwiegend seßhaften Parisern allerdings einiges voraus,
und die Literaten des Quartier Latin ließen sich ihre gepflegten
Vorurteile, was die vermeintliche Rückständigkeit, den Pragma-
tismus und die ach so beklagenswerte mangelnde künstlerische
Sensibilität der Bewohner der Neuen Welt anging, immer gern
aufs neue bestätigen. Im Verspotten der Amerikaner, das durchaus auch liebenswerte Züge annehmen konnte, war Wilde ein
Meister, dem niemand das Wasser reichen konnte – mit *The Can-*

terville Ghost (Das Gespenst von Canterville) sollte er es unter Beweis stellen.

Auch die Stoßrichtung seiner kulturkritischen Maximen mußte er veränderten Gegebenheiten anpassen, denn zur Gestaltung eines schönheitsbewußten, geschmackvollen Alltags wollte hier niemand mehr erzogen werden. Belehrungen über die Errungenschaften der Präraffaeliten waren fehl am Platze, und Vorschriften in Fragen des Geschmacks, der Kleidung, der Einrichtung und der Essenzubereitung ließ man sich nur höchst ungern machen – schon gar nicht von Ausländern. Von ätherischen Höhenflügen vor staunenden Ignoranten hatte Wilde sich schleunigst zu verabschieden: Affirmative, euphorisch gestimmte Welt- und Kunstanschauungen waren unwiderruflich passé; in den avantgardistischen Zirkeln von Paris gab man sich dem Morbiden, Düsteren, Destruktiven hin. Am gerade wiederentdeckten Baudelaire faszinierten die makabren, abgründigen Züge; Nerval war tonangebend, Suizid *en vogue*. Fasziniert beobachtete man, wie sich der gefeierte Outcast Verlaine und der nervöse Jungdichter Maurice Rollinat durch ausgiebigen Drogengenuß und ungehemmten Alkoholkonsum zugrunde richteten. Der kultivierte Verfall, die Schattenseiten des Schönen, der mutwillige Abstieg in die Unterwelt hatten Konjunktur: Man huldigte dem Sündhaften, Ungesunden, Abseitigen; man begann, sich für die Erscheinungsformen der gerade im Entstehen begriffenen »Décadence« zu begeistern. Die Symbolisten um Gustave Moreau und die Impressionisten um Claude Monet und Edgar Degas stürmten die Salons, zelebrierten grausig-verstörende Sujets oder betrieben via Abstraktion die Auflösung eingeübter Sehgewohnheiten. Im literarischen Tagesgespräch diskutierte man die Ausformung neuer Romantypen, wurden die Schöpfungen Flauberts und die Tagebücher Goncourts hitzig besprochen, weiterempfohlen oder verworfen.

Lyriker, in deren Ergüssen wiederauferstandene Renaissanceheroen und antike Schauplätze gefeiert wurden, waren weniger gefragt. Selbst der acht Jahre jüngere Robert Sherard rang bereits mit einem mehrbändigen Roman, der auf sein Lyrikdebüt *Whispers* folgen sollte. Wildes Parisaufenthalt im Frühjahr 1883 fiel mit dem Tod von Richard Wagner und von Karl Marx zusammen, eminente Propheten von Götterdämmerungen, wie sie verschiedener nicht hätten sein können. Verbindliche Richtlinien, ja die gesamte Syntax einer in Jahrhunderten gewachsenen Tonsprache oder erstrittenen Gesellschaftsordnung lagen bald in Trümmern. Unumstößliches war in Auflösung begriffen, die *Ring*-Tetralogie und das *Kommunistische Manifest* beschworen den Zerfall althergebrachter Werte, prophezeiten apokalyptische Umwälzungen. Dem *wagnérisme* verfiel das intellektuelle Frankreich der Jahrhundertwende, den Marxismus deuteten Ideologen vor und nach dem Ersten Weltkrieg nach Belieben um und machten ihn ihrer Machtausübung gefügig. Eine Form kollektiven Zusammenlebens, wie sie Wilde 1891 in seinem hellsichtigen, utopischen Essay *The Soul of Man under Socialism (Die Seele des Menschen unter dem Sozialismus)* für die »Fortnightly Review« entwerfen sollte, hatten sie dabei nicht im Auge.

Paris befand sich auch innenpolitisch in einem Übergangsstadium. Die Schmach des verlorenen Deutsch-Französischen Krieges war noch nicht verwunden. Böse Erinnerungen verband man mit der Gefangennahme Napoleons III., der Ballonflucht von Léon Gambetta, dem Volkskrieg seitens der Franc-Tireurs, der Kapitulation von Metz und dem Verlust von Elsaß-Lothringen, das man an den verhaßten »Erbfeind« abtreten mußte. Noch vor dem Abschluß des Friedensvertrages mit Bismarck-Deutschland hatte der Aufstand der Pariser Kommune, dessen Niederschlagung Zehntausende das Leben kostete, die gesamte Nation erschüttert. Sherard und Wilde begaben sich auf ihren Streifzügen oft an die Trümmer des Tuilerien-Palastes. Der Anblick der angekohlten Ruinen veranlaßte Oscar jedesmal, ein Loblied auf die Ursprünge der Demokratie anzustimmen, erkämpft von den unerschrockenen Märtyrern der Kommune.

Seit 1875 die Dritte Republik verfassungspolitisch proklamiert worden war, hatte Frankreich mühsam und mit viel gutem Willen begonnen, sich mit einem Staatswesen zu arrangieren, das Advokaten, Schriftstellern und Professoren ausdrücklich die Aufgabe zuwies, für ein neues Ansehen in der Welt zu werben. Trotz mangelnder Einübung in solche halbwegs demokratischen Verhältnisse – knapp fünfzig verschiedene Regierungsmannschaften gaben sich bis 1914 die Klinke in die Hand – ließ sich von einer gewissen Stabilisierung sprechen, die Saat antiklerikaler-laizisti-

Wilde als Student in Oxford

scher Bestrebungen ging auf. Das Wiedererstarken monarchistischer Kräfte blieb eine Episode, eine drohende Diktatur unter Georges Boulanger wurde gerade noch rechtzeitig abgewendet. Bis zur Dreyfus-Krise löste sich die Mehrzahl politischer Konflikte des wieder mit Selbstvertrauen agierenden Frankreichs in Wohlgefallen auf.

Wilde wußte, daß es ihm in den Augen der »Grande Nation«, die traditionsgemäß Staatsmänner und Buchautoren in Personalunion hervorgebracht hatte, wo es für Politiker zum guten Ton gehörte, gewichtige Memoiren und philosophische Traktate abzufassen, wo das nationale Ansehen von Literaten so hoch im Kurs wie nirgends sonst auf dem alten Kontinent stand, schwerfallen würde, sich allein als vielversprechender Poet zu gerieren: Substantiellere Schöpfungen als gefühlvolle Sonette und Gelegenheitsepigramme mußten vorgelegt werden. Ungeduldig wartete er auf einen Wink des Schicksals aus New York. Von dort erhoffte er sich die erlösende Nachricht: ein Telegramm von der amerikanischen Schauspielerin Mary Anderson, deren Verbindungen in Bühnenkreisen zu einem Vorschuß für sein neuestes Theaterstück geführt hatten.

Während er im Hôtel Voltaire noch an den allerletzten Änderungen für *The Duchess of Padua (Die Herzogin von Padua)* feilte und dort die famose Aussicht auf die Seine verschmähte, von der Sherard so über alle Maßen angetan war, rechnete er fest mit einer positiven Zusage. Er ging davon aus, daß es bald im New Yorker Theaterdistrikt zu einem Stückvertrag und einer langlebigen Aufführungsserie kommen würde. Er war fest entschlossen, von seinem Handwerk zu leben. Bis dahin zehrte er von den Ersparnissen aus seinen Einkünften der Amerikatournee und führte Sherard zu immer feudaleren Eß- und Trinkgelagen aus. Wenn sein junger Gast sich revanchieren wollte, wischte Wilde dessen Vorschlag mit dem unbekümmerten Hinweis vom Tisch, die »Herzogin« werde es schon richten – als handle es sich bei seiner erst noch zum Leben zu erweckenden Protagonistin um eine freigebige Mäzenin. So schwelgten und schlemmten sie zu Lasten eines Kredites, der ihnen in dieser Form noch gar nicht gewährt worden war.

Nicht nur politisch, auch architektonisch war Paris im Umbruch. Ein ausgeklügeltes System von Abwasserkanälen durchzog seit den fünfziger Jahren den Untergrund der Stadt und bereitete dem hygienischen Desaster in den ärmeren Bezirken ein Ende. Die Verfügbarkeit von Trinkwasser, systematische Straßenbeleuchtung und die Gasversorgung schritten flächendeckend fort. Auf Geheiß Napoléons III. hatte der Seinepräfekt Eugène Haussmann von 1860 an die städtebauliche Großtat des Second Empire vollbracht, ein Netzwerk von schmucken Boulevards und Avenuen entworfen, mehrere Dutzend Schneisen ins Häuserlabyrinth der spiralförmig gewachsenen Metropole geschlagen und so rücksichtslos wie instinktsicher die Transformation zur Weltstadt ins Werk gesetzt – mit logistischer Verve. Unter dem Oberbefehl des elsässischen Barons, dessen Tochter Valentine bis zur Mätresse des Kaisers avancierte, entstanden der Étoile-Kreisel um den Arc de Triomphe mit seinen sternförmig organisierten, den Stadtplan strukturierenden Prachtstraßen, eine Vielzahl öffentlicher Gärten und Parks, zwei Handvoll neuer Brücken, Wasserreservoirs, Brunnen und nicht zuletzt die Diagonale zwischen Louvre und Palais Garnier. Nachdem zwei Jahrzehnte lang Tausende von Arbeitern das Stadtinnere in eine chaotische, lärmende Großbaustelle verwandelt hatten, war Paris nun für die Herausforderungen der Moderne gerüstet. Wie aus dem Ei gepellt konnte es dem kommenden Ansturm der zwei Weltausstellungen und dem Streit um die Errichtung des Eiffelturms gelassen entgegensehen.

Wilde hielt mit dem Erneuerungswillen der Pariser Schritt, und wenn es vorerst auch nur äußerlich war. Den »Oscar der ersten Phase«, den langhaarigen Amerikapilger, den Heilsbringer mit Lilie und Sonnenblume ersetzte er durch den kurzhaarig-gelockten »Oscar der zweiten Phase«. Jede neue Maske verhieß auch eine neue Persönlichkeit – der irische Nero aus dem Hôtel Voltaire war ein Experte der Verwandlungskunst, die es zu vervollkommnen galt. Wildes Coiffeur, der von seinem anspruchsvollen Kunden aus der Rue Scribe bis in den Louvre gezerrt wurde, um vor römischen Büsten aus Marmor die Details antiker Haartracht zu studieren, damit er den Wünschen des Exzentrikers Genüge tun durfte, er konnte ein Lied davon singen.

Oscar Wilde begann sich an den täglichen Umgang mit Robert zu gewöhnen. Die ungebremste Frankophilie seines Begleiters begeisterte ihn – letzterer datierte seine Schriftstücke mit Vorliebe mit den aus der Mode gekommenen Monatsnamen der französischen Revolution. Wie Marx hätte er wohl den Staatsstreich von Louis Bonaparte auf den »achtzehnten Brumaire« verlegt. Wilde schätzte auch die skurrilen Elemente in Sherards Biographie: Der junge Mann war nicht nur ein Urenkel von William Wordsworth, sondern auch bestens mit Victor Hugo vertraut, denn Roberts Vater und der Patriarch der französischen Literatur waren auf der Kanalinsel Guernsey zu Nachbarn geworden. Als Wilde bei einer Dichtersoiree den seinerzeit schon todgeweihten Dichter dann persönlich traf, für ihn gar Hugo-Verse aus dem Stegreif rezitierte, blieb der Achtzigjährige ungerührt und nickte im Verlauf der nachfolgenden Konversation sogar ein – keine Sternstunde für Oscar. Ungeachtet dieser im Sande verlaufenen Zusammenkunft nutzte er Sherards weitreichende Kontakte, wo er nur konnte, ließ sich vorzeigen; und sein Jünger war seinerseits stolz darauf, sich auf Partys im Glanze des Älteren sonnen zu können.

An Sherard gefiel Wilde einerseits eine beinahe hündische Ergebenheit – dem Umstand, daß der Jüngling den Dichter anhimmelte und ihm Tag für Tag zur Verfügung stand, verdanken wir noch heute eine Fülle an Details, die Sherard später in mehreren Wilde-Büchern ausbreiten sollte –, andererseits ein gewisser Widerspruchsgeist, der immer in den unerwartetsten Momenten aufblitzte. So war Robert schon zu ihrer ersten Begegnung mit dem Vorhaben gegangen, Wilde unsympathisch zu finden, ihm öffentlich eine Rüge zu erteilen, seinen übertriebenen Kult um Äußerlichkeiten im Salon der Griechin Zambaco lächerlich zu machen und alles zu verhindern, damit der Neuankömmling in Paris Fuß fassen könne. Das Gegenteil traf ein: Sherard ließ sich von Oscar Wilde für seinen Wagemut loben, ihm Paroli geboten zu haben; er ließ sich demütigen, als der seinen Haarschopf mit dem eines unbekannten Cellisten verglich; er erlag gegen seinen Willen Wildes Charme, folgte noch am nächsten Tag der Einladung ins Hotel, gab seinem neuen Idol zuliebe sogar seinen angestammten Kunstgeschmack auf und interessierte sich auf Wildes Anregung plötzlich für den Malerbund um Degas.

Dann wieder korrigierte Sherard Wildes undifferenzierte Ausdrucksweise, wenn dieser beim Souper in der Rue de Tournon nicht die angemessenen kulinarischen Begriffe verwendete. Man stritt um die richtige Bezeichnung für Roberts Haarfarbe; Sherard zeigte sich auch störrisch, wenn es darum ging, daß er seinen neuen Freund als »Oscar« anreden sollte – »Wilde« schien ihm formeller und unverfänglicher, was wiederum den Titulierten kränkte, der zumindest auf einem vorangestellten »Mister« bestand. Ging es im Grunde auch um Nichtigkeiten, so zeigte das verbale Gefeilsche um die strittige ästhetische Bezeichnung einer im Kaffeesatz ausgedrückten Zigarrenkippe oder den korrekten Farbton beim Rahmen eines alten Gemäldes doch zunehmend Züge eines langandauernden Flirts, dessen unübersehbare Zweideutigkeiten beide Beteiligten offenbar über Gebühr ignorierten. Sherard ließ es sich gefallen, zur Begrüßung und zum Abschied auf den Mund geküßt zu werden – sogar für Wilde handelte es sich hierbei um eine neue Form, seine Zuneigung auszudrücken. Sherard fand auch nichts dabei, sich von dem Älteren kostbare Geschenke machen zu lassen und war gerührt, wenn Wilde einen halben Tag in Paris damit zubrachte, ein seltenes Buch über Nerval für seinen jungen Freund aufzuspüren. »Auch ein Jünger ist einem von Nutzen. Er steht hinter dem Thron und flüstert einem im Augenblick des Triumphs ins Ohr, daß man trotz allem unsterblich sei«, formulierte Wilde dereinst in seinen *Maximen zur Belehrung der Über-Gebildeten.*

Die wahre Natur dieser Zutraulichkeiten, eine unterschwellige Homoerotik auf Seiten Wildes, ging ihnen beiden erst sehr spät auf, und Sherard hätte unverblümte erotische Anträge wohl auch auf der Stelle entrüstet zurückgewiesen. Denn er schickte sich soeben an zu heiraten, ein Thema, das Wilde – vorerst – tunlichst mied, das ihn sogar verärgerte. Aber seine erwachende Leidenschaft für jugendliche Männerkörper wurde von Sherard ohnehin nicht geweckt. Noch hielt er es mit anonymen Pariser Fräulein: Allem Anschein nach tummelte sich Oscar Wilde mehr als einmal in den Freudenhäusern der Kapitale – Erfahrungen, wie sie gefiltert in sein gleichfalls noch in Paris entstandenes Gedicht *The Harlot's House (Das Bordell)* einfließen sollten. Von Begierde und Fleischeslust erfährt der Leser wenig: In zwölf Dreizeilern schildert der Autor vielmehr einen gespenstischen Totentanz. Untermalt von einem Johann-Strauß-Walzer bewegen sich die Körper im Inneren des Gebäudes wie Automaten und Puppen, aufgezogen von einem grotesken Mechanismus. Düstere Atmosphäre und schrille Dissonanzen durchdringen sich. »The dead are dancing with the dead«, flüstert der Besucher seiner Liebsten zu, und erst im Morgengrauen nimmt das unheimliche Gewoge der Schatten und Geister im Dreivierteltakt ein Ende.

Suchten die beiden Flaneure käufliche Mädchen gemeinsam auf? Viele Wilde-Exegeten schildern Sherard zwar oft als einen dumpfen, anhänglichen Charakter von unterwürfiger Treue, als streng erzogenen Moralapostel, als Jüngling von nur mittelmäßigem Aussehen. Doch auch Wilde selbst konnte eigentlich nicht als Schönheit gelten, aller Sorgfalt zum Trotz, die er auf Garderobe und Imagepflege verwandte. Auf Photographien ist Sherard als ein ernst dreinblickender junger Mann abgebildet, dem nichts Eitles oder Modisches anhaftet. Gleichwohl, er sollte der erste in einer Reihe von kultivierten, einflußreichen Jünglingen sein, die Wilde mit exzellenten Manieren bereitwillig Gesellschaft leisteten und einen Großteil ihrer Zeit und Energie dem Aufstieg des bewunderten Dandys opferten. Viel spricht demnach dafür, daß Oscar seinen Schützling auf seine Weise attraktiv fand. An seinem Charme ließ sich unter kundiger Anleitung durchaus feilen, seine Liebenswürdigkeit war ausbaufähig, seine Abhängigkeit nützlich, und Wilde verdankte Sherard nicht mehr und nicht weniger als die Einführung in die maßgeblichen Salons, die Bekanntschaft mit unzugänglichen Geistesgrößen sowie das intensive Studium einer gemeinsamen Passion: der literarisch-künstlerischen Szene von Paris. Minutiös vollzogen beide Gérard de Nervals Wanderungen nach und verharrten ehrfürchtig unter der Laterne, wo der Unglückliche sich aufgeknüpft hatte.

Mit Sherards Hilfe steckte Wilde sein Terrain ab: Quartier Latin und Saint-Germain-des-Près, die Viertel zwischen Tuilerien, Börse, Madeleine und Opéra, die Bürgersteige auf dem Weg von der Concorde die Champs-Élysées hügelaufwärts, zuweilen die Café-Concerts unterhalb des Montmartre, um den Vorstellungen der Chansonetten zu lauschen, sowie dann und wann eine Spritztour in den Bois de Boulogne. Die Koordinaten seines Paris waren die gewölbten Kuppeln der Académie Française und des Panthéons, äußerster Fluchtpunkt im Süden das legendäre Schriftstellerlokal »Closerie des Lilas«, dort, wo Boulevard Saint-Michel und Boulevard Montparnasse im spitzen Winkel aufeinander zulaufen, nicht einmal einen Steinwurf vom Jardin de l'Observatoire, der Verlängerung des Luxemburg-Parks, entfernt. Weiter als bis zum Carrefour Vavin dehnte Wilde seinen Radius, auch bei späteren Aufenthalten, kaum aus: Ihm genügte es vollauf, die feudalen Brasserien wie das »Lavenue« oder das »Foyot« wie seine Westentasche zu kennen, im Café de Paris, im Restaurant »Zimmer« am Châtelet, im »Vachette« oder bei »Bignon« als Habitué einzukehren, deren Speisekarten wie Passagen der Heiligen Schrift zu memorieren und noch von den blasiertesten Obern den besten Tisch zugewiesen zu bekommen. Nur hier würde er ja auch wieder auf einen der illustren Wortführer stoßen, die ihm noch in seiner Sammlung fehlten. Der Bois de Vincennes, die Plaine Monceau, Passy gar oder die Hügel der Buttes-Chaumont, von den Surrealisten zur mythischen Stätte erkoren, das wäre ihm alles schon viel zu weit gewesen. Erst als Geächteter sollte er von Zeit zu Zeit mit den Außenbezirken vorlieb nehmen.

Paris nahm ihn über Gebühr in Anspruch. Er fühlte sich hin- und hergerissen zwischen einsamer, intensiver Detailarbeit an diversen, unerledigten Projekten und den Verlockungen, die von Atelierbesuchen, Dichteraudienzen oder Einladungen ins Ausland ausgingen. »Doch im Augenblick stecke ich tief in einer literarischen Arbeit und darf meine beiden kleinen Zimmer über der Seine erst wieder verlassen, wenn ich zwei Theaterstücke beendet habe.«[1] In vielen Briefen assoziiert er ausgerechnet Paris, die schmeichelnde Sirene des unablässigen Divertissements, immer wieder mit Begriffen wie Ordnung, Leistungskraft, Disziplin. Die fertiggestellte *Duchess* wurde auf den Weg gebracht und über den großen Teich geschickt; die Gewißheit, die Uraufführung auch von *Vera* durch Marie Prescott noch im Sommer in New York erleben zu können, trieb ihn um. Auch die Arbeit an der *Sphinx*, mit der er ein Pendant zu Edgar Allan Poes *Raven* schaffen wollte, nahm er wieder auf. Doch noch entzog sich ihm der Stoff.

Wilde entwickelte erstaunlichen Fleiß. Kurzzeitig begann er sogar, für seine bisherigen Schöpfungen eine Opus-Zählung vorzunehmen, als sei er ein debütierender Komponist. Das Angebot, bei einer Freundin seiner Mutter in Rom zu weilen, schlug er nach kurzer Überlegung aus. Wichtige Modifikationen, mit denen *Vera* punktuell verbessert werden sollte, die Suche nach komplizierten Reimpaaren und metrische Studien für die *Sphinx* standen jetzt im Vordergrund, duldeten keinen Aufschub mehr. Mochte Rom auch mit weit angenehmerem Klima werben, für Wilde hatte Paris den Sieg davongetragen. Er hatte für Edmond de Goncourt in dessen »Grenier d'Auteuil« den Clown gespielt, im »Procope« vergessen, Paul Verlaines Wermutglas nachzufüllen, war in Edgar Degas' Studio eine Hühnerleiter hinaufgeklettert. Er hatte bei Mallarmés »Dienstagen« für ein Stündchen vorbeigeschaut und, als Pfau, den Kritiker Paul Bourget gegen sich aufgebracht, der behauptete, Wilde habe seinen Spazierstock nachgeäfft. Er ließ Bilder von Camille Pissarro und Giuseppe de Nittis auf sich wirken und verkehrte regelmäßig im Haus des letzteren, dem Goncourt seinen neuesten Roman zugeeignet hatte. Er traf den Maler Jacques-Émile Blanche, nach dem bald eine berühmte Kunstzeitschrift benannt werden sollte, und den Dichter Henri de Régnier, der von Wilde sagte, er mache auf ihn den Eindruck eines glücklichen Mannes, der mit sich im Lot sei. Oscar Wilde war nun auch in der französischen Metropole auf dem Weg vom Kuriosum zur anerkannten Größe, nicht von allen geliebt oder respektiert, aber vielen ein Aperçu wert.

Auf Verlaine machten die Impertinenzen und Paradoxien seines irischen Kollegen Eindruck – in Gegenwart des *poète maudit* hatte Wildes Fabulierkunst in der Tat keine Grenzen mehr gefunden –, ihn erstaunte dessen veritables Heidentum und eine dem Lebensglück verpflichtete Sorglosigkeit. Edmond de Goncourt vertraute seinen Tagebüchern Abschätzigeres an. Er glaubte, in Wildes Charakter subversive, ja »päderastische« Züge ausgemacht zu haben, sprach von einer zweifelhaften sexuellen Identität seines Besuchers. Nichts lag Wilde im übrigen ein Leben lang ferner als die Versuchung, aus privaten, intimistischen Notaten eine selbständige, dichterisch wertvolle Chronik zu erstellen; nie hätte er, über Jahrzehnte hinweg wie Goncourt und später vor allem Gide, ein insgeheim schon zur Veröffentlichung bestimmtes Tagebuch geführt. Er hörte jedoch genau hin, wenn Maurice Rollinat aus seinem Lyrikband *Névroses* zitierte und machte sich Notizen bei der Lektüre von Goncourts Roman *La Faustin*: Überall stieß er auf die Heiligsprechung des Bösen, auf die Doppelbödigkeit des Verhältnisses von Kunst und Leben, Schein und Wirklichkeit. Und überall fand er Anregungen in Inhalt, Formulierung und Esprit, die er in nicht allzu ferner Zukunft für *Dorian Gray, Salome* und die anstoßerregende Shakespeare-Erzählung *The Portrait of Mr. W. H.* nutzbringend verwerten sollte. Viele seiner Pariser Bekanntschaften reduzierten Wilde auf einen geltungsbedürftigen Selbstdarsteller, doch war er im selben Moment sehr wohl in der Lage, ästhetische Positionen anderer zu absorbieren. Er war durchaus aufnahmefähig und besaß Einfühlungsvermögen.

Degas etwa erlag allein dem äußeren Schein: Er befand nach Wildes Visite, es handle sich bei seinem Bewunderer um einen »Lord Byron der Vorstädte«. Ihm entging, daß Wilde das stilistische Aufbegehren der Impressionisten gegen akademische Traditionen aufmerksam registrierte – bei allem oberflächlichen Palaver. Nur die große Sarah Bernhardt, die er mit einem Theaterbesuch und einem noch üppigeren Blumenstrauß, als er bei früherer Gelegenheit von ihr bekommen hatte, beehrte, war ihm wohlgesonnen und bat ihn, zusammen mit Sherard, in ihre Gemächer im 17. Arrondissement an der Avenue de Villiers. Sie triumphierte seinerzeit als Victorien Sardous *Fédora* im Vaudeville und schwärmte: »Oscar Wilde gewann ich deshalb so lieb, weil er mich von Beginn unserer Verbindung an spüren ließ, daß seine zahlreichen Liebenswürdigkeiten keinesfalls dazu dienen sollten, meine Gunst zu erringen, wie so oft der Fall, wenn sich die Männer uns Frauen nähern. Ich fand einen Kameraden in ihm und nicht etwa einen nach mir schmachtenden Liebesanwärter, und so wurde eine tiefe und echte Freundschaft überhaupt erst ermöglicht. Und das ist nun zwischen einer Frau und einem Mann ganz selten der Fall.«[2] Ohne daß es in ihrer Absicht lag, lieferte sie damit die archetypische Definition eines den Frauen ergebenen Homosexuellen. Wilde selbst dachte immer noch nicht an Gefühle, sondern verkündete als Bilanz seiner Pariser Abenteuer und Mißgeschicke: »… wir leben in einer Zeit zügellosen persönlichen Ehrgeizes, und ich bin entschlossen, daß die Welt mich verstehen soll, daher will ich jetzt neben meiner Arbeit für die Kunst einen großen Teil meiner Zeit der Bühne widmen. Die Bühne scheint mir der Treffpunkt von Kunst und Leben zu sein.«[3]

Eine gründliche Fehleinschätzung zu diesem Zeitpunkt: In ihrem seit Wochen ersehnten Antworttelegramm teilte ihm Mary Anderson kurz und bündig die Ablehnung der *Duchess of Padua* mit. Die offenkundigen Schwächen des Stückes, das melodramatische Züge mit humoristischen Intermezzi zu versöhnen suchte, hatten sie dazu bewogen, ihr Engagement für eine New Yorker Inszenierung einzustellen. Auch die umfänglichen Reparaturen, die Wilde in Paris noch in letzter Minute daran vorgenommen hatte, bewirkten keine Umstimmung des Theaterstars. Das war eine kalte Dusche für Wilde, in finanzieller Hinsicht sah er seine Felle davonschwimmen, und mit dem erhofften Comeback in Manhattan sollte es noch eine Weile dauern. Erst 1891 brachte man die *Herzogin* unter dem Titel *Guido Ferranti* und ohne Angabe des Verfassers dann in New York heraus. Wilde setzte alles daran, sich nichts anmerken zu lassen. Er spielte seine Enttäuschung herunter, soll aber vor Sherards Augen einige Telegrammfetzen zu verdaulichen Kügelchen gerollt und verschluckt haben, als handle es sich um einen unliebsamen Liebesbrief, der keinesfalls in die Hände Dritter gelangen durfte. Auf Kosten der »Herzogin« ließ sich nicht länger speisen, Wildes Reserven schmolzen dahin, bald war es ihm nicht mehr möglich, Sherard Abend für Abend als seinen Gast zu betrachten. Womöglich mußte er gleich nach England zurückkehren.

Doch noch zögerte er, unverrichteter Dinge abzuziehen. Er hatte sich an weltmännischen Lebensstil, Viergängemenüs, erlesene Crus und komfortable Hotelsuiten in den vergangenen Monaten gewöhnt; seine frühere Londoner Wohnsituation empfand er nun als nicht mehr standesgemäß. Mit Mutter oder Bruder auf engstem Raum zusammenzuleben oder sich mehrere Zimmer, wie in Studententagen, mit Gleichgesinnten zu teilen, erschien ihm eine wenig verlockende Aussicht. Doch ein Blick ins Portemonnaie belehrte ihn eines Besseren. Eine neue Vortragstournee quer durch Großbritannien mußte organisiert werden, und der für August angesetzte New Yorker Probenbeginn von *Vera or the Nihilists (Vera oder die Nihilisten)* verhieß wenigstens Abwechslung für den Sommer. Wilde zog erst einmal zu seiner Mutter in die Park Street. Seine Zeit in Paris war vorerst abgelaufen, er würde der Stadt wieder seine Aufwartung machen, wenn sich eine günstigere Gelegenheit bot. Er ließ Sarah Bernhardt, Salondamen und Dichterfürsten zurück und in seinem Hotelzimmer über der Seine die *Sphinx*. Nicht in einer Wüste hatte sich die Titelgestalt seines Poems majestätisch aufgebaut, sondern gegenüber vom Schreibpult:

> Aus dunkler Zimmerecke schaun
> – wohl länger als ich denken kann –
> die Augen einer Sphinx mich an
> durch Tag und Nacht und Dämmergraun.
> So schön und schweigend liegt sie hier
> und regt sich nicht und hebt sich nicht,
> denn nichts ist silberner Monde Licht
> und nichts sind tanzende Sonnen ihr. ...
> Wie bist du wunderlich grotesk,
> du Lieblicher – halb Weib, halb Tier!
> Sehnsüchtige Sphinx, hervor zu mir!
> Leg auf mein Knie den Kopf, den still
> mit sanfter Hand ich streicheln will ...

Wilde machte sich auf nach London, um, so war es sein erklärtes Ziel, der »englischen Gemütlichkeit den Garaus zu machen«[4].

In London war er einem Wechselbad der Gefühle ausgesetzt. In der Presse hatte man aufmerksam seine neue, vergleichsweise schlichtere Aufmachung registriert, sich Anspielungen auf seine derzeitigen Geldnöte nicht entgehen lassen. Was die Kunstszene anbelangte, so gab es einigen Nachholbedarf für ihn. Es gelang ihm aber, Whistler wieder etwas günstiger zu stimmen, und er hielt sogar einen Vortrag über dessen Malerei im Akademieclub. In der Charles Street verschaffte er sich für wenige Übergangsmonate eine Junggesellenbleibe und stürzte sich unverzüglich ins gesellschaftliche Leben, das gewagt hatte, zwischendurch auch ohne seine aktive Mitwirkung zu pulsieren. Außerdem unternahm er nun die ausgedehnte Vortragstournee durch England und Irland, gewissermaßen eine Neuauflage seiner USA-Reise im Kleinformat, nur daß er in heimischen Gefilden den Spieß umdrehte und, wie bereits in Paris, seine *Personal Impressions of America* zum besten gab. Das Prestige vieler Veranstaltungsorte ließ allerdings zu wünschen übrig, und seine Honorare fielen weitaus niedriger aus als in den Staaten.

Ein Sommeraufenthalt in New York führte ebenfalls noch nicht die gewünschte Wende in Wildes Karriere herbei. Zwar brachte Marie Prescott, wie versprochen, sein Nihilisten-Drama im Union Square Theatre auf die Bühne, aber der Zeitpunkt war schlecht gewählt. Mitten im August stöhnten Akteure und Publikum unter der unerträglichen Hitze im Saal. Die Kritiken fielen gemischt aus, und *Vera* wurde schon nach einem Monat wieder abgesetzt. Dennoch: Insgesamt überwog bei Wilde die Euphorie, wieder in Großbritannien in vorderster Front mitmischen zu dürfen, und er verkündete: »... der strahlende Wirbel und Strudel des Londoner Lebens reißt mich weg von meiner Sphinx.«[5] Die Gleichsetzung von Gedicht, Fabelwesen und Paris bekam immer schärfere Konturen. Doch vorerst sorgte Wilde für geordnete Familienverhältnisse.

Im November 1883 war er in Dublin, um sich mit Constance Mary Lloyd, einer ernsten, gebildeten jungen Frau aus dem Juristenmilieu, zu verloben. Constance war als Halbwaise bei ihren Großeltern aufgewachsen, von denen sie eine ansehnliche Erbschaft zu gewärtigen, in deren Heim sie aber auch eine etwas freudlose, gleichwohl solide Erziehung genossen hatte. Die Verbindung zu Oscar war durch zurückliegende Dubliner Bekanntschaften seiner Mutter Speranza geknüpft worden. Verwandtschaftliche Schachzüge auf beiden Seiten – gegenseitige Einladungen, Empfänge im Londoner Salon von Lady Wilde – hatten die Beziehung aufblühen lassen. Oscar gelang es schnell, Constances Großvater und ihren anfangs noch skeptischen Bruder Otho Lloyd, mit dem sie einen innigen Kontakt unterhielt, für sich einzunehmen.

Wilde war von Constances Intelligenz und ihrer mädchenhaften Schönheit angetan und vermittelte tatsächlich glaubhaft den Eindruck, bis über beide Ohren verliebt zu sein. Seine Braut konstatierte überrascht, daß Oscar im Privatgespräch so ganz andere Seiten zur Schau stellte als in der Öffentlichkeit; mit ihr gab er sich zurückhaltender, viel seltener outriert. Seine gewählte, preziöse Ausdrucksweise fand sie entzückend, und Wildes immense Bildung erstaunte sie. Auf sie wirkte er nicht wie ein Provokateur. In ästhetischen Fragen hatten die jungen Eheleute von Anfang an

Constance Mary Wilde, geb. Lloyd

durchaus auch unterschiedliche Auffassungen. Constance sagte ihm stets, was sie an seinen Vorträgen bewunderte und an welchen Passagen sie Anstoß nahm.

Daß Oscar an diesem ihm aufrichtig zugeneigten Mädchen Gefallen fand und sie als Sexualpartnerin für ihn überhaupt in Frage kam, mag in der Rückschau frappieren. Doch schien er in Jugend- und Studentenjahren stets für schöne junge Frauen geschwärmt zu haben. 1877 hatte er in Oxford Florence Balcombe, einer hübschen, anmutigen Siebzehnjährigen, den Hof gemacht, ihr in Briefen heiße Liebesschwüre zukommen lassen, sich zwei Jahre lang um ihre Gunst bemüht. Vergeblich – die zarte Florence gab Oscar einen Korb, heiratete einen anderen Jüngling: Bram Stoker, der sich später als Autor des *Dracula* einen Namen machen sollte. Der Verschmähte schickte ihr dennoch weiterhin Blumengebinde, nahm an ihrem Schicksal über die Jahre hinweg Anteil, lud sie 1892 zur Premiere seines Stückes *Lady Windermere's Fan* ein (*Lady Windermeres Fächer*) und hörte nie auf, Florences unvergleichliche Schönheit zu rühmen. Dann hatte es da die gelegentlichen Bordellbesuche in Paris gegeben, vielleicht aber auch schon in Oxford und London – als Oscar sich mit Constance verband, war er immerhin knapp dreißig, und es ist schwer vorstellbar, daß er sich bis zu diesem Zeitpunkt absolute Enthaltsamkeit auferlegt haben sollte.

Wildes bisherige Erfahrungen in der Liebe unter Jünglingen liegen im dunkeln. Adoleszente Schwärmereien und auch erotisches Geplänkel waren hinter vorgehaltener Hand in den britischen Studentenhochburgen zwar gang und gäbe, zumal die Geschlechtertrennung und die jahrelange Fixierung auf seinesgleichen einer temporären Homoerotik mehr als förderlich war. Auch Affären zwischen Studierenden und Lehrenden waren insgeheim an der Tagesordnung, unterlagen aber einer scharfen Selbstkontrolle. Nichts davon durfte nach außen dringen. Wilde selbst mißbilligte in Oxford seinen Kommilitonen gegenüber das allzu naßforsche Auftreten eines solchen Pärchens in der Öffentlichkeit. Und E. M. Forster hat in seinem erfolgreich verfilmten, allerdings Jahrzehnte zurückgehaltenen Roman *Maurice* unmißverständlich dargelegt, welch schweren Repressalien sich Zuwiderhandelnde, denen im Universitätsmilieu von Cambridge ein diskretes »Ausleben« ihrer Neigung vorschwebte, ausgesetzt sahen.

Heutzutage selbstverständliches »Outing«, auch durch Dritte, konnte im spätviktorianischen England tragische Züge annehmen – Wilde sollte es am eigenen Leibe erfahren. Zwar zählte er in London und Oxford zahlreiche Homosexuelle zu seinem Freundeskreis, allesamt Künstler, Bohemiens, Privilegierte, die aus ihren Präferenzen keinen Hehl machten, aber im gleichen Atemzug Vorsicht walten ließen. Auch in Walter Paters Schriften war das heikle Sujet mehrfach zum Vorschein gekommen. Doch schienen Wildes eigene gleichgeschlechtliche Regungen entweder noch zu schlummern oder unter Kontrolle gehalten zu werden. Sein äußeres Erscheinungsbild, sein Auftreten, seine Gebärdensprache und Wortwahl freilich hatten »Eingeweihte« nicht einen Augenblick zweifeln lassen.

Hinzu kam, daß er Menschen, die ihm übel mitspielen wollten, von jeher in besonderem Maße auf sich aufmerksam gemacht hatte. Auch diese, im Wachsen begriffene Gruppe war sich ihrer Unterstellungen sicher. Und, Wilde war sich dessen sehr wohl bewußt, das über die Jahre zunehmende Gespött der *yellow press* hatte stets auf die Degradierung seiner zur Schau getragenen Effeminierung gezielt und deutlich homophobe Züge getragen. Eine Heirat konnte da Abhilfe schaffen, wo die schreibende Zunft Wilde immer öfter als Zwitterwesen verunglimpfte oder ihn mit weiblichen Vornamen zierte. Noch weitaus ärger waren die Verballhornungen der Karikaturisten: Man weidete sich an Wilde eindeutig als an einem Transvestiten, man steigerte das angeblich Weichlich-Schlaffe, Gezierte seines Erscheinungsbildes ins Maßlose.

Ein quälender Verdacht mußte also aus der Welt geschafft werden. Speranza wollte Schwiegermutter, Willie Schwager werden, und Wilde benötigte eine Ehe dringend zur Untermauerung seiner gesellschaftlichen Position. Trotz alledem wäre es irrig, wollte man Oscars Heirat – Constance und er wurden am 29. Mai 1884 in der St.-James-Kirche zu Paddington getraut – auf ein bloßes Arrangement, auf eine *mariage blanc* reduzieren. Seine »ernste, schlanke, veilchenäugige kleine Artemis mit schweren Flechten dichten braunen Haars, unter dem sich ihr blumengleiches Köpfchen wie eine Blüte neigt«[6], heiratete keineswegs zum Schein einen Männerfreund, der unerkannt bleiben wollte. Constance konnte davon ausgehen, am Arm eines berühmten, vielversprechenden Dichters aus der Kirche zu treten, gewillt, die Ehe mit ihr auch zu vollziehen.

Sicherlich trug Wildes verbaler Überschwang, seine Gewandtheit im Abfassen rauschhaft-ekstatischer Liebeserklärungen, zur beiderseitigen Hochstimmung bei. Aufgrund dieser Fähigkeit überlistete er sogar sich selbst und vermochte zu glauben, daß die große Liebe tatsächlich stattfand. Sicherlich auch galt Wildes uneingeschränkte Bewunderung den Diven, künstlerisch aktiven Frauen mit Glamour und Bühnenwirkung, deren bloße Anwesenheit ein Wohnzimmer in eine großartige Theaterszenerie verwandeln konnte. Mit der raumgreifenden Präsenz und der sinnlichen Schönheit von Lily Langtry, Sarah Bernhardt, Marie Prescott, Ellen Terry und Mary Anderson – allesamt weitgereiste, souveräne Frauen, die Wilde zutiefst verehrte –, selbst mit dem nonchalanten Charme seiner Mutter Speranza, einer erfahrenen Salondame, aber eben kein »Weibchen«, konnte Constance Wilde nie mithalten. Aus späteren, traurigeren Jahren stammt Wildes Ausspruch, er habe sich an der Seite Constances als Ehemann »zu Tode gelangweilt«. Nie stellte er aber seine tiefe Liebe und Zuneigung zu ihr in Frage, und beide waren sich des kommenden Verhängnisses nicht einmal ansatzweise bewußt. Daß Wilde Constance zuallererst Paris präsentieren wollte, auch das spricht für die Intensität des jungen Glücks. Schon zuvor hatte er sehnsüchtig über den Kanal geschielt: »Wenn ich nur wieder in Paris wäre, wo ich so gut arbeiten konnte. Aber die [Londoner] Gesellschaft will verblüfft sein«[7].

Nun verblüffte er statt dessen Paris und damit auch Sherard mit einer bisher unbekannten Pose: der des Bräutigams. Selten kam ihm eine Maske so gelegen wie diese. Dem Honeymoon mit der französischen Hauptstadt und Sherard folgten die »echten« Flitterwochen mit Constance auf dem Fuße. Die Gazetten ließen sich die sensationelle Gelegenheit nicht entgehen, und sofort nach Ankunft der Eheleute heftete sich ein Reporter der »Morning News« an die Fersen der Wildes. Die Nachricht von Oscars spektakulärer Hochzeit hatte sich in beiden Weltstädten wie ein Lauffeuer verbreitet: Der Gatte höchstpersönlich hatte das extravagante Brautkleid, Constances Geschmeide und den Blumenschmuck entworfen, auch die Ausstaffierung der *maids of honour* oder *brides-maids* überließ er nicht dem Zufall. Was ihn selbst betraf, so trug er sein Haar mittlerweile onduliert, und den Stararchitekten Edward Godwin hatte er damit beauftragt, ein neues Haus in der Tite Street im Stadtteil Chelsea ganz nach seinen Wünschen zu gestalten und dabei keine Kosten zu scheuen. Womit das junge Glück allerdings die horrenden Ausgaben für alle Umbauten begleichen wollte, stand in den Sternen, denn noch erfreute sich Constances Großvater, sehr zum Leidwesen des Brautpaars, bester Gesundheit.

Wilde war wieder ans rechte Ufer der Seine zurückgekehrt und beanspruchte diesmal im Hôtel Wagram an der Rue de Rivoli eine Suite aus mehreren Zimmern in der obersten Etage, die auf die von ihm so geliebten Tuilerien hinausgingen. Diesmal ließ er sich doch dazu herab, von Zeit zu Zeit aus dem Fenster zu schauen, und sei es nur, um den Geist der Sphinx vom Quai Voltaire – die Angst vor ihrer Doppelnatur – zu bannen. Das Gedicht war mittlerweile mehrere Seiten lang und drohte immer mehr auszuufern. Der junge Ehemann lebte auf großem Fuß, lagerte inmitten von Kissen und Vasen auf einem Diwan, studierte Stendhals *Le rouge et le noir* und erzählte jedem, der es hören wollte, wie verliebt und glücklich er doch sei. Sherard gefiel das selbstverständlich nicht. Er fand, daß sein so veränderter Freund vom Vorjahr ein bißchen arg dick auftrug und ärgerte sich, daß er ihn, abgelenkt von den Wonnen des Ehelebens, nun mit Constance teilen mußte.

Bei den seltenen Spaziergängen, die Robert gewährt wurden, mußte der junge Mann es sich gefallen lassen, von Wilde in allen Details des Beischlafs unterrichtet zu werden. Der frischgebackene Ehemann schwelgte in den Schilderungen der geglückten Entjungferung und stellte damit seine verhängnisvolle Neigung zur Schau, eheliche Intimitäten, die besser nie sein Schlafzimmer verlassen hätten, mit aller Gewalt hinauszuposaunen. Die mit ihm befreundeten Pariser spitzten aufmerksam die Ohren: Ganz neue Töne kamen ihnen da aus Wildes Mund zu Gehör, und je dröhnender seine Tonlage wurde, desto mehr wuchs ihr Argwohn. Die vielbelesene, der Vergangenheit zugewandte Constance erblickte in Sherard, der ihr sogleich sympathisch war, eine Reinkarnation des englischen Poeten Thomas Chatterton und begleitete Wilde zu mehreren Vernissagen.

In jenen Tagen zeigte der Salon neue Gemälde von Whistler, dessen Gemälde sich in Paris wachsenden Zuspruchs erfreuten. Eine Wiedergabe von Shakespeares *Macbeth*, in der Sarah Bernhardt sich allabendlich feiern ließ, riß beide zu stürmischen Beifallskundgebungen hin. Constance war vom kulturellen Niveau in Paris sichtlich beeindruckt, und Oscar veranlaßte das Wiedersehen mit seiner alten Freundin Sarah einmal mehr, die französische Inszenierungs- und Interpretationskunst zu loben. Der eifrige Journalist der »Morning News« hatte Wilde am Ende doch noch zu einem ausführlichen Exklusivinterview überreden können, und er erfuhr, daß sein Gesprächspartner, wenn er die Wahl hätte, zumindest als Bühnenautor am liebsten Franzose wäre. Und Wilde ging noch weiter: Als er mit dem Dichter und Kritiker Catulle Mendès am Frühstückstisch saß, erklärte er feierlich, daß außerhalb Frankreichs eigentlich keine ernstzunehmende moderne Literatur vorhanden sei.

Große Worte, große Gesten. Die Wildes hielten Hof, luden Schriftsteller zum Souper in ihr Hotel, besuchten die Salonfürstin Henriette Reubell, eine Exilamerikanerin, und kamen mit Lokalgrößen wie Paul Bourget sowie weiteren englischen Autoren zusammen. Bevor sie nach Dieppe weiterzogen, um dort eine Woche in trauter Zweisamkeit zu verbringen, hatten sie all diejenigen Visiten absolviert, bei denen Wilde unterstreichen wollte, daß mit seiner Karriere und seinem Privatleben alles zum Besten stand. Nur Sherard, den er inzwischen im Hinblick auf sexuelle Erfahrungen überflügelt hatte, kannte ihn besser und machte sich seine Gedanken.

Ein neues Gedicht brachte Wilde bei seinem Blitzbesuch auch noch zustande: eine schöne Hommage an den »Jardin des Tuileries«. In diesem gleichnamigen Stimmungsbild sitzt er selbst inmitten einer Gruppe spielender Kinder. Eine Szenerie wird beschrieben, wie man sie heute noch erlebt, wenn man am Sonntagnachmittag den langgezogenen Park zwischen Concorde und Louvre-Pyramide entlangschlendert. Genau wie damals spaziert man über staubige Kieswege, begegnet lesenden Gouvernanten, gewahrt die auf dem Rondellbassin schaukelnden Papierschiffchen, die Kioske und Buden, die gellenden Stimmen, das Versteckspiel hinter Büschen. Wilde beschwört einen kahlen, »grausamen« Baum, er möge den tobenden, an seinem Stamm herumturnenden Kleinen zuliebe sich doch von einem Moment auf den nächsten mit Frühlingsblüten schmücken, sich gleichfalls in eine liebliche Kreatur verwandeln. Erst da fällt dem Leser auf, daß hier holzschnittartig eine karge, graue Winterlandschaft mit kaltem Licht skizziert worden ist, obwohl ihr Verfasser sie bei der Niederschrift im Frühsommer, mitten in der Blüte seines Lebens, vor Augen hatte.

Ein Widerspruch? Wohl kaum: Paris blieb ambivalent für Wilde, so wie er selbst arroganten Parisern nichts hatte vormachen können – für Edmond de Goncourt war und blieb er ein Mann »au sexe douteux«. Und wenige Tage vor der Abreise nach Dieppe war ihm noch eine Neuerscheinung in die Hände gefallen: Joris-Karl Huysmans' Dekadenz-Roman *A rebours*, das Credo einer ganzen Generation französischer Dichter. Wilde zählte zu den allerersten Gratulanten, stimmte in den Chor der Huysmans-Enthusiasten um Paul Valéry und Bourget ein. Dieses Buch enthielt »Gift«, ganz nach Wildes Geschmack, er verschlang es mit wohligem Grausen, und es sollte in den kommenden Jahren seinen Nachttisch nicht mehr verlassen. Alle Tugenden und Laster von *Dorian Gray* sind hier, im Porträt des dämonischen Dandys Jean Des Esseintes, der Hauptfigur von Huysmans, vorgezeichnet: Genuß- und Geltungssucht, ausgefallener Geschmack, bizarre Manieren, hemmungslose Selbstverwirklichung wie zynische Posen eines selbstbewußten, aus altem Adel stammenden jungen Parisers. Ausgerechnet Whistlers Freund, der Ästhet und Poet Comte Robert de Montesquiou, hatte Huysmans für seinen Protagonisten Modell gestanden.

Des Esseintes findet nichts mehr dabei, Reichtum, Hypochondrie und Snobismus auszustellen, als seien sie das Selbstverständlichste auf Erden; er schafft sich eine artifizielle Welt jenseits der realen, ihn verlangt es nach immer verschrobeneren Sinnenreizen und Narkotika. Zu seiner Welt zählen Opiate, Wagners Musikdramen, die lyrischen Schöpfungen von Berlioz und den *poètes maudits*. Künstliche Paradiese entstehen. Die Maximen Baudelaires brechen sich Bahn. Breiten Raum nimmt die Schilderung exotischer Pflanzen und luxuriös eingerichteter Villen ein, Des Esseintes betrachtet ausgiebig die Darstellungen der lüsternen, mit dem Tod kokettierenden Salome durch Gustave Moreau. Vor den Konventionen heterosexueller Liaisons flüchtet er in ein unbekanntes Reich, das ungeahnte Stimulation und nie dagewesene Gefühlstaumel suggeriert: die Affäre mit einem Jüngling.

Das gesamte Vokabular, alle Metaphern und Schlagworte des Dekadenten sind in diesem Erfolgsroman, der dem französischen Naturalismus und der europäischen Romantik den Todesstoß versetzte, in nuce vorgezeichnet. Seine Epigonen setzten alles daran, Huysmans' Schatzkammer der verbotenen Lüste nach Herzenslust zu plündern. Oscar Wilde las manche Passagen Dutzende Male und fand auf jeder Seite Projektionen seiner literarischen wie seiner privaten Wünsche vor. Die Würfel waren gefallen: Auch er würde *à rebours* schreiben und leben – gegen den Strich.

Paris hatte ihn nicht ohne Souvenir ziehen lassen. Der Roman erwies sich als das kostbarste und abgründigste seiner bisherigen Mitbringsel, und der Weg bis hin zu *Dorian Gray* und *Salome*, mit dieser Mitgift war er unwiderruflich vorgezeichnet.

Salonlöwe

⚬⚬⚬

»»Man muß Geld haben, um es entbehren zu können.‹
Hübscher Aphorismus, nicht? Fast schon ein Paradoxon.
Übrigens habe ich bei Wilde ein ausgezeichnetes Wort
für deine Beziehung zu Käte gefunden:
Frauen wollen Erlebnisse, Männer Episoden. – Nicht?
Ich habe jetzt Margit aus dem Insel-Verlag seine Märchen und
Erzählungen geschenkt, na fabelhaft.
›Die Nachtigall und die Rose.‹
Aber du kennst ja Wilde auswendig.
Nur die Orchidee im Knopfloch fehlt dir noch.
Auch dir, obwohl du doch noch etwas von Orchideen hältst.«

GABRIELE TERGIT: *1913 oder »Jeunesse dorée«*

Beflügelt von den stimulierenden Pariser Ereignissen, deren
Charme und Esprit sich auch Constance nicht hatte entziehen
können, und der in Dieppe genossenen Sommerfrische stürzte sich
Oscar in das Londoner Kulturleben. Die Wildes sprühten vor
Tatendrang. Im Dezember 1884 bezogen sie ihr geschmackvoll
eingerichtetes Hauses in der Tite Street 16 in Chelsea. Paris–London, London–Paris: Oscar Wildes unstetes Globetrottertum hatte
Methode. Der zur Routine gewordene Städtewechsel setzte kreative Energieschübe frei und fing an, sich zu bewähren. Wie bei
einer Ping-Pong-Partie sprang Wilde alle Jahre wieder hin und
her. Der Bekanntenkreis zu beiden Seiten des Kanals mochte sich
hie und da überlappen, doch ließen sich wesentliche Lebens- und
Schaffensbereiche vor den Augen der jeweils anderen Großstädter
verbergen. Wilde begann, sich in einem Doppelleben einzurichten,
dessen Proportionen er selbst bestimmen und unter Kontrolle
halten konnte. Er verstand sich als *go-between*, als Vermittler, sich-
tete neues Ideengut, grub es aus und pflanzte es um.
    Diesmal hatte er eine spektakuläre Blume des Bösen aus Paris
mitgebracht, die unter seinen Händen wuchs und gedieh, immer
prächtigere Farben annahm und langsam, aber sicher, ihren betö-

renden Duft in London verströmte. Oscar bereicherte die englische Gegenwartsliteratur um ein subversives Element, das ihn unter Gleichgesinnten berühmt, aber auch Feinde machen sollte, bis – wie Constance nach Erscheinen des *Dorian Gray* konstatieren mußte – niemand mehr etwas mit dem Ehepaar Wilde zu tun haben wollte, sie selbst im Kreise der Gesellschaftsdamen gezielt übergangen wurde. Gab es eine schönere Anerkennung für ihren ehrgeizigen Mann?

Für Wilde waren die Lust am Skandal, das Erregen eines öffentlichen Aufruhrs und, als Quittung, die Verleumdung durch Ignoranten und Tugendbolde, durch Prinzipienreiter und Doktrinäre schon immer zwei Seiten derselben Medaille gewesen, mit denen man leben mußte, durch deren Vehemenz man sich ein dickes Fell zulegen konnte. Constance blieb da stets eine Spur empfindlicher und mahnte zur Mäßigung. Nun, Vernunft war für Oscar eine variable Größe, keine Tugend an sich.

Vorerst gab er sich erst einmal gesittet und hielt die Spielregeln des Londoner Establishments ein. Wie es sich geziemte, zeugte er nach der Eheschließung recht bald zwei Söhne. Cyril und Vyvyan kamen gleich zu Beginn der trauten Zweisamkeit in zwei aufeinanderfolgenden Jahren, 1885 und 1886, zur Welt. Wilde war ihnen – sofern er sich überhaupt einmal mehrere Stunden am Stück in der Tite Street aufhielt – ein guter, fürsorglicher, ja liebevoller Vater, dachte sich Märchen und phantastische Erzählungen für sie aus, die er, ein geborener Fabulierer, aus dem Stegreif entwickelte und für künftige Buchpublikationen später schriftlich festhielt. Das »offizielle« Familienleben gestattete ihm, häufig abwesend sein zu dürfen. Das war keine Paradoxie: Englische Gentlemen hatten ein Recht auf Rückzüge, genossen die Abgeschiedenheit ihrer Clubs. Und Constance akzeptierte diese Männerriten. Für die kommenden Monate war sie abgelenkt und beschäftigt.

Früh setzte Wilde seinen beiden Sprößlingen ein literarisches Denkmal, indem er sie als Protagonisten seines fulminanten Essays *The Decay of Lying (Der Verfall der Lüge)*, 1889 erschienen und in Dialogform abgefaßt, auftreten und einen unüberbrückbaren ästhetischen Gegensatz in extenso erörtern ließ: Ein »Cyril« und ein »Vivian« fechten hier in Stellvertreterpositionen das Für und Wider von Naturbetrachtung und Naturverachtung aus. Unzweifelhaft schlug Wildes Pendel zugunsten »Vivians« aus, dem es als Alter ego seines Vaters zukam, Künstlichkeit zu preisen, der »köstlichen Luft«, dem »Purpurhauch auf einer Pflaume«, dem »wunderschönen Nachmittag« Verachtung entgegenzuschleudern, die Kunst als »geistvollen Protest« zu verfechten, den Künstler als tapferen Streiter zu definieren, ausgezogen, das »Gefängnis des Realismus« niederzureißen: »Wenn ich eine Landschaft betrachte, sehe ich auch gleich alle ihre Mängel. Zu unserem Glück jedoch ist die Natur so unvollkommen, sonst wäre nie die Kunst entstanden. ... Die Natur ist aber so unbequem. Der Rasen ist hart und bucklig und feucht und wimmelt von schrecklichem Ungeziefer. [Sie] ist so teilnahmslos, so verständnislos. So oft ich hier im Park spazierengehe, fühle ich, daß ich ihr nicht mehr bedeute als das Vieh, das am Abhang weidet, oder die Klette, die im Graben blüht. Die Natur haßt den Geist, das ist offensichtlich.«

Oscar liebte ihn – und er erwies sich gleichzeitig als geschickter Vermarkter und Stratege des schönen Scheins. Als sich ihm die unverhoffte Gelegenheit bot, als Herausgeber der Frauenzeitschrift »Woman's World« zu fungieren, griff er unverzüglich zu. Sein Gespür für die Verschönerungsmöglichkeiten im Alltag, für die kleinen eitlen Bedürfnisse der Damen hatte ihn nicht verlassen, und er vermochte es, die Auflage der Illustrierten, deren Titel »Lady's World« er kurzerhand trivialisierte und popularisierte, beträchtlich zu steigern. Die geschickte Handhabung seines neuen Metiers bereitete dem Chefredakteur und seiner inzwischen vierköpfigen Familie erstmals regelmäßige Einkünfte und schuf bald darauf die Grundlagen für einen gewissen, lange ersehnten Wohlstand. Doch das Geld reichte den Wildes letztlich nie. So arbeitete Oscar nebenbei gelegentlich als Rezensent für die »Pall Mall Gazette«, und auch Constance mußte sich nach einer Beschäftigung umsehen; sie kümmerte sich um soziale Einrichtungen, machte sich im karitativen Bereich nützlich. Wenn Not am Mann war, sprang Wilde kurzzeitig auch als Theaterkritiker bei »Vanity Fair« ein. Dort vertrat er seinen Bruder Willie, über mehrere Jahre ein eigentlich recht erfolgreicher, vielgelesener Journalist. Doch mit Willie ging es seit einiger Zeit bergab. Wie Bruder Oscar und Mutter Speranza lebte er über seine Verhältnisse, wurde Ende der achtziger Jahre sogar für bankrott erklärt. 1891, zur selben Zeit, als Wilde wieder nach Paris ging, eroberte Willie eine reiche amerikanische Witwe und ging mit ihr nach New York – eine Liaison, der kein dauerhaftes Glück beschieden sein sollte.

Lady Jane Wilde konnte sich momentan nur an den Leistungen ihres Zweitgeborenen erfreuen. Und der griff sogar dem literarischen Nachwuchs unter die Arme: Am Weihnachtstag 1888 empfing er den jungen William Butler Yeats, immerhin einen potentiellen Konkurrenten, zum Dinner zu Hause. Ein edler Zug.

Mit dem Jahr 1888 begann für Wilde die intensivste kreative Phase seines Lebens. Sie dauerte bis 1895, bis zu den Prozessen, an. Zeitgleich mit seiner Herausgebertätigkeit kamen endlich auch die literarischen Werke vor eine größere Öffentlichkeit. Dem emsig schreibenden Frauenkenner gelang es mit einem Male, seinem bisher einzigen, obendrein selbstfinanzierten Gedichtband gewichtigere Publikationen an die Seite zu stellen. Einzelne Erzählungen und Märchen erblickten das Licht der Welt zunächst in populären Periodika, dann erschienen die ersten Sammlungen in rascher Folge. *The Happy Prince, The Sphinx without a Secret, The Canterville Ghost, The Critic as Artist*, sie alle entstammen diesem intensiven Produktionsabschnitt. 1891 schließlich gilt sogar als Höhepunkt von Wildes Schaffenskraft, als sein *annus mirabilis*, denn es glückte ihm, in diesem »Wunderjahr« innerhalb von mehreren Monaten nicht weniger als vier Bücher zu veröffentlichen: zwei Sammlungen von Erzählungen (*Lord Arthur Savile's Crime and Other Stories* und *A House of Pomegranates*), *Intentions*, einen Band mit kritischen Essays, und, als Krönung, *Dorian Gray*[1].

Zwei Theaterstücke, *Lady Windermere's Fan* und *Salome*, standen kurz vor der Fertigstellung, bedurften noch letzter Anregungen durch erhitzte Diskussionen mit Experten der Dekadenz auf den Grands Boulevards von Paris; in der muffigen, abgestandenen Luft der Clubs von London konnten sie nicht bis zur Vollendung reifen. Und das Poem *The Sphinx*, dieser ungefüge Bandwurm, blieb weiterhin sein Sorgenkind, wollte sich nicht zwischen zwei Buchdeckel pressen lassen. »Komm her, die du so seltsam bist,/ du Sphinx, und sing mir dein Geschick. ... O wie verschwiegen lächelst du!«

Dorian Gray war das Lächeln vergangen. Am Ende seines lasterhaften Lebens ertrug er es nicht mehr, wenn ihm sein eigenes
Spiegelbild, das von Basil Hallward gemalte Porträt, entgegen-
grinste. Sein Geschick, ein Gemisch aus Luxus und Verfehlungen,
schmetterte ihn zu Boden. Das beredte Schweigen dieses Kunst-
werks, eine Mona Lisa seines früheren Ichs, vernichtete das dar-
gestellte Individuum mit ungleich größerer Wucht als alle moralischen Vorhaltungen. Nicht seine Natur, sondern deren künstliches
Abbild brachte ihn um. Wildes Kurzroman, als Fortsetzungsge-
schichte 1890 in der Zeitschrift »Lippincott's Monthly Magazine«
abgedruckt, im Folgejahr, überarbeitet, bereits in Buchform erschienen, bezeichnet zusammen mit dem berühmt-berüchtigten,
alle zitierfähigen Maximen enthaltenen Vorwort, eine Schnittstelle
in Wildes Œuvre: Dem Ästhetizismus seiner früheren Jahre wird
gehuldigt und im selben Atemzug eine Absage erteilt. Der Hedonismus wird gepriesen, dient dem zynischen Dandy Lord Henry
Wotton als Köder, um den »bild«-schönen Jüngling Dorian an sich
zu binden. Doch das intensive Auskosten der Sinnenfreuden, das
Versprechen der ewigen Jugend erweist sich bald als trügerisch,
als Einstimmung auf einen tödlich endenden Teufelspakt. Mit seinen Ausschweifungen richtet Dorian rücksichtslos Frauen und
junge Männer zugrunde, die seiner Ausstrahlung reihenweise verfallen; Lord Henry fungiert als Mephisto; der Selbstmord von
Dorians Geliebter, der Schauspielerin Sybil Vane, ist ein Echo des
Endes von Goethes Gretchen; der Rachefeldzug und anschlie-
ßende Jagdunfall ihres Bruders James Vane gemahnt an das Ausschalten des Valentin im *Faust*.

Alle moralischen Hemmungen verliert der Titelheld auf seiner
Reise *au bout de la nuit*, in die Abgründe seiner eigenen, immer
unmenschlichere Züge annehmenden Persönlichkeit. Von Lord
Henry korrumpiert, von Hallward stilisiert, trägt er mit Raffgier
alle Schätze zusammen, wie sie eine der Oberflächlichkeit verpflichtete Lebensführung bereithält: Ob Juwelen, Instrumente,
edle Stoffe, Opiumgenuß, Dorian wird zu einem über die Stränge
schlagenden Des Esseintes, aber die unkontrollierte Anhäufung
von Gütern, die für normal Sterbliche außerhalb der Vorstellungskraft liegt, verschafft ihm keine Befriedigung mehr. Mit dem
Mord am Maler Hallward, den er irrtümlich als Schuldigen für

seinen moralischen Verfall und die zunehmende Verunstaltung seines Porträts ausmacht, kann er nicht der finalen Verstrickung entrinnen.

Auch das Bild selbst, auf dem Dachboden versteckt und somit ein Vorläufer des Porträts von Wedekinds *Lulu*, zutage gefördert im Elend ihrer Londoner Absteige, muß zerstört werden. Lulu wird ihre einstige Schönheit als unbarmherziges Spiegelbild präsentiert, bevor sie der Lustmord durch Jack the Ripper von ihrem Verfall erlöst; bei Dorian verhält es sich umgekehrt: Er kann dem Anblick seiner eigenen Fratze nicht mehr standhalten, tötet sich selbst, indem er seinem Abbild Gewalt antut, und altert noch im Sterben. Der von Wilde eingangs formulierte, großspurig vorgetragene Leitsatz, es gebe weder moralische noch unmoralische Bücher, sondern nur gut oder schlecht geschriebene, er wird in sein Gegenteil verkehrt, der Ästhetizismus vom Erzähler eben doch moralisch bewertet, für gefährlich und gescheitert erklärt. Der Roman unterstreicht, daß ein Doppelleben auf Dauer nicht haltbar ist, lehrt, daß Sünden gesühnt werden müssen, prophezeit Gewissenlosen ihren selbstverschuldeten Untergang.

Wollte Wilde auf einmal seine heiligsten Prinzipien in Abrede stellen? War die Natur am Ende stärker als alle Künstlichkeit, wurde der Narziß doch als zum Überleben unfähig, als der Dekadenz anheimgegebene Kreatur gebrandmarkt, krank, verwerflich, abstoßend? Verblüffend war zuallererst die Länge der Erzählung, ein Unikum in seinem Gesamtwerk. »Als Oscar Wilde sich brüstete, daß er innerhalb weniger Wochen einen brauchbaren Roman zustande bringen könnte, wurde er ausgelacht – woraufhin er geschwind den Dorian Gray schrieb: er hatte gewettet, und siehe da, es ging!«[2] In Wahrheit benötigte er, der keineswegs mit Lord Henry Wotton identifiziert werden wollte, mehrere Monate harter Arbeit für die Bewältigung dieses Kraftaktes, und ungeachtet der enormen öffentlichen Wirkung zeigte die Tour de Force ihrem Verfasser, dem kontinuierlicher Fleiß fremd war, künstlerische Grenzen auf: Viele Gestaltungsschwächen kennzeichnen das vermeintliche Meisterwerk, das Wilde solch makabren Ruhm eintrug: Melodramatik, unnötige Längen, Schlingern zwischen verschiedenen Erzählstilen und -ebenen, dem französischen Zeitgeschmack verpflichtete, überfrachtete Detailbeschreibungen. Die

Unentschiedenheit, ob einem dekadenten, symbolistischen oder realistischen narrativen Ton der Vorzug zu geben sei, erklärt sich aus dem Inhalt des Miniaturromans; ob Wilde kriminalistische Spannung, sprachverliebtes Parlando oder eine moralisierende Botschaft im Auge hatte, sollte in der Schwebe gehalten werden.

Respekt nötigt dagegen die Kunstfertigkeit ab, mit der er die verschiedenartigsten Vorläufer amalgamierte und für seine Zwecke nutzbar machte. Neben den schon genannten Einflüssen von Pater, Ruskin, Huysmans und Goethe weist Dorian Gray Spuren von Stevensons *Dr. Jekyll and Mr. Hyde* sowie von Henry James' ebenfalls 1890 veröffentlichter *Tragic Muse* auf – vor allem in den Gestaltungsparallelen bei den Dandys Gabriel Nash (bei James) und Henry Wotton. Von seinem Vorfahren Maturin entlehnte Wilde die Motive des Teufelsbundes und des Doppelgängers aus *Melmoth*, ferner sind Théophile Gautier *(Émaux et Camées; Mademoiselle de Maupin)* und Balzac *(Melmoth reconcilié; La peau de chagrin)* zu nennen.

Aphorismen, Epigramme, Paradoxa und Aperçus, die kurze Form ganz allgemein, sie lag Wilde weitaus besser: Die Märchen und Erzählungen hatten es deutlich bewiesen, sie waren konziser, prägnanter und in sich abgerundet; und auch in seinem Roman wirken Wildes Eingebungen immer dann am stärksten, wenn sie den Charakter eines geistreichen, blitzartigen Einfalles, einer gescheiten Schlagfertigkeit annehmen. Nicht ohne Grund wandte er sich von 1891 an, mit dem Abschluß von *Dorian*, ausnahmslos der Produktion von Theaterstücken zu: In seinen vier Gesellschaftsdramen, deren sprachimmanente Aktualität die Zeitläufte unbeschadet überstanden hat, kommt das Feuerwerk der witzigen, teils unverschämten, teils lebensweisen Repliken Wildes auf ideale Weise zum Tragen.

Auch hier wimmelt es nur so von autobiographischen Anspielungen: Ehen sind zerrüttet oder in Gefahr, Geheimnisse werden enthüllt, Doppelleben entdeckt, Paare wollen gerettet werden, Dandys greifen ein. Diese luftig-schwerelosen Mehrakter, so anmutig wie souverän, so snobistisch wie virtuos, sie spielen ausnahmslos in einer höheren, von allen konkreten Sorgen befreiten Gesellschaftsschicht, in die sich Wilde, der geborene Salonlöwe, vollkommen integriert wähnte und die er wie kein anderer auf den Arm zu nehmen verstand. Es sollte ein einseitiges Vergnügen bleiben. Die Porträtierten hielten wenig davon, entlarvt und parodiert zu werden. Sie verstanden weit weniger Humor, als Wilde ihnen zugetraut hatte.

Unterschwellige Homoerotik, Abhängigkeitsverhältnisse unter Männern unterschiedlicher Altersgruppen, unverblümte Bekenntnisse zur physischen Schönheit eines Jünglings rücken *Dorian Gray* in die Nähe von *The Portrait of Mr. W. H. (Das Bildnis des Mr. W. H.)*, ein früherer Text von Wilde mit analoger Titelformulierung, in dem er sich in Spekulationen hinsichtlich der Identität eines Günstlings von Shakespeare erging, dem mutmaßlichen Liebesobjekt in dessen Sonetten.

Zu beiden Werken fand er den Mut, da seine persönliche homosexuelle Initiation 1886 erfolgt war und zu einem Doppelleben der besonderen Art geführt hatte. Beiden Schöpfungen eignet ferner eine spezielle Brisanz, bedenkt man, daß sie etwa in die Zeit der ersten Begegnung zwischen Oscar und seinem Liebhaber Bosie fielen, als die fatale Affäre ihren Lauf nahm.

Noch hinkte Wildes »Natur« seinen »Kunstwerken« hinterher, noch war er nicht von seinem Gewissen eingeholt worden, noch trotzte er dem moralischen Verdikt der viktorianischen Gesellschaft, die ihn gerade in den Olymp zu heben bereit war. Trotzdem: Daß *Dorian Gray* ausgerechnet 1891 erschien, kam der unbewußten Veröffentlichung eines Orakels gleich. Was ihm in den Folgejahren auch zustoßen mochte, er selbst hatte es längst beschrieben. Wenn auch unter anderen Prämissen – das Verhältnis zwischen Jung und Alt, Verführer und Verführtem, Mephistopheles und Narziß, es würde sich im Verhältnis Oscar–Bosie des öfteren umkehren, in ganz neuen Spielarten offenbaren.

Beide Prosagebilde, beide »Porträts« erregten freilich bereits ein Aufsehen und Mißfallen ohnegleichen, spalteten die britische Meinung. Die Reaktionen vieler Zeitgenossen auf *Dorian* und *W. H.* gingen über bloßes Naserümpfen weit hinaus; zwischen Wilde und Whistler, von jeher ein alter Streithahn, kam es gar zum endgültigen Bruch. Mit Hilfe willfähriger Presseorgane – im publicityträchtigen Einspannen sensationsheischender Blätter waren sie alle beide nicht zu schlagen – titulierte er Wilde öffentlich als »Pest der Epoche«, als »Plagiaristen«, als »Übeltäter« und

»Erzhochstapler«, nur um diese Ausfälle, erschienen in einer Gazette mit dem schönen Namen »Truth«, in seiner Invektivensammlung *The Art of Making Enemies* mit vernehmlichem Eigenlob gleich ein weiteres Mal zu zitieren.

Wilde schlug zurück, zieh den Verleumder, selbst ein »perfider Giftspritzer« zu sein, der sich auf seine »Vulgarität« auch noch große Stücke einbildete. Aber es half nichts: Whistler begab sich flugs nach Paris, um Wildes Ankunft – der Autor des *Dorian* versprach sich dort ein Bad in der Menge – gehörig den Wind aus den Segeln zu nehmen. Insbesondere im Kreise von Stéphane Mallarmé schürte Whistler, ohne Zeit zu verlieren, gehörig die Gerüchteküche. Hier ließ sich der größte Schaden anrichten, ein Siegeszug Wildes wirksam vereiteln.

In Paris hatte sich der Wind gedreht. Zwei Jahre zuvor, 1889, war das zwischenzeitlich ins Schwanken geratene Selbstbewußtsein der Franzosen wieder erstarkt. Man war stolz darauf, die Weltausstellung ausrichten zu dürfen, und zelebrierte mit großem Pomp die Hundertjahrfeier der Französischen Revolution. Das gerade erst errichtete Stahlgerüst, dreihundert Meter hoch, von den Ingenieuren Eiffels konzipiert und am Seineufer auf dem Marsfeld in den Himmel gebaut, wurde zur Attraktion, zum Symbol für Paris schlechthin. Der Eiffelturm verkörperte den Sieg der Rationalität, den Triumph von Technik, Kapital und Wissenschaft, unterstrich ungebrochenen Fortschrittsglauben und Vertrauen in die Errungenschaften der Naturwissenschaften. Seine nüchterne, das Häusermeer weit überragende Silhouette bejubelten Nationalisten und Patrioten, Mittelständler wie Großindustrielle, sie priesen die Schönheit der ganz und gar un-natürlichen Konstruktion, die jahrhundertealte Gesetze der Statik über Bord warf. Was die einen zum Wahrzeichen erklärten, war den anderen der Gipfel des Häßlichen. Eine Petition, welche die Fertigstellung des »Schandflecks« noch rechtzeitig verhindern sollte, trug die Unterschriften so prominenter Persönlichkeiten wie Charles Garnier, des Architekten der Grand Opéra, Charles Gounod, des Komponisten der erfolgreichen *Faust*-Oper, Guy de Maupassant und Émile Zola – allesamt Künstler, denen man nur schwerlich eine reaktionäre Kulturauffassung bescheinigen konnte.

Gleichwohl, die Fürsprecher dieses Ungetüms aus Stahlträgern setzten sich durch, sehr zur Freude der Ausstellungsbetreiber. Der Turm übte, schon vor seiner Fertigstellung, eine einzigartige Faszination auf Maler und Dichter aus und geisterte buchstäblich durch viele Meisterwerke der Moderne, vom Pointillismus bis zum Kubismus, vom Lautgedicht bis zur Avantgardephotographie, von 1889 bis in unsere Tage. Georges Seurat malte ihn als erster, zu einem Zeitpunkt, als noch die Spitze fehlte; Marc Chagall und die Delaunays kamen auf ihren großformatigen Studien selten ohne sein Porträt aus, betrieben Farbstudien, verklärten seine dreieckige, gebieterische Form. Bei Man Ray grüßte der Tour Eiffel als Patriarch, Guillaume Apollinaire widmete ihm ein graphisch angeordnetes »Calligramme«, ein Buchstabengedicht in Turmgestalt, Blaise Cendrars huldigte ihm mit einer Ode.

In Collagen oder Verfremdungen funktionierte man ihn zum menschlichen Körper um, hauchte ihm Bewegungskraft ein, betrieb Anthropomorphismen. Um den Koloß kam niemand herum, und die Massen strömten, kletterten bis zur zweiten Etage oder nutzten den Lift, der sie zu den populären Restaurants mit ihren Aussichtsterrassen hinaufbrachte. Für Hochzeitsgesellschaften wurde er zum idealen Ort: für Gruppenphotographien mit spektakulärem Hintergrund. Und Jean Cocteau, nicht faul, nahm 1920, mehr als dreißig Jahre später, diese Sitte zum Anlaß, das erste Kollektivballett der französischen Jungkomponisten auf die Bühne zu bringen: *Les mariés de la Tour Eiffel.*

Die Weltausstellung wartete mit noch anderen Höhepunkten auf. Es gab die riesige »Galerie des Machines«, vor der École Militaire auf den Pariser Boden gewuchtet, ein Glas- und Stahlgewölbe von gigantischen Ausmaßen, in der bei Großbanketts alle Bürgermeister Frankreichs Platz fanden. Leer war sie furchteinflößend, erst als mit Besuchern und Automaten gefüllte Ausstellungshalle verlor sich der Eindruck von achtzigtausend Quadratmetern, in denen Menschen herumirrten, als wären sie orientierungslose Ameisen. 1889, das war auch die erste elektrisch beleuchtete »Exposition«, was sogar abendliche Besuche ermöglichte. Vom Eiffelturm warfen Scheinwerfer ihre bunten Strahlen auf die künstliche Stadt zu seinen Füßen, in der man einen nachgebauten orientalischen Basar mit Teppichhändlern und Moscheen bestaunen oder sich im Menschengewirr der Rue du Caire verlieren konnte. Die Besucherflut vermittelte den Touristen tatsächlich das Gefühl, im anarchischen Straßentreiben eines nordafrikanischen Souks herumzustolpern.

Frankreich stellte stolz seinen Kolonialismus zur Schau, mit exotischen Bräuchen, Riten, Insignien und »Wilden zum Anfassen«. Provinzler nahmen Neger und Eingeborene aus Ozeanien in Augenschein, Kairo und Tahiti wurden kurzerhand dem siebten Arrondissement einverleibt. Aber auch der Einfluß auf die nachfolgende Künstlergeneration war nicht zu unterschätzen: Paul Gauguin und Edward Munch etwa empfingen wichtige Anregungen, ließen sich zu Pazifikreisen inspirieren oder studierten Mumien; Claude Debussy soll hier erstmals indonesische Gamelanmusik vernommen haben. Die Literaturszene war Anfang der Neunziger indessen mit ganz anderen Fragestellungen beschäftigt – ein Ideenlabor sondergleichen.

Mit dem Tode Victor Hugos war es mit der französischen Romantik unwiderruflich vorbei, und auch den Naturalismus hatte man zu Grabe getragen, denn die Jungdichter kehrten sich von Zola ab, der mit *Germinal* zuletzt noch einen Roman mit sozialem Sprengstoff vorgelegt hatte – die panoramatische Schilderung einer Revolte unter Bergarbeitern. In den Pariser Cafés wurden die Neuerscheinungen von Guy de Maupassant, Pierre Loti und Paul Bourget diskutiert, der überlebende Goncourt-Bruder Edmond bestimmte mit seinen *Journaux* weiterhin das literarische Tagesgeschehen, und Léon Bloy wie Paul Claudel meldeten sich als erste Vertreter des »Renouveau Catholique« zu Wort, mit Dichtungen und Dramen, in denen ein wiedererstarkter religiöser Glaube Thematik und Stilistik durchdringt, der nicht selten ins Mystische abgleitet.

Jean Moréas, ein Exilgrieche, war als Wortführer der »École Romane« der Mann der Stunde – mit einer Schar von Anhängern hatte er sich von den Symbolisten losgesagt. Um den kubanischstämmigen Dichter José Maria de Hérédia hatte sich eine andere Gruppe von Opponenten gebildet, die »Parnassiens«. Letztere suchten in einer »reinen«, zeitlosen, objektivierten und unpersönlichen Dichtungstheorie ihr Heil, hielten an der elitären Distanz des Schriftstellers, an einem aristokratischen Poetentum fest, gemäß Gautiers Devise von der Kunst als Selbstzweck, dem geflügelten Wort vom *l'art pour l'art.*

Stimmungen, Valeurs, Synästhesien, assoziative Bild- und Lautreihungen prägten deren Verse. Die Symbolisten loteten die Musikalität der Sprache aus, gingen einer suggestiven, zuweilen sinnbefreiten Klangmagie auf den Grund, ließen unterschwellig auch Erotik durchschimmern. Die Trias Rimbaud, Baudelaire und Mallarmé war ihr erklärtes Vorbild. Sie strebten eine rhythmisch geprägte Prosa an, experimentierten mit freien Versen und definierten sich selbst als »Déchiffreurs«, denen es zukam, »Symbole« und Ideen zu deuten, keineswegs aber empirisch zu erklären. Je stärker die Existenz des Eiffelturms den Glauben an die Technik zu untermauern schien, desto größer wurde das Mißtrauen der Literaten gegenüber allen verifizierbaren Fakten. Dem Vagen, Dunklen, Märchenhaften, Unerklärlichen wollte man sich annähern, es beschwören.

In diesen Kreis junger Verseschmiede und Romanciers wollte Oscar Wilde in Paris vorstoßen, nachdem er bei früheren Besuchen um die Aufmerksamkeit der alten Garde gebuhlt hatte. Seine Neugier hatte Maurice Barrès mit seiner soeben vollendeten Romantrilogie *Le culte du moi (Der Ich-Kult)* – geweckt, der Studie eines raffinierten Pariser Intellektuellen, in der Wirklichkeitsferne und Selbstbezogenheit thematisiert werden. Sein Interesse galt zuvörderst dem belgischen Dramatiker Maurice Maeterlinck, der mit *Princesse Maleine,* den *Aveugles (Blinde)* sowie *Pelléas et Mélisande* einen ganz neuartigen, enthusiastisch aufgenommenen Bühnenstil begründet hatte. Die traditionelle Theaterrhetorik ist bei Maeterlinck in Auflösung begriffen, die Figuren agieren traumwandlerisch, schweigen oder rezitieren sich wiederholende Motive. Andeutung ist wichtiger als Handlung, entwicklungslose melancholische Grundstimmungen dominieren, Stringenz oder Kohärenz werden zu Kategorien ohne Bedeutung erklärt. Statische Tableaux führen die wenigen Agierenden in verschiedenen emotionalen Abschattierungen vor, die Protagonisten werden ihres Schicksals kaum noch Herr und gehen in einer meditativen Trance auf, die eine dramatische Verstrickung nur unmerklich vorantreibt. Ihre soziale Verankerung ist nebensächlich, jeder Hinweis auf konkrete gesellschaftliche Bedingungen wird vermieden.

Stéphane Mallarmé

Nach den epochemachenden Romanen des zweiten Jahrhundertdrittels wurde um 1890 auch das französische Drama wegweisend für das Kunstwerk der Zukunft. Es war nur noch eine Frage der Zeit, bis maßgebliche Komponisten an der Schwelle zur Moderne, Debussy und Arnold Schönberg beispielsweise, aber auch Lili Boulanger, Alexander von Zemlinsky und Jean Sibelius, sich dieser Stoffe und Vorlagen von Maeterlinck, Mallarmé oder Pierre Louÿs bemächtigen würden, um ihrerseits die musikalische Syntax zu erweitern, neue Klangwelten zu erschließen, die Tonalität zu sprengen oder sich von herkömmlichen Formmodellen zu entfernen.

Sieben Jahre nach seiner Hochzeitsreise ist Oscar Wilde wieder in Paris. Er ist inzwischen ein gemachter Mann, und die Stadt der Moréas, Barrès und Maeterlinck ist ihm ans Herz gewachsen. Am 3. November 1891 klopft Wilde in der schmucklosen, langgezogenen Rue de Rome nahe dem Bahnhof Saint-Lazare im vierten Stock an die Tür, um bei Stéphane Mallarmé vorgelassen zu werden. Es ist ein Dienstagabend. Bereits im März ist Wilde bei einem der *mardis* eingeladen gewesen, den regelmäßigen Zusammenkünften der jungen Dichtergeneration in der Wohnung des berühmten Symbolisten. Der Salon des Autors von *L'après-midi d'un faune*, der soeben Poes Gedicht *The Raven* ins Französische übertragen hat, steht nur Eingeweihten offen, die Gästeliste unterliegt größter Geheimhaltung. Anstelle einer Visitenkarte trägt der Neuankömmling seinen bisher größten literarischen Trumpf unter dem Arm. An diesem Herbstnachmittag bringt Wilde ein Widmungsexemplar seines im April in Buchform erschienenen *Dorian Gray* mit.

Mallarmés Tochter Geneviève nimmt ihm Stock und Mantel ab, und er schaut sich in dem spartanisch eingerichteten Appartement um. Ein Kamin, ein paar alte wacklige Stühle, halbgefüllte Likörgläser, Rauchschwaden, gedämpftes Gemurmel, eine Katze auf dem Fensterbrett. Bücher, wohin man blickt. Auf den Regalen türmen sich Erstausgaben und zerfledderte Kladden, an den Wänden prangen Gemälde von Édouard Manet, Odilon Redon und Claude Monet, auf dem Sekretär thront eine Nymphenskulptur, ein Geschenk von Auguste Rodin, gegenüber ist ein neues Werk von Gauguin plaziert worden. Eine Handvoll junger Männer wendet Wilde erwartungsvoll die Köpfe zu, die eben noch tuschelnd zusammensteckten. Oscar ist im Allerheiligsten von Paris angelangt. Whistlers Intrigen und Winkelzüge, seine Versuche, den Erzfeind Wilde bei seinem Freund Mallarmé in Mißkredit zu bringen, sind letztlich erfolglos geblieben. »Cher Maître«, lautet die ehrfürchtige Begrüßungsformel des Iren, als er zum Sprechen anhebt. Respektvoll erhebt sich das Gros der Anwesenden, um seinerseits einem Mann die Ehre zu erweisen, aus dessen Feder der einzige »französische« Roman stammt, der jemals auf englisch geschrieben worden ist. Denn *Dorian* trägt in den Augen derer, die ihn verteufeln, alle Züge eines *yellow book*, eines anstößigen, anrüchigen, gelb eingebundenen Pariser Machwerks.

Mallarmé und Wilde behandeln sich mit größtmöglicher Zuvorkommenheit, legen Fingerspitzengefühl an den Tag. Gattungstheoretische wie ästhetische Fragen werden erörtert, Poe wird diskutiert, und *Hérodiade*, das Versepos des Symbolisten, erregt

Wildes besonderes Interesse. Schließlich soll seine Paris-Visite zuvörderst dem Sammeln von Anregungen und Motiven dienen, um *Salome*, sein erstes – und einziges – Drama in französischer Sprache, Sarah Bernhardt auf den Leib zu schneidern. Mallarmés Jüngern entgeht nicht, daß ihr Meister den produktiven Iren nach nur zwei Wochen wie selbstverständlich in seine Runde integriert hat.

Wilde hatte sein Hauptquartier diesmal in der Rue Scribe nahe der Grand Opéra aufgeschlagen, im Hôtel de l'Athénée – ein idealer Ausgangspunkt für die zahlreichen Einladungen, die allerorts seiner harrten. Man lauschte ihm im Café d'Harcourt an der Sorbonne, im Café Napolitain wurde er von Neugierigen umringt.

Er war nicht mehr erpicht darauf, einem bestimmten literarischen Lager anzugehören; ihm schmeichelte es zu wissen, daß sich *le Tout-Paris* um ihn riß. Mit offenen Armen wurde er, der Star aus London, überall willkommen geheißen, ging bei Hérédia und der Prinzessin Ouroussof ein und aus und nahm auch an den »Dienstagen« in der »Closerie des Lilas« teil, wo Jean Moréas eine Art skurriler Gegenveranstaltung zu Mallarmés wöchentlichen Rendezvous abhielt, selbstverständlich am selben Wochentag. Moréas propagierte dort seine Ansichten mit schriller Stimme, blinzelte von seinem Thron durch ein Monokel seinen Zuhörern zu, in deren Reihen sich auch August Strindberg befand, der gleich nebenan in der Pension Orfila, Rue d'Assas, Quartier bezogen hatte. Nur ein paar Stühle weiter saßen die Newcomer: Jules Laforgue, Émile Verhaeren und Francis Jammes.

Besonders seltsam verlief Oscar Wildes Begegnung mit Marcel Proust, dem Autor der *Recherche du temps perdu* und insbesondere von deren Kernstück *Sodome et Gomorrhe*, 1922 posthum herausgebracht. Das Zusammentreffen als solches ist schon denkwürdig genug, wenn man sich vor Augen hält, daß sich hier zwei der eminentesten literarischen Innovatoren der Jahrhundertwende kennenlernten, die jeder auf seine Weise homosexuelle Leidenschaft in ihren Werken thematisierten und mit ihrer persönlichen Veranlagung in zwei ganz unterschiedlichen Gesellschaftsformen zurechtzukommen versuchten. Proust, der für englische Literatur

Marcel Proust

OTTO-PIROU

schwärmte und darauf brannte, von Wilde Näheres über Person und Œuvre John Ruskins in Erfahrung zu bringen, war damals erst zwanzig Jahre alt, als er dem berühmten Iren von dessen altem Pariser Bekannten, dem Porträtisten Jacques-Émile Blanche, vorgestellt wurde. Der junge Marcel stellte kluge Fragen und gefiel Wilde, woraufhin letzterer sich bereit erklärte, einer Einladung zum Diner in den Salon am Boulevard Haussmann zu folgen. Der Zufall wollte es, daß Proust selbst nicht pünktlich zur verabredeten Stunde in seinem Elternhaus erscheinen konnte, weil er sich von einer Bekannten aufhalten ließ.

Abgehetzt traf er, um nicht einmal eine Viertelstunde verspätet, in seiner Wohnung ein, konnte seinen Gast aber nirgends entdecken. Sein Diener bestätigte ihm, daß Wilde schon vor geraumer Zeit eingetroffen wäre, sich nach kurzem Verweilen im Empfangsraum jedoch augenblicklich nach dem Badezimmer erkundigt hätte und seitdem nicht wieder zum Vorschein gekommen wäre. Proust ging von einem Unwohlsein seines Gastes aus und wartete ungeduldig im Wohnzimmer. Schließlich durchquerte er die gesamte Zimmerflucht und lauschte an der Toilettentür. Kein Laut war zu vernehmen; Proust begann, sich ernstlich Sorgen zu machen. Er faßte den Entschluß, Wilde durch die geschlossene Tür anzusprechen und wäre beinahe der Länge nach hingeschlagen, als sie plötzlich aufging und Wilde, elegant gekleidet und offensichtlich bei Kräften, ihn mit Grandezza begrüßte. Nach wenigen Worten der Erklärung für sein Verhalten verabschiedete er sich: »Adieu, cher Monsieur Proust, adieu!« Mit einer Miene, die keinen Widerspruch duldete, machte Wilde auf dem Absatz kehrt und verließ die Suite gemessenen Schrittes durch die Eingangstür.

Wilde war enttäuscht gewesen, daß Proust ihn nicht allein zum Abendessen empfangen hatte. Die Vorstellung, zusammen mit Marcels Eltern speisen zu sollen, hatte ihn augenblicklich veranlaßt, ein Refugium aufzusuchen. Prousts Eltern freilich, die noch schockierter als ihr Sohn gewesen waren, warteten mit einer anderen Schilderung des Vorfalls auf: Bei seiner Ankunft habe Wilde sich prüfend in der ganzen Behausung umgesehen, einen großen Bogen um beide gemacht, es vermieden, sie anzusehen und sodann mit Nachdruck erklärt, daß er selten ein so häßliches Interieur habe gewärtigen müssen wie das ihre. Mit einem Ausdruck tiefen Abscheus habe er sich dann entfernt, angeblich, um sich frischzumachen.

Nun, Familie Proust mußte sich damit abfinden, daß ein Wilde nicht jedem beliebigen Salon seine Aufwartung machte. Wenn aus dem Austausch zweier Geistesgrößen nichts geworden ist, dann sind oft winzige Geschmacksverfehlungen die Ursache. Eine unpassend gemusterte Tapete, ein nachlässig zugezogener Vorhang, Mängel bei der Farbabstimmung des Porzellans haben den Ausschlag gegeben. Ein aufschlußreiches Kapitel der Literaturgeschichte bleibt ungeschrieben; Proust erlebte Oscar als vollendeten Snob.

Wildes Salonreigen wurde zu einer nicht endenwollenden Party, und er war immerzu der Ehrengast. Allabendlich war er ein glänzender Causeur und Charmeur, bezauberte seine Tischdamen, gewann das Vertrauen anfangs noch kritischer Herren und schlug selbst die blasiertesten Habitués mit seinem gewählten Französisch in seinen Bann. London war weit für ihn – sehr weit. Seine Mutter Speranza schrieb ihm, er möge doch bald zurückkommen und sich um Constance und die Kinder kümmern, die sich vernachlässigt und einsam fühlten. Bezeichnend, daß seine Gattin diesen Brief nicht selbst verfaßt hatte. Aber der Entflohene dachte gar nicht daran zu gehen, wenn es am schönsten war. Er profitierte von der lange entbehrten Freiheit, fernab von Constance und den Söhnen sein eigener Herr zu sein, genoß sie wie einen zweiten Frühling. Er fühlte sich zu Höherem berufen.

Das unstete In-den-Tag-hinein-Leben in einem aufregenden Rausch, von Soiree zu Soiree, das Bewußtsein, von einer Handvoll junger Männer mit Spannung erwartet zu werden, gefiel Wilde über alle Maßen. Innerhalb der Stadtgrenzen hatte sich für ihn ein erotisches Eldorado aufgetan, an dessen freizügigen Stätten er das Londoner Versteckspiel, die Flucht vor den Spießern, die Furcht vor Indiskretionen ad acta legen durfte. In der Kapitale der Toleranz ließ sich schwelgen. »Es gibt nur ein Paris, voyez-vous,« bekannte er überschwenglich einem Reporter, »und Paris ist Frankreich. Es ist die Heimat der Künstler; nein, es ist *la ville artiste*. Ich verehre Paris. Ich verehre auch Ihre Sprache.«[3] Und das »Écho de Paris« stellte wenige Tage später fest, daß Wilde das Jahresereignis der literarischen Pariser Saison darstelle, er inzwischen der ungekrönte König der Salons sei.

Dabei hatte er ein volles Programm zu bewältigen: Zola empfing ihn zum Tee, Romantheorien wurden erörtert, Fragen realistischer Prosadarstellung debattiert. Ein Diner mit Schwager Otho Lloyd und Gemahlin schloß sich an – sie nannten ein kleines Pariser Anwesen ihr eigen und hielten ihn mit Banalitäten aus dem Haushaltsalltag seiner Strohwitwe auf dem laufenden. Robert Sherard kam für eine Stippvisite über den Kanal und plauderte mit seinem Freund über einem mitternächtlichen Digestif, derweil sich Wilde von William Rothenstein zeichnen ließ. Die Nachtruhe währte nur kurz. Für den folgenden Morgen war das *petit déjeuner* mit Catulle Mendès angesetzt, gefolgt vom Apéritif bei der wunderlichen russischen Prinzessin Ouroussof oder von einem Pernod an der Seite von Verlaine und dem attraktiven guatemaltekischen Diplomaten Enrique Gómez Carrillo. Zum Lunch begab er sich in die britische Botschaft, wo er dem Hausherrn Lord Lytton, der sich auch als Amateurpoet versuchte, und seiner Tochter Emily die zynischsten Passagen aus *The Decay of Lying* vortrug.

Er erntete Beifall, und Voreingenomme, die sich auf eine »abstoßende« Erscheinung eingestellt hatten, mußten ihr Urteil revidieren. Manche Ungläubige hielten seine Ambitionen noch für Hirngespinste, mokierten sich über Wildes Ehrgeiz, *Salome* ausschließlich in der Comédie Française aufführen zu lassen, ja eines Tages vielleicht selbst Mitglied der Académie Française werden zu können. So ließ er es in seinen Lieblingsbrasserien auf dem Boulevard des Italiens, umringt von Stuart Merrill, Marcel Schwob, Pierre Louÿs und dem jungen André Gide, doch tatsächlich verlauten. Doch Hybris gehörte zu Wildes Selbstverständnis, hatte er sich doch schon in England mit dem unwahrscheinlichen Gedanken getragen, Parlamentsmitglied zu werden. Für ihn lag die Verwirklichung solcher Wünsche in greifbarer Nähe, denn er unterhielt mittlerweile intensive Beziehungen zu dem ganzen Pantheon des europäischen und nordamerikanischen Fin de Siècle. Wer war berufen, in vorderster Reihe mitzutun, wenn nicht er, ein Liebling der Götter?

Merrill, Schwob, Louÿs und Gide: Das Quartett dieser vier

»jungen Löwen« traf er beinahe im Tagesabstand, mit Vorliebe in Aristide Bruants Schenke am Fuße des Montmartre. Die angehenden Messieurs wetteiferten um die Gunst des Ausländers, jeden Abend stritten sie sich um die Ehre, wer die stattliche Zeche zahlen, ihren berühmten Gast ausführen durfte, wachten eifersüchtig um ausgewogene Proportionen bei den Gesprächsanteilen. Aber es gelang ihnen nur selten, ein originelles Bonmot zu landen, sich ein interessiertes Stirnrunzeln des amüsierten Wilde einzuhandeln. Denn der berühmte Spötter sprach mit Vorliebe allein, dozierte, verkündete und duldete weder Unterbrechung oder Widerspruch noch beflissene Ergänzungen. Seine vier Gastgeber konnten gar nicht genug von diesem brillanten Ausstoß bekommen.

Bei Marcel Schwob hielten sich Faszination und Abscheu allerdings die Waage. Er war Journalist, angehender Schriftsteller, Mendès' Privatsekretär, Wildes persönlicher *guide* und ließ sich, wenn er mit ihm angetroffen wurde, auch schon mal als dessen »Elefantenführer« und Lotsen apostrophieren. Ohne so weit zu gehen, ihn als »unförmige weiße Dampfwalze« zu bezeichnen – so eine britische Kunstkritikerin und Auslandskorrespondentin – fiel Schwobs Wilde-Skizze nicht sehr schmeichelhaft aus, er sprach von Oscars »ausladendem, teigigem Gesicht«, seinen roten Wangen, seinem »spöttischen Blick, schlechten vorstehenden Zähnen«, einem »lüsternen Kindermund mit milchweichen«, nach immer mehr Nahrung verlangenden Lippen. Wilde sei ein schlechter Esser, dagegen ein chronischer Raucher mit einer ausgeprägten Vorliebe für ägyptische, mit Opium angereicherte Zigaretten und ein »fürchterlicher Absinthtrinker«, der unter unerklärlichen Visionen leide. Trotz dieses unvorteilhaften Porträts opferte Marcel Schwob ihm seine gesamte Aufmerksamkeit, stand ihm Tag und Nacht zur Verfügung, widmete ihm sogar eine Novelle. Seine Ausdauer zahlte sich aus, denn Wilde eignete ihm den Erstdruck der *Sphinx* zu; die Publikation des sperrigen Werkes lag jedoch im Winter 1891 noch in weiter Ferne.

Bei Stuart Merrill, einem amerikanischen Wahlpariser, der sich dem Kreis der Symbolisten angeschlossen hatte und seine Dichtungen auf französisch zu Papier zu bringen versuchte, überwog eindeutig die Sympathie. Auf ihn machte Wilde den Eindruck eines riesenhaften Herrschers, der über ein nordisches Königreich gebiete, er sei ein glattrasierter, rosiger Mondpriester aus einer fernen, mythischen Epoche. Diese Notizen hätten sicherlich Wildes Beifall gefunden. Noch übertroffen werden diese gesuchten Komplimente aber von den aufschlußreichen Tagebucheinträgen durch Gide: Oscar »besaß das, was Thackeray als wichtigstes Talent großer Männer bezeichnet hat – Erfolg. Alles an ihm triumphierte, seine Gesten, sein Blick. Er war sich seines Erfolges so gewiß, daß es den Anschein hatte, er eile ihm voraus, er brauche ihm nur in dessen Fußstapfen hinterherzulaufen. Seine Bücher erstaunten, verbreiteten Charme. Er war reich, er war groß, er war schön, gutaussehend. Er hatte Fortune, alles machte ihm Ehre. Manche Leute verglichen ihn mit einem asiatischen Bacchus, andere mit einem gewissen römischen Kaiser, wieder andere beschworen seine Ähnlichkeit mit Apoll selbst. Und in der Tat, er war von einem Strahlenkranz umgeben: Er glänzte.«[4]

Mit dieser Meinung stand André Gide nicht allein. Schon die Prinzessin Ouroussof gewahrte eine Aureole um Wildes Haupt. Gides *Traité du Narcisse*, sein erstes bedeutendes Prosawerk, war soeben veröffentlicht worden. Und alsbald befand auch er sich in einem angeregtem Wettstreit mit Wilde um die Auslegung der Legende vom Narziß, ein Sujet, zu dem der Autor des *Dorian Gray* selbstredend einiges anzumerken hatte. Die beiden ungleichen Männer brachen zu einem drei Wochen anhaltenden Interpretationsmarathon auf: Heiligenporträts wurden stilisiert, unkonventionelle Bibelexegese betrieben, das Neue Testament an vielen Stellen nach Herzenslust umgeschrieben durch den erfahrenen Märchenerzähler aus London und den jungen, in jeder Hinsicht unerfahrenen Protestanten. Gide war zunächst beeindruckt, dann zunehmend benommen von den unerhörten Ausführungen des Älteren, schließlich wurde er immer wortkarger. Wilde spielte Katz und Maus mit dem Jüngeren und entdeckte bald eine diabolische Lust daran.

Die Abhängigkeit Dorians von Lord Wotton fand hier ihre Fortsetzung. Wilde ließ seinen Günstling zappeln, zeigte sich mal grausam, mal gütig, schlug Wunden, demütigte, um beim nächsten Besuch wieder einen scheinheilig-liebevollen Ton anzuschlagen. Er machte Gide Vorhaltungen wegen seines ausgesprochen harmlosen Lebenswandels, kanzelte ihn ab, um sich wenige Minuten später artig nach den literarischen Fortschritten seines Opfers zu erkundigen. Zwar war ihm Gides Äußeres gleichgültig, von dem hageren, asketischen Jüngling ging keine Verführungskraft auf ihn aus. Aber dessen Hörigkeit bereitete ihm ein ungesundes Vergnügen. Das Widerstreiten von hemmungsloser Bewunderung und heftiger Ablehnung, mit dem Gide in seinem Inneren rang, spiegelte die typische Ambivalenz eines jungen Homosexuellen, der die Aufmerksamkeit eines reiferen Mannes mit einschlägiger Erfahrung gewinnen möchte, sich die aufkeimende Begierde aber nicht eingestehen kann und sich am Ende abgewiesen fühlt, vorgeführt wie ein dummer Junge.

»Ihre Lippen gefallen mir nicht«, mußte André sich sagen lassen. Er traute seinen Ohren kaum, mit welchen Ungeheuerlichkeiten Wilde ihm ins Gewissen redete: »Schmale Lippen haben Sie, wie einer, der noch nie gelogen hat. Ich will Sie die Kunst des Lügens lehren, damit Ihre Lippen schön und wollüstig werden wie die Lippen antiker Masken.« An manchen Tagen notierte Gide nur noch den Namen WILDE in Großbuchstaben in sein *Journal*, dann blieben die Seiten völlig leer. Die doppelbödige Redeflut des Bewunderten hatte ihn sprachlos gemacht. Vergeblich kämpfte er gegen seine Verunsicherung an, ängstigte sich vor jeder neuen Begegnung. Jedesmal tat sich ein Abgrund vor ihm auf. Als Wilde endlich abreiste, fühlte sich Gide, als wäre er den Klauen eines Mephistopheles entronnen, das gerahmte Porträt seines Quälgeistes zierte dennoch weiterhin den Flügeldeckel in seinem Arbeitszimmer. Seine Tischgenossen, allen voran Pierre Louÿs, waren überzeugt, daß Gide sich in Wilde verliebt hätte. Doch dessen unverhohlenes Interesse galt dem vorlauten Spötter und angehenden Dichter Louÿs, diesem feurigen Hitzkopf, selbst, dessen erotische Lyrik Debussy zu seinen *Chansons de Bilitis* inspirieren sollte. Schade nur, daß dieser Pierre offensichtlich eher den Damen zugetan war.

Oscar widmete Louÿs, aus dem ihm in den nächsten Jahren einer seiner heftigsten Kritiker erwachsen sollte, einen seiner Erzählungsbände mit dem vielsagenden Dreizeiler: »Für den jungen Mann, der die Schönheit anbetet; für den jungen Mann, der von der Schönheit angebetet wird; für den jungen Mann, dem meine

Anbetung gilt.« Louÿs und Gide wiederum waren eine geraume Zeitlang unzertrennlich, machten literarische Wechselbäder durch, tauschten sich aus, wenn auch Andrés Avancen von Pierre brüsk zurückgewiesen wurden. Gide mußte so manchen Tadel von ihm einstecken. Und beide Einundzwanzigjährige zog es bald, wie später auch Wilde und Bosie, nach Nordafrika, um dort unbefriedigte Sehnsüchte zu stillen. Alle drei sollten sich nicht aus den Augen verlieren, und Themenwahl und Problemstellung von Gides dichterischer Produktion in den kommenden Jahrzehnten wären ohne die einschneidende Zäsur seiner Bekanntschaft mit Oscar wohl in ganz anderen Bahnen verlaufen.

Der Salonlöwe war hochzufrieden mit diesem Parisaufenthalt; alles schien ihm zu glücken, selbst die *Sphinx* kam voran. Er hatte sich Paris von seiner besten Seite präsentiert; er war mit sich im reinen. In London wartete das Quartett seiner Gesellschaftskomödien auf seine Realisierung – *Lady Windermere's Fan* war so gut wie abgeschlossen –; nun mußte er nur noch seiner Wahlheimat und ihrer Diva, Sarah Bernhardt, sein Abschiedsgeschenk darbringen, *Salome* – ein Tribut an Paris, ein Pendant zu *Dorian*.

In den Salons und Cafés, auf den Grands Boulevards und in den Museen war er seiner Titelheldin auf Schritt und Tritt begegnet. Er hatte Flauberts Novelle *Hérodias* aus den *Trois contes* gelesen und verinnerlicht; er stand mit Mallarmés *Hérodiade* auf vertrautem Fuße. Das *Salome*-Kapitel aus Huysmans' *A rebours* kannte er inzwischen wie seine Westentasche und mit ihm die dort gefeierten Gemälde Gustave Moreaus. Er hatte sich die Prophetenmörderin in den Darstellungen von Rubens und Ingres zu Gemüte geführt, ihre zahlreichen Abbilder im Louvre studiert. Im Februar 1888 bereits hatte er für die »Pall Mall Gazette« eine *Salome*-Kritik verfaßt, die dem gleichnamigen Theaterstück des amerikanischen Autors Joseph C. Heywood galt. Mit Mallarmé, Gide und Louÿs hatte er Einzelheiten entworfen, nur um sich dann wieder auf ganz andere Fährten zu begeben. Den dem Kollegen Maeterlinck und seiner Schauspielergattin Georgette Leblanc vorgetragenen Plan, sein französisches Drama »Die Enthauptung der Salome« zu nennen und auch die Titelheldin köpfen zu lassen, ließ er nach gebührender Prüfung wieder fallen.

Einmal hatte er, zusammen mit Stuart Merrill im »Moulin-Rouge«, dem Vergnügungstempel am Pigalle, eine rumänische Akrobatin bei ihren Kunststücken beobachtet: Sie war in der Lage, minutenlang auf ihren Händen zu tanzen. Eine gekritzelte Depesche an die Künstlerin, ob sie die Rolle der Salome bei der Uraufführung seines Stückes übernehmen wolle, war allerdings unbeantwortet geblieben. Wilde fühlte sich verprellt und griff notgedrungen wieder auf den »Tanz der sieben Schleier« zurück. Tag für Tag rang er mit dem Stoff, konnte sich nicht zwischen Prosa, Lyrik und Drama entscheiden. Die ausschlaggebende Fassung entstand, wie so oft, beim Fabulieren in einer kleinen Dichterrunde in Anwesenheit Gides.

Um seinen kostbaren Einfall nicht zu vergeuden, war Wilde danach sofort in seine Unterkunft am Boulevard des Capucines geeilt. Auf dem Sekretär lag eine unbenutzte Kladde, an deren Kauf, einige Tage zuvor, er sich nicht mehr erinnern konnte. »Wenn das leere Buch nicht dort auf dem Tisch gelegen hätte, wäre ich wohl nicht im Traum auf die Idee gekommen, das ›Erzählte‹ auch aufzuschreiben.« Die Ideen flossen nur so aufs Papier, bis er ohne atmosphärische Anregungen nicht mehr auskam. Er begab sich ins »Grand Café« direkt neben seinem Hotel. Ein gewisser Rigo war dort seinerzeit für das musikalische Wohl der Gäste verantwortlich. »Rigo leitete damals die Zigeunerkapelle. Ich rief ihn an meinen Tisch und sagte: ›Ich schreibe gerade ein Drama. Darin tanzt eine Frau barfüßig im Blut eines Mannes, den sie begehrt und dann getötet hat. Spielen Sie mir doch bitte einige zu meinen Gedanken passende Stücke.‹ Bald darauf setzte eine so wilde, schaurige Musik ein, daß alle Anwesenden verstummten und einander mit bleichen Gesichtern anstarrten. Danach kehrte ich in mein Zimmer zurück und beendete *Salome*.«[5]

Als der Übernächtigte am nächsten Morgen die Vorhänge zurückzog und ihn die Dezembersonne über dem Boulevard des Capucines blendete, war das Notizbuch bis zur letzten Seite mit seiner zierlichen Handschrift bedeckt. Ihm blieb nur noch, nach London abzureisen. Am Heiligabend war Wilde zurück in der Tite Street.

Mondsüchtiger

❦

Unsere glühendsten Augenblicke der Ekstase sind nur Schatten dessen,
was wir bei anderer Gelegenheit empfunden haben
oder was wir eines Tages empfinden möchten.
Mir zumindest erscheint es so.
Und, höchst sonderbar, aus allem entsteht
eine kuriose Mischung aus Glut und Gleichgültigkeit.
Ich selbst würde alles für eine neue Erfahrung hingeben
und weiß doch, daß es so etwas
wie eine neue Erfahrung überhaupt nicht gibt.

Tabubruch, Provokation, Grenzüberschreitung, Liebesdrama, Hinrichtung. Das Schicksal und die Bühnenkarriere von Wildes einziger Tragödie spiegelt auf einzigartige Weise die Stationen auch seines skandalumwitterten Lebens. Ein halbes Jahr nur nach der Niederschrift von *Salome* hatte Sarah Bernhardt, die designierte Darstellerin der Titelfigur, in London bereits das Palace Theatre gemietet und befand sich mitten in den Proben. Zuvor hatte man ihr zu Ehren im West End Empfänge gegeben, bei denen Wilde zusammen mit seinem nach England gereisten Freund Pierre Louÿs anwesend war. Louÿs war erstaunt gewesen über die Schönheit und Ausstrahlungskraft der Diva, die sich bei Wilde angelegentlich erkundigte, ob er nicht auch einmal ein Stück eigens für sie verfassen wolle. Die Beifallsstürme, mit denen sein Publikum am Piccadilly die *Lady Windermere* bejubelte, waren ihr zu Ohren gekommen. Wilde konnte mit einer Überraschung aufwarten: Dieses Drama gab es bereits. Sarah Bernhardt hatte ohne zu zögern zugegriffen und Investitionsbereitschaft gezeigt.

Wilde war glücklich. Er wußte um Bernhardts absolute Hingabefähigkeit an einen Part wie diesen. Ungute Erinnerungen an das doppelte Fiasko von New York verblaßten. Die Realisierung seines Einakters schien unter einem günstigen Stern zu stehen. Über Gewänder und Schmuckstücke, die Sarah auf der Bühne tragen wollte, besaßen beide Künstler ausgesprochen präzise Vorstellungen. Der Ausstatter Charles Ricketts entwarf für Kostüme und Bühnenbild eine kontrastreiche Palette mit schrillen Tönen. Schon in der Rue de la Paix hatte sich Wilde in die Auslagen der Juweliergeschäfte vertieft und sich Skizzen für die Farb- und Formwahl passender Edelsteine gemacht. Schimmern und funkeln sollten diese Preziosen, sich über der »Brunst« ihres »bernsteinfarbenen Leibes erwärmen«. Anderntags tendierte er zu nur spärlichem Dekor, sah sie gänzlich nackt vor sich, lediglich angetan mit geschickt drapierten Geschmeiden. Wollust, Pervertiertheit, seelische Grausamkeit sollte die Gebärdensprache seiner jüdischen Prinzessin aufs suggestivste vermitteln: lasziv, maßlos, in Ekstase aufgelöst. Eine ehr-»lose«, sündige, jenseits aller Moral agierende, einzig ihrer Lust frönende Salome schwebte ihm vor, und nichts war ihm dafür zu teuer. Eine prächtige, luxuriöse Ausstattung sollte ihm auch nach der bejubelten ehr-»baren« Lady Windermere einen durchschlagenden Erfolg garantieren.

Sarah Bernhardt, von Wilde oft als »alte Schlange vom Nil« tituliert, mußte den Autor in seiner Euphorie gleich mehrmals bremsen, denn die Produktionskosten hatte sie aus eigener Tasche zu zahlen. Das war ein beträchtliches finanzielles Risiko, da sie in Paris an der Porte Saint-Martin ein kostenintensives eigenes Theater besaß und im Begriff war, mit dem Kauf eines weiteren, des Théâtre de la Renaissance, eine gewagte Transaktion durchzuführen. So genügten ihr geliehene Kleopatra-Kostüme mit Goldfransen, die sie nur umzufunktionieren brauchte. Immerhin ließ sie sich eine riesige goldene Krone anfertigen und bestand darauf, ihren voluminösen Haarschopf blau pudern zu lassen – Wilde zum Trotz, der dies eigentlich für die Interpretin der Herodias vorgesehen hatte.

Die britische Theaterzensur in Gestalt Lord Chamberlains machte Höhenflügen indessen ein jähes Ende. Nachdem er die britische Bühnen-Kontrollstelle, der ein engstirniger »Experte« namens Edward Smyth Piggott vorsaß, zu Rate gezogen hatte, verbot Chamberlain die Aufführung ohne viel Federlesens – einer veralteten englischen Gesetzgebung zufolge durften keine biblischen Figuren in Theatern des Vereinigten Königreiches zu sehen sein, was schon zur Folge hatte, daß großen Opernerfolgen von Saint-Saëns oder Massenet eine Wiedergabe in London versagt geblieben war. Die Bernhardt war begreiflicherweise wütend über den Axthieb der Behörde. Ein immenses Budget war im Winde verpufft, ihr Renommee in Gefahr, und sie machte Wildes Ahnungslosigkeit in Rechtsfragen für das Mißgeschick verantwortlich. Der Bühnenautor hatte wohl gehofft, seine auf französisch verfaßte Hymne an eine unbeugsame Frau würde unbemerkt die Zensurschwelle passieren, jetzt schäumte auch er vor Wut.

George Bernard Shaw stimmte vernehmlich in den Chor der Empörten ein, denen die ungerechtfertigte Absetzung entschieden zu weit ging. In Presseverlautbarungen schlug Wilde einen ungewöhnlich scharfen Ton an und ließ sich über die Rückständigkeit des britischen Theaters und seiner selbsternannten Kontrolleure aus. Die englische Kulturszene sei borniert, unfähig, die Schönheiten modernster Schöpfungen zu würdigen. Billige Boulevardschmonzetten entwischten dem Index, Racine oder Gounod aber würden geschmäht. Persönlich trage er sich deswegen mit dem Gedanken, dieser zutiefst kunstfeindlichen Nation den Rücken zu kehren und nach Frankreich auszuwandern, sich dort womöglich einbürgern zu lassen. Immerhin sei er ein Ire.

Die britischen Zeitungen machten sich darüber lustig. Karikaturisten malten sich bereits genüßlich aus, wie Wilde der dortigen Wehrpflicht anheimfallen würde und präsentierten ihn in Spottzeichnungen als schwitzenden Infanteristen in französischer Uniform, ein Gewehr auf dem Rücken, aus dem Tornister ragte ein *Salome*-Exemplar: Wilde als Vorläufer des *poilu*. Die Doppelpublikation seines Stückes, die, wiederum ein halbes Jahr darauf, im Februar 1893 zeitgleich in Paris und London erfolgte, konnten Lord Chamberlain und seine Handlanger jedoch nicht verhindern. In beiden Metropolen erschien das Drama demnach in der Originalsprache, und der Zuspruch war durchaus wohlwollend. Mallarmé, Loti und Maeterlinck sandten höfliche Empfangsbestätigungen mit durchweg günstigem Urteil, nur von Louÿs, dem Widmungsträger, kam ein frivoles, ironisch-spöttelndes Telegramm. Wilde war bestürzt und verletzt. Wie konnte der Jüngling, auf den er so große Stücke hielt, es wagen, ihn so zu enttäuschen, in seinem Schreiben nicht einmal eine schlichte Dankesformel anzubringen? Er befand, Louÿs sei der Zueignung seines bedeutenden Werkes gar nicht würdig gewesen. Letzterer versuchte, seinen unangebrachten Fauxpas auszuwetzen und schickte Wilde unter

Freundschaftsbeteuerungen ein Sonett mit dem Titel *La danseuse*, das auf *Salome* anspielte. Aber er hatte einen Schaden angerichtet, der nur schwerlich wieder gutzumachen war.

Vorsichtigen Kritikvorschlägen seitens seiner französischen Freunde hatte Wilde sich widersetzt, nur bei Kleinigkeiten wie grammatischen Konstruktionen gab er nach. Er hielt sein Französisch für vollendet, wand sich, wenn man ihm so manches »Enfin«, zu offensichtlich dem englischen »Well« am Satzanfang nachgebildet, nicht durchgehen lassen wollte. Schwob, Merrill und Louÿs waren am behutsamsten und gewissenhaftesten und setzten sich stellenweise dann doch durch. Viel größere Sorgen bereitete ihm die englische Fassung. Die Anfertigung einer Rückübertragung in seine Muttersprache hatte er unglücklicherweise seinem Liebhaber Bosie anvertraut – ein Liebesbeweis, der hier völlig fehl am Platze war und in einen heftigen Streit mündete. Hätte er die Aufgabe selbst übernommen, wäre das Problem innerhalb weniger Tage zu lösen gewesen. Seine Zuneigung aber – die gedämpften, matten Farben des Bucheinbandes waren auf seinen Wunsch sogar Bosies Haarfarbe nachempfunden – machte ihn blind für Lord Alfreds mangelhafte Beherrschung des Französischen. Überall mußte korrigiert, nachgebessert, geflickt werden. Wilde zieh Bosie am Ende schlimmster »Schuljungenfehler« und erklärte die ganz offensichtlich stümperhafte Übersetzung rundheraus für mißlungen und unbrauchbar.

Das Schlimmste ließ sich gerade noch abwenden, ein vorübergehender Rückzug Wildes in den Sommerwochen des Jahres 1893 beschwichtigte die Gemüter. Doch die *Salome*-Querelen gingen andernorts weiter. Wildes Verleger John Lane und der hochbegabte, erst knapp zwanzigjährige Zeichner Aubrey Beardsley schalteten sich ein. Auch sie krittelten sowohl an Bosies ursprünglicher als auch an der korrigierten Übersetzung herum. Hinzu kam, daß Wilde an Beardsleys Illustrationen, die aus heutiger Sicht kongenial erscheinen in ihrer Mischung aus Erotik und Horror, sinnlichen und makabren Zügen, Anstoß nahm, sie zu frivol fand. Beardsleys schmale, elegante Schwarzweiß-Silhouetten, gezeichnet mit feinem Strich und frühreifem Augenmerk für das Geschlechtliche, präsentieren in der Tat keine historischen, symbolistisch aufgeladenen Figuren, sondern moderne, androgyne, von Rauschgift gezeichnete Zwitterwesen – ausgezehrt, zwischen Apathie, Perversion und Todessehnsucht –, deren Charakteristika noch im Hippie-Zeitalter auf Postern und Plattenhüllen nachwirken sollten. Die Dekadenz und Morbidität Wildescher Dramengestalten stilistisch nüchtern einzufangen, subtile Grausamkeit mit Indifferenz zur Schau zu stellen, das waren Beardsleys größte Tugenden.

Dieses Raffinement qualifizierte Oscar als »pariserisch« und führte – mit einer sarkastischen Spitze – Beardsleys Hang zu sexueller Exzentrik auf einen einmaligen Besuch des Jungen im normannischen Dieppe zurück. Aus der Londoner Veröffentlichung von 1894 verschwanden danach die Genitalien aus den ursprünglichen Vorlagen; der Verleger hatte auf dieser Entschärfung bestanden. Lane hatte verlangt, daß insbesondere die männlichen Geschlechtsteile entfernt und mit Feigenblättern überdeckt werden mußten; die Brüste dieser diabolischen, quasi transsexuellen Fabelfiguren durften bleiben. Erst im Jahre 1906 wurden Engelchen und Teufelchen wieder die Attribute ihrer Männlichkeit zugestanden.

Kompromisse bei der Urteilsfindung einer englischen Idealfassung, Nörgeleien der französischen Freunde, Zensurblockade, ästhetische Spitzfindigkeiten um die Illustrierung und gleich ein doppelter Zwist mit Sarah Bernhardt und Bosie – Wilde war die Freude an *Salome* vorläufig vergällt.

Aber zwei entscheidende Jahre später, im Februar 1896, als Oscar schon im Gefängnis zu Reading hinter Gittern saß, als sein Name von allen englischen Theaterplakaten und Programmzetteln getilgt worden war, niemand mehr an ihn und seine Werke glaubte, kam unerwartet die Ehrenrettung für seine Tragödie – natürlich aus Paris. Das Théâtre de l'Œuvre brachte seinen Einakter heraus – mit dem mutigen Regisseur und Theaterleiter Aurélien Lugné-Poë in der Rolle des Tetrarchen Herodes und mit Lina Munte in der Titelrolle. Es war, als würde ein lange zurückliegendes Versprechen endlich eingelöst. Dieser Gnadenakt sollte Wilde, wenigstens für einen Moment intensiver Genugtuung, wieder den Glauben an sich zurückgeben.

Vorausgegangen war 1895 eine Intervention Robert Sherards bei Sarah Bernhardt. Im Auftrag des verzweifelten Wilde hatte er

Illustration von Aubrey Beardsley für Wildes Tragödie *Salome*,
»bereinigte« Fassung

die Schauspielgöttin inständig gebeten, sie möge sich, im Interesse des Stückes und als Verbeugung vor dem inhaftierten Genie, doch die Rechte an *Salome* sichern. Die Bernhardt hatte daraufhin zwar Wildes Schicksal beklagt und versprochen, ihm Geld zukommen zu lassen, doch am Ende hielt sie keine ihrer Absprachen mit Sherard ein. Anders der couragierte Lugné-Poë. Mit seinem Engagement für die Avantgarde ging er in die Theaterannalen von Paris ein. Gleich nach *Salome* sollte er sich um die Uraufführung von Alfred Jarrys *Ubu roi* kümmern, eines enigmatischen Bühnenwerkes mit prä-surrealistischen, absurden Zügen. Seine skandalumtoste Inszenierung wurde zur richtungsweisenden Pioniertat. Der Wirbel um *Ubu*, einen Ahnen der Protagonisten von Samuel Beckett, trug die Namen von Lugné-Poë und Jarry um die Welt.

Lugné-Poë berichtet in seinen Lebenserinnerungen, daß er zum ersten Mal von Wildes Tragödie gehört habe, als ihm Henry Bataille, ein seinerzeit in Frankreich bekannter Dramatiker, von der *Salome* eines gewissen Herrn »Oscarwald« (sic!) schrieb. »Damals wurde das schöngeistige Paris urplötzlich vom traurigen Abenteuer, das Oscar Wilde widerfahren war, erschüttert: Man hatte den Autor des *Dorian Gray* soeben ins Gefängnis geworfen. Unsere puritanischen Nachbarn zeigten sich unbarmherzig einem Schriftsteller gegenüber, der vor Wochenfrist noch der erklärte Liebling aller Londoner Clubs und Salons gewesen, als Künstler der Stunde unbestritten war. Sein Absturz war grauenhaft. In Paris aber hielt die Wertschätzung für Wilde bei den meisten seiner Freunde unverändert an. ... Bei meinen zahlreichen Aufenthalten in London war ich frappiert von der Betäubung, ja Apathie, der die englische Gesellschaft anheimzufallen schien. Es gelang mir, Kontakte zu den Freunden des Dichters herzustellen, zu More Adey, Robert Ross, dem Anwalt Lewinsohn, allesamt untröstlich über den Vorfall, doch versteckten sie sich genauso, reagierten überhaupt nicht mehr.

Und da niemand sich dazu durchringen konnte, in einem gemeinsamen Kraftakt der Solidarität und des Mitleids der Liebe zu Wilde überzeugenden Ausdruck zu verleihen, setzte ich mich über jegliche, noch einzuholende Aufführungsgenehmigung hinweg und brachte *Salome* am 11. Februar 1896 heraus. Dies tat ich, obwohl man mir ebenfalls mit Strafverfolgung gedroht hatte, auf französischem Boden allerdings eher geschäftlicher Natur. Die britische Gesetzgebung bestimmt nämlich, daß ein Verbrecher – und Wilde war ein solcher Verbrecher – seiner gesamten Interessen verlustig geht und unter der Vormundschaft des Staates steht. Angesichts internationaler Vereinbarungen zur Wahrung des literarischen Urheberschutzes riskierten wir somit täglich ein Aufführungsverbot. Man hätte uns einen Gerichtsvollzieher ins Haus schicken können, beauftragt von einem englischen Richter. Eine bedrohliche, einschüchternde Vorstellung ... Von einem Tag auf den anderen hätte unsere Produktion abgesetzt werden, hätten unsere Einnahmen konfisziert werden können.« Lugné-Poë entschied zugunsten der freiheitlichen Kunst, schließlich, so betont er, handle es sich beim Théâtre de l'Œuvre um ein privat geführtes Haus.[1]

Seine Pläne wurden gottlob nicht durchkreuzt, wenngleich die Premierenvorbereitungen noch so manche Überraschung bereithielten: Zuerst untersagte die Polizei, angeblich aus Sicherheitsgründen, Vorstellungen im ursprünglich dafür vorgesehenen Saal – ein Umzug in einen kleineren Bühnenraum war erforderlich. Dann mußte in letzter Minute ein passender, schaurig-blutiger Kopf aufgetrieben werden, der nach der Enthauptung Johannes' des Täufers durch den Henker auf der von Salome reklamierten Silberschüssel vom Brunnen auf die Bühne gereicht wird. Nach langer Suche erklärte sich das Musée Grevin, ein berühmtes Pariser Wachsfigurenkabinett, dazu bereit, ein kostbares Exponat zur Verfügung zu stellen, das den gewünschten Horroreffekt zu erzielen versprach. Man schärfte Lugné-Poë ein, damit größte Vorsicht walten zu lassen. Aber es kam, wie es kommen mußte: Das empfindliche Prophetenhaupt entglitt bei der Generalprobe den Händen des Henkers – der Aufprall klang eher nach zerschlagenem Porzellan –, wurde schwer beschädigt und mußte aufwendig repariert und geleimt werden. Bei einer der akklamierten Aufführungen fing auch noch ein Gazekostüm Feuer.

Doch im großen und ganzen glückte das Wagnis. Alle Aufführungen waren gut besucht. Wie Constance von den Premierengästen Ernest Dowson und Aubrey Beardsley in einem ausführlichen, enthusiastischen Schreiben erfuhr, wurde die Inszenierung zu »einem Triumph« für Oscar. Der Tetrarch von Judäa alias Au-rélien Lugné-Poë war der Wegbereiter von Wildes Theater-Comeback und Garant dafür, daß der Name des *Salome*-Autors am Leben erhalten wurde. Der Eingesperrte sollte dem beherzten Theatermann seine Ruhmestat nicht vergessen. Gleich nach seiner Haftentlassung im Frühjahr 1897 revanchierte sich Wilde bei seinem Gönner mit einer Einladung ins Hôtel Sandwich in Dieppe. Ungeachtet dieses Freundschaftsbeweises durch einen bislang Unbekannten – zu Lebzeiten sollte Oscar Wilde seine Salome, dieses unbeherrschte, sinnliche Geschöpf, von dem er sich mehr versprochen hatte als von allen anderen seiner Bühnenfiguren, nie zu Gesicht bekommen.

Das verhängnisvolle Ende des Propheten Jochanaan (Johannes) und seines Gegenübers, der wie von Sinnen agierenden Prinzessin, hat Wilde in einer einzigen, beklemmenden Nachtszene verdichtet. Nicht Herodes, der zwischen Ekel, Faszination und inzestuöser Begierde schwankende Herrscher, nicht Herodias, seine intrigante, von Jochanaan zunächst verunglimpfte, dann verfluchte Gattin, nicht Salome, die in der Vorlage, dem 14. Kapitel des Matthäus-Evangeliums, gar keinen Namen trägt, sind die Hauptfiguren: Die Hauptrolle im Geschehen der blutrünstigen Mordnacht spielt der Mond. Sein Licht und seine Wirkung auf die Menschen changieren ständig, ihm sind alle Figuren verfallen, alles Unheil geht von ihm aus. »Sieh die Mondscheibe! Wie seltsam sie aussieht. Wie eine Frau, die aus dem Grab aufsteigt. Wie eine tote Frau. Man könnte meinen, sie blickt nach toten Dingen aus«, orakelt zu Beginn der Page der Herodias, der in einen der Bewacher des Propheten, den jungen Syrier, verliebt zu sein scheint. Die homoerotische Komponente im Verhältnis der beiden Jünglinge, zwischen Bedienstetem und Soldaten, hat Wilde breit ausgemalt. Der Syrier ist seinerseits Salome verfallen, tötet sich im Affekt, als die Prinzessin zum ersten Mal den Propheten zu sehen, schließlich zu küssen begehrt. Das Ansinnen der Tollkühnen bringt den gerade erst zum Hauptmann von Herodes' Leibwache ernannten Vertrauten der jungen Frau um den Verstand. Narraboth, so sein Name, hilft nur noch der Selbstmord aus dem Vergehen, dessen er schuldig ist: den Schmeicheleien Salomes nachgegeben und, ausdrücklichen Anweisungen zuwiderhandelnd, ihr den im Brunnen eingesperrten Jochanaan vorgeführt zu haben.

Daß der hinzutretende Tetrarch in Narraboths Blut ausgleitet, ist ein weiteres fatales Omen, denn auch sein politisches Schicksal, sein Ansehen als Herrscher, steht in der Zuspitzung der Ereignisse um den »Tanz mit den sieben Schleiern« auf dem Spiel. »Es ist seltsam, daß der junge Syrier sich getötet hat«, spricht Herodes zu sich selbst. »Er tut mir sehr leid. Denn er war schön zu sehen. Er war sehr schön. Er hatte so schmachtende Augen. Ich erinnere mich, ich sah seine schmachtenden Augen, wenn er Salome ansah. Wahrhaftig, ich dachte: Er sieht sie zuviel an.« Und der zurückgebliebene Freund des Syrers bekennt: »Er war mir näher als ein Bruder.« Blicke, verbotene wie voyeuristische, nehmen einen zentralen Platz in den Monologen der wie in Trance agierenden Figuren ein, denn es kommt selten genug einmal zu erregten Gesprächen wie bei den Kontroversen zwischen Herodes und Herodias (im Streit um die Stieftochter) oder zwischen Herodes und Salome (im Kampf um die Herausgabe des vom Rumpf abzutrennenden Prophetenhauptes). Alle reden aneinander vorbei, führen Selbstgespräche, meditieren. »Wie gut es ist, in den Mond zu sehen. Er ist wie eine silberne Blume. Kühl und keusch. Wie eine Jungfrau, die rein geblieben ist. Die sich nie Männern preisgegeben hat«, so deutet Salome den irritierenden, alle hypnotisierenden, silbrig-weißen Himmelskörper.

Der keusche, bleiche Asket Jochanaan mit seinem weißen, makellosen Körper weckt die Neugier der noch ungeliebten Jungfrau: »Wie abgezehrt er ist! Keusch wie der Mond. Er ist wie ein Mondenstrahl, wie ein Silberschaft. Sein Fleisch muß sehr kühl sein, kühl wie Elfenbein. Ich möchte ihn näher besehen.« Salome wird liebestoll, denn sie hat einen Menschen vor sich, der ihr widersteht. So spürt sie eine Wesensverwandtschaft, ein Temperament, das dem ihren ähnelt: stolz, herrisch, unbeugsam. Jochanaan ist sich des Nahens des Messias sicher, Salome stolziert erhobenen Hauptes und sehenden Auges in den Untergang. Beide sind Gläubige: der Ankunft des Heilandes auf der einen, des Triumphes ihrer Leidenschaft auf der anderen Seite gewiß. Und Salome wird zur Zwillingsschwester von Judith. Beide Heroinen sind furchtlos, lehnen sich auf, setzen ihre Sexualität strategisch ein und können mit einer furchterregenden Trophäe, dem abgeschlagenen Haupt des Liebhabers, auftrumpfen. Mit einem gewichtigen Unterschied: Judith vollzieht den Liebesakt mit Holofernes im Feindeslager, während Salome sich mit Jochanaan virtuell vereinigt. Zuvor läßt sie den Propheten symbolisch entmannen, indem sie ihn seiner mächtigen, prophetischen Sprachkraft beraubt und zum Verstummen bringt.

Herodes in seiner mit Existenzangst gepaarten Triebhaftigkeit zeigt sich der Mond als »wahnsinniges Weib, das überall nach Buhlen sucht. Und nackt ist, ganz nackt. Die Wolken wollen seine Nacktheit bekleiden, aber das Weib läßt sie nicht. Es stellt sich nackt im Himmel zur Schau, wie ein betrunkenes Weib, das durch die Wolken taumelt.« Sexuelle Lust und Mordlust, Irrationales und Unbewußtes werden in seinem in sich kreisenden Gefasel eins. Herodias verkörpert dagegen die unbarmherzige Ratio, vermag keine Visionen auszumachen, duldet das metaphorische Sprechen der anderen nicht. Ihrem zweiten Gemahl wirft sie Unfruchtbarkeit vor. Sie stachelt ihre Tochter an, zum Äußersten zu gehen, als Lohn für ihren aufreizenden Tanz das Unaussprechliche einzufordern.

Zum Entsetzen der anwesenden Juden – Wildes *Salome* ist auch eine religionstheoretische Debatte über die Wesensunterschiede von Christentum und Judentum, die sich wie ein roter Faden durch die Dialoge zieht – verlangt die rebellische Tänzerin, aus einer Laune heraus und im Bewußtsein sexueller Macht über ihren Stiefvater, das Hinmeucheln des Propheten und den Vollzug des Kusses mit den kalten, leblosen Lippen des heiligen Mannes. Dieser mit Absicht herbeigeführten Versündigung, der Überschreitung des größten aller Tabus, kann selbst ein Ungläubiger wie Herodes nicht länger tatenlos zusehen. Er befiehlt, die Unselige, im Begriff, sich mit dem Mund Jochanaans zu vereinen, unter den Schildern seiner Garde zermalmen zu lassen. Genau in diesem Augenblick trifft ein Mondstrahl auf die Todgeweihte und erleuchtet grell die Szenerie.

Wilde arbeitet mit einer einfachen, beinahe alltäglichen, doch ausgeklügelten Sprache, mit Parallelismen, Wiederholungen, Anaphern, Synästhesien, einer melodischen Syntax sowie einem begrenzten Vokabular, was an die formelhafte Sprachgebung der

Bibelkapitel erinnert, sich aber auch an die poetische Diktion Maeterlincks anlehnt wie das auffällige Insistieren auf einzelnen, nur unmerklich abgewandelten Wendungen, das fast manische Beharren auf Wünschen, Forderungen, Verlautbarungen, Bekenntnissen. Alle Akteure benutzen dasselbe Sprachniveau, werden von denselben Vorahnungen geplagt. Jochanaan wie Herodes hören die Flügel des Todesengels im Palast rauschen, sie wissen um das Nahen des Endes. Der eine sieht es mit Zuversicht, der andere schickt sich in die Fatalität. »Kreischende« Stimmen verstärken die Hysterie: Herodias erträgt Jochanaans Flüche nicht, weil sie vor der Wahrheit auf der Flucht ist; Herodes kann Salomes Stimmklang nicht mehr aushalten, weil er sich vor der Maßlosigkeit ihrer Ansprüche fürchtet.

Parallelismen und Analogieverfahren steigern den Spannungseffekt an zwei entscheidenden Stellen des Handlungsverlaufes, jeweils in drei Stufen: bei der Haßliebeserklärung Salomes an den noch lebenden, sie verwünschenden Propheten (nacheinander besingt sie die Vorzüge seines Leibes, seines Haares, seines Mundes, um sie wenig später zu verdammen) und bei dem vergeblichen Betteln Herodes', Salome möge sich um des Friedens willen doch mit seinen größten Schätzen zufriedengeben (er verspricht ihr zunächst Smaragde, dann seine Zucht seltener Pfauen, am Ende gar den Mantel des Hohepriesters, den Vorhang des Allerheiligsten). Unübersehbar sind auch die gewagten Paraphrasen des Hohenlieds Salomos, hier im nekrophilen, blasphemischen Kontext. Wilde münzt sie in geradezu selbstverräterischer Manier zu einer schwülen Hymne auf männliche Schönheit um, in der es von preziösen Attributen und Epitheta nur so wimmelt:

»Ah! Jochanaan, Jochanaan, du warst der Mann, den ich allein von allen Männern liebte! Alle andern Männer waren mir verhaßt. Doch du warst schön! Dein Leib war eine Elfenbeinsäule auf silbernen Füßen. Er war ein Garten voller Tauben und Silberlilien. Er war ein silberner Turm, mit Elfenbeinschilden gedeckt. Nichts in der Welt war so weiß wie dein Leib. Nichts in der Welt war so schwarz wie dein Haar. In der ganzen Welt war nichts so rot wie dein Mund. ... Wohl, Du hast wohl deinen Gott gesehen, Jochanaan, aber mich, mich hast du nie gesehen!

Hättest du mich gesehen, so hättest du mich geliebt! Ich sah dich, und ich liebte dich! Oh, wie liebte ich dich! Ich liebe dich noch, Jochanaan! Ich liebe nur dich. ... Ich dürste nach deiner Schönheit; ich hungere nach deinem Leib; nicht Wein noch Äpfel können mein Verlangen stillen. Was soll ich jetzt tun, Jochanaan? Nicht die Fluten noch die großen Wasser können dies brünstige Begehren löschen. ... du nahmst mir meine Keuschheit. Ich war rein und züchtig, und du hast Feuer in meine Adern gegossen ...«

Zurückgewiesene Liebe: Wilde zeichnet hier mit unfreiwilliger Prophetie sein eigenes Doppelporträt. Er erkennt sich in Herodes wieder, dem aufgeschwemmten, abgetakelten Regenten, willensschwach und ohne wirkliche Macht, dem der Absturz bevorsteht, der seine Gelüste nicht im Zaum halten kann, der sich mit schalen Zudringlichkeiten jugendlicher Schönheit zu bemächtigen trachtet, der sich aus unerfüllter Begierde nach seiner Stieftochter emotional erpressen läßt. Nicht nur als Strafe für die Tötung Jochanaans, auch aus Haß auf diejenige, die so leidenschaftlich einen anderen zu lieben imstande ist, ihn aber verschmäht, ordnet er ihren Mord an: *Each man kills the thing he loves.* Bald wird diese Einsicht, Refrain der Resignation aus seiner späten *Ballad of Reading Gaol*, zu einem Stereotyp auf Wildes Lebens- und Schaffensweg. Das Objekt oder der Mensch, an dem man am meisten hängt, muß vernichtet, ausgelöscht, getötet werden. »Ich will all die Dinge nicht sehen, ich will nicht leiden, daß all die Dinge mich sehen. Löscht die Fackeln aus! Verbergt den Mond! Verbergt die Sterne!« ruft Herodes, als es bereits zu spät ist. Die Katastrophe ist längst eingetreten, die Schande bloßgestellt. Tatenlos muß er sich in sein vorherbestimmtes Schicksal ergeben, die Ereignisse ihren Lauf nehmen lassen.

Zurückgewiesene Liebe: Wilde spiegelt sich auch in Salome wider, er weiß, daß er sich mit seinem bevorstehenden Bekenntnis zur »Liebe, die ihren Namen nicht zu sagen wagt«, um einen entscheidenden Schritt aus der Gesellschaft seiner Epoche hinauswagt, ein Tabu verletzt. Der Empfänglichkeit für männliche Schönheit, der Leidenschaft für einen Mann oder besser für viele Männer, ihnen wird er stellvertretend für andere seine Stimme

Wilde als Salome

leihen, sie öffentlich machen. Und gerade dieser unerhörte Akt wird ihn sein eigenes, privates Liebesverhältnis kosten. *Each man kills the thing he loves.* Bis zum Äußersten wird er gehen, um für die Legitimation seiner Liebe zu Bosie zu kämpfen. »Das Geheimnis der Liebe ist größer als das Geheimnis des Todes,« so lautet Salomes letzter Satz, bevor sie von Wolken ins Dunkel getaucht wird – die Zuversicht einer obsessiv Liebenden, für die das persönliche Weiterleben bedeutungslos geworden ist.

»Blieb ihm verborgen, daß alle Gegenstände seines Spotts ihm als leichte Beute zufielen, daß die Gesellschaft ihren sprühenden Clown honorierte, doch daß ihm mißlang, was er immer wieder versucht hat, seitdem er seine ersten Gedichte schrieb: ein ›Dichter‹ zu werden? Es ist gewiß kein Zufall, daß er dies in einem letzten Gewaltakt zu erzwingen versuchte, indem er sich einer fremden Sprache, des Französischen, bemächtigte.«[2] Zweifellos stellt *Salome*, Gewaltakt und Reverenz vor der französischen Kultur, für Wilde auch einen Abschied dar, einen Abschied von der Opulenz, einer narkotischen Sprachgebung, die er dem Idiom seiner Pariser Kollegen entlehnt hatte. Von nun an wird Oscar Wilde sich einem ganz anderen, federleichten Sprachniveau zuwenden: dem Aperçu, der Floskel, der launigen Bemerkung. Der Abschied vom Französischen, in das er so verzweifelt versucht hat, sich hineinzudenken, es sich zu eigen zu machen, führt ihn zurück zu seiner eigentlichen Stärke: luftigen, graziösen, verknappten Nonsensegebilden und Tautologien. Defätistische Abfälligkeiten in mondänen Zirkeln des Hier und Jetzt anstelle lastender, parfümierter Atmosphäre mit dem geborgten Pathos der Evangelisten. Das fast surreale Leichtgewicht seinerKomödie *The Importance of Being Earnest (Bunbury)* anstelle der Maeterlinck nachempfundenen, die Düsternis beschwörenden *Salome*.

Es zählt zu den größten Paradoxien von Wildes letzten aktiven Jahren als Literat, daß er sich immer hartnäckiger und geschickter in Thematik, Probleme und Weltanschauung jener Gesellschaftsschicht hineinbohrte, aus der er sich im selben Atemzug mit seinem Abtauchen in die homosexuelle Subkultur hinauswand. Je weniger ihm die britische High Society ein Überleben als Außenseiter ermöglichte – sie schnitt ihm nachgerade die Luft zum Atmen ab –, desto selbstverständlicher bewegte er sich in ihrem Innersten, nonchalant und springlebendig, wie ein Fisch im Wasser. Im Leben begab er sich jenseits der Grenze moralischer Kategorien, auf der Bühne feierte sein Publikum den unverheirateten, der Bohème zugehörigen Dandy mit all seinen Zynismen und seiner im Wortsinn ›asozialen‹ Existenzform.

Salome aber erwies sich als eines der widerstandsfähigsten unter Wildes Dramen: Es begann seinen Siegeszug insbesondere auf deutschsprachigen Bühnen und wandelte sich, als Meisterwerk umjubelt und längst zum Klassiker der Moderne avanciert, zum Prototyp des innovativen Musikdramas. Richard Strauss, der in der Theatersaison 1902/03 im Kleinen Theater Berlin Max Reinhardts *Salome*-Inszenierung mit Gertrud Eysoldt erlebte, erkannte als erster das Potential von Wildes Einakter. *Salome* »schrie« einfach nach Musik. Einen Librettisten zog Strauss für sein Opus 54 gar nicht erst zu Rate, mit dramaturgischem Sachverstand richtete er selbst die kongeniale, auch heute noch vielgespielte Übertragung durch Hedwig Lachmann als Textbuch ein. Im Dezember 1905 wurde im Königlichen Opernhaus zu Dresden dann eines der wegweisenden Musikdramen des frühen 20. Jahrhunderts aus der Taufe gehoben; zusammen mit dem späteren, von Hugo von Hofmannsthal in Zusammenarbeit mit dem Komponisten ausgetüftelten Schwesterwerk *Elektra* begründete *Salome* den Weltruhm von Strauss: Instrumentationskunst, Orchestermagie, Weiterführung der Wagnerschen Leitmotivtechnik, extreme Psychologisierung der Protagonisten, bis zum Äußersten getriebener technischer Anspruch in der Ausdifferenzierung der virtuosen Solopartien, ekstatischer Taumel im in sich selbständigen, nachkomponierten Schleiertanz.

Der Kontrast von Sinnlichkeit und Askese, das Kolorit des Nahen Ostens, die Spannung zwischen den bitonalen Salome- und den feierlichen, dur-moll-tonalen Jochanaan-Soli, das überhitzte Motivgeflecht im Orchesterapparat sind Strauss' bahnbrechendste Errungenschaften. Der Herodes-Part wurde demgegenüber proportional und auch inhaltlich verkürzt, der bedeutsame Dialog zwischen Pagen und Narraboth in seiner homoerotischen Komponente abgeschwächt.

Und auch die *Salome*-Oper des Klangzauberers Strauss entpuppte sich wieder als Skandalwerk. Das Orgiastische der Partitur wurde als zutiefst unsittlich empfunden, Cosima Wagner wandte sich mit Schaudern ab: »Das ist Wahnsinn! Nichtiger Unfug, vermählt mit Unzucht.« Der einstige Strauss-Verehrer, Kaiser Wilhelm II., war indigniert und brachte dem Schandfleck seines Günstlings nur Unverständnis entgegen; der Erzbischof von Salzburg führte so vehement ethische Bedenken gegen *Salome* ins Feld, daß die Oper dort erst 1929, und in eher privatem Rahmen, zur Aufführung gelangen konnte. Noch in den günstigsten zeitgenössischen Besprechungen fällt stets das Schlagwort jener Jahre: Strauss' Adaptation wie Wildes Vorlage seien hochgradig »nervöse« Ausgeburten künstlerischer Phantasie.

Ausgerechnet der angeblich »unmusikalische« Wilde, der mit der Tonkunst – selbst im weitesten Sinne – tatsächlich niemals in Berührung gekommen war, eroberte das Opernpublikum weltweit mit seinem Geschenk an die Pariser Literaturszene, das er unbewußt als »ideales Libretto« konzipiert hatte. Keine höhere Gewalt konnte sich dem dauerhaften Erfolg von Strauss' *Salome* längere Zeit in den Weg stellen. Die Figur lag einfach in der Luft.[3]

Ihr Schöpfer setzte sich unterdessen der Verführungskraft ganz anderer Mächte aus.

Verführter

~~~

… ich werde es wohl durchstehen müssen. Ich kann es nicht ändern.
Die Nemesis hat mich in ihrem Netz gefangen:
Es wäre töricht, wenn ich mich wehren wollte.
Was treibt einen wohl ins Verderben?
Warum besitzt die Zerstörung solche Faszination?
Warum muß man, wenn man auf dem Gipfel steht,
sich in den Abgrund stürzen? – Niemand weiß es, aber es ist so. …
Mein Leben ist auf dem Sand verschüttet – roter Wein auf dem Sand –,
und der Sand trinkt es, weil er so durstig ist.
Aus keinem anderen Grund. …
Aber alles ist recht: die Götter halten die Welt auf den Knien.
Ich bin geschaffen, zerstört zu werden.
An meiner Wiege ist die böse Fee gestanden.
Nur im Sumpf kann ich Frieden finden.

In den ersten beiden Ehejahren, als Cyril Wilde gerade erst geboren war, das Haus in der Tite Street sich zu einem friedlichen Domizil entwickelt und Oscar noch nicht in einem der Hotels nahe
dem Londoner Theaterdistrikt Quartier bezogen hatte, um bei jeder Gelegenheit den Proben und Aufführungen seiner vier erfolgreichen Gesellschaftskomödien beizuwohnen, konnte Constance
ihren vielbeschäftigten Gatten zu einem sonntäglichen Spaziergang oder einem Wochenend-Shopping überreden. Solange es
sich um das Aussuchen feiner Stoffe, edler Einrichtungsgegen-
stände und stilechter Möbel handelte, solange ihn die Ausflüge in
die Warenhäuser nicht von einer literarischen Causerie oder
wichtigen Verhandlungen mit dem Theaterleiter George Alexander abhielten, war Wilde solchen Ablenkungen gegenüber durchaus nicht abgeneigt. Seiner Frau bereiteten sie großes Vergnügen,
und Wilde hatte Gelegenheit, Eheglück und Vaterstolz zu demon-
strieren, eine öffentliche Harmoniebekundung, die wachsamen
Augen in seinem umfangreichen Bekanntenkreis nicht entging.
Außerdem konnte er bei den ausgiebigen Schaufensterbummeln
rund um den Piccadilly Circus *en passant* vernehmen, was der

Mann auf der Straße über seine Komödien zu sagen hatte. Sein Namenszug krönte viele Theaterplakate; es schmeichelte ihm, wenn er wiedererkannt wurde.

Immer, wenn Mr. and Mrs. Wilde aus den Drehtüren der Kaufhäuser in das Gewimmel der Boulevards hinaustraten, mit Paketen behängt und dann und wann auch Cyril an der Hand, kreuzte Wildes Blick allerdings das Augenpaar eines der jungen Männer aus den *lower classes*. Wie zufällig lungerte ein Dutzend von ihnen auf den Trottoirs, zwischen Imbißständen, Zeitungshändlern, Marktschreiern und ambulanten Verkäufern herum, mit dezent geschminkten Gesichtern, mal burschenhaftem, mal affektiertem Gehabe. Wilde konnte nicht anders – er mußte hinschauen. In der Erwiderung seines Starrens durch die Strichjungen lag etwas wie eine Bestätigung, eine Zustimmung, zuweilen von frechem Grinsen untermalt oder von einer anzüglichen Aufforderung. Es war, als hätte sich eine »eisige Klaue seines Herzens« bemächtigt. Wilde fühlte sich wohl und unwohl zugleich, verspürte das Bedürfnis, auf die Halbwüchsigen zuzugehen. Doch blieb er nur regungslos stehen, zu keiner schlauen Replik imstande. Alles Heimliche zog ihn an; in seinen Farcen haben die Protagonisten stets etwas zu verbergen, das um jeden Preis geheim gehalten werden muß. Verunsichert lächelte er also zurück, wich rasch den insistierenden Blicken aus. Seine Frau bemerkte von all den stummen Spielchen und Avancen unter Gleichgesinnten nichts.

Im Jahre 1886, Vyvyans Geburt stand kurz bevor, machte Wilde in Oxford die folgenschwere Bekanntschaft von Robert Baldwin Ross, der gerade erst siebzehn geworden und damit ein Altersgenosse von André Gide war, nur unwesentlich älter als Bosie. Er hatte noch etwas Knabenhaftes, er war stupsnasig und von eher kleinem Wuchs. Wilde pflegte später von ihm zu sagen, er besäße das Antlitz eines Pucks und das Herz eines Engels. Ross' Jugendjahre wurden von einem längeren Frankreich-Aufenthalt geprägt, er war in Tours geboren, wohin es seine kanadische Familie aus Gesundheitsgründen verschlagen hatte. Denn sein Vater, ein hochrangiger kanadischer Justizbeamter und Sproß einer Politikerfamilie, hatte sich vom milden Klima im Loiretal die Linderung körperlicher Beschwerden versprochen. Vergebens – nach seinem frühen Tod übersiedelte die junge, vermögende Witwe mit ihren

Söhnen nach England. So wuchs Ross junior in Chelsea auf, war aufgrund seines schmächtigen Körperbaus selbst ebenfalls zahlreichen Krankheiten ausgesetzt und bereiste halb Europa mit einem Privatlehrer. Am Ende der Pubertät kannte er die meisten Länder Mitteleuropas aus eigener Anschauung, war hochgebildet, ungemein belesen, literarisch ambitioniert und stürzte sich mit Feuereifer auf die gründliche Vorbereitung seines Cambridge-Studiums. Dort, im King's College, beteiligte er sich dann an einem Studentenblatt und gehörte dem Ruderclub an. Wildes Gedichte kannte er schon im Konfirmandenalter auswendig. Wie sein Vorbild liebte Ross die Posen.

Es heißt, Ross, der gerade in den schweren Jahren Wildes dessen treuester Freund und verläßlichster literarischer Vertrauter werden sollte, habe den Dichter als erster in die Praktiken homosexueller Liebe eingeführt. Vieles spricht dafür. Ross handhabe seine Sexualität unbefangen und ohne Komplexe, kannte keine Angst, ›entdeckt‹ zu werden, vermengte physisches Vergnügen nicht mit Besitzansprüchen, leitete aus körperlicher Befriedigung keine großen, poetisch aufgeblähten Gefühle ab. Wohl zu keiner Zeit bestand ein echtes Liebesverhältnis zwischen Wilde und ihm. Zärtlichkeiten und Zuneigung schloß dies nicht aus. Robbie war sich seiner Veranlagung sicher. Er zeigte Wilde mit jungenhafter Selbstverständlichkeit, wie die körperliche Vereinigung zwischen Männern funktioniert und erweckte damit nur Gelüste zum Leben, die der Zweiunddreißigjährige sich längst im Detail ausgemalt haben dürfte – Ross lieferte eher eine Demonstration, eine Einführung in unbekanntes Terrain. Wilde war erstaunt, wie leicht ihm der sexuelle Austausch im Grunde fiel, er erlebte seine Abenteuer mit Ross unbeschwert und ohne das übliche schlechte Gewissen.

Über Präferenzen und Dominanzen im Rollenspiel der beiden Liebhaber spekulieren zu wollen verbietet sich. Dennoch gewinnt man beim Sichten der Sekundärliteratur zu Wilde stets den Eindruck, als wollten ihn seine sämtlichen Biographen gegen das – aus ihrer Sicht – Allerschlimmste, sprich: den Vollzug des Analverkehrs, in Schutz nehmen: Soweit sei Wilde nie gegangen. Zum Glück hat er Geheimnisse solcher Art, wie sie zwischen ihm und Ross, aber auch bei Bosie und seinen vielen anderen Geliebten bestanden haben, selbst in seiner Privatkorrespondenz nie preisgegeben. So mögen die Exegeten weiterhin über Wildes Verhalten »im Bett« rätseln, die Philister angesichts solcher »Laster« sich drehen und winden – man kann getrost davon ausgehen, daß ihm die neuen Spielarten zusagten. Lange genug hatte er sich seine wahren Neigungen versagt; nun war er dabei, auf den Geschmack zu kommen.

Wilde begann, am Nervenkitzel Gefallen zu finden und bald auch mit dem Feuer zu spielen. 1887, ein Jahr nach ihrem Kennenlernen, nahm er, wenn auch nur für einige Monate, Robbie Ross als Untermieter in sein Haus auf. Wilde ging damit ein immenses Risiko ein – denn Ross war weiterhin minderjährig. Und erst vor Jahresfrist hatte das britische Parlament ein strafverschärfendes Gesetz, das sogenannte »Labouchere Amendment«, verabschiedet, mit dem »nachgewiesene Unzucht« zwischen Erwachsenen und Knaben mit Gefängnis und Zwangsarbeit für die vermeintlichen »Verführer« geahndet wurde – selbstverständlich galt das nur für Sex unter Männern, denn man hatte keinesfalls im Sinn, die angesichts der Armut florierende Massenprostitution junger Mädchen zu unterbinden und damit ehrenwerte Gentlemen reihenweise zu Strafgefangenen zu machen. Und ein eventuelles Einverständnis unter erwachsenen Partnern wurde von vornherein ausgeschlossen, um eingestandenen homosexuellen Liebesverhältnissen schon im Keim vorzubeugen. Wilde muß von dieser reaktionären, öffentlich diskutierten Rechtsprechung gewußt haben, womöglich glaubte er aber auch, die Affäre mit seinem verführerischen Puck gerade hinter der soliden Fassade der Tite Street vor den Augen von Denunzianten am einfachsten verbergen zu können.

Einstweilen zahlte Ross, solange seine Mutter sich auf einer Auslandsreise befand und er bei den Wildes unterkommen durfte, jedenfalls brav seine Miete, nahm am Alltag des Ehepaars teil, betrieb seine Studien und kroch nachts zu Wilde ins Bett. Der konnte sich auf die Verschwiegenheit seines neuen Freundes verlassen. Verstohlene, vielsagende Blicke am Eßtisch, doppeltes Spiel und zweideutige Rede bestimmten den Tagesablauf; dies alles unter den Augen der ahnungslosen Constance. Kaum hatte sie sich nach einem langen Haushaltstag und dem Stillen ihres Jüngsten erschöpft schlafen gelegt, fingen im Herrenzimmer die Mäuse an zu tanzen. Das war, auf Seiten Oscars, zweifellos ein schwerer Vertrauensbruch. Aber sagte nicht Lord Henry Wotton in *Dorian Gray*, der einzige Reiz der Ehe liege darin, »daß sie für beide Partner ein Leben der Täuschung erforderlich macht«?

Constance umgab eine entwaffnende Arglosigkeit, die ihren Gemahl freilich auf Dauer nicht unbedingt faszinierte. Ein gewisses Eigenleben ihrerseits hätte Wilde nicht nur gebilligt, es hätte ihn auch entlastet. Wilde erklärte seine häufigen Abwesenheiten von zu Hause von nun an damit, er erlerne das Golfspiel, müsse sich zu Verlegern oder ins Theater begeben, er schützte Überarbeitung oder Unterredungen mit ihr unbekannten Kollegen vor. Constance blieb viele Jahre über blind dafür, was sich hinter ihrem Rücken abspielte. Wenn überhaupt, dann verdächtigte sie ihren Mann eines Verhältnisses mit einer anderen Frau. Und im übrigen hatte sie sich ein unerschütterliches, felsenfestes Idealbild von seinem Charakter und seinen Tugenden zurechtgelegt – so wie Lady Chiltern, die naive, aber unbeugsame Gattin aus Wildes Komödie *An Ideal Husband (Ein idealer Gatte)*, die noch angesichts der stärksten Anfeindungen ihrem Mann gegenüber standhaft zu ihm hält, ganz einfach, weil sie mögliche frühere Vergehen seinerseits, Flecken auf der weißen Weste seiner untadeligen Vergangenheit, partout nicht wahrhaben will.

Es war wohl kein Zufall, daß Wildes homoerotisches Debüt mit der Geburt von Vyvyan nahezu zusammenfiel. Sexuelles Desinteresse der Ehefrau und akutes Abwechslungsbedürfnis ihres Mannes schufen eine prekäre Ausgangslage. Constance war unmittelbar nach der Schwangerschaft physisch für ihn nicht mehr so attraktiv wie zuvor – Freunden gegenüber beschrieb er sie als »verblüht«. Nicht wenige seiner Altersgenossen hätten sich zu ebendiesem Zeitpunkt wohl eine temporäre Geliebte zugelegt oder Bordelle frequentiert. Auch Oscars Durst nach immer neuen intellektuellen Anregungen, den sie, eingespannt in häusliche Verpflichtungen, schwerlich befriedigen konnte, hielt unvermindert an. Und eine »feine, ritterliche Freundschaft« zwischen einem älteren Mentor und einem jungen Epheben war für den hellenistisch Gebildeten erstrebenswert. Er hielt sich etwas darauf zugute, Traditionen der Antike und der Renaissance zu pflegen. Die erotische Komponente war da eine willkommene Zugabe. Und solange

Ross keine emotionalen Ansprüche formulierte, solange kein psychologisch kompliziertes Dreiecksverhältnis entstand, konnten sich die Beteiligten in Sicherheit wiegen. Constance gab sich daher der Illusion hin, solange ihr Gatte an Märchen feilte, den Söhnen vorlas und ihnen ein fürsorglicher, zärtlicher Vater war, mochte es um ihre Ehe nicht allzu schlecht bestellt sein. Außerdem war sie stolz darauf, mit einem berühmten Dichter verheiratet zu sein.

Wystan Hugh Auden, als homosexueller britischer Poet von Rang ein künftiger Schicksalsgenosse Wildes, hat in einem der erhellendsten Aufsätze über seinen Vorfahren unter dem Titel *An Improbable life (Ein unwahrscheinliches Leben)* dargelegt, daß Wildes Entschluß, Constance zu heiraten, wohl das »unmoralischste« und einzige wirklich grausame Vergehen, ja Verbrechen seines Lebens darstelle. »Es kann schon passieren, daß ein Homosexueller seine wahre Veranlagung für eine stattliche Anzahl von Jahren verkennt oder ignoriert und in gutem Glauben die Ehe eingeht, aber es fällt schwer zu glauben, daß Wilde ein solcher Unschuldiger gewesen sein soll. Viele Homosexuelle fühlen sich in der Gesellschaft von Frauen ausgesprochen wohl und, da sie nicht in Versuchung geraten können, jene als sexuelle Objekte zu behandeln, erweisen sie ihnen die größten Freundschaftsdienste, legen Sympathie und Verständnis für sie an den Tag. Und, genauso wie viele ›normale‹ Männer, sehnen sie sich nach der Bequemlichkeit und Sicherheit eines Heims, nach der Freude, Kinder heranzuziehen, aber dennoch – nur deswegen zu heiraten, ist herzlos. Ich habe nie eine derartige Ehegemeinschaft gesehen, bei der die Frau – jedesfalls dann, wenn beide Partner noch keine fünfzig Jahre alt waren – nicht beträchtlich gelitten hätte, selbst für den Fall, daß sie um die Vorlieben ihres Mannes genau Bescheid gewußt hatte.«[1]

Auden wußte, wovon er sprach, hatte er doch persönlich am eigenen Leibe Anfeindungen erfahren müssen, problematische Studentenjahre an britischen Universitäten zugebracht, bevor er sich zu seinem Lebenspartner zu bekennen vermochte. Seine Einschätzung ist zutreffend, zieht man den weiteren Fortgang der Ereignisse in Betracht: Wildes zunehmende Promiskuität, das immer offensichtlichere Doppelleben in Hotels, gemeinsam mit Liebhabern oder auf der Straße aufgeschnappten Callboys. Ein wüstes, zunehmend rücksichtsloses Verhalten, mit dem er Constance bewußt vor den Kopf stieß, ihre Bedürfnisse ignorierte, ihre Zuneigung willentlich beleidigte. Doch legt man Wildes Befindlichkeit zum Zeitpunkt der Hochzeit und noch die Phase der heimlichen Liebesnächte mit Ross als Maßstab an, so stellt sich die Situation anders dar: Auden urteilt aus dem Bewußtsein einer Epoche heraus, in der die Wilde-Affäre schon einen historischen Rang einnahm, einer Epoche, in der Homosexualität viel stärker im Bewußtsein der öffentlichen Meinung verankert war. Anfang der 1960er war es für Auden ungleich leichter – wenn auch, wie heutzutage, immer noch mit zahllosen juristischen und moralischen Stigmata behaftet –, innerhalb der Gesellschaft mit einem Mann selbstbewußt zusammenzuleben. Diese Wahl zwischen Ehe und nach außen hin gelebtem Männerbund hatte ein Brite siebzig Jahre früher gar nicht, und auch der Begriff, das Phänomen »Homosexualität« begann sich erst langsam einzubürgern. Die Sexualwissenschaft steckte noch in den Kinderschuhen, Pioniere wie der Deutsche Magnus Hirschfeld, die der »griechischen Liebe« erstmals psychologisch wie physiologisch nachgingen, verbreiteten ihre Erkenntnisse erst kurz vor der Jahrhundertwende. Von öffentlicher Akzeptanz meilenwert entfernt, belegte man die Gleichgeschlechtlichkeit europaweit mit Begriffen wie »Inversion« oder »Uranismus« oder negierte sie einfach völlig.

Wilde steuerte zielsicher in das bourgeoise Fahrwasser der Doppelmoral hinein: Die kurze, aber stürmische Liaison mit Ross hatte kompromittierende Tatsachen geschaffen, der reale Liebesakt war an die Stelle lyrischer Phantasien oder gewagter Gedichtzeilen getreten, Wilde hatte mit seiner neuerlichen »Entjungferung« einen Weg, auf dem er nicht umzukehren bereit war, eingeschlagen. Fortan schwamm er gegen den Strom. »Die Homosexualität erlöste [ihn] von der Scheinexistenz seiner Gutbürgerlichkeit«, er konnte nunmehr »verborgene Sehnsüchte zum Ausdruck bringen«, sich nach 1886 als »Gesetzesbrecher imaginieren, der sich schuldig unter Unschuldigen bewegte. Die Unschuldigste dieser Unschuldigen aber war seine Frau.«[2] Tatsächlich ist aus jenen Jahren kein Photodokument erhalten, auf dem Wilde gemeinsam mit seiner Ehefrau zu sehen wäre. Ohne Zweifel war er in ihren Augen ein »besserer« Vater als Liebespartner. Für den

Fall, daß sie die Einhaltung ehelicher Pflichten einklagen sollte, konnte er sich auf die Spätfolgen einer Syphilis-Erkrankung berufen, die er sich noch als Jüngling bei einer Prostituierten eingefangen haben soll. Ein glaubhafter Vorwand; und so lebte das Ehepaar in beiderseitigem Zölibat – auch Wilde übte schließlich heterosexuelle Enthaltsamkeit – noch einige unerfreuliche Jahre lang nebeneinander her. De facto führten sie längst eine Scheinehe, die nur vom Alibi gemeinsamer Fürsorge für die Söhne zusammengehalten wurde. Wilde logierte bald ausschließlich in Hotels, blieb der Tite Street wochen-, ja monatelang fern. Warnungen von Speranza, seine Gattin nicht über Gebühr alleinzulassen und zu vernachlässigen – Constance begab sich zu ihr, um sich auszuweinen –, ignorierte ihr sonst so gehorsamer Sohn.

Ross und Wilde gingen als Sexualpartner bald wieder getrennte Wege, blieben einander aber in enger Freundschaft verbunden. Als »friend of friends« wurde Robbie nach Oscars Tod häufig bezeichnet, niemand sonst in Wildes engerem Freundeskreis erhielt so viele Briefe, Aufträge und Vertrauensbeweise wie er. Vorläufig waren Ross' Tage in Cambridge gezählt, er tummelte sich fortan in literarischen und journalistischen Kreisen, versuchte sich als Galerist, bereiste Europa, vorzugsweise Frankreich. Wilde tadelte ihn stets zärtlich, er solle sein junges Leben nicht einfach so vertändeln, doch erwies sich dessen kreatives Müßiggängertum als äußerst nützlich für seine eigene Belange. Bald war aus Ross, auch in geschäftlichen und verlegerischen Belangen, seine unverzichtbare rechte Hand geworden.

Bei seiner Familie war Robert längst in Ungnade gefallen, denn er hatte sich zu einem, gemessen am damaligen Sittenkodex, unerhörten Coming Out entschlossen – ein schmerzlicher, gleichwohl befreiender Akt. Bekehrungsversuche, zu denen ihn Mutter und Schwester ermunterten, fruchteten nichts. Am Ende hielt nur noch sein Bruder Alex zu ihm. Durch sein Bekenntnis und seine von Heimlichtuereien befreite, geradlinige Lebensweise war er Wilde bei der Identitätsfindung immer ein Stück weit voraus. Aber Robbie und Oscar hatten auch etwas gemeinsam: Beide, obschon eigentlich eher unattraktiv, vermochten mit Charme, Einfühlungsvermögen und Verführungskraft zu bestechen und teilten sich in den neunziger Jahren so manche Eroberung. Jede neue Bekanntschaft führten sie einander vor, und einige dieser Jünglinge wanderten bald von einem Schlafzimmer ins andere. Zu physischer Treue entwickelte Wilde, unter Robbies Einfluß, bald eine tolerante, philosophische Haltung – variatio delectat, die Abwechslung ergötzt.

Durch Ross kam Wilde auch mit einem sich ständig erweiternden Kreis junger Intellektueller zusammen, deren Gesellschaft ihm Genugtuung und Bestätigung verschaffte. Oft begab er sich nach Oxford, fühlte sich in seine Studentenjahre zurückversetzt, mit dem Unterschied, daß er nun, beinahe doppelt so alt wie seine Compagnons, königlich einer Schar gebildeter Verehrer präsidierte – wie er es schon bei den literarischen Caféhausséancen in Paris erfolgreich erprobt hatte. Mit von der Partie waren unter anderem Reginald Turner, genannt »Reggie«, More Adey oder Frank Harris – allesamt Literaten und, mit Ausnahme von Harris, mehr oder weniger bekennende Homosexuelle. Aus bestem Hause und von materiellen Sorgen befreit, zogen sie zwischen London und freiheitlicheren Gefilden wie Paris oder den italienischen Inseln hin und her, begleiteten Wildes weiteren Werdegang, füllten die Logen bei seinen Theaterpremieren als Claqeure und Bewunderer, saßen an seinen fürstlich gedeckten Restauranttafeln, an denen er nach Premierenschluß freigebig Hof hielt.

Schon seit geraumer Zeit lebte Wilde über seine Verhältnisse, doch daß er sich unbezahlte Rechnungen von Constance in seine feudalen Herbergen nachschicken und dort ungeöffnet liegen ließ, daß die Mutter seiner Kinder beim Metzger um die Ecke bereits nichts mehr anschreiben lassen konnte, davon erfuhren seine Gäste nichts. Der Sprachkodex von Wildes Männerbündlern, ihre gemeinsame Aufmachung, ihre Erkennungszeichen – ins Knopfloch gesteckte Blumen – besaßen etwas Sektiererisches. Sie verstanden sich als eine Art Alternativgruppierung zu den arrivierten, alteingesessenen Herrenclubs oder den in intimem Rahmen tagenden Freimaurern. Als »feasting with panthers« – eine Originalwendung Wildes – hat man ihre Gelage bezeichnet, und ein ausgelassenes Zusammensein unter Männern hatte nichts Verfängliches an sich, sofern die zahlenden Liebhaber ihre Gespielen aus ihrem eigenen Milieu, nämlich dem der Colleges und wohlhabenden Oberschichten, rekrutierten. Daß sich junge Herren aus angesehenen Familien in Restaurants und Bars trafen, schien selbstverständlich. Nur Wilde gabelte seine Partner an den unwahrscheinlichsten Orten auf, flirtete vor den Augen seiner Verleger oder Hoteldirektoren mit Büroangestellten, Laufjungen, Liftboys. Mehr als einer von ihnen erlag seinen Schmeicheleien, den Freikarten für Theaterpremieren, den gefüllten Champagnergläsern, den Dinners in illustren, ihnen bisher völlig unzugänglichen Zirkeln, geblendet von der Aussicht, eine Nacht in einem luxuriösen Hotelzimmer zu verbringen.

Was die Wahl seiner Herbergen und Restaurants, die Herkunft seiner Gesprächspartner betraf, griff Wilde nach den Sternen; bei der Auswahl der jungen »Raubtiere« zur Befriedigung seiner Gelüste vergriff er sich – nicht etwa, weil er mit Jünglingen unter seinem Stande verkehrte, sondern weil er, mit geradezu verhängnisvoller Blindheit und Naivität ausgestattet, alle Vorsichtsmaßnahmen in den Wind schlug, es herausforderte, daß man in den besseren Kreisen der Themse-Metropole von seinen Ausschweifungen erfuhr und darüber zu tuscheln begann. Erfahrenere Gentlemen ließen ihre Boys über den Hintereingang in ihre Hotelsuiten hinaufschleichen, sorgten mit einem stattlichen Extra-Trinkgeld dafür, daß der Etagenkellner beide Augen zudrückte und auch im Kollegenkreis kein Wort über die regelmäßigen Besuche der ehrenwerten Gäste verlor.

Wilde liebte den Affront. Er spazierte mit seinen Liebhabern in spe geradewegs durch Hauptportal und Foyer, philosophierte mit dem Personal, derweil der Strichjunge sich noch in den Federn wälzte, verteilte kostspielige Geschenke, in die sein Namenszug eingraviert war. Man konnte meinen, er habe es darauf angelegt, aufzufallen und Anstoß zu erregen. In seinen Komödien ersinnen die Helden alle erdenklichen Listen, um gnädige Schleier über die Sünden ihrer Vergangenheit zu legen. Wilde selbst überrannte Tabuschranken, brach mit den ungeschriebenen Gesetzen schweigenden Einverständnisses, sanktionierter Heimlichkeiten. Er »outete« sich auf seine Weise, legte dabei einen radikalen Eifer an den Tag, verhielt sich fahrlässig. Womöglich wähnte er sich einfach auch nur in der falschen Stadt, glaubte, in Paris zu sein, wo man sich ein solches Dolce vita schon eher erlauben konnte.

»Die Sphäre des Geschlechtlichen, mit all ihren Aspekten und noch in ihren ausgefallensten Manifestationen, wird in dieser Stadt mit einer Mischung aus heiterem Realismus und fast religiöser Andacht behandelt, die für das Verhältnis jeder reifen Zivilisation zum Eros charakteristisch ist. Wer Abenteuer in Paris sucht, wird enttäuscht sein. Paris«, so behauptet Klaus Mann im *Wendepunkt*, »ist hochzivilisiert, skeptisch, elegant, ausgeglichen, überhaupt nicht exzentrisch«[3]. In der Tat – sexuell inspirierte Pilgerfahrten über den Kanal, und sei es nur für ein Wochenende, vereinigten gleich mehrere Vorzüge. Als Ausländer genoß man relative Anonymität und damit Narrenfreiheit, die tolerante Atmosphäre wirkte stimulierend und befreite die Abtrünnigen vom quälenden Bewußtsein, etwas Häßlichem, Verbotenem oder Schmuddeligem nachzugehen.

So fielen an manchen Samstagen englische Herren in Begleitung unverheirateter Damen oder Männer gleich scharenweise in Paris ein, nicht etwa nur in hochgespannter Erwartung eines *dirty weekend*, das in Großbritannien mit Bestechungsversuchen enden konnte, sondern im Bewußtsein, unbehelligt die Zweisamkeit mit Objekten ihrer Begierde genießen zu können. Eine solche Visite von Paris, dem Mekka des Laisser-faire zur Jahrhundertwende, bot Diskretion und Entspannung in einem, dem Ambiente im heutigen Amsterdam durchaus vergleichbar. Immer dann, wenn Sexualität sichtbar ausgestellt wird, verfügbar ist, öffentliche Akzeptanz erfährt, kommt ihr die zweifelhafte Qualität des Verruchten abhanden, wird die Sittenkontrolle des Staates zunehmend überflüssig, hat Kriminalität kein leichtes Spiel mehr.

Im Februar 1893 arrangierte Wilde für sich und seinen damaligen Favoriten Sidney Mavor ein solches Pariser Stelldichein. Mavor, einen harmlosen Burschen, der ausschließlich aufs Geld aus war, hatte ihm ein gewisser Alfred Taylor vermittelt. Taylor unterhielt in seinem Haus in Westminster ein regelrechtes Netzwerk von männlichen Prostituierten aus den unteren Klassen und vermittelte sie an distinguierte Herren, für die der Umgang mit ungehobelten, wenig effeminierten Jünglingen einen besonderen Leckerbissen darstellte. In London galt Taylor als schillernde Figur, neigte er doch selbst zum Transvestitentum und hatte bereits eine inoffizielle Trauungszeremonie mit einem anderem Mann abgehalten. Pierre Louÿs verfolgte die besorgniserregende

Entwicklung seines irischen Freundes – Wilde hatte für sich und den jungen Sidney wieder eine ganze Suite in einem der besten Häuser der Stadt reservieren lassen – mit zunehmender Empörung. Von ihm gestreute Gerüchte über die niedere Herkunft Mavors und Taylors verbotenen Zirkel machten in Paris bald die Runde und brachten Wilde zusehends in Mißkredit. Louÿs war vom homosexuellen Treiben in beiden Metropolen zwar stets amüsiert und fasziniert gewesen, was ihn aber störte, war Wildes so offensichtliche Zurschaustellung seiner Neigungen. Doch der fand überhaupt nichts Verwerfliches daran, sich mit Zufallsbekanntschaften einzulassen. Vom Standpunkt, von dem aus er sich ihnen näherte, »als ein Künstler, waren sie köstlich verlockend und anregend. Es war wie ein Festmahl unter Panthern. In der Gefahr lag viel vom Reiz. Für mich«, so Wilde, »waren sie die herrlichsten, güldenen Schlangen. Ihr Gift war Teil ihrer Vollkommenheit.«[4] So war er mehr als bekümmert von Pierres übler Nachrede, doch daß »Freundschaft noch zerbrechlicher als Liebe« sei, hatte ihm Louÿs nun schon des öfteren bewiesen. »Wem gabst du deine Lüste, sprich! Wer war dein Buhle Tag nach Tag?« heißt es in der *Sphinx*. Louÿs zählte zu den aufmerksamsten Zeugen, er wußte die Antwort.

Vor und nach dem schicksalsträchtigen Liebesbund mit Bosie fing Wilde noch mehrfach Feuer für junge Männer ganz unterschiedlichen Kalibers. Für Edward Shelley zum Beispiel, einen achtzehnjährigen Bürokommis, dem er auf den Fluren seines Verlegers John Lane in die Arme gelaufen war und tagelang nachgestellt hatte. Mit ihm feierte er nach dem offiziellen Premierenfest in der Uraufführungsnacht von *Lady Windermere's Fan* im Séparée weiter, verbrachte eine leidenschaftliche Nacht im Albemarle Hotel, nachdem die »Panther« und Fans, die sich in nicht endenwollenden Komplimenten über Oscars Stück ergingen, ihn endlich hatten ziehen lassen. Und dann war da noch John Gray, ein angehender Poet mit edlen Gesichtszügen und ausgeprägt frankophilen literarischen Neigungen. Wilde war von seiner Anmut hingerissen, die Namensidentität Grays mit seinem Helden Dorian tat ein übriges. Wilde redete ihn daraufhin tatsächlich mit »Dorian« an, verklärte ihn als »Engel« und behauptete, Gray habe das Gesicht eines Fünfzehnjährigen.

Er hatte Gray bei der Suche nach einem Verleger für seinen ersten Band *Silverpoints* unter die Arme gegriffen, ihn in maßgebliche literarische Kreise eingeführt, doch am Ende mußte er ihn an einen Rivalen abtreten, an André Raffalovich, einen Pariser Romancier, der Wildes Lebensweg schon während dessen Vortragstournee durch die USA gekreuzt hatte und jetzt in London lebte. In dieser tumultuösen Affäre, begleitet von Selbstmorddrohungen Grays aus enttäuschter Liebe und Empfindlichkeiten auf beiden Seiten hinsichtlich der Beurteilung ihrer jeweiligen Gedichte, siegte letztlich Bosie. Lord Alfred Douglas markierte gegenüber seinem bisher ansehnlichsten, grazilsten Konkurrenten in Oscars Gunst deutlich die Grenzen, jenseits derer unwillkommene, hartnäckige Störenfriede wie Gray oder Louÿs nichts mehr zu suchen hatten.

In der Rückschau witzelte Wilde manchmal, er sei eigentlich drei Ehen eingegangen, er habe sich nacheinander mit Constance, Robbie und Bosie vermählt – was zahlreiche Seitensprünge in allen drei Fällen nicht ausschloß, sondern eher begünstigte. Für die beiden letzteren Hochzeiten hätte er sich von den Priestern Sidney Mavor oder John Gray trauen lassen können, denn beide schlugen auf ihrem weiteren Lebensweg eine Karriere als Geistliche ein – als reuige Sünder erhofften sie sich Läuterung.

Als Wilde mitten im Sommer 1891 dem wichtigsten Menschen seines Lebens begegnete, »heiratete« er nicht nur einen adligen Jüngling von vollkommener Schönheit, dessen Erscheinung eine Inkarnation seiner sämtlichen Wunschvorstellungen verhieß, Wilde geriet im selben Moment auch in den Sog einer bizarren, komplizierten Familie. Er heiratete in den Douglas-Queensberry-Clan ein, dessen Skurrilitäten und Dekadenz es mit den unwahrscheinlichsten Charakteren aus seinen Gesellschaftskomödien aufnehmen konnten. Allein, Humor und Selbstironie, Kardinaltugenden Wildescher Figuren, gingen diesem alteingesessenen Adelsgeschlecht völlig ab.

Der junge Poet Lionel Johnson, der Wilde schwärmerische Gedichte zueignete und später der Trunksucht verfallen sollte, stellte den Kontakt zum zwanzigjährigen Lord Alfred Douglas her, von allen seit seiner Kindheit nur »Bosie« genannt, ein Derivat von »Boysie«, dem zärtlichen Kosenamen, den seine elegante Mutter ihm gegeben hatte. Lady Sibyl Montgomery Queensberry hatte ihren jüngsten Sohn über die Maßen verwöhnt, ihm eine vorzügliche Erziehung angedeihen lassen und ihn schon von Kindesbeinen an gegen seinen Vater aufgebracht, einen rauhbeinigen, ungehobelten Mann, mit dem sie eine problematische Ehe führte. Alfred war das Ebenbild seiner Mutter, mattblond mit »alabasterfarbener Haut«, eine schmale, edle Erscheinung, außergewöhnlich gutaussehend, eine griechische Kreatur, wie von einem Renaissance-Bildhauer modelliert. Neben dem aufgedunsenen Wilde wirkte er klein und nobel. Sein Vater, der Marquess John Sholto, war hart im Nehmen; dem Reiten, der Jagd, der Hundezucht und dem Boxsport zugetan. Bosie hingegen, der ihn aus tiefstem Herzen verabscheute, pflegte die edlen Sportarten und golfte gern. Sein leidenschaftliches Interesse und auch seine Talente galten der Literatur, er versuchte sich früh als Verseschmied und gab in Oxford sogar eine Studentengazette, »The Spirit Lamp«, heraus. Das kleine Periodikum galt landesweit als nur Insidern zugängliche Schrift für homoerotische Belange. Alfred Douglas gewann Wilde und andere prominente Autoren für gelegentliche Beiträge. Er blieb allerdings ein mittelmäßiger Student, scheiterte bei wichtigen Prüfungen und brach sein Studium bald ganz ab.

Als er Wilde zum ersten Mal traf, bekannte Bosie, von *Dorian Gray* hingerissen zu sein, das Buch zehnmal hintereinander gelesen zu haben. Wilde rieb sich die Augen. Hier hatte er seinen Titelhelden leibhaftig vor sich. Wilde selbst durfte sich wie Shakespeare vorkommen, ein großer Dichter im reiferen Alter an der Seite seines schönen Epheben, Bosie als würdiger Nachfolger von W. H. Nur, im Falle des *Porträt*-Romans verschoben sich die Koordinaten ständig. Denn wer in ihrem Rollenspiel den Part Henry Wottons oder Basil Hallwards übernehmen würde, galt nie als ausgemacht – unablässig changierten ihre gegenseitigen Abhängigkeiten.

In der *Sphinx* huldigt Wilde in eindringlichen Versen der überirdischen Schönheit eines neuen Galans:

Wilde zwischen Ellen Terry und Sarah Bernhardt

Wie seine Liebe kam und ging
dein Lächeln sah's, dem nichts entgeht. ...
Die Mondnacht wurde bleich durch ihn
und leuchtender der Sonnentag. ...
Auf seinem Marmorantlitz war
ein Hauch wie Most auf frischem Wein;
Das Meer kann nicht so saphirn sein
als azurblau sein Augenpaar.
Sein Hals war weiß wie Milch und breit
durchwebt von Adern dünn und blau;
Mit Perlen gleich gefrorenem Tau
war reich bestickt sein Seidenkleid.

Wieder hatte Wilde das Schicksal einen Jüngling aus seiner bevorzugten Altersstufe, den 18- bis 25jährigen, in die Hände gespielt. Zeit seines Lebens ging er Beziehungen mit gleichaltrigen, ebenbürtigen Männern aus dem Weg, kultivierte vielmehr sein Faible für den Adonis auf der Schwelle zum Erwachsenen. Und daß Bosie wie Wilde selbst am Magdalen College seinen Studien nachging, eine Karriere als Lyriker anstrebte, waren nur weitere Zeichen dafür, daß sie füreinander bestimmt zu sein schienen. Es ist strittig, wer von beiden die treibende Kraft beim Zustandekommen ihres sexuellen Verhältnisses war. Douglas' zutiefst widersprüchlichen autobiographischen Beteuerungen ist nur bedingt Glauben zu schenken. Seit dem Sommer 1892, als Bosie seinen berühmten Liebhaber um Hilfe bei einem gegen ihn gerichteten Erpressungsversuch bat – verfängliche Briefe mußten aus der Welt geschafft werden, woraufhin Oscar sofort einen befreundeten Anwalt einschaltete, um die Sache zu bereinigen –, waren die beiden jedenfalls unzertrennlich. Mit Halbweltkontakten, Heimlichtuereien, kompromittierenden Dokumenten begann ihre Liaison, und genau diese Verstrickungen erhielten sie am Leben.

Da Wilde sexuelle Treue wenig, Bosie rein gar nichts bedeutete, bildeten finanzielle Machtspielchen bald den Kern und die Grundlage ihrer tollkühnen Beziehung. Douglas hatte schnell herausgefunden, daß Wilde ihn vergötterte. In erstaunlich offenen, euphorischen Briefen an Ross, der von jeder Nuance seiner erwachenden Liebe unterrichtet wurde, als sei nicht auch er zur Eifersucht fähig, pries Wilde die »Hyazinthe« auf seinem Sofa, eine »Narzisse – so weiß und golden«. Bosie wußte, wie sehr es dem Emporkömmling Wilde schmeichelte, einen adligen Liebhaber aus traditionsreicher Familie zu besitzen; er spürte ferner, welche Auszeichnung es für den »unansehnlichen« Oscar war, mit ihm, diesem Luxusgeschöpf, zusammenleben zu dürfen. Douglas nützte diese Anbetung erbarmungslos aus. Wilde hatte für seine Extravaganzen tief in die Tasche zu greifen.

Der Geschröpfte wiederum wollte sich nicht nachsagen lassen, er würde den Wert dieses Privilegs nicht zu schätzen wissen und könne für die Bedürfnisse des Jüngeren nicht in angemessenem Maße aufkommen – der typische Minderwertigkeitskomplex des materiell Unterlegeneren. Er mochte nicht verlassen werden, nur weil ihm eine lächerliche Champagnerrechnung Kopfzerbrechen bereitete. Im Gefängnis sollte Wilde Bosie dereinst vorrechnen, mit welcher Geschwindigkeit er von ihm in den finanziellen Ruin getrieben wurde. Binnen Wochen verschlangen die Capricen seines Geliebten Hunderte von Pfund, aber Douglas sah es als selbstverständlich an, daß Wilde für seinen aufwendigen *way of life* aufzukommen hatte: Suiten im Savoy Hotel, Wochenendtrips nach Paris, die Ausbezahlung kleiner Ganoven, die immer wieder ein frivoles Briefchen abfingen, das der achtlose Bosie in einer Jacke vergessen und diese dann dem Etagenboy zum Reinigen gegeben hatte. Viele der Strichjungen um Alfred Taylor, deren ungebändigte sexuelle Ausstrahlung Douglas mindestens ebenso schätzte wie Wilde, waren gewieft. Bei diesem ungleichen Gespann konnten sie gleich zweimal abkassieren. Zuerst ließen sie sich ihre körperlichen Vorzüge bezahlen, dann zauberten sie ein paar Tage später ein erotisches Gedicht hervor, das die Herren Poeten nur sehr ungern in den Händen Außenstehender sahen. Ihre zügellose Promiskuität, verbunden mit schmierigen Machenschaften im Kreise der homosexuellen Subkultur Londons, kam Wilde und Douglas teuer zu stehen.

Mehr als hundert Briefe Oscars an Bosie sind verlorengegangen, zum Teil von Douglas später vernichtet worden. Der Verlauf ihrer Beziehung war stürmisch. Beide waren fasziniert voneinander, abhängig, kaum noch Herr ihrer Handlungen und Reaktionen, kamen voneinander nicht los. Auch Douglas war ganz un-

Zwei Brüder: Viscount Francis Drumlanrig und Lord Alfred Douglas (»Bosie«)

zweifelhaft in den Älteren verliebt, denn er kämpfte um seinen Freund, sobald ihn dieser auf Distanz zu halten versuchte. Eskapaden und Schlichtungsversuche folgten einander auf dem Fuße. Sie begaben sich zu heimlichen Flitterwochen in den deutschen Kurort Bad Homburg, sie zerfleischten sich gegenseitig während eines Aufenthaltes im Seebad Brighton. Wilde mietete Landhäuser für Alfred, dessen Gespielen und sich, schickte Constance und die Kinder nach Babbacombe Cliff und war zwischen intensiver Arbeit an seinen Stücken und Gelagen im Kreise der jungen Männer hin- und hergerissen. Seiner Kreativität taten *sex parties* und Szenen mit Bosie keinen Abbruch. In den drei Jahren ihres Zusammenlebens schrieb er wie beflügelt, schuf *A Woman of No Importance (Eine Frau ohne Bedeutung)*, den *Ideal Husband* und *The Importance of Being Earnest* und verhalf allen Stücken zur Aufführung. Wenn Alfred schon nicht unbedingt zur Muse taugte, so verlieh er Wilde mit immer neuen Zwistigkeiten doch genügend Energie für den Weg zum Ruhm. Oscars spätere Vorwürfe, es seien verlorene Jahre, er selbst »ausgebrannt« gewesen, Douglas habe ihn an der Niederschrift seiner Komödien gehindert, sind eine nachträgliche Klitterung. Ihr Kleinkrieg erwies sich für ihn vielmehr als eine Inspiration der besonderen Art.

Beide Seiten drohten wiederholt mit Trennung. Wilde gelang es einmal sogar, Alfred mit Unterstützung von dessen Mutter für ein paar Monate nach Kairo zu schicken. Diesmal war er entschlossen, hart und unnachgiebig zu bleiben. Doch alsbald überwältigte ihn das Mitleid bei der Lektüre von Bosies leidenschaftlichen Briefen, er wollte verhindern, daß sein Geliebter sich etwas antat, also reiste er zu einem Versöhnungstreffen nach Paris. Die französische Hauptstadt fungierte für beide oft als Treffpunkt auf halber Strecke. Douglas schätzte die Riviera wie die Normandieküste und kannte stets die einschlägigen Lokale, wo er sich an attraktive *love boys* heranpirschen konnte.

Wenn sie sich stritten, entpuppte sich Bosie als jähzornig, aufbrausend, ungerecht und zutiefst bösartig – sämtlich Charakterzüge, die Wilde in dieser Vehemenz noch nie an einem anderen Menschen so ausgeprägt erlebt hatte. Alfreds Tobsuchtsanfälle, denen er mit Güte zu begegnen versuchte, lähmten ihn, und er stand ihnen hilflos gegenüber, anstatt kurzen Prozeß zu machen.

Schlimmer noch: Sie erweckten sein Mitleid. Verbalinjurien und tätliche Angriffe schluckte er wie ein Kind, das den Schlägen Älterer nichts entgegenzusetzen hat, aber schon zum Verzeihen bereit ist, die Schwächen des Stärkeren akzeptierend. Zu seinem vierzigsten Geburtstag, als Wilde von Grippe geschwächt darniederlag und Bosie sich weigerte, Medikamente zu besorgen oder sich überhaupt um ihn zu kümmern, erwachte er schweißgebadet, um eine schriftliche Liebeserklärung der besonderen Art vorzufinden: »Wenn du nicht auf deinem Piedestal stehst, bist du ganz und gar uninteressant. Das nächste Mal, wenn du wieder krank bist, werde ich dich auf der Stelle verlassen.«[5]

Douglas hatte ihn, ohne mit der Wimper zu zucken, schnöde sich selbst überlassen und Quartier im Grand Hotel bezogen. Von dort schickte er alle seine offenen Rechnungen dem kranken Jubilar in sein verwaistes Doppelzimmer. Mitleid war Alfred fremd, und einmal selbst großzügig zu sein, was ihm ein Leichtes gewesen wäre, kam schon gar nicht in Frage. Vorausgegangen waren freilich Tage unter umgekehrten Vorzeichen, während derer Bosie, selbst schwer erkrankt, von Oscar liebevoll gepflegt und bis zur Genesung hochgepäppelt worden war. Es sollte Wildes letzter runder Geburtstag werden. Ein Jubiläum, das er außerdem auch noch allein feiern mußte.

Im *Ideal Husband* springt Viscount Arthur Goring, der lebenserfahrene Dandy ohne Trauschein, auf charmante und uneigennützige Weise für seine Freunde, ein von Vertrauensbrüchen und Selbstzweifeln gebeuteltes Ehepaar, in die Bresche. Beiden Seiten, Robert Chiltern, einem Gentleman mit dubiosem Vorleben, und seiner so stolzen wie gutgläubigen Gattin, hilft er aus der Patsche. Arthur vereitelt die infamen, gleichwohl berechtigten Erpressungsversuche von Mrs. Cheveley, stoppt den Anschlag der Giftschlange im allerletzten Moment. Für Edelmut und Freundschaftsdienste wird er mit der Hand der jungen, reizenden Mabel belohnt, wobei Wilde im Schlußakt geschickt offenläßt, ob es sich hierbei um eine angekündigte Vernunftheirat handelt, sich ein homosexueller Bohémien in das Unvermeidliche schickt oder ob sich Goring, nachdem er sich tüchtig ausgetobt hat, nun im trauten Hafen der Ehe erleichtert zur Ruhe setzt.

Der Junggeselle als Lebensretter – Wilde widerfuhr keine Hil-

festellung solchen Kalibers, und dem ehelichen Heim hatte er
schon vor langer Zeit den Rücken gekehrt. Constance verkehrte
mit Lady Queensberry und verschloß die Augen vor dem mephistophelischen Pakt, der den Jüngling und ihren faustischen,
von Sinnsuche und Faszination für das Böse getriebenen Ehemann
aneinanderkettete. Oscar hatte in Bosie seine Bestimmung gefunden, eine sonderbare, nicht aus der Welt zu schaffende Hörigkeit
hatte sich seiner bemächtigt.

> – Doch ist nicht wert
> dir tote Gottheit als Galan:
> So fange dir den Löwen ein,
> von dem dein Blick die Fährte fand
> Im kupferbraunen Wüstensand,
> und heiße ihn dein Buhle sein!
> Schmieg' dich im Gras an seinen Leib,
> zerfleische ihn in Raserei!

Provokateur

Wie abscheulich, Liebe zu kaufen, und wie abscheulich, sie zu verkaufen!
Und doch, welche purpurnen Stunden kann man dem grauen,
schleichenden Ding entreißen, das wir Zeit nennen!

London, 20. Februar 1892, St. James's Theater: Der letzte Akt von *Lady Windermere's Fan* ist soeben über die Bühne gegangen, das Publikum tobt und trampelt, die Komödianten verneigen sich ein ums andre Mal. Lauthals verlangt man danach, den Autor zu sehen. Gerüchten zufolge soll Wilde gar nicht anwesend sein, doch hat er während der gesamten Aufführung von der Seite aus zugesehen, verbirgt sich jetzt hinter der Feuertreppe, lauscht dem donnernden Applaus, ziert sich noch eine ganze Weile. Dann ist es soweit: Nonchalant eine Zigarette schwingend, tritt Wilde vor den Vorhang, schreitet bis zur Rampe. Was folgt, ist eine kurze Ansprache, die Theatergeschichte schreiben wird: Komplimente für die Zuschauer, sein Stück immerhin verstanden und angemessen gewürdigt zu haben – Reverenz und Verhöhnung der zahlenden Oberschicht zugleich. »Er hatte sich und sein [erlesenes] Publikum vollkommen in der Gewalt. ›Ich freue mich sehr, meine Damen und Herren, daß Ihnen mein Stück gefällt. Ich bin überzeugt, daß Sie seine Vorzüge fast ebenso hoch einschätzen, wie es von meiner Seite der Fall ist.‹«[1] Galant und mokant hält Wilde, mit seiner unnachahmlichen Diktion und unvergleichen Intonation, seinen Fans und Verehrern den Spiegel vor. In das ironisch gefärbte Lob mischt sich ein Appell zur Selbstreflexion, im mild getönten Redefluß blitzen sarkastische Spitzen auf.

Die Spannung steigt. Wird Oscar eine Anerkennung für die Akteure in seinen Diskurs einfügen, wird er endlich aufhören, mit raumgreifender Gestik Zigarettenasche in den Orchestergraben zu schnippen? Empörung und Bewunderung halten sich im Parkett die Waage; Pfiffe, Proteste, Zwischenrufe folgen. Wilde genießt die Kontroverse, wendet sich gravitätisch den Seitenlogen zu – knappe Verbeugungen einer ungekrönten Majestät.

Wilde, Karikatur von Max Beerbohm

Dem Auftritt des Theaterautors wurde größeres Gewicht beigemessen als dem Drama selbst. Wochenlang strömten die Leute ins Theater, um am *talk of the town* teilzuhaben. Nach der Premiere lauerte am Ausgang die Meute der Reporter und Karikaturisten, im Restaurant um die Ecke wartete schon die Clique der Jungdichter; im Hotelzimmer wärmte eine neue Eroberung bereits die Schlafstätte vor. Der Botschafter des mondänen Chelsea war zum Botschafter Sodoms geworden. Die grüne Nelke in seinem Knopfloch, Insignie der französischen Homosexuellen und inzwischen auch an der Themse populär, ließ keine Mißverständnisse zu. Immer deutlicher lebte Wilde seine Sexualität aus.

Babbacombe Cliff, Februar 1893: Bosie, abgehalten von intensiver Redaktionstätigkeit für »The Spirit Lamp«, eigener Lyrikproduktion sowie ausgedehnten Streifzügen durch die Londoner Subkultur, ist erneut durch eine wichtige Prüfung gefallen – es hat den Anschein, als solle er die Hürde des »Bachelor of Arts« nie nehmen können. Der Nachhilfelehrer, den Lady Queensberry für ihren überbeschäftigten Sprößling auserkoren hat, ist Campbell Dodgson, ein junger, talentierter Philologe. Douglas verspürt auf unterwürfiges Nachsitzen nicht die geringste Lust: Er fackelt nicht lange und bringt seinen neuen Tutor gleich mit in Oscars Enklave.

Wilde und Dodgson wollen arbeiten. Der Dichter sitzt an der Fertigstellung zweier Theaterstücke – *La Sainte Courtisane (Die heilige Hure)* und *A Florentine Tragedy (Eine florentinische Tragödie)* –, die beide vorerst unvollendet bleiben. Und der Philologe versucht, seinem störrischen Schützling die Lehren Platons einzurichten. Doch Bosie liegt nichts an »ernsthaftem« Studium. Er zieht es vor, mit Wilde und Dodgson sein ausgeklügeltes Katz-und-Maus-Spiel zu treiben. In Zehnminutenabständen wird Oscar am Schreiben gehindert. Irgendwann wirft er entnervt die Feder zu Boden. Ein- für allemal in seiner Ruhe gestört, läßt er sich auf Bosies Mätzchen ein und entwirft eine bizarre Schulordnung für Babbacombe, in der jeder der drei Herren auf seine Kosten kommt: Douglas als ungehorsamer Schüler, Dodgson als nörgelnder »Konrektor« und Wilde höchstpersönlich als toleranter Schulleiter.

Auf dem Stundenplan stehen Neckereien wie »Versteckspiel mit dem Rektor«, Écarté-Partien, Abendessen mit »Champagnerzwang«, »Sherrys und Biskuits« für das Liebespaar zum Lunch – Konrektor Dodgsons schwache Proteste werden zwar zur Kenntnis genommen, aber der nachmittägliche Unterricht leidet dann doch sehr. Der Cognac-Konsum zur »tea time« wird auf »maximal sieben« Gläschen beschränkt. Und fürs »ernsthafte« Studium bleibt, neben einer mageren halben Stunde am Vormittag, nur noch die dringend benötigte Bettruhe. Das Lesen unter der Bettdecke wird in Babbacombe nicht nur gestattet, sondern kategorisch angeordnet. Zum Abschluß der wilden Tage, in deren Verlauf alle Beteiligten die Vorzüge einer Privatschule »mit denen eines Tollhauses« in Einklang zu bringen bemüht sind, hat sich Lord Alfred zwar keineswegs zu einem fleißigen, seriösen Geisteswissenschaftler gemausert, kann Campbell Dodgson aber auf das turbulenteste Tutorium seiner Universitätskarriere zurückblicken. Aus dem jungen Akademiker ist ein trinkfester Wochenendgast geworden, der seine Vorstellungen von platonischer Liebe gründlich revidiert hat. Und Wilde kehrt erschöpft, aber beglückt aus dem Internat der Lustbarkeiten wieder an seinen Schreibtisch zurück.

Paris, 29. Mai 1893, Hôtel des Deux-Mondes an der Avenue de l'Opéra: Pierre Louÿs nutzt einen kurzen Abstecher Wildes in Frankreich, um ihm gehörig die Leviten zu lesen. Vor wenigen Wochen hat er einer unliebsamen Szene in einem anderen Hotelschlafzimmer beiwohnen müssen, im Londoner Albemarle. Dort bestätigten ein ungemachtes Doppelbett und die selbstverständliche Anwesenheit Bosies im seidenen Morgenmantel seine schlimmsten Befürchtungen. Louÿs wurde Zeuge, wie Constance auf einmal am Frühstückstisch des Herrentrios erschien, um die Post vorbeizubringen. Sie hauchte Lord Alfred einen Kuß auf beide Wangen und flehte ihren Mann an, doch wieder einmal seinen Fuß in die Tite Street zu setzen. Aber Oscar erhörte das Ansinnen seiner Gattin nicht, im Gegenteil, er setzte der offensichtlichen Demütigung sogar noch eins drauf und höhnte, ihm sei längst die genaue Hausnummer entfallen. Constance war verurteilt, das Feld zu räumen. Louÿs blieb sein Toast im Halse stecken, Bosies flotte Reden hinderten ihn daran, seine Meinung zu sagen.

Erst in Paris, nachdem die von ihm eifrig verbreitete Kunde von Wildes offenkundiger Päderastie und seiner wilden Ehe mit dem »englischen Lord« sich in den Salons bereits wie ein Lauffeuer verbreitet hat, kann sich Louÿs zu einer gehörigen Standpauke durchringen. Pierre redet sich in Rage, erhebt Vorwürfe: Wilde überließe Frau und Kinder ihrem Schicksal, die stolze Zurschaustellung seiner Liaison mit Douglas sei empörend. Wilde ist tief verletzt vom moralisierenden Eifer, vom erschreckenden Mangel an Loyalität, denn seine Zuneigung für Pierre ist noch nicht völlig verklungen. Doch aus Jüngern werden oft Abtrünnige.

Mit einem traurigen, resignierten Seitenblick auf den predigenden Poeten, der es nicht einmal mehr aushält, ihm noch in die Augen zu schauen, spürt Wilde, wie eine weitere wichtige Freundschaft ihrem Ende entgegengeht. Zwei Dichter haben sich nichts mehr zu sagen, das einseitig herbeigeführte Zerwürfnis ist besiegelt. Auf Freundschaften zu bauen, die letztlich in Vorschriften und Belehrungen münden, dieser Illusion braucht Wilde sich nicht länger hinzugeben. »Freunde«, die in Wahrheit um ihre Reputation stärker besorgt sind als um das Seelenwohl des verehrten Dandys, kann er fortan abschreiben. Ein jeglicher unter ihnen sollte ihn verleugnen, wenn nötig, in der Öffentlichkeit und gleich mehrfach bekräftigt.

Spuren solch übler Nachrede fließen in die Tagebücher von Edmond de Goncourt und Henri de Régnier ein. Lästermäuler wetzen ihre Federn für die Sensationspresse. Oscar bleibt bald nur noch die Gesellschaft seiner zahlreichen Liebhaber, erkauft mit dem Glanz der Premierenfeiern, mit silbernen Feuerzeugen und allwöchentlich einer stattlichen Zeche im »Harlot's House« des Kupplers Alfred Taylor.

Spätsommer 1893, zwischen Goring-on-Thames und dem belgischen Brügge: die Affäre um den sechzehnjährigen Philip Danney, Sohn eines hochrangigen britischen Militärs. Robert Ross hat den jungen Mann von seinem Wohnsitz auf dem Kontinent für die Schulferien zu sich nach London gebeten – mit Zustimmung des Colonels. Gleich nach der Ankunft in England kommt es zu

Intimitäten zwischen dem attraktiven Wahlbelgier und seinem Gastgeber – ohne Wissen des Gardeoffiziers. Als Robbie sich in Briefen an Wilde und Douglas seiner neuen Eroberung rühmt, zögert Bosie keinen Moment. Mit seinem untrüglichen Instinkt für pikante Verwicklungen setzt er alle Hebel in Bewegung, Ross den Knaben vor der Nase wegzuschnappen. Nachdem Douglas den verwirrten Danney jr. während der Entführung nebenbei auch noch einer Prostituierten zugeführt hat, teilen sich Wilde und er die Beute in Goring, einer Kleinstadt an der Themse: eine wahrhaft multiple Initiation für Philip.

Bei der verspäteten Rückkehr an die Knabenschule von Brügge nach einem Wochenende sexueller Exzesse fliegt die kollektive »Nascherei« auf. Lehrer und Schulleiter, selbst keine Unschuldslämmer, sondern Verehrer des schönen Philip, werden eingeweiht. Der zornige Vater verlangt Genugtuung und will dem unverschämten Verführertrio öffentlich den Prozeß machen. Erst aufgrund einer Intervention in letzter Minute läßt er von einer Anklage ab. Alfred und Robbie sind über den Kanal nach Brügge geeilt und haben verfängliche Schreiben an die Danneys ausgeliefert. Außerdem weist ein Anwalt den Vater darauf hin, daß nicht nur die Knabenfreunde zwei Jahre lang einsitzen müßten, sondern auch der Jüngling selbst eine mehrmonatige Gefängnisstrafe zu gewärtigen habe, von der Schande für das Ansehen der Familie Danney ganz zu schweigen. Man einigt sich gütlich, läßt es beim Arrangement bewenden. Ein Rachefeldzug ist gebannt. Doch Ross hat sich in England vollends unmöglich gemacht. Fortan muß er sich in Frankreich über Wasser halten. Mittlerweile gerät schon beim bloßen Klang des Namens Wilde so manch gutsituierter britischer Familienvater außer sich, aus Angst, daß sich der Theaterkönig vom West End bald auch an seinen Söhnen vergreifen könnte. Das Überlaufen des Fasses ist nur noch eine Frage der Zeit.

> Die Buhlen leben noch wie einst!
> Sie grüßen dich – ich weiß es wohl –
> Und schwingen jauchzend ihr Symbol,
> wenn du zu neuer Lust erscheinst.

Viel Feind', viel Ehr'. Die Zahl derer, die ihm übelwollten und seine Vernichtung herbeisehnten, wuchs mit schwindelerregender Geschwindigkeit. Wilde kultivierte ohne Einschränkung Faulenzerei und Dandytum, als ob ihn die subtilen Verleumdungskampagnen seiner Gegner nichts angingen. Weiterhin galt seine Maxime: »Ich komme vor Müßiggang nicht zur Ruhe; auf durchwachte Nächte folgt ein dumpfer Morgen.«[2] Sein Bedürfnis anzuecken, schien unersättlich, eine Art lebensfroher Fatalismus hatte sich seiner bemächtigt.

Florenz, ein Maisonntag im Jahre 1894: Über Paris ist Oscar an den Arno gereist, um dort mit Bosie inkognito ein paar ruhige Tage zu verbringen. Vorausgegangen sind ein erneuter Erpressungsversuch Alfreds, törichte Selbstmorddrohungen, hitzige Szenen, wortreiche Telegramme. Die Wiederaufnahme ihrer Liebesbeziehung nach Bosies unfreiwilligem Ägyptenaufenthalt hat ein Versöhnungsdiner im Nobelrestaurant Braillard besiegelt – Paris als Kulisse von Wildes endgültiger Kapitulation vor Douglas' Capricen. In Florenz trifft das Paar ausgerechnet auf André Gide.

Beiden Dichtern ist die Wiederbegegnung auf einer Caféterrasse unweit der Uffizien peinlich. Gide hat es von einer stürmischen, gemeinsam mit seinem Freund Paul Laurens unternommenen Reise durch Algerien via Rom nach Florenz verschlagen. Melancholisch trauert er den unbeschwerten Tagen im Kreise nordafrikanischer Jugendlicher hinterher. Daß es zwischen Bosie und Oscar erneut kriselt, entdeckt er schnell; Wilde findet er unattraktiver denn je. Mißtrauisch beäugt er den launischen jungen Poeten an der Seite des Londoner Theaterschriftstellers und registriert, wie beide sich die Hälse nach vorbeischlendernden Ragazzi verdrehen.

Auch nach mehreren Wermuts will sich partout keine zwanglose Unterhaltung am Cafétisch einstellen, die Situation wird unbehaglich. Wie schon bei ihrer ersten Begegnung fühlt sich André erneut als Mann unterlegen, da er nicht mithalten, keinen jüngeren Geliebten vorweisen kann. Um als Nebenbuhler in Frage zu kommen, müßte er sinnlicher, attraktiver auf die beiden Routiniers wirken. Sein Selbstbewußtsein reicht für ein öffentliches Bekenntnis zur Männerliebe nicht aus; »seine Lippen« sind immer noch »zu schmal für die Lüge«. Gide ist es unangenehm, öffentlich mit Wilde in Verbindung gebracht zu werden. In Briefen an Paul Valéry rückt er nur zögernd mit der Wahrheit heraus, kleidet die Anwesenheit Bosies in unverfängliche Worte. Das Gespräch tröpfelt. Ein Angebot Oscars, Gide und Laurens könnten ihr freiwerdendes Appartement übernehmen, aus der Familienpension, in der die beiden jungen Franzosen sich eingemietet haben, in dieselben Räume ziehen, die zuvor das Paar Douglas/ Wilde bewohnt hat, schlägt Gide aus.

Erst als Wilde ein paar Geschichten zum besten gibt – möglicherweise ist bereits der Plot für sein neues Drama *A Florentine Tragedy* darunter, ein ganz anders gearteter, makaber-ironischer Dreieckskonflikt mit überraschendem Ausgang, an deren Ausformulierung er in Florenz gerade arbeitet –, kommt Bewegung in die Unterhaltung. Erneut erliegt Gide der unvergleichlichen Fabulierkunst seines mephistophelischen Kollegen. Das Treffen ist gerettet, für nicht einmal ein Jahr trennen sich dann ihre Wege.

In der Zwischenzeit führte Gide die Erfahrungen seiner jungen Literatenjahre in Tagebuchform über, der programmatische Buchtitel lautet *Paludes (Sümpfe)*. Darin schickt er sein Alter ego in die fruchtlose Isolation eines von Morast umgebenen Elfenbeinturmes, und Wilde brillierte Anfang 1895 mit dem *Ideal Husband* am Haymarket Theatre, entwarf *The Importance*. Acht Monate später hatte der Zufall wieder seine Hand im Spiel: Wilde, Douglas und Gide logierten, mitten im algerischen Winter, im selben Hotel zu Blidah.

»Das Erlebnis Nordafrika bedeutete [ihnen], was Italien für Goethe war – Schönheitsoffenbarung, Genesung durch Glück, den freudigen Wendepunkt.«[3] Der Maghreb kurz vor der Jahrhundertwende besaß magnetische Anziehungskraft für mitteleuropäische Knabenliebhaber. In Tunesien und in den Kleinstädten rings um Algier ließ sich der Winter bei beständigem Sonnenschein und milden Temperaturen auf angenehme Weise überstehen, Wüstenlicht und verwinkelte Kasbahs bildeten den exotischen Hintergrund für amouröse Abenteuer. Zu den Stätten exquisiter Lustbarkeiten wurden die feinen Herren aus London und Paris von ausgefuchsten Mittelsmännern durch das Labyrinth der Basare gelotst, alle Welt sprach Französisch mit ihnen, war ihrer Bequemlichkeit zu Diensten.

Einschlägige Reiseführer gaben entsprechende Tips, und wenn sie einmal einem Bekannten von zu Hause begegnen sollten, der wie sie auf weichen Teppichen lagerte und Haschisch probierte, so war die Zusicherung gegenseitiger Diskretion eine Selbstverständlichkeit. Für viele Pädophile kamen Blidah, Biskra, Algier und Sousse dem Paradies auf Erden ziemlich nahe. Hinter den weißgetünchten Mauern der kleinen Garnisonsstädte begegnete ihnen jedermann mit ausgesuchter Zuvorkommenheit. Fremdartige Düfte und die Aussicht, jederzeit mit einem Garçon in einem der Zitronenhaine verschwinden zu können, berauschten die Sinne.

Geld spielte keine Rolle – Liebesdienste waren ungleich billiger zu haben und weitaus vergnüglicher als am Piccadilly Circus oder an dunklen Seinequais. Vom Sextourismus unserer Jahre trennten die Gepflogenheiten der Messieurs aus dem Literatenmilieu Welten. Ganz zweifellos nutzten sie die aus der Armut resultierende Verfügbarkeit der Jugendlichen aus, verarbeiteten das Lokalkolorit hinterher in ihren Schriften. Doch wenn sich unter Kollegen bei einem Mokka über Pariser Neuerscheinungen fachsimpeln ließ und der Callboy schon auf ein Handzeichen wartete, um aufs Hotelzimmer vorauszugehen, dann besaß dies arglose Nebeneinander von zivilisierten Umgangsformen und spielerischen Lustbarkeiten kaum etwas Anrüchiges oder Abstoßendes. Paragraphen und Altersgrenzen waren hier unbekannt, von den Gefahren der Illegalität war nichts zu spüren, und die Minderjährigen machten keineswegs einen zimperlichen Eindruck.

Blidah, 27. Januar 1895: Ohne voneinander zu wissen, steigen die drei ungleichen Gefährten Gide, Wilde und Bosie im Grand Hôtel d'Orient ab. Ein Buch von Dickens unter den Arm geklemmt, betritt der Franzose die Hotelhalle. Als er die mit Kreide geschriebenen Namenszüge von Oscar und Bosie auf der Gästetafel gewahrt, ist Flucht sein erster Impuls. Auf eine Neuauflage der unerfreulichen Caféhausrunde von Florenz kann er getrost verzichten. Nicht noch einmal will er in Gesellschaft des schamlosen Londoner Duos gesehen werden. Eine Spritztour nach Biskra

André Gide

scheint ihm der einzige Ausweg. Schleunigst läßt er seine Koffer zum Bahnhof transportieren. »Graute dem frommen Wanderer vor der Nähe des Versuchers? War ihm bange vor den Verführungskünsten des bösen Feindes? Spürte er die Gefahr? Ja, er ahnte wohl, daß die Begegnung mit dem Fleischkoloß schicksalhafte Folgen für ihn haben könnte. Daher der Fluchtversuch.« Aber Gide schämt sich auf halbem Wege seiner Feigheit und kehrt ins Grand Hôtel zurück. Er setzt sich unter eine Palme, intensive Dickens-Lektüre vorschützend. Es hat wohl nicht anders sein sollen, sagt er sich, das Ganze beginnt ihn allmählich zu amüsieren. Gides Provokation verfängt. Als Wilde die Treppe herunterkommt, ringt er sichtbar um Fassung. Der Anblick Andrés ausgerechnet mit *Barnaby Rudge*, einem Buch des ihm zutiefst verhaßten Charles Dickens in den Händen, beschwört den Geist von Florenz herauf. Rasch hat er sich jedoch wieder im Griff, plaudert unbefangen über schöne Boys und seinen neuerwachten Sonnenkult. Er sei auf der Flucht vor der Kunst, läßt er Gide wissen. Kunst langweile ihn mehr als je zuvor. »Haben Sie nicht bemerkt, daß die Sonne den Gedanken haßt und lähmt?«

Man nimmt die gemeinsamen Spaziergänge von Paris und Italien wieder auf, nur daß die Promenaden jetzt weder der Erbauung noch der Salonphilosophie dienen. Alle diese wohlgeformten, braungebrannten arabischen Jünglinge, so Wilde, erinnerten ihn an die Schönheit antiker Statuen, ihre Haut glänze »wie Bronze«. Wilde weidet sich daran, wie Bosie den gemeinsten und korruptesten unter den Strichjungen auf den Leim geht. Es erheitert ihn, wie Douglas alles daransetzt, ihn auszutricksen, um mit seinen armseligen Eroberungen ungestört zu sein.

Bosie, der in Blidah den Haschischgenuß entdeckte, war im Reich ungehemmter Promiskuität in seinem Element und zog meistens seine eigenen Bahnen. Wilde trennten von Constance mehr als zweitausend Kilometer. Während sie die Gläubiger an der Haustür in der Tite Street abschütteln mußte, erlag ihr Gemahl der Ekstase von Geschichten aus Tausendundeiner Nacht, in der irgendein Straßenjunge aus Biskra die Rolle der Scheherazade übernahm. Und Gide, der sich aufgrund seiner chronischen Tuberkulose eigentlich auf Genesungsreise befand, hatte die freudlosen Kliniken der Schweiz gern gegen das Aroma der Mandelblütenfelder vor den Toren Algiers eingetauscht. Noch zögerte er vor der Eheschließung mit seiner Kusine Madeleine, noch hielt er seine homosexuellen Regungen im Zaum. Im künstlerischen Winterexil wollte er die Arbeiten an seinem Prosawerk *Les nourritures terrestres* vorantreiben.

Die Konstellationen verschoben sich. Bosie wurde ihm gegenüber vertrauensselig:»Alle diese Touristenlotsen sind weiter nichts als Dummköpfe. Es hat keinen Zweck, es ihnen zu erklären, sie führen einen doch immer nur in Lokale voller Frauen. Ich hoffe, daß Sie wie ich geartet sind: Vor Frauen graut es mir. Ich liebe einzig und allein Knaben. Da Sie heute abend mit uns zusammen ausgehen, sage ich Ihnen das lieber gleich.«[4] Mehr noch: Douglas rühmte sich, er hätte Wildes ältesten Sohn Cyril, gerade erst neun Jahre alt, schon für sich reserviert:»Der ist für mich.«

Oscar ließen solche Inzestbegehren kalt. Er setzte alles daran, Bosie mit seinem eigenen lasterhaften Lebenswandel noch zu übertrumpfen, nur um ihm eins auszuwischen. Gide, immer in ergebener Gefolgschaft, zierte und wand sich, kam aber überallhin mit. Dann endlich entschwand Alfred für mehrere Tage mit Ali, einem Araberjungen und unscheinbaren Kaffeekellner, nach Biskra. Die Gelegenheit war günstig, André für immer von seinen Skrupeln zu befreien, aus dem Tugendwächter und sich selbst kasteienden Doppel-Moralisten einen bekennenden Homosexuellen zu machen. Wilde nahm ihn einfach mit nach Algier.»Welch enormer Spaß, dem ernsten jungen Franzosen gewisse Neigungen zu erklären, die er bis jetzt in sich unterdrückt hatte – Penchants und Gelüste, die zu seiner Natur gehörten und die sich gerade hier … ohne besondere Schwierigkeit befriedigen ließen. Grinsend ›wie ein Kind und ein Teufel‹ beobachtete der Verführer den Seelenkampf, der sich nur zu deutlich in der verzerrten Miene des Opfers spiegelte.«

Dort, in einer Kaschemme, umgeben von Kif-Rauchern und Lustknaben, ließ Gide sich von Oscar den vierzehnjährigen Mohammed zuführen, einen ehemaligen Gespielen des abwesenden Bosie. Gide hatte den »kindhaft süßen« und »geschmeidigen« Mohammed mit den Augen verschlungen:»zitternd vor Gier, dabei wie gelähmt von Schüchternheit und Scham. Plötzlich spürte er einen sanften Druck auf der Schulter: Oscars weiche, enorme

Hand. ›My dear, vous voulez?‹, … wisperte der Verführer. Und das Opfer, mit zugeschnürter Kehle und wildpochendem Herzen, brachte ein beinahe lautloses ›Ja‹ hervor. Hierauf lachte der Böse, daß es nur so dröhnte und schepperte; quietschte, brüllte, wackelte, bis er blau anlief und sich setzen mußte. ›I beg your pardon‹, keuchte der von übergroßer Heiterkeit Erschöpfte. Aber Sie sind zu komisch! ›Too funny for words.‹«

Mohammed, ein kleiner knabenhafter Flötenspieler, und der unerfahrene französische Dichter verschwanden in einem benachbarten Hotelzimmer. Gides Versteckspiel vor sich selbst war zu Ende; seine Initiation war erfolgreich vollzogen. Fünfmal in Folge, so läßt er nicht ohne Stolz seine späteren Leser wissen, hatte er mit »le petit musicien« den Höhepunkt erleben dürfen – peinlich genaues Buchhaltertum eines Novizen der Lust. Wildes perfides Kichern, das sich zu einem wahren Lachanfall ausgeweitet hatte, gellte ihm allerdings noch in den Ohren.

Das sachkundig inszenierte Liebes-Arrangement, die despotische Beeinflussung des nahezu willenlosen Kollegen, der unter seiner Fuchtel mehrfach die Grenze zur Lächerlichkeit überschritt: An Gide ließ sich das gesamte Repertoire alltäglicher Demütigungen, das Oscar einst über sich ergehen lassen mußte, unter umgekehrten Vorzeichen reproduzieren. Hier durfte er einmal in allen Bereichen dominieren, als intellektueller Mentor, als faszinierender Causeur, als Zeuge und Regisseur in Liebesdingen. Wenn er den bis unter die Haarwurzeln errötenden Gide mit sanftem Druck in die Obhut Mohammeds übergab, erblickte er sich selbst als ahnungslosen Jungverheirateten wieder, in der Tite Street von Robbie Ross entkleidet. Die Erinnerung machte die Intensität seines Amüsements nur allzu verständlich – welche Entwicklung hatte sein Sexualleben seither genommen!

Gegenüber Gide kostete er ein nahezu grenzenloses Machtgefühl aus; er begann nachzuvollziehen, mit welchen Mechanismen Bosie ihn selbst in Schach hielt und vertauschte die Rollen von abhängigem und dominantem Männerfreund. Wilde – ein Narziß im Spiegel – durfte dabei zusehen, wie ein prominenter Dichter der Anmut adoleszenter »Panther« erlag, deren Würde und Umgangsformen das Niveau der europäischen Straßenjungen bei weitem übertrafen. Daß es zwischen ihm und André zu keinerlei Verfänglichkeiten kommen würde, war ungeschriebenes Gesetz. Und daß Oscar Wilde Initiator wie Zaungast von André Gides erster erfüllter Liebesnacht gewesen war, verlieh ihrer dichterischen wie menschlichen Verbindung immense Bedeutung.

In seinen Aufzeichnungen über seine »Offenbarung in der Wüste«, seinen Erinnerungen an die nordafrikanische Episode, betrieb Gide über Jahrzehnte hin ein doppeltes Spiel. In seiner autobiographischen Schrift *Si le grain ne meurt*, die dereinst in den zwanziger Jahren dieser anstößigen, bekennerhaften Szenen wegen wie ein halbpornographisches Dokument verschlungen werden sollte – noch Klaus Mann sollte sich über empörte Bemerkungen hinter vorgehaltener Hand wie »Sie wissen schon, die Geschichte, in der all die schmutzigen Sachen über Wilde und Douglas und die Araberjungen stehen« lustigmachen –, gestand er ein, daß ihm Wildes Haltung Unbehagen bereitet hatte und er selbst dennoch einige Geheimnisse für sich bewahren konnte: »Das große Vergnügen eines jeden Wüstling ist es, andere auf Abwege zu führen. Wilde konnte nicht wissen, daß ich schon im voraus besiegt, ja erobert war, daß ich in meiner Phantasie, in meinen Gedanken, alle Skrupel bereits überwunden hatte. Um die Wahrheit zu sagen, damals wußte ich das selbst noch nicht, erst in dem Moment, wo ich [mit erstickter Stimme auf Wildes Nachfrage] ›ja‹ sagte, ist es mir schlagartig klar geworden.«[5]

Das Eingeständnis des Andersseins brach einen jahrelang schwelenden Kindheitskonflikt auf, Gide hatte – dank Wildes Mithilfe – den Schlüssel zum »Labyrinth seiner psychologischen Kämpfe und Komplikationen«, im selben Atemzug aber auch ein Stimulans künstlerischer Kreativität gefunden. Der besorgten Mutter, Madame Gide, die sich beim Lesen der Briefe ihres Sohnes wunderte, was es mit all den Mohammeds, Alis und Athmans auf sich hatte, wurde freilich eine ganz andere Wahrheit präsentiert:

»Und Wilde! Wilde!! Gibt es überhaupt ein noch tragischeres Leben als das seinige? Wenn er doch nur vorsichtiger wäre – wenn er doch nur zur Vorsicht fähig wäre –, dann könnte er ein Genie sein, ein herausragendes Genie. Aber wie er selbst zu sagen pflegt und weiß: ›Ich habe mein Genie in mein Leben gesteckt, für meine Werke blieb nur mein Talent übrig. Ich weiß es, und das ist die große Tragödie meines Lebens.‹ Deshalb wird all jenen, die ihn gut gekannt haben, stets jener Schauer des Entsetzens über den Rücken laufen, wenn er zugegen ist, so wie es mir jedesmal widerfährt. … Ich bin erleichtert, ihn an einem so entlegenen Ort wiedergetroffen zu haben, obwohl selbst Algier für mich eigentlich nicht weit genug weg ist, ihn ohne eine gewisse Furcht zu sehen, das habe ich ihm persönlich ins Gesicht gesagt. Ich sagte ihm sogar, daß ich, wenn ich ihn in London oder Paris träfe, seine Bekanntschaft abstreiten würde, und dies, um unsere Freundschaft zu schützen, um ihn gegen diejenigen zu verteidigen, die ihn angreifen. … Morgen reist er ab, was mich erleichtert. Wenn Wildes Stücke in London nicht eine Laufzeit von dreihundert Vorstellungen hätten und wenn der Prince of Wales nicht Wildes beständiger Premierengast wäre, würde er längst im Gefängnis sitzen, und Lord Douglas ebenso.«[6]

Was Gide für sich selbst beanspruchte, das Ausleben homosexueller Begierden nämlich, baute er demnächst zu einem umfangreichen Doppelleben aus. Daß Wilde und Bosie es in den Rang einer öffentlichen Angelegenheit erhoben und nicht länger zu verstecken gewillt waren, gestand er ihnen nicht zu. Andrés Orakel sollte sich binnen Jahresfrist bewahrheiten. Der Provokateur Wilde setzte sich über die Doppelmoral so mancher Heuchler hinweg. Den Rat so vieler Freunde, doch endlich »Vernunft annehmen« zu wollen, verwarf er vehement: Alles, nur keine Vernunft. Denn Vernunft, das war oft nur ein Deckname für Selbstschutz und die Angst, selbst als Homosexueller zu gelten und der Ächtung anheimzufallen. Alle diejenigen, die dieser Ächtung entgehen wollten, betrieben sie aber mit, indem sie die Ausgrenzung erst ermöglichten und selbst lautstark in den Chor zweifelhafter Moralapostel einfielen.

Einer solchen, zutiefst unsolidarischen »Vernunft« erteilte Wilde eine radikale Absage. »Nichts schmerzt mich außer Dummheit und Moralsucht.« Mut und Mit-Leidensfähigkeit für andere bestimmten seinen zwischenmenschlichen Umgang. Gide, den er als Verführer zur Bejahung seiner eigentlichen Neigungen verholfen hatte, um ihn von einer existentiellen Blockade zu befreien, lieferte er *seine* Definition von sexueller Identität: »Vernünftig zu sein hieße ja, wieder einen Schritt rückwärts zu gehen. Ich aber bin, so weit es nur ging, meiner Richtung gefolgt. Jetzt geht es aber nicht mehr weiter. Nun muß etwas passieren, etwas anderes.« In seine fast verzweifelte Zuversicht hatten sich Zwischentöne von Selbstzerfleischung und gewollter Grausamkeit gemischt, die sich ganz offenkundig gegen ihn und seine Liebe zu Bosie richteten. Er spornte sich und ihn zur eigenen Hinrichtung an, indem er Gide wissen ließ: »Meine Hauptaufgabe ist es, mich unbändig zu amüsieren. Auf Vergnügen kommt es an – nicht auf Glück! Glück zählt nicht. Ich lehne es ab. Es ist die tragische Lösung, für die wir uns immer zu entscheiden haben.«

Die tragische Lösung – hatte Wilde sich für sie entschieden, weil seine dramatischen Talente als Drahtzieher von Bühnenfiguren auch im Marionettenspiel von Blidah deutlich hervorgetreten waren oder weil seine Londoner Theaterstücke ihm ermöglicht hatten, gerade jetzt den Gipfel seiner Berühmtheit zu erklimmen? In Algier ließ er die Puppen tanzen wie noch selten zuvor in seiner so ereignisreichen Vita. Gides Auf- und Abtritte regelte seine strenge, nichts dem Zufall überlassene Regie. Bosies Eskapaden waren ausnahmsweise nicht mehr als eine zu vernachlässigende Rahmenhandlung.

Sherard und Douglas haben nach Wildes Tod Gides Darstellung in Tagebüchern und Romanen von dessen »unheilvollem«, dämonischem Einfluß auf sein Liebes- und Dichterleben energisch widersprochen und sogar Streitschriften gegen den Franzosen in Umlauf gebracht. Und mochte Gide auch in Briefen seinen versierten Kuppler als »terrible man« und »überaus gefährliches Produkt moderner Zivilisation« verteufeln: Er wußte nur zu genau, was er Wilde schuldete. In der entscheidenden Nacht auf dem Lager des Flötenspielers war aus ihm, mit Oscar als Mittler, ein anderer Mann und ein anderer Schriftsteller geworden.

Mit seinem erneuten Eingreifen in Gides Reifeprozeß schrieb Wilde bis weit ins zwanzigste Jahrhundert hinein an der französischen Literaturgeschichte mit. Jede neue Veröffentlichung Gides,

des künftigen Mitbegründers der »Nouvelle Revue Française« (NRF), wurzelte bewußt oder indirekt in der Begebenheit von Algier. In den *Nourritures terrestres* (1897) symbolisiert die Figur des Ménalque ein neues Lebensgefühl: das der Freude am sinnlichen Lebensgenuß, der Akzeptanz homerotischer Neigungen, das des Bruchs mit Konventionen und Ideologien. Im *Immoraliste* (1902) verarbeitet Gide ganz konkret autobiographische Erlebnisse: Lungenkrankheit, Nordafrikareisen, schicksalhafte Begegnungen mit Ménalque, der ihm zu Individualismus und unbedingtem Hedonismus rät, Erwachen der Homosexualität, innere Abkehr von seiner Frau Marceline. Während Gide selbst seiner Frau Madeleine in qualvoller Unentschiedenheit, trotz zahlreicher Abenteuer mit Männern, jahrzehntelang verbunden blieb, zerbricht Marceline, die Gattin Michels im *Immoraliste*, am unruhigen, nomadischen Lebenswandel ihres Partners, von dem sie zuletzt nur noch als Störenfried geduldet wird.

Den Gegenentwurf zu Michels Freiheitsdurst und moralischer Bindungslosigkeit bietet Alissa, die Titelheldin in Gides *La porte étroite (Die enge Pforte;* 1909). Ihrer Beziehungsunfähigkeit – sie versagt sich einem vielversprechenden Liebesverhältnis mit ihrem Jugendfreund Jérôme – liegen Ideale der Askese zugrunde, ein extremer puritanischer Prostestantismus führt sie zu innerer Vollendung, zum Ringen um geistige Reinheit. Doch für dieses Streben nach Perfektion und Lauterkeit zahlt Alissa einen hohen Preis: den Verzicht auf Leidenschaft und zwischenmenschliche Erfüllung.

Mit *Corydon* (1911), vier zunächst anonym publizierten sokratischen Dialogen, bekennt sich Gide schließlich öffentlich zur Homosexualität, indem er deren moralische und medizinische Aspekte in Gesprächsform erörtert, Platon als Kronzeugen aufruft. Weitere anderthalb Jahrzehnte sollten allerdings vergehen, bevor er sich dazu durchrang, seinen Namen als Verfasser auf das Titelblatt zu setzen.

Doch schon ab den *Caves du Vatican (Die Verliese des Vatikan;* 1914) hatte er es sich mit manch großem Denker der geistigen Elite Frankreichs verscherzt. So auch mit Paul Claudel, einem der wichtigsten Weggefährten Gides und zugleich der wohl eminentesten Dichterpersönlichkeit seit der Jahrhundertwende. Claudel nahm an einem inneren Monolog des Lafcadio während einer Eisenbahnfahrt Anstoß, einer Kernszene des *Vatikan*-Romans. Gides parodistisch-satirische Erzählhaltung verkennend, nahm er die homoerotisch gefärbte Passage, die als Vorabdruck in der NRF erschienen war, für bare Münze. Was folgte, war ein Zerwürfnis auf Lebenszeit. Claudel, der Homosexualität als Krankheit und schwerwiegendes Vergehen ansah, empfahl Gide radikale Abkehr von seinen »Sünden«, Askese und geistige Zucht. Zugleich setzte er alle Kollegen Gides von dessen ungeheuren Verfehlungen in Kenntnis.[7]

Wie Wilde mußte auch Gide damit umzugehen lernen, in welchem Maße dichterische Wertschätzung, gesellschaftliche Anerkennung und Freundschaftsbeweise von der Gratwanderung zwischen »vernünftiger« Selbstdarstellung und öffentlich gemachter sexueller Identität abhingen. Fortan blieb er auf der Hut, räumte der »Vernunft« den Vorrang ein, provozierte in Zukunft eher als politisch engagierter Autor. Mit Claudel war es ihm jedoch ähnlich ergangen wie Wilde zuvor mit Louÿs oder ihm selbst: Zu seinen Freunden oder Vertrauten konnte er seine Schriftstellerkollegen eigentlich nie zählen. Bestenfalls blieben sie wohlmeinende Bekannte, und wenn sich die Meinung der Allgemeinheit gegen den Sündenbock verschworen hatte, wichen sie in einer einmütigen Allianz der Scheinheiligkeit geschlossen von dessen Seite.

Auf dem Heimweg von Blidah nach London – ohne Douglas, der allein in Algerien zurückgeblieben war – machte Wilde einen kurzen Abstecher nach Paris. Bei einem Besuch in Degas' Atelier erging sich der Maler ihm gegenüber in dunklen Andeutungen: Oscar sei mittlerweile europaweit berüchtigt, und er warnte ihn, sein »guter« Geschmack könne ihn geradewegs ins Gefängnis bringen. Doch Wilde war arglos und zuversichtlich. Er freute sich auf die allerletzten Proben für *The Importance*, seine gelungenste Komödie; Stamm-Intendant George Alexander erwartete seinen berühmten Autor bereits mit Ungeduld auf den Brettern des St. James's Theater.

Nicht nur er. In London lauerte auch ein Provokateur ganz anderen Kalibers: Bosies Vater, der Marquess of Queensberry, auf dessen Anregungen ein noch heute gültiges Reglement für den Boxsport zurückgeht, hatte schon die Handschuhe übergestreift und die letzte Runde eingeläutet. Wildes gefährlichster Kontrahent war in allen Gewichtsklassen zu Hause und entschlossen, den Liebhaber seines Sohnes endlich zur Strecke zu bringen. Der Countdown hatte begonnen.

John Sholto Queensberry verband in charakterlicher Hinsicht viel mehr mit seinem Filius, als beiden lieb war. Anfälle von Jähzorn, die in Raserei und unberechenbaren Wahnsinn umschlagen konnten, waren bei beiden an der Tagesordnung, Arroganz und Maßlosigkeit paarten sich mit Dünkel und Lust am öffentlichen Skandal. Beide blühten förmlich auf, wenn eine Krise drohte, lieferten sich Verbalschlachten und Beleidigungskampagnen. Die Telegramme, mit denen sie sich regelmäßig bedachten, strotzten nur so von ausfallenden, blutrünstigen Niederträchtigkeiten. Sie liebten es, auf Messers Schneide durchs Leben zu balancieren und haßten sich gegenseitig aus tiefstem Herzen, wenn sie eigene Züge im Verhalten des anderen wiedererkannten: eine Spielart von negativem Narzißmus. Für den Marquess war es unerträglich, in Bosies Benehmen und Erscheinung Züge seiner kultivierten, verzärtelten Gattin wahrzunehmen, insgeheim bewunderte er aber dessen Starrsinn und Grausamkeit; der Apfel fiel nicht weit vom Stamm. Alfred konnte die Engstirnigkeit seines knauserigen, patriarchalisch agierenden Erzeugers zwar nur schwer ertragen, fand aber letztlich in ihm seinen einzigen, zum Schlagabtausch wirklich gewappneten Gegner.

In den letzten Monaten vor der Algerienreise hatten sich die Ereignisse dramatisch zugespitzt. Der überzeugte Atheist Queensberry hatte die Lords im britischen Oberhaus gegen sich aufgebracht, indem er die Existenz Gottes rundheraus abstritt und sich weigerte, den für die Wahl zum Abgeordneten obligatorischen Eid zu leisten. Prompt hatten es die schottischen Adligen abgelehnt, ihn erneut ins Abgeordnetenhaus zu entsenden. Obendrein hatte Lady Queensberry, Bosies Mutter, sich von ihm wegen wiederholten Ehebruchs nach Jahren des Zanks und der Verachtung scheiden lassen. Und Sholtos Bruder, Lord Francis Douglas, ein passionierter Bergsteiger, war bei einem tragischen Kletterunfall in den Alpen ums Leben gekommen, was Queensberry zum Verfassen eines pathetischen Gedichtes, *The Spirit of the Matterhorn*, veranlaßte.

Es war jedoch noch ärger gekommen: Sein mittlerer Sohn Percy hatte die Stirn gehabt, sich mit der Tochter eines Theologen zu vermählen – ein Affront gegen die Überzeugungen des Marquess, der solche Kühnheiten mit Vorliebe durch den sofortigen Entzug von Unterhaltszahlungen ahndete. Und auch seine zweite, zügig eingegangene Ehe verlief problematisch, da die junge Gattin über die Impotenz ihres Gatten klagte; selbst von deformierten Zeugungsorganen war die Rede. Am 20. Oktober 1894, wenige Tage nach Wildes 40. Geburtstag und seinem Brightoner Zerwürfnis mit Bosie, war somit auch die zweite Verbindung des Marquess annuliert worden. Ein schwerer Schlag für den ausgeprägten Männlichkeitswahn des aufmüpfigen Machos, unter dessen rauhen Kommandos Bluthunde kuschten, dessen Reitkünste selbst unbezähmbare Hengste in gehorsamen Schritt zwangen. Und zu allem Überfluß war sein Jüngster, der Taugenichts und Geldverschwender Alfred, in Oxford regelmäßig durch alle Prüfungen gerasselt. Die Schuld daran gab Sholto allein dem verhaßten Oscar Wilde, dessen skandalöser Lebenswandel Stadtgespräch war und in allen Herrenclubs die Runde machte.

Was das Faß dann in der Tat zum Überlaufen gebracht hatte, war der überraschende Selbstmord seines ältesten Sohnes, des Viscounts Francis Drumlanrig. Ganz London hatte monatelang gemunkelt, Bosies nicht minder attraktiver Bruder unterhalte eine leidenschaftliche Liaison mit Lord Rosebery, dem damaligen britischen Außenminister und künftigen Premierminister. Das schien durchaus nicht ausgeschlossen. Eine wahrhaft ungewöhnliche Photographie zeigt Bosie und seinen Bruder in entlarvender Pose: der Jüngere – wie verliebt – auf den Knien von Drumlanrig hockend, den Arm zärtlich um den Hals seines Bruders schlingend, während der Viscount seinen schmachtenden Blick erwidert. Kein Schnappschuß, sondern das Werk eines Porträtphotographen – eine noch verfänglichere Selbstinszenierung zweier homosexueller Brüder läßt sich nur schwerlich ausmalen.

Kein Wunder, daß die diplomatische Gerüchteküche in jenen Herbsttagen überkochte. Offiziell machte man in der Downing Street zwar einen unglücklichen Jagdunfall für das Ableben des ältesten Stammhalters aus der Douglas-Queensberry-Dynastie verantwortlich; wahrscheinlicher war, daß Drumlanrig und

Rosebery dem gesellschaftlichen Druck nicht länger standhalten konnten und Bosies Bruder das überfällige Königsopfer leisten mußte. Das alles war zuviel für Queensberry. Der schwerreiche Marquess stand persönlich vor einem Trümmerhaufen, seine angestaute Wut verlangte nach einem Ventil. Ohne lange zu überlegen, besorgte er sich einen Revolver und suchte systematisch sämtliche Nobelrestaurants und Luxushotels an der Themse auf. Besitzer, *maîtres d'hôtel* und Kellner wurden gewarnt, es würde zu einer Schießerei mit unabsehbaren Folgen kommen, wenn Bosie und Wilde es noch ein weiteres Mal wagen sollten, in aller Öffentlichkeit gemeinsam zu lunchen oder eine Suite zu buchen. Doch das bedrohte Paar zeigte sich eher amüsiert. Von nun an ließen Wilde und sein »einziger Junge« mit seinen »roten Rosenlippen« keine Gelegenheit mehr aus, ihre Mahlzeiten dort einzunehmen, wo sie die heftigsten Auftritte des Marquess zu gewärtigen hatten. Der Wettstreit der Provokateure kulminierte, alle drei Streithähne sonnten sich im Glanz einer im Scheinwerferlicht der Klatschgazetten ausgefochtenen Affäre.

In *De Profundis* sollte sich Wilde an einen jähen Stimmungsumschwung des eifernden Queensberry erinnern, an die Zeit kurz nach Bosies Kairoer Exil. Er schrieb an Alfred:

>»Ich kam nach Paris: und Du brachst den ganzen Abend immer wieder in Tränen aus, die wie Regen über Deine Wangen flossen, zuerst während des Diners bei Voisin, anschließend beim Souper bei Braillard: Du zeigtest Freude über das Wiedersehen, faßtest, so oft es ging, nach meiner Hand wie ein braves, reuiges Kind: Du warst an diesem Abend voll ungekünstelter aufrichtiger Zerknirschung: und so gab ich nach und erneuerte unsere Freundschaft. Zwei Tage nach unserer Ankunft in London sah Dein Vater Dich mit mir beim Lunch im Café Royal, kam an meinen Tisch, trank von meinem Wein, und am gleichen Nachmittag holte er durch einen an Dich gerichteten Brief zu seinem ersten Schlag gegen mich aus.«

Die Verblüffung des Marquess über Oscars blendendes Parlando hatte nur wenige Stunden vorgehalten. Zwar ließ er sich von Wildes gewinnendem Wesen einnehmen, lauschte dessen Kaskade funkelnder Bonmots, genoß einen Apéritif des spendablen Poeten – er war sichtlich beeindruckt. Und dennoch: Von diesem Nachmittag an, der das Liebespaar in trügerischer Sicherheit wog, hatte Queensberry zum Generalangriff geblasen. Jetzt erst recht – Schmähbriefe und Telegramme gingen im Halbtagesabstand bei Bosie ein, Sholto verleumdete den angeblichen Verführer seines Sohnes bei allen sich bietenden Gelegenheiten. Er sandte Detektive aus, begab sich auf die Spuren Alfred Taylors und seiner im Erpressertum geübten Strichjungen, die ihm gegen Schmiergeld Beweisstücke aus der schwelgerischen Korrespondenz der beiden Liebenden zuhauf überließen: »Ich weiß, Hyakinthos, den Apoll so rasend liebte, das warst Du in den Tagen der Griechen«, mußte er da nachlesen, oder auch: »Ich kann ohne Dich nicht leben. Du bist so lieb, so wundervoll. Ich denke den ganzen Tag an Dich und vermisse Deine Anmut, Deine knabenhafte Schönheit, den funkelnden Stahl Deines Witzes, die aparten Einfälle Deines Genies … und mehr als alles andere vermisse ich Dich selber!!« oder auch: »Lieber, lieber Junge, Du bist mir mehr, als irgend jemand sich vorstellen kann; Du bist die Atmosphäre der Schönheit, durch die ich das Leben sehe; Du bist die Inkarnation alles Schönen.«[8]

Die Botschaft war eindeutig und der Entschluß des Marquess unumstößlich: Er wollte nicht noch einen weiteren Träger seines illustren Namens an die Unzucht unter Männern verloren geben, das Maß war voll. Die öffentliche Meinung würde ihm, dem besorgten Vater eines geschändeten Sohnes, Recht geben und sich hinter ihn stellen. Dessen war sich Queensberry gewiß. Mit einem Boxerkollegen im Schlepptau drang er unangemeldet in Wildes Haus in der Tite Street ein, stellte ihn zur Rede, überhäufte ihn mit Beleidigungen. Auf Wildes Rechtfertigungsversuche erwiderte er, den Anschein der Homosexualität zu erwecken sei mindestens ebenso schlimm, wie ihr tatsächlich verfallen zu sein. Der verdutzte Hausherr sah sich veranlaßt, unter Androhung physischer Gewalt seinen Butler zu Hilfe zu rufen und dem Ruhestörer die Tür zu weisen. Verbunden mit der Anweisung an den Domestiken, dieser dubiose »Gast« dürfe nie wieder die Schwelle seines Hauses übertreten.

Eine weitere Attacke Queensberrys – er wollte, mit einem Gemüsebouquet bewaffnet, in Begleitung eines Schlägerkommandos am Bühneneingang des St. James's Theater eingelassen werden, um die furiose Premiere von *The Importance* effektvoll zu torpedieren – ließ sich gerade noch vereiteln. Aber nur vier Tage später, am 18. Februar 1895, geschah das Unvermeidliche: Während Wilde und Bosie im Avondale Hotel am Piccadilly logierten und den Triumph von *The Importance* in vollen Zügen auskosteten, gab der Marquess eine Karte beim Pförtner von Wildes Club, dem Albemarle, ab. Sie enthielt nur eine einzige, beleidigende Anrede, die darüber hinaus auch noch einen orthographischen Fehler aufwies: »for Oscar Wilde, posing somdomite«. Doch diese kurze Depesche reichte aus, das weitere Leben aller beteiligten Akteure unwiderruflich zu verändern.

War Oscar wirklich ein Genie der Lebenskunst, wie er sich Gide gegenüber gerühmt hatte, trieb er nicht vielmehr wie ein Lemming mit fast frohem Fatalismus und Selbstvernichtungsdrang auf einen Abgrund zu? Von diesem Februartag an war der Bogen endgültig überspannt.

Klaus Mann porträtierte Wilde in seiner Gide-Studie Jahrzehnte später als übermütigen Ikarus, den keine Vorsichtsmaßnahme mehr bremsen konnte:

»Wohin denn, entzücktes Herz? Wie hoch hinauf denn, seligleichter Vogel? Gib acht! Wer gar zu hoch steigt, mag wohl den tiefsten Sturz tun. Schau ihn dir doch an, deinen Meisterflieger, deinen großen Genießer und Propheten der Lust! Noch ist er lustig und guter Dinge, ein aufgeräumter Koloß, die Zigarette – mit Goldmundstück – zwischen den üppigen Lippen. Schau ihn dir nur an, wie er das Schicksal lachend provoziert! Dem Übermütigen, übermäßig Hochgestiegenen gelüstet's wohl nach dem Sturzerlebnis …«

Angeklagter

⚘

Ein Patriot, der eingesperrt wird, weil er sein Land liebt,
liebt sein Land,
und ein Dichter, der eingesperrt wird, weil er Knaben liebt,
liebt Knaben.

Fluchtpunkt Paris: Ermutigt und trunken vom Doppelerfolg, den die Vorstellungen von *An Ideal Husband* und *The Importance* auslösten, hatten Wilde und Bosie wochenlang in Piccadilly in Saus und Braus gelebt, bis eine Hotelrechnung in schwindelerregender Höhe auf den Dichter zukam und unverzüglich beglichen werden wollte. Hätte Wilde seine Schulden nur auf der Stelle bezahlen können, dann wären er und Douglas zu einer geplanten Frankreich-Reise aufgebrochen, Queensberrys Visitenkarte mit dem ominösen Notat hätte im Albemarle Club Staub angesetzt, und bei der Rückkehr wäre über die ganze Angelegenheit längst Gras gewachsen oder sie hätte jedenfalls zu keiner Kurzschlußreaktion des entrüsteten Liebespaares geführt. So aber behielt die Londoner Hoteldirektion Wildes Gepäck vorläufig als Pfand ein, das ausschweifende Duo sah sich gezwungen zu bleiben, Wilde wurde zehn Tage später das Billett von Queensberry übergeben, er öffnete das Kuvert, und am 28. Februar 1895 nahm das Unheil seinen Lauf. Paris, die Stadt mit der Zwitternatur, wartete vergeblich auf ihren treuen Besucher, den es nun nicht länger ins Exil zog.

Tags darauf, am 1. März, erwirkte Oscar einen Haftbefehl gegen Queensberry, der nur vierundzwanzig Stunden später festgenommen wurde. Die Verhandlung gegen den Marquess wurde am 3. April eröffnet. Der Teufel ritt Wilde, als er sich unter Bosies suggestivem Zureden zu der Wahnvorstellung verstieg, eine Verleumdungsklage gegen den tobsüchtigen Fallensteller Queensberry könne tatsächlich von Erfolg gekrönt werden. Ihm stand wohl ein Idealbild vor Augen: das Verhalten seiner unbeugsamen Eltern in der Affäre um Mary Travers. Sie waren einst glimpflich davongekommen. Daher entschied Wilde sich gegen den Rat enger Freunde wie Ross oder Harris, die ihn beschworen, die Sache auf sich beruhen zu lassen. Selbst George Bernard Shaw, der bei einem der Kriegsräte zugegen war, vermochte es nicht, ihn umzustimmen. Sein derzeitiger Höhenflug als brillanter Theaterautor, dessen geflügelte Worte halb London im Munde führte, war Oscar zu Kopfe gestiegen und hatte ihn blind gemacht für die bitteren Konsequenzen, zu denen eine verlorene Klage zwangsläufig führen mußte. Er überschätzte seinen aktuellen Bonus in der Öffentlichkeit als begnadeter Selbstdarsteller und gefeierter Nonkonformist. Er unterschätzte die Bewertung seiner zur Schau gestellten Promiskuität. Daß ihn nahezu jeder männliche Prostituierte an der Themse beim Vornamen nannte, hielt er zu Unrecht für ein Bagatellvergehen.

Lady Speranza hielt zu ihm. Sie bestärkte ihn, seinen Standpunkt durchzufechten, koste es, was es wolle. Für sie war es Ehrensache, daß ihr Oscar keinen Wankelmut an den Tag legte. Klein beizugeben, den Weg des geringsten Widerstandes zu gehen und in Paris unterzutauchen, wäre einem zerknirschten Eingeständnis gleichgekommen, der unakzeptable Rückzug eines Schwächlings. Wilde nahm die Haltung seiner Mutter ernst. So verkannte er den erbarmungslosen Zerstörungswillen seines Widerparts, der keine Kosten zu scheuen brauchte, um den besorgten Vater zu mimen, der sogar auf beträchtliche finanzielle Ressourcen zurückgreifen konnte. Daß der Marquess Bosie in Briefen als »Reptil« und »elende Kreatur« verunglimpfte, ihm das Recht abgesprochen hatte, sich noch als »sein Sohn« zu bezeichnen, kam in den drei Verhandlungen selbstverständlich nicht zur Sprache. Wilde verdrängte ferner, daß er seinerseits mit mehreren tausend Pfund bei seinen Gläubigern in der Kreide stand, sein gesamter Besitz, sein Hausstand und seine literarischen Manuskripte von einer Minute auf die andere vom Gerichtsvollzieher beschlagnahmt werden konnten.

Tatsächlich strengte Queensberry noch im April, mitten in den Prozeßmonaten, ein Konkursverfahren gegen Wilde an. Er wurde für zahlungsunfähig und bankrott erklärt, alle seine Güter kamen bei einer Zwangsversteigerung unter den Hammer. Neben Möbeln und unersetzlichen Manuskripten eigener Werke wurden so von Mallarmé, Verlaine, Swinburne und Hugo signierte Bücher von

Bosies Vater, der Marquess von Queensberry

höchstem ideellen Wert in alle Winde verstreut. Da war es ein nur schwacher Trost, wenn Bosie wiederholt beteuerte, seine Mutter und sein Bruder Percy würden für die gewaltigen Prozeßkosten aufkommen, um sich am Marquess zu rächen. Mit grenzenloser Naivität ließ Wilde sich in eine Schmierentragödie einspannen, die ihn im Grunde gar nicht betraf. Zunächst spielte er eine Statistenrolle, geriet allmählich ins Zentrum des Kampfgeschehens und trug am Ende dennoch die alleinige Verantwortung – als Sündenbock im Gemetzel eines in Auflösung begriffenen adligen Clans.

Von Genie oder auch nur Talent in dieser schmachvollen Lebensphase Oscars zu sprechen, fällt schwer. Glaubte er tatsächlich, das Rampenlicht der Gerichtsverhandlungen könnte ihm zusätzliche Publizität eintragen, wenn er als Star in einem Drama mitwirkte, dessen Ausgang völlig ungewiß war? War sein Mitleid für den von seinem Vater verfolgten und angefeindeten Bosie wirklich so groß, daß er selbst, ein neuzeitlicher Märtyrer, dazu bereit war, für seinen Liebhaber das Kreuz zu tragen? Und doch – von Anfang an trachtete Wilde danach, Douglas in Gänze aus dem Prozeß herauszuhalten, nur Briefe und Gedichte Bosies wurden öffentlich verlesen. Und wenn ihn wohlmeinende Ratgeber auf die wahren Beweggründe seines jungen Liebhabers verwiesen, dem die Aussicht, Oscar ins Gefängnis wandern zu sehen, nicht begreiflich zu machen war, stießen sie bei Wilde auf Granit: Jede auch noch so schwache Andeutung einer Kritik an Bosies Verhalten bewirkte nur, daß Wilde in noch stärkerem Maße dessen Partei ergriff, seinen eigenen Standpunkt nicht wahrnehmen wollte, als stünde er selbst gar nicht im Mittelpunkt der Verhandlungen, als habe man ihn mit der vorsichtigen Interpretation von Douglas' unvernünftigen Aktionen persönlich beleidigt. Viel zu hoch hatte er sich ins Scheinwerferlicht aufgeschwungen. Nun begann das Wachs, das seine Flügel zusammenhielt, dahin zu schmelzen. Wilde befand sich im freien Fall.

Der Verhandlungsgegenstand verschob sich innerhalb der drei so aufsehenerregenden Monate von einer an sich harmlosen Familienfehde derer von Queensberry mit Oscars marginaler Beteiligung zur brisanten Frage, ob Wilde nicht nur als »Sodomit posiere«, sondern sich in der Tat wiederholt des Vergehens der

Unzucht mit männlichen Jugendlichen schuldig gemacht habe. Nicht die hehre, griechische Liebe zu seinem Herzensjungen Bosie stand nun zur Debatte – Douglas wurde nicht einmal als Zeuge geladen, sein Sexualleben und seine »Mittäterschaft« im Zirkel um Alfred Taylor schienen gar nicht zu existieren –, es ging um den Vorwurf der Verführung Minderjähriger, der Kuppelei und des Umgangs mit Prostituierten. Besonders ungünstig wirkte sich die Strategie der Anklage aus, die Londoner Strichjungen, die Queensberrys fleißige Detektive gleich dutzendweise ausfindig gemacht hatten, straffrei ausgehen zu lassen, wenn sie vor Gericht mit unschönen Details aus dem Sexualleben des Mister Wilde aufwarten konnten. Sie konnten. Ihre eigene, aktive Beteiligung am florierenden Knabenhandel – von Rechts wegen ebenso unzulässig – blieb ausgeblendet.

Ans Tageslicht kamen der Ausflug mit Sidney Mavor nach Paris, die silbernen Feuerzeuge und weitere Aufmerksamkeiten wie Gunstbezeugungen materieller Natur. Bei der Erwähnung unliebsamer Begleiterscheinungen wie Kotflecken auf den Bettlaken, die von Queensberrys Handlangern bestochene Hotelangestellte wiederholt konstatiert haben wollten, brach sich die Empörung der Jury und des Publikums Bahn. Nicht ans Tageslicht kamen die meist geglückten Bestechungsversuche um abhanden gekommene Briefe und Gedichte, die Tarife der jungen Burschen, die Strategien und Mechanismen der käuflichen Liebe unter Strichjungen und Mitgliedern der besseren Gesellschaft. Stellvertretend, als handle es sich um abstoßende, beklagenswerte Einzelfälle ohne Zusammenhang mit einem weiterreichenden soziologischen Phänomen, wurden Wilde und mit ihm Alfred Taylor, der aus Anklagesicht die »geschäftliche« Verantwortung repräsentieren sollte, an den Pranger gestellt. Daß in den beiden Prozessen Oscars Verfahren mit dem gegen Taylor unauflösbar – und für die Geschworenen undurchschaubar – verquickt wurde, erwies sich als besonders verhängnisvoll für Wildes Position, den Fortgang der Verhandlung und das Ausmaß der am Ende verhängten Sanktionen. Der Richter sparte nicht mit deutlichen Worten, beklagte es zutiefst, dieses »verabscheuungswürdige« Verbrechen nicht mit noch schwereren Maßnahmen ahnden zu dürfen. Für ihn sei es das »widerwärtigste« Gerichtsverfahren gewesen, dem er je vorgesessen habe, und folgerichtig sprach er sich bei beiden Angeklagten für die Höchststrafe aus: zwei Jahre Zuchthaus mit Zwangsarbeit.

Die Prozeßlawine war mit voller Wucht über den ursprünglichen »Ankläger« Wilde hereingebrochen, doch er hatte sie selbst durch mangelnde Vorsicht ausgelöst; das Echo seiner fortgesetzten Provokationen verbrauchte den Bonus des gefeierten Autors schnell und setzte alsbald eine Hexenjagd ungeahnten Ausmaßes frei. Presse und Publikum konnten sich ausgiebig an *der* Sensation dieses Frühjahres weiden: dem schier aussichtslosen Kampf des mondänen Ästheten mit der Nelke im Knopfloch, dessen Exzentritäten vielen ehrbaren Bürgern schon seit Jahren über die Hutschnur gegangen waren, gegen den zwar umstrittenen, cholerischen Adligen aus edlem Geblüt, der allerdings mit einem untadeligen Anliegen aufwarten konnte – seinen Sprößling vor den physischen Übergriffen eines Knabenschänders zu beschützen. Durch seine konsequente Unnachgiebigkeit waren doch der Strichjungenring um Taylor und dessen schmutzige Praktiken überhaupt erst ruchbar geworden und schließlich aufgeflogen.

In den Augen derjenigen, die dem irischen Emporkömmling Wilde seinen kometenhaften Aufstieg als Dramatiker neideten, war Queensberrys Sieg im Kampf um Bosies vermeintliche Unschuld ohnehin eine innere Genugtuung. Was war von einem nur in Künstlerkreisen angesehenen, ansonsten fragwürdigen Schriftsteller an Schändlichkeiten noch zu erwarten, der sich mit gemeinen Straßenjungen abgab und sich anderntags seinem jungen Upper-Class-Freund gegenüber zu gefühlvollen Depeschen wie dem folgenden, vor Gericht verlesenen Liebesschwur hinreißen ließ: »... es ist ein Wunder, daß diese roten Rosenlippen so geschaffen sind für den Wohlklang des Lieds wie für die Raserei der Küsse«[1]? Queensberry wußte von Anfang an die Spötter und Tugendwächter, die die Gefühle seines Sohnes und diejenigen Wildes in den Dreck zerrten, auf seiner Seite – gerade deshalb, weil er wie der Dichter, wenn auch aus ganz anderen Beweggründen, die bigotten Verhaltensmuster seiner Landsleute durchschaut hatte. Die mangelnde Durchlässigkeit des britischen Klassensystems stützte ihn zusätzlich.

In Frankreich hingegen verfolgten die Kolumnisten den stürmischen Verlauf der Ereignisse vor dem Old Bailey mit stirnrunzelndem Interesse, konnten aber die zunehmende Verbissenheit der britischen Pressekommentatoren und die Ausfälle der unterschiedlichen Parteigänger nur noch in Ansätzen nachvollziehen. Wilde hätte es eigentlich besser wissen müssen, denn erst vor Jahresfrist hatte er seiner Bühnenfigur Mrs. Cheveley, der so intriganten wie raffinierten Giftschlange aus *An Ideal Husband*, ein treffendes Statement in den Mund gelegt, mit dem sie die heuchlerischen Ausflüchte ihres Gegenspielers, Sir Robert Chiltern, der einiges mehr auf dem Kerbholz hat, als es sein gesellschaftlicher Status eigentlich erlaubt, ad absurdum führt. Mit infamer Hellsicht hält sie der Infamie des vorgeblich lauteren Würdenträgers die Spielregeln gesellschaftlich programmierten Abstiegs entgegen. Ihren Auslassungen lauschten allabendlich hingerissen die Wilde-Fans im ausverkauften Parkett des St. James's Theater –

MRS. CHEVELEY: »Was dann geschieht? Sie sind ruiniert, weiter nichts! Bedenken Sie, wie weit ihr es mit eurem Puritanismus in England gebracht habt. Heutzutage, seit die bürgerliche Moral zu einer Manie geworden ist, muß jeder als ein Ausbund von Reinheit, Unbestechlichkeit posieren. Was ist das Ergebnis? Alle purzelt ihr wie die Kegel – einer nach dem anderen. In England vergeht kein Jahr, ohne daß jemand von der Bildfläche verschwindet. Früher einmal hat ein Skandal den Betroffenen charmant oder zumindest interessant gemacht. Heute richtet er ihn zugrunde. Und der Skandal, der Ihnen droht, ist sehr häßlich. Sie würden ihn nicht überleben. ... Man wird Sie aus dem öffentlichen Leben davonjagen, Sie werden spurlos verschwinden. [Ihre] glänzende Stellung macht Sie so verwundbar. Früher oder später müssen wir alle das bezahlen, was wir getan haben. Jetzt sind *Sie* an der Reihe. ... Sie kennen die englische Presse. Denken Sie daran, mit welch widerwärtigem Jubel, mit welchem Vergnügen man Sie von Ihrem Sockel stürzen und durch den Dreck ziehen würde! Sehen Sie nicht den Heuchler mit seinem schmierigen Lächeln vor sich, wie er seinen Leitartikel schreibt und die niederträchtigen Schlagzeilen für den Aushang arrangiert?«

– Sätze unheilvoller Prophetie, wenn man sie auf ihren Verfasser anlegt, der sich derzeit vor Gericht zu verantworten hatte.

Der komplexe Ablauf der drei Verfahren, die spitzfindigen Kreuzverhöre Wildes, der mit flapsigen, aber unangebrachten Kommentaren anfangs noch die Lacher auf seiner Seite hatte, durch seinen ehemaligen Kommilitonen, den geschickten Staatsanwalt Edward Carson, ist in der Vergangenheit schon so häufig beschrieben, dramatisiert, ausgemalt und immer wieder neu erzählt worden, daß sich bereits eine ganz spezifische Literatursparte, die Chronik der Wilde-Prozesse, hat herausbilden können. Vom Wortwechsel zwischen Wilde und seinen Anklägern, zwischen dem Märtyrer und den öffentlichen Moralhütern, existieren inzwischen so viele Varianten, daß man den Eindruck gewinnen kann, hier werde ein Neues Testament als *work in project* erstellt, das mit jeder weiteren Lesart anders interpretiert werden kann.

Die Frage »Was ist Wahrheit?« zieht sich unterschwellig durch das Auf und Ab der scharfen Wortgefechte, und bei Oscars feinsinnigen, ihm in der Sache aber schädlichen Bemerkungen beschleicht den Leser bei wiederholter Lektüre tatsächlich der Eindruck, hier sei jemand keineswegs bestrebt gewesen, seinen Kopf aus der immer enger werdenden Schlinge zu ziehen, sondern im Gegenteil bestrebt, möglichst viele zitierfähige, die Selbstdarstellung fördernde Widerreden zu plazieren. Wildes leidenschaftliches Plädoyer in Sachen Homosexualität, einer Rede pro domo für eine Form von »Liebe, die ihren Namen nicht zu sagen wagt«, nicht einmal nennen darf, bleibt freilich unvergeßlich. Hier brach er mit bewundernswerter Courage eine Lanze in eigener Sache, und es bewahrheitete sich die von Jean-Paul Sartre stammende Feststellung, Wilde sei im Grunde nicht für seine, sondern für die Homosexualität der anderen, der schweigenden Mehrheit, verurteilt worden. Diese Gruppierung war es vor allen anderen, die ihm in den Rücken fiel und dem Urteil erst seine zum Himmel schreiende Doppelzüngigkeit verlieh.

Eine Analogie zwischen seinen Kreuzverhören und den Befragungen Christi durch Pilatus herzustellen, wie sie die Heilsgeschichte in all ihren Textvarianten bereithält, hätte Wilde sicher behagt: Von jeher hatte er die Transposition biblischer Gleichnisse geliebt, einen Zusammenhang zwischen dem irdischen Schicksal des Heilands und dem Los des modernen Künstlers hergestellt. Tatsächlich wusch hier die eine Seite ihre Hände »in Unschuld«, reklamierte die andere zwischenmenschliche Realitäten, die der »gesunde Menschenverstand« kurzerhand für unerwünscht und damit inexistent erklärte. Immer dann, wenn Carson und die ihm nachfolgenden Anklagevertreter sich aufs Glatteis der Literaturexegese begaben, zweideutige Stellen aus *Dorian Gray*, dem Shakespeare-Essay um W. H. und vermeintlich anstößige Gedichte aus »The Spirit Lamp« zitierten, zogen sie den kürzeren: In dieser Domäne war Wilde ihnen haushoch überlegen. Doch verkannte er, daß es schon lange nicht mehr darum ging, welche von beiden Parteien die meisten Lacher und Zwischenrufe erntete, wessen Schlagfertigkeit im vollbesetzten Gerichtssaal ein allgemeines Raunen der Bewunderung hervorrief. Kein Punktsieg war gefragt, es galt, eine Katastrophe abzuwenden. Wenn er bei Fangfragen nach Küssen und Umarmungen, die darauf abzielten, seine homoerotische Veranlagung nachzuweisen, anfing, sich in kapriziösen Geschmacksurteilen zu ergehen, dem Aussehen des einen Jünglings den Vorzug vor der stattlichen Erscheinung eines anderen zu geben, manövrierte er sich damit ins Aus, tänzelte mit sträflichem Leichtsinn in Fallen. Dabei war es für ihn schmerzlich zuzuhören, wie Treueschwüre und poetische Ergüsse, die einzig für Liebhaber bestimmt waren, im Gerichtssaal laut verlesen wurden, wobei die ungeübten Rezitanten sich keinerlei Mühe gaben zu verbergen, wie angewidert sie von solch »unnatürlichem« Gedankengut waren. Dessenungeachtet handelte es sich selbstverständlich ohnehin um eine absurde und auch unfaire Prozedur, aus dem Zusammenhang gerissene Lyrikfetzen und Romanpassagen als Beweisstücke in einem Sittenprozeß heranzuziehen.

Selbst Bosies Gedicht *Two Loves* mit seiner sprichwörtlich gewordenen Definition der Liebe zwischen Männern kam zu Gehör:

> ›I am True Love, I fill
> the hearts of boys and girls with mutual flame.‹
> Then sighing said the other, ›Have thy will,
> I am the love that dare not speak its name.‹[2]

Oscar und Bosie

Douglas und Wilde zeigten gewiß Mut, ihre homosexuelle Identität gegen den Zeitgeist aufrechtzuerhalten, künftigen Leidensgenossen als Vorbild voranzugehen und dem Unaussprechlichen eine vernehmliche Stimme zu leihen. Beiden eröffneten sich jedoch ganz unvergleichbare Konsequenzen: Lord Alfred stand jederzeit ein Notausgang zur Verfügung; er konnte, ohne weiter belangt zu werden, weiterhin seine Gedichte auf Capri, an der Riviera oder in Paris zu Papier bringen. Seinen gewohnt hohen Lebensstandard mußte er deswegen noch lange nicht aufgeben.

Zum Ende des dritten Prozesses hin ließ sich aus Wildes immer weniger überzeugenden, zunehmend einsilbigeren Antworten ablesen, daß ihm sein Kreuzgang deutlich vor Augen stand und er bereit war, die Buße auf sich zu nehmen. Von resignierter Dickköpfigkeit getrieben, verstummte er zusehends. Im Duell der Fragen und Antworten sah er sich in die Enge getrieben, Wilde stand mit dem Rücken zur Wand. Und als alles gesagt und eingestanden war, war ihm jegliche Rückzugsmöglichkeit verwehrt.

Wie sehr er sich noch Mitte März 1895 – zur Zeit seiner Anklage gegen den Marquess – in trügerischer Sicherheit wog, beweist sein angesichts der verfahrenen Lage wahrlich unpassender Blitzbesuch in den Kasinos Südfrankreichs. Man mag es kaum glauben, seine Karriere stand auf dem Spiel, und er leistete einer weiteren törichten Laune Bosies Folge. In seiner Abrechnungsschrift *De Profundis* erkannte Wilde seinen folgenschweren Irrtum und erhob heftige Vorwürfe gegen Douglas:

»Sobald der Haftbefehl [gegen Queensberry] ausgestellt war, lenkte Dein Wille selbstverständlich alles Weitere. Während ich mich in London um kundigen Rat bemühen und in Ruhe die gemeine Falle hätte studieren sollen, in der ich mich hatte fangen lassen ..., mußte ich unbedingt mit Dir nach Monte Carlo fahren, ausgerechnet an diesen abstoßendsten aller Orte auf Gottes weiter Welt, damit Du Tag und Nacht ... am Spieltisch sitzen konntest. ... Du warst nicht dazu zu bewegen, auch nur fünf Minuten lang mit mir die Lage zu beraten, in die Ihr, Du und Dein Vater, mich gebracht hattet. Ich hatte lediglich Deine Hotelrechnung und Deine Spielschulden zu bezahlen. Die kleinste Anspielung auf die Feuerprobe, die mir bevorstand, ödete

Dich an, eine neue Champagnermarke, die uns empfohlen wurde, interessierte Dich mehr.

Als wir nach London zurückkehrten, beschworen mich Freunde, die wirklich um mein Wohl besorgt waren, ich solle ins Ausland gehen, mich nicht auf einen unmöglichen Prozeß einlassen. Weil Sie mir diesen Rat gaben, unterstelltest Du ihnen niedrige Motive, und mich nanntest Du feige, weil ich ihn anhörte. Du zwangst mich zu bleiben und die Sache mit allen Mitteln durchzufechten, wenn möglich im Zeugenstand unter Leistung von absurden und dummen Meineiden.«

Hätte Wilde seinem Verteidiger, Charles O. Humphreys, wenigstens von Beginn an reinen Wein eingeschenkt, so wäre seinen Rechtsberatern klar geworden, daß gar keine Aussicht auf Erfolg bestand. Doch indem er und Bosie vorgaben, »unschuldig« zu sein, sich keinerlei homosexuellen »Verfehlungen« hingegeben zu haben, machten sie die Strategien Humphreys, der in gutem Glauben agierte, zunichte und ließen alle Argumente der Verteidigung ins Leere laufen. Selbst Wildes Freund Frank Harris mußte, zu einem viel späteren Zeitpunkt des Prozeßverlaufs, expressis verbis darauf hingewiesen werden, daß die Anklage Oscar eben doch zu Recht als Knabenfreund verdächtigte – so sehr war Harris durch Douglas' Beteuerungen vom Gegenteil überzeugt gewesen. Der Fairneß halber soll nicht verschwiegen werden, daß Wilde zwischen den drei Verfahren durchaus die Gelegenheit gegeben wurde, sich stillschweigend nach Frankreich abzusetzen. Mit einem für Eingeweihte zu entschlüsselnden Wink ließ man mehrfach einige Stunden verstreichen, bevor eine erneute Verhaftung erfolgte, bevor Wilde wiederholt ins Untersuchungsgefängnis abgeführt wurde. Vielen Anklägern, auch auf Seiten der Krone, bereitete die Vorstellung einige Pein, Wilde, immerhin einen der wichtigsten zeitgenössischen Dichter des Landes, mir nichts, dir nichts zu Zwangsarbeit abkommandieren zu müssen.

Oscar blieb. Eine Wahrsagerin, Mrs. Robinson, hatte ihm Ende März noch einen erfolgreichen Prozeßausgang prophezeit. So schien ein befreiendes Aufwachen aus dem Queensberry-Alptraum nur noch eine Frage der Zeit zu sein. Eine unehrenhafte Flucht wäre schlimmer als ein Eingeständnis gewesen. Speranza konnte stolz auf ihn sein. Ross, Turner, Harris und Adey, die als einzige seiner Freunde noch zu ihm hielten und sich nach Dieppe und Rouen absetzen mußten, boten alle Kraft auf, ihn zum Einsteigen in den letzten Zug zu überreden, der spätabends noch auf die britische Kanalküste zusteuerte – vergebens. Noch bekam er sporadischen Besuch von Bosie, der dann aber auf dem Festland Unterschlupf fand. Am 7. Mai, am Ende des verlorenen zweiten und wenige Tage vor Beginn des dritten Verfahrens, als er kurzzeitig auf freiem Fuß war, mußte Wilde erfahren, wie schlimm es um seine Reputation stand. Kein Londoner Hotel wollte ihn mehr aufnehmen. Dem Unerwünschten blieb nichts weiteres übrig, als eine bittere Pille zu schlucken und mitten in der Nacht bei seinem Bruder Willie in der Oakley Street anzuklopfen, wo er mehr geduldet als empfangen wurde und auf einer Couch zu nächtigen gezwungen war.

Dennoch erfuhr er nicht nur Ablehnung. William Butler Yeats bewunderte Oscar Wildes Standhaftigkeit, die er mit dem Mut eines Heiligen verglich. Und er wollte ihm einen Stapel Briefe überbringen, Sympathiebezeugungen von Gleichgesinnten und Verehrern – Zuspruch, den Wilde jetzt, kurz vor der völligen Isolation, mehr denn je gebrauchen konnte. Yeats notierte anerkennend: »Eine Yacht und eine bedeutende Geldsumme waren Wilde zur Verfügung gestellt und alles Menschenmögliche für eine Flucht arrangiert worden, aber er weigerte sich, zu gehen. Er sagt, er wolle es ausstehen, dem Schlimmsten ins Gesicht blicken und, ganz egal, wie die Sache ausgehe, seinen Prinzipien treu bleiben.«[3] Womöglich dachte Oscar in diesen schweren Stunden an eine Episode vor Bosies Kairo-Aufenthalt zurück, als eine halbherzige Versöhnung in Paris nicht den gewünschten Effekt erzielt, sondern ihm nur seine schon damals fortgeschrittene Demütigung vor Augen geführt hatte. Und auch bei dieser Reminiszenz – ein weiterer seiner persönlichen Anklagepunkte gegen Douglas aus *De Profundis* – ist Wildes Erinnerungsvermögen nicht frei von Hybris:

»Ich weiß noch, wie ich an jenem Nachmittag im Zug nach Paris eilte und darüber nachdachte, wie unmöglich, wie schrecklich, wie völlig verfahren mein Leben sein mußte, wenn ich, ein Mann von weltweiter Berühmtheit [sic!], buchstäblich zur Flucht aus England gezwungen war, um von einer Freundschaft loszukommen, die in mir alles geistig und sittlich Gute zerstörte: Dabei floh ich nicht vor einem Fabelwesen, das aus Schlamm und Unrat in unsere moderne Welt gestiegen war und in dessen Fängen ich mich verstrickt hatte, sondern vor Dir, einem jungen Mann meiner eigenen Gesellschaftsschicht [sic!], der wie ich in Oxford studiert hatte und ständiger Gast in meinem Hause gewesen war.«

Als er wider Erwarten im Lande blieb, erhob die Krone nur einen Tag darauf Anklage gegen ihn und Taylor. Täglich stattete ihm Bosie Besuche in der Untersuchungshaft ab. Am 24. April erwirkte Queensberry den Zwangsverkauf von Wildes Gütern und apostrophierte seinen Erzfeind in einem Interview mit dem Tageblatt »Star« als einen kranken, sexuell durch und durch »Perversen«. Zwei Tage später nahm das erste Verfahren gegen Taylor und Wilde seinen Lauf, in dem fünfundzwanzig sittliche Verstöße aus den Jahren 1892/93 Gegenstand der Zeugenbefragung waren. Keinen Geringeren als den Generalstaatsanwalt Sir Frank Lockwood hatte die staatliche Justiz mit der Wahrnehmung ihrer Interessen betraut; es handelte sich mittlerweile zweifellos um eine Affäre von nationaler Bedeutung.

Am 29. April teilte der Untersuchungshäftling Wilde Douglas in einem ergreifenden Brief mit: »Unsere Liebe war immer schön und edel, und wenn ich das Opfer einer schrecklichen Tragödie wurde, so deshalb, weil niemand die Natur dieser Liebe verstand.«[4] Eine Verschwörungsklage wurde fallengelassen, am 1. Mai gab der Vorsitzende Richter der Jury vier Fragen zur Beantwortung auf. Die Geschworenen konnten sich aber bei keiner einzigen zu einem einstimmigen Urteil durchringen. Ein neuer Prozeß wurde anberaumt. Lord Alfreds Visiten blieben bald aus.

Im dritten Verfahren, das vom 20. bis zum 25. Mai andauerte, wurde immerhin die Frage aufgeworfen, warum nicht auch Bosie vorgeladen worden sei. Taylors Fall wurde diesmal vorrangig behandelt, doch das Strafmaß beiden Angeklagten am letzten Verhandlungstag gemeinsam verkündet. Bei ihrem Schuldspruch fand die Jury diesmal zu einem einmütigen Urteil, der Richter ließ sich zu harten Worten hinreißen. Daß Queensberry mit Drohgebärden auf die Justiz eingewirkt habe, im Falle eines Freispruchs für Wilde oder eines eventuellen Anklageverzichts den Spieß schonungslos umzudrehen und mit Einzelheiten aus der verhängnisvollen Liaison zwischen Rosebery und Drumlanrig an die Öffentlichkeit zu treten, sind müßige Spekulationen. Der Vorhang hatte sich geschlossen, Wilde fand sich von seiner vertrauten Bühne abgetrennt. Menschlich, materiell und als Künstler war er ruiniert. Es war ausgestanden.

Irrig wäre es, das ganze Ausmaß dieser öffentlichen Hinrichtung einseitig dem viktorianischen Zeitgeist oder ausschließlich der damaligen Rechtsprechung anzulasten. Auch nach heutigen Maßstäben ist und bleibt ausgelebte Homosexualität in vielen Staaten ein krimineller Strafbestand, der mit Gefängnisstrafen und Schlimmerem geahndet werden kann; was den Umgang mit männlichen Minderjährigen betrifft, so hat die Thatcher-Administration etwa, am Ende des zwanzigsten Jahrhunderts, noch strafverschärfende Maßnahmen eingeführt, deren Gültigkeit bis heute unangetastet geblieben ist. Die britische Königin Elizabeth II. hat es erst kürzlich strikt abgelehnt, Oscar Wilde öffentlich zu rehabilitieren.[5]

Wenn es um wirklich konkrete rechtliche Fortschritte geht und sichtbare Verbesserungen eingefordert werden, ist es, ungeachtet gegenteilig formulierter Sonntagsreden, um politisch »korrekte« Toleranz schlecht bestellt. Und die allgegenwärtige Machtposition der Massenmedien hat das Herumschnüffeln in den Laken Prominenter im letzten Jahrhundertdrittel stark begünstigt und zu perfider Perfektion gebracht.[6] Wer als Figur im öffentlichen Rampenlicht steht und dennoch im guten Glauben meint, in seiner Privatsphäre nichts zu verbergen zu haben, muß über starke Nerven verfügen.

Drei Monate hatten genügt, um auch Constances Lebensglück wie ein Kartenhaus zusammenstürzen zu lassen. Für sie und die Kinder schien ein längerer Auslandsaufenthalt dringend angeraten. Dem fortdauernden Medienrummel waren sie nicht länger gewachsen. Zunächst faßte Constance die Schweiz ins Auge, wohin sie sich mit Cyril, Vyvyan und ihrem Bruder Otho zurückzog. Auf den Fluren vor dem Gerichtssaal, auf den Straßen vor dem

Justizgebäude und in den wetterwendischen Kolumnen der auflagenstarken Gazetten ließ derweil die Meute ihrer Schadenfreude freien Lauf. Ihr Fanatismus entsprang der Überzeugung, hier sei ein Musterprozeß durchgefochten worden. In »News of the World« frohlockte man am 26. Mai nach der abschließenden Urteilsverkündung, daß der Ästhetizismus in seiner garstigen Ausprägung nun endgültig begraben sei. Der Pressejubel war einhellig, man hatte es dem ungekrönten König der mondänen Londoner Zirkel ein- für allemal gezeigt. Die Leitartikler priesen frische Morgenluft, die nach Wildes Verbannung hinter Gitter in London zu spüren sei. Und es fanden sich nur sehr wenige Kritiker und Zeitzeugen, die nicht in das staatlich verordnete »Kreuzige ihn!« der Geschworenen und Prozeßberichterstatter einfielen. Nur einer von ihnen, Robert Ross, hatte die Größe besessen, am Ende eines Verfahrenstages den Hut vor dem Verlierer zu ziehen, auf den Schirmstockschläge, Spucksalven und wüste Beschimpfungen niedergingen. Außerdem hatte er es fertiggebracht, kostbare Dokumente und Skizzen Wildes in letzter Minute vor dem Eintreffen der Konkursverwalter zu retten.

Im Umkreis seiner Freunde trennte sich in diesem Frühjahr 1895 deutlich die Spreu vom Weizen. Zu den wenigen echten Gefolgsleuten innerhalb der einst so großen Schar seiner Jünger zählte Ada Leverson, eine scharfsinnige, intellektuelle Jüdin, die Wilde liebevoll als seine »Sphinx« bezeichnete. Mit ihrem Pendant, der Sphinx aus seinem Pariser Gedicht, hatte sie wenig gemein. Im Gegenteil – wo jene sich störrisch zeigte, bewies diese Größe. Adas animierender Gesellschaft verdankte Wilde geistreiche Stunden und konzeptionellen Rat beim Abfassen seiner Dramen. Ihr Ehemann Ernest, dessen Vornamen Oscar zur Titelgebung für sein neuestes Theaterstück *(… Earnest)* beeinflußt haben mochte, erwies sich, als es hart auf hart kam, als Gönner; er lieh Wilde noch im Vorfeld der Prozesse beträchtliche Geldsummen. Und als die Wohnsituation bei Willie Wilde unerträglich wurde, standen dem Entehrten bei den Leversons die Türen wie selbstverständlich offen. Die Tage bohrender Ungewißheit zwischen dem zweiten und dritten Verfahren verbrachten die »Sphinx« und ihr Gast, dessen Anwesenheit in ihrem Domizil dem Ehepaar ein gerüttelt Maß an Standfestigkeit und Charakterstärke abverlangte, auf ausdrücklichen Wunsch Oscars mit Geschmacksfragen, Absinthphilosophie und heiteren Plaudereien, um ihn wenigstens minutenweise von seinen Sorgen zu entlasten.

Für Bosie brachte Ada Leverson, wie die meisten von Wildes solidarischen Bekannten, nur sehr wenig Mitleid oder Nachsicht auf – dies war stets ein wunder Punkt in den ansonsten störungsfreien, den Geächteten so entspannenden Gesprächen, und die »Sphinx« war bedacht darauf, das heikle Sujet, so elegant es nur ging, zu umschiffen. Es fiel ihr jedoch relativ leicht, Oscar zum Lachen zu bringen, denn schon seit mehreren Jahren hatte sie sich auf parodistische Verballhornungen seiner Veröffentlichungen spezialisiert und sie regelmäßig in der Satirezeitschrift »Punch« herausgebracht – das Blatt schien zeitweise ausschließlich aus Wilde-Karikaturen zu bestehen. Sie zeugten von größter Sprachsensibilität sowie einem Humor auf Wildes Wellenlänge.[7] Wenn Adas Parodien meist auch anonym erschienen, Wilde fand sie durchweg »charming« und ließ ihr stets schmeichelhafte Telegramme nach deren Publikation zukommen. Denn schließlich schmeichelte die prompte Auseinandersetzung mit seinen jüngsten Zeugnissen – die Leverson nahm selbst Wildes Syntax, Wortwahl und Dialogtechniken aufs Korn – auch seinem Ego.

»Werden Sie mir schreiben, wenn es zum Allerschlimmsten kommen sollte?« – im Angesicht der bevorstehenden, zweijährigen Haftstrafe erschien ihm die Aussicht, regelmäßig mit seiner »Sphinx« zu korrespondieren, als der einzige Lichtblick. Noch wußte er nicht, wie selten er Post empfangen durfte, wie streng seine eigene Briefproduktion reguliert werden sollte.

Ende Mai 1895, der abgeurteilte Sittenverbrecher saß bereits im Holloway Prison ein, tanzten die Huren auf den Straßen Londons. Für die Freudenmädchen war es ein ausgelassener Tag, denn die Strichjungen würden von nun einen schwereren Stand haben und Wildes »Artgenossen« ihr Heil in der Fremde suchen. Am Wochenende nach der Urteilsverkündung im Strafprozeß Taylor/Wilde sollen in der Tat nicht weniger als sechshundert Gentlemen fluchtartig den Kanal überquert haben, das Zehnfache des üblichen erotischen Grenzverkehrs. Manche von ihnen hatten die Fähren gleich mitsamt Gepäck bestiegen, in England fürchteten sie um ihre Haut. Sie alle kannten nur ein Ziel: Paris.

Der Name der französischen Hauptstadt war damals in aller Munde. »Weshalb haben Sie mir aus Paris kein Gift mitgebracht?« herrschte Wilde auf Willies improvisiertem Lager den Frankreichtouristen Robert Sherard an, er versprach sich Linderung von seinen Qualen – umsonst. Schon vor Ort in Sicherheit, wandte sich Bosie als Trostspender an seinen entfernten Geliebten, der ihm zuliebe soviel Schmach auf sich genommen hatte: »Alles hier [in Paris] erscheint mir so grauenhaft ohne Dich; ich hoffe, Du kommst nächste Woche zu mir. Sei guten Mutes, mein teuerster Liebling, ich denke unentwegt an Dich.« Fromme Wünsche, die viel zu spät geäußert wurden. Und Generalstaatsanwalt Lockwood, dem mitten im Prozeßverlauf, als ein wichtiger Zeuge die Aussage verweigerte, die Felle davonzuschwimmen schienen, glaubte die Chancen der Anklage schon verloren, und er gratulierte Wildes zweitem Verteidiger Edward Clarke etwas voreilig: »Bald können Sie Ihren Mandanten in Paris zum Essen ausführen« – auf dies festliche Souper warten Oscar und Clarke heute noch.[8]

Das Frankreich der späten Neunziger kannte damals aber ganz andere Sorgen, die politische Klasse und die Mehrzahl der Intellektuellen steckten bis zum Hals in der Dreyfus-Affäre – in einem Skandal, der die gesamte Nation erregte und dessen Höhepunkte (Pressedebatte, Verurteilung, Verbannung) zuweilen bis auf den Tag genau mit Wildes dramatischem Abstieg zeitlich zusammenfielen. Die Übereinstimmungen in beiden Verfahren sind frappierend; Wilde sollte noch seine Doppelrolle spielen, als er 1898 mit dem Spion Ferdinand Esterházy, der Schlüsselfigur, in Versailles zusammentraf.

»And I? May I say nothing, my Lord?« Ungläubig hatte Oscar Wilde zur Kenntnis nehmen müssen, daß ihm ein persönliches Schlußwort nach der bösartigen Strafpredigt des Richters verwehrt wurde, mit dem er, wenn auch nur in seiner Eigenschaft als Dichter, Boden wettzumachen gedachte. Mit einer unmerklichen Handbewegung hatte ihn der perückenbekränzte Vorsitzende zum Verstummen gebracht. Eine Antwort bekam Wilde nicht. Auf ihn wartete der Kerker. Von jetzt an blieb ihm nur, von Bosie zu träumen: »Ich strecke meine Hände nach Dir aus. Oh! Möchte ich es erleben, wieder Dein Haar und Deine Hände zu berühren.«[9]

C.3.3.

∽∼∾

> Ich bin ein Vagabund.
> Dieses Jahrhundert hat zwei Vagabunden aufzuweisen,
> Paul Verlaine und mich.

Die vierundzwanzig Monate, die Oscar Wilde in den Strafanstalten von Holloway, Pentonville, Wandsworth und Reading verbüßte, machten aus ihm einen vollkommen anderen Menschen – körperlich geschwächt, verbittert. Was die mehrjährige Kerkerhaft auf der Teufelsinsel für den unschuldig nach Guayana entsandten Capitaine Dreyfus bedeutete, waren für Oscar die freudlosen Tage und Wochen in seiner winzigen Gefängniszelle. Nie zuvor hatte er, dem die ganze Welt als Bühne diente, der sich bisher schlimmstenfalls mit den Entfaltungsmöglichkeiten einer großzügigen Hotelsuite zu bescheiden hatte, mit so wenig Spielraum auskommen müssen.

Besonders düster war das erste Halbjahr. Nur alle Vierteljahre durfte er einen Brief empfangen oder schreiben, Besuche wurden lediglich in Ausnahmefällen gestattet: Sie waren auf kürzeste Zeitspannen begrenzt, mußten vorher angemeldet und konnten im letzten Moment abschlägig beschieden werden. Matratzen gab es keine, er hatte sich mit einer harten Holzpritsche und einem dünnen Laken zu begnügen. Permanente Schlaflosigkeit, Kälte, Feuchtigkeit und Unterernährung – das kärgliche Essen war ungenießbar und führte zu Verdauungsstörungen –, Mangel an Tageslicht und Sauerstoff: Binnen kurzem war Wilde ernsthaft erkrankt, litt monatelang an Diarrhöe. Gelangte er aufgrund seiner fortgesetzten Beschwerden einmal bis in die Krankenstation, so wurde er dort als Simulant verhöhnt und kaum behandelt. In einem vertraulichen Schreiben äußerte der Gefängnisgeistliche gegenüber der Direktion allerdings die Befürchtung, daß Wilde, aufgrund seiner verfeinerten Lebensführung zu zartbesaitet für den rauhen Kerkeralltag und von relativ schwacher Konstitution, die zwei Jahre kaum überleben, mindestens aber beträchtlichen

Schaden an Leib und Seele nehmen werde. Leute aus seiner Gesellschaftsschicht gingen in diesen spätviktorianischen Verliesen, Monumenten zivilisierter Unmenschlichkeit, notgedrungen vor die Hunde.

Im regelmäßigen Gesundheitsrapport beschönigte man seine Verfassung, intern mokierte man sich, der Häftling Wilde verfiele der Masturbation. Von den pikanten Einzelheiten der Prozesse schon auf ungewöhnliche Vorgänge in seinem Privatleben eingestimmt, war auch das Gefängnispersonal auf indiskrete Indizien neugierig, über die sich außerhalb der Mauern trefflich munkeln ließ. Neben seinem stinkenden Fäkalienkübel und beim ununterbrochenen Brennen einer Glühbirne, das zu Sehstörungen führte, fristete er sein Dasein. Ab und zu blätterte er desinteressiert ein frommes Traktätchen, das der Seelsorger in seiner Zelle zurückgelassen hatte, durch. Wilde verachtete die Visiten des Pfarrers und dessen erbauliche Sprüche zutiefst. Ihn verlangte es nach substantiellerer Lektüre, nach geistiger Nahrung. Seine Kraftreserven waren freilich rasch aufgebraucht. Bis zu sechsstündige Märsche in der Tretmühle, stumpfsinniges Wergzupfen und das Nähen von Postsäcken als Beschäftigungstherapie brachten ihn mehr als einmal an den Rand des physischen Zusammenbruchs. Er verlor erheblich an Gewicht, seine Züge fielen ein, das ondulierte Haar wurde auf Millimeterlänge zurechtgestutzt. Einmal schlug er der Länge nach auf den dreckigen Steinboden und zog sich dabei eine schwere Ohrvereiterung zu, die sich zu einem komplizierten Abszeß ausweitete. An den Folgen dieser Verletzung sollte er noch in seinen letzten Lebenstagen laborieren.

Ihren vorläufigen Höhepunkt fanden die Demütigungen, als er Ende November 1895 von der Strafanstalt Wandsworth nach Reading, in das dortige Gefängnis, überführt wurde und auf dem Bahnsteig von Clapham Junction ein veritables Spießrutenlaufen zu durchleiden hatte. Während der halbstündigen Wartezeit auf den Anschlußzug tobte sich eine johlende Menge an ihm aus. In Sekundenschnelle von den Zeitungslesern erkannt, mußte er ein unwürdiges Spektakel über sich ergehen lassen. Gefesselt mit Handschellen, unbeweglich und frierend, in der lächerlichen, derben Sträflingsuniform und dem albernen Käppchen, diente er den spuckenden Krakeelern als Zielscheibe. Die Erinnerung an diesen grausamen Moment verfolgte ihn als Trauma bis an sein Lebensende – wie auch das Eintauchen in eine Wanne mit Schmutzwasser bei seiner Einlieferung nach Pentonville, in die sich zuvor schon zahlreiche Verurteilte vor ihm hatten begeben müssen. Der radikale Verzicht auf alle Annehmlichkeiten waren für ihn, der im Luxus zu schwelgen beliebte, dem schon ein farblich unpassendes Detail auf einer gedeckten Tafel oder eine verfehlte Einrichtungsnuance in einer fremden Wohnung Migräneanfälle verursachen konnte, besonders schmerzlich. Mit erlesenen Weinen und Zigaretten, feudalen Gelagen, täglichen Friseurbesuchen und ausgesuchter Garderobe für jede Gelegenheit war es nun unwiderruflich vorbei.

Das sinnentleerte Herumtrotten in lichtarmen Innenhöfen, in denen weder Bäume noch Vögel auszumachen waren, konnte seine geliebten Stadtspaziergänge kaum ersetzen. Bei seinen Mitgefangenen, sämtlich rauhe Gesellen, überwog das Mitleid für ihn. Sie verstanden, daß es einen wie ihn außergewöhnlich hart traf. Was sie für sich verschmerzen konnten, die sie an Gefangenschaft gewöhnt waren und tatsächlich weit schlimmere Straftaten auf dem Kerbholz hatten, erschien ihnen für ein ästhetisches Geschöpf wie Wilde als völlig unakzeptabel. Solidarisch wisperten sie ihm Mut zu, bezeugten Respekt. Er war beeindruckt. Manchen darunter vergaß er ihre spontanen Regungen nie und ließ ihnen, als er selbst wieder in Freiheit war, kleinere Geldbeträge zukommen.

In Reading führte der Gefängnisleiter Colonel Isaacson ein strenges Regiment, er ließ keinerlei Ausnahmen zu. Isolationshaft, absolutes Sprechverbot und Dunkelzellen waren beliebte Maßnahmen, mit denen er aufmuckende Insassen züchtigte. Von Prügelstrafen hielt Isaacson mehr als von interpretationsbedürftigen Untersuchungen der Gesundheitsbehörde. Wilde war in Isaacsons Augen ein besonders unangenehmer Fall, da ständig Bevormundungen von Außenstehenden das autoritäre Reglement von Reading auszuhebeln drohten.

Anfangs, im Laufe des Jahres 1895, sickerten noch ein paar Details von dessen Behandlung in der Sensationspresse durch und sorgten in England für einiges Aufsehen – denn von den wahren Zuständen im britischen Strafvollzug, von Verwahrlosung und

Entbehrungen, vermochten sich nur die wenigsten unter den Staatsbeamten oder Parlamentariern eine wirkliche Vorstellung zu machen. Hugo von Hofmannsthal schrieb zehn Jahre später in seiner grandiosen Wilde-Hommage:

»Nun wissen sie alle, daß er in einer Art von Kaninchenstall saß und mit den feinen, blutenden Fingern alte Schiffstaue zu Werg aufdrehen mußte. In aller Munde ist dies von dem fürchterlichen Bad, in das er steigen mußte, dem schmutzigen Wasser, in das die Sträflinge der Reihe nach steigen mußten, und Oscar Wilde als der letzte, weil er der letzte in der Reihe war. Oscar Wilde, sagte mit unbewegten Lippen einer hinter ihm, als sie im Gefängnishof auf- und niedergeführt wurden. Oscar Wilde, ich verstehe, daß Sie mehr leiden müssen als wir anderen alle. Auch diese Worte, die irgendein Sträfling, mit unbewegten Lippen und doch hörbar, in seinem Rücken flüsterte, sind heute sehr berühmt. Sie sind ein Detail einer Legende, die wundervoll ist, wie immer etwas Wundervolles entsteht, wenn das Leben sich die Mühe nimmt, ein Schicksal dichterisch zu behandeln.«[1]

Der Künstler als von Ignoranten verurteilter, vom Pöbel angespieener, mit der Dornenkrone bekränzter Außenseiter, dem sich nur noch Leidensgefährten und Kriminelle, nach denen man längst den ersten Stein geworfen hat, zuwenden – dieser in seinen Essays aufgestellten Analogie zwischen Christusfigur und dichterisch Schaffendem entsprach er nun selbst. Von einer verschworenen Gemeinschaft der Besserwisser und erhobenen moralischen Zeigefinger war er ans Kreuz geschlagen worden. Auch in *De Profundis* zog er mehrfach Parallelen zwischen Jesus auf dem Weg zur Kreuzigung und dem Poeten als Propheten, den man mit Gewalt aus seinem Elfenbeinturm gerissen und einer blutrünstigen Menge als Freiwild überantwortet hat. Im Namen des Volkes zu Apathie und Stumpfsinn verurteilt worden zu sein, empfand er als weit lasterhafter als die ihm zur Last gelegten Vergehen, und es bewahrheitete sich eine Einsicht aus dem Essay *The Soul of Man* ... (den man in einer Neuauflage bezeichnenderweise seines Untertitels ... *under Socialism* beraubt hatte), nach der man den größten Ekel nicht vor den Verbrechen, die die »Bösen«

begangen haben, empfinde, sondern vor den Strafen, die die »Guten« über sie zu verhängen sich anmaßen, mit denen über sie Gericht gehalten wird. Mitgefühl und Mitleid mit anderen beherrschten Wildes Gedanken in jenen einsamen Monaten.

So verspürte er Mitleid für seinen letzten Gefängniswärter Thomas Martin, der sich fürsorglich um seinen prominenten Häftling kümmerte und ungeachtet fataler Konsequenzen für sich selbst mehrfach die Hausordnung übertrat, indem er Wilde Tageszeitungen und Biskuits zusteckte. Auch mehrerer Straßenkinder, die wegen einer Lappalie dieselben fürchterlichen Haftbedingungen erleiden mußten wie die erwachsenen Straftäter, hatte sich Martin erbarmt und versucht, den verschreckten kleinen Gelegenheitsdieben mit Menschlichkeit zu begegnen. Denn alles, was man ihnen vorwarf, war, ein paar Kaninchenfallen aufgestellt zu haben, und die zu ihrer Freilassung nötige Kaution konnten weder die Hungerleider noch ihre Eltern aufbringen. Als der Wärter beim Einschmuggeln von Keksen und Zwieback entdeckt wurde, entließ man ihn prompt. Oscars Empörung war grenzenlos; gleich nach seiner Entlassung schrieb er zwei offene Briefe an den »Daily Chronicle« in dieser Angelegenheit, die Berühmtheit erlangten. In ihnen setzte er sich für humanere Haftbedingungen ein, schilderte den entwürdigenden Alltag innerhalb der Gefängnismauern, beklagte den brutalen Umgang mit Häftlingen im Grundschulalter und prangerte den Fall Martin an – es waren die ersten Schritte zu einer grundlegenden Reform, die einige Jahre später in die Wege geleitet werden sollte.

Wildes Mitleid galt ferner seinem Mitgefangenen A.2.11., einem jungen Mann namens Prince, der im Begriff war, angesichts fortgesetzter Folterungen dem Wahnsinn anheimzufallen. In seinen anklagenden Briefen forderte Oscar angesichts solch barbarischer Ausschreitungen die völlige Aufhebung eines »bornierten« Systems.

Martin und Wilde standen mit ihrer Anteilnahme jedoch allein. Ein weiterer Vorfall in Reading, der sich im zweiten Sommer von Oscars Gefängnisjahren ereignete, ließ sein Vorhaben, die Hafterfahrungen zu einem dichterischen Zeugnis zu verarbeiten, konkrete Gestalt annehmen: die Hinrichtung von Charles Thomas Wooldridge. Dieser Kavallerist, Mitglied der Königlichen Reiter-

Wildes Gefängniszelle C. 3. 3.

garde, der vorsätzlich einen Eifersuchtsmord begangen hatte, wurde am 7. Juli 1896 im Zuchthaus erhängt. Diesem für alle Mitgefangenen einschneidenden Erlebnis verdankt sich Entstehung und Widmungszeile von Wildes *Ballad of Reading Gaol*, seiner letzten Schöpfung nach der Entlassung. Daß Wooldridge seine junge Ehefrau mit Messerstichen grausam getötet hatte, daß die Menschheit den Messias, von rostigen Nägeln durchbohrt und verhöhnt, am Kreuz verbluten ließ, zwei so konträre Mordhandlungen führte der Verfasser der Ballade auf eine Grunderkenntnis, auf einander ähnelnde Beweggründe zurück: *Jeder tötet, was er liebt*. Ausschließliche Zuneigung konnte, so betrachtete er es jetzt, unter extremen Bedingungen in ihr völliges Gegenteil umschlagen. Ein weiteres Mal versuchte Wilde sich an Umdeutungen der Bibel: Sogar Judas' Verrat und Selbstmord wurden ihm begreiflicher. Hier wie dort bewahrheitete sich, daß jeder großen Liebe ein immenses mörderisches Potential innewohnt.

Nach über einem Jahr Haft drang in Wildes graues Einerlei von Reading ein Lichtstrahl, ein Hoffnungsschimmer, der zu einem künstlerischen Aufschwung Anlaß gab. Vermehrt durfte er sich Bücher, auch »richtige« Literatur, ausleihen und sie studieren, antike Autoren, Paters *Renaissance*-Studie und die *Pensées* von Blaise Pascal waren darunter. Der liberale Parlamentarier Viscount Richard Haldane, sein allererster Besucher in Pentonville, war indirekt der Vater dieser Initiative, denn er hatte von Anfang an darauf gedrungen, daß man Wilde, einem Autor, von dem er viel hielt, den nötigen Lesestoff nicht über Gebühr versagte. Haldanes ermutigender Zuspruch und seine unverhohlene Bewunderung für Oscars Qualitäten als Dichter hatten den desillusionierten Häftling in den ersten Wochen, als er sich von allen guten Geistern verlassen wähnte, gerührt. Haldane erhielt denn auch als einer der ersten ein Widmungsexemplar der *Ballad* in einem Päckchen, das ihm anonym übersandt wurde – von Wilde.

Interventionen von Haldane, Frank Harris und seitens des neuen Vorsitzenden der Gefängniskommission, Ruggles-Brise, bewirkten bald eine etwas bevorzugte Behandlung des Dichters. Und das Blatt wendete sich vollends für ihn zum Guten, als Major James Nelson den verhaßten Isaacson als Anstaltsleiter ablöste.

Nelson, laut Wilde ein Ausbund an Güte, Sanftmut, »Christlichkeit« und humanitärer Anteilnahme, war selbst Literaturenthusiast und sorgte dafür, daß Oscar umgehend Exemplare von Goethes *Faust*, Renans *Vie de Jésus*, Huysmans' *En route*, Stevensons *Schatzinsel* oder Thomas Hardys brandneuem Werk, *The Well-Beloved*, zugänglich gemacht wurden. Erstaunlich viele französische Bücher fanden sich auf seiner Liste. Auch die Bibel studierte Wilde in der Sprache Mallarmés und nicht, wie es für ihn nahegelegen hätte, auf englisch. Heißhungrig stürzte er sich auf den so lange entbehrten Lesestoff, beendete seine Diät des *food for thought*, und es gelang ihm schnell, wieder auf dem laufenden zu sein, was das intellektuelle Tagesgespräch in London und Paris anging – wenn auch die Auseinandersetzung mit Autoren früherer Jahrhunderte dominierte. Sträfling Nr. C. 3. 3. machte mit seiner Hauptbeschäftigung Lesen dem Namen seines unfreiwilligen Aufenthaltsortes, »Reading«, alle Ehre.

Als Nelson es ihm endlich auch erlaubte, Schreibzeug zu benutzen, war Wilde selig. Er erhielt ein Paar Bögen Papier, später sogar eine Kladde. Abends mußte er das Geschriebene bei Martin abliefern, tags darauf durfte er weitermachen. Pamphlete gegen den Gefängnisalltag durfte er hier freilich nicht zu Papier bringen. Aus Wildes privater Korrespondenz schnitt die Zensorschere Nelsons (wie schon im Falle seiner Vorgänger) so manche Passage heraus, die dem Ansehen der britischen Justiz hätte schaden können. Haldanes selbstlose Hartnäckigkeit, eine unorthodoxe, aber nachhaltige Förderung des begabten Dramatikers, und Nelsons Schreiberlaubnis waren großherzige und unkonventionelle Gesten, führten sie doch zur monatelangen Niederschrift von *De Profundis*.

Auch Besuche durfte Wilde nun vermehrt empfangen. Constance sah ihn insgesamt dreimal. Sein allererster Brief aus dem Gefängnis hatte ihr gegolten. Die arg gebeutelte Mutter seiner Söhne, die, finanziell ruiniert, ohne einen Lebensmittelpunkt dastand, mit der Unterstützung ihres Bruders Otho Lloyd Holland zwischen Italien, der Schweiz und Deutschland hin- und herpendelte, war davon so betroffen, daß sie sich zu einer Reise nach Wandsworth durchrang.

Das Zusammentreffen erschütterte sie. Ihr Mann war abgemagert, erschöpft und befand sich in einem desolaten psychischen

Zustand. Dennoch sprach er nur von ihr und den Kindern, schien Alfred Douglas und seinem früheren Halbweltdasein abgeschworen zu haben; er zeigte echte Reue. Constance Holland, wie sie sich nunmehr nannte, entschloß sich daraufhin, die bereits eingeleitete Scheidungsklage aufzugeben. Beide glaubten sie an ein Wiedersehen und die Chance einer Versöhnung nach dem Entlassungsmonat Mai 1897. Soweit es ihr möglich war, versuchte sie seine jahrelange Untreue, die Oscar jetzt zutiefst bedauerte, zu verzeihen. Auf seine ergreifenden Worte, den Vorsatz, sich zu bessern, sein Leben zu ändern, war sie nicht vorbereitet gewesen. Eine Maske der Härte und Unnachgiebigkeit, die ohnehin schlecht zu ihr paßte, fiel von ihr ab. Auf ihre Weise liebte sie ihn noch immer, trotz der Schande, die er ihr und sich zugefügt hatte.

Das zweite Mal erschien Constance im Februar 1896 in Reading. Diesmal kam sie mit sehr schlechten Nachrichten zu ihm, die persönlich zu überbringen sie eigens von Genua in die englische Winterkälte gereist war: Zwei Wochen zuvor war Lady Speranza gestorben, ohne ihren tapferen Sohn, nach dem sie auf ihrem Sterbebett umsonst verlangt hatte, noch einmal wiedergesehen zu haben. Der Verlust war ein weiterer Schicksalsschlag für Wilde, doch traf er ihn nicht ganz unvorbereitet, denn er hatte einen seiner Alpträume schon in diese Richtung zu deuten vermocht.

Es war nicht die einzige Todesbotschaft in seiner Haftzeit. Einen Monat früher hatte er vom Ableben seines Pariser Kollegen Paul Verlaine erfahren. Keine drei Jahre zuvor war er noch in dessen Begleitung bei einem glamourösen Empfang im Hause der Operndiva Emma Calvé erschienen. Wie immer hatte Verlaine, der gar nicht eingeladen war, einen chaotischen, verwahrlosten Eindruck gemacht, sich als kauziger Clochard unter die illustren Gäste gemischt. Doch kaum hatte er begonnen, eines seiner Poeme zu rezitieren – es schilderte ohne Allüren oder Pathos seine Erfahrungen im Gefängnis –, war es still geworden im Salon. Mitgefühl und Bewunderung brachten ihm die feinen Herrschaften plötzlich entgegen, Standesgrenzen fielen, und sie klatschten, von ihrer eigenen inneren Erregung überrascht, dem *poète maudit* frenetisch Beifall.

Jetzt gehörte auch Wilde zu jenen »verfluchten Dichtern«, die erst hinter Gitter geschickt werden mußten, damit das Publikum ihre wahre Größe erkennt – wie Dostojewski, Verlaine und knapp zwei Generationen später Jean Genet. Das Geschichtsbuch der modernen europäischen Literatur füllen Sträflinge und Outcasts, die ihrer postumen Rehabilitierung mit schöpferischen Leistungen zuvorkamen, über jegliche moralische Einwände und tugendhafte Beckmesserei erhaben. Frank Harris wurde von Wilde darüber belehrt, welche Wertschätzung in Paris selbst einem Vagabunden wie Verlaine widerfahren konnte:

»Kannst du dich noch auf Verlaine besinnen, Frank? Er führte ein unbeschreibliches, ein fürchterliches Leben. Alles tat er im Übermaß, er trank, er war schmutzig und ausschweifend. Und doch saß er da in einem Café auf dem Boulevard [Saint] Michel, und jeder, der hereinkam, grüßte ihn und nannte ihn ›Maître‹ und war stolz auf das kleinste Zeichen der Anerkennung von seiner Seite, weil er ein großer Dichter war.

In England hätte man Verlaine umgebracht, und Männer, die sich ›Gentlemen‹ nennen, hätten sich besondere Mühe gegeben, ihn öffentlich zu beleidigen. England ist noch immer nur halb zivilisiert; die Engländer kommen mit dem Leben an einer oder der anderen Stelle in Berührung, ohne seine Vielseitigkeit zu ahnen. Sie sind roh und plump.«[2]

Frankreich stieg wieder einmal als Land der Verheißung vor ihm auf, eine Fata Morgana.

Constance fand noch ein drittes Mal den Weg ins Gefängnis, als sie und ihr Anwalt Fragen der Vormundschaft und des künftigen Unterhalts mit Oscar besprechen wollten. Für den Fall, daß er Bosie nie wiedersähe und ein geregeltes, sittliches Dasein zu führen bereit sei, sollte ihm eine jährliche Rente ausgesetzt werden. Es war ein Tag der Entfremdung. Daß Constances Mitgift bei den Verhandlungen um Oscars künftige finanzielle Absicherung ins Spiel gebracht wurde, erregte ihren Unwillen. Ein unbestimmter innerer Impuls hielt sie im Gefängnis davon ab, sich gemeinsam mit dem Anwalt in den Besuchsraum zu begeben. Durch ein kleines, vergittertes Fenster in der Tür konnte Constance ihren Mann, der von ihrer Anwesenheit nichts ahnte, beobachten. Der Anblick wühlte sie auf, minutenlang kämpfte sie mit ihren Gefühlen. Doch zu einem Wiedersehen, zu einer Konfrontation konnte sie sich diesmal nicht durchringen. Wilde und seine Frau sollten sich nie mehr begegnen. »Die Kreuzigung des Schuldigen ist noch ehrfurchtsgebietender als die Kreuzigung des Unschuldigen. Was wissen wir Menschen von Unschuld?«[3]

Im Gezerre um die Kinder und Wildes Lebensunterhalt zogen sich Constance, ihre Anwälte und ihr Bruder zunehmend auf eine rechthaberische Position zurück, formulierten ständig neue, aus ihrer Sicht verständliche Bedingungen, die Oscar oft als Zumutung erschienen. Er sehnte sich nach Versöhnung, und man begegnete ihm mit Drohungen und Maßregelungen.

Schließlich war Constances Cousin Adrian Hope zum Vormund für Cyril und Vyvyan bestellt worden. Für Oscar war diese Neuigkeit eine »Quelle unendlicher Betrübnis, unendlichen Schmerzes, unendlichen, grenzenlosen Grams«. Nach dem Verlust seiner Mutter Jane, mit der ihm keine letzte Begegnung mehr vergönnt war, erlebte Wilde den behördlich verfügten Entzug seiner Kinder als eine neuerliche, grausame Strafe.

Eines Tages suchte ihn auch Lily Wilde, die zweite Frau seines Bruders Willie, auf. Sie berichtete danach, Oscar sei in schlimmer körperlicher und seelischer Verfassung. Ihre Auskunft entsprach den Tatsachen: Wilde verbrachte bald darauf mehrere Wochen in der Krankenbaracke. Und es erschien sein Pariser Intimus Robert Sherard, der soeben den Prozeßgewinner Queensberry vergeblich zu einem Duell herausgefordert hatte. Am wichtigsten war Wilde jedoch das Zusammentreffen mit Adey, Ross und Leverson gegen Ende Februar 1897 – nicht zuletzt für seine Zukunftspläne. Dieses offene Gespräch mit seinen besten und verläßlichsten Freunden diente geschäftlichen und editorischen Fragen. Darüber hinaus besprachen sie seinen Aufenthaltsort nach der bevorstehenden Entlassung, eine gewichtige Entscheidung, die ihn umtrieb. Boulogne, Le Havre und Venedig wurden bald wieder verworfen, Wilde wollte nach Möglichkeit Lord Alfred, der dort sein Unwesen trieb, aus dem Wege gehen; in schwachen Momenten stand ihm sogar ein länger währender Aufenthalt in einem Kloster vor Augen. So ließe sich vielleicht der Übergang in die gesellschaftliche Realität leichter bewerkstelligen. In jedem Fall aber waren das endgültige Verlassen Englands und ein neues Domizil in Frankreich beschlossene Sache. Am Ende einigte man sich auf Dieppe – eine relativ unauffällige Hafenstadt könnte sich als idealer Ort für einen Neubeginn in Abgeschiedenheit erweisen.

Mit diesen Besuchen besserte sich Wildes Zustand sichtlich. Den Freunden trug er sogar schon auf, eine korrekte, seinen Ansprüchen gemäße Reisegarderobe zusammenzustellen; so sollten sie seinen geliebten Pelzmantel aus Ruhmestagen, unterdessen verpfändet, für ihn auslösen. Und er erkundigte sich nach interessanter Lektüre für unterwegs. Ada Leverson kümmerte sich um neue Visitenkarten. Dem Zufall überließ Oscar nichts. In Briefen an die Gefängnisbehörde bearbeitete er die Verantwortlichen, daß man ihm am Tage seiner wiedergewonnenen Freiheit eine erneute Konfrontation mit Sensationsgierigen ersparen möge. Auf eine neuerliche Attacke von Reportern oder Voyeuren legte er wahrlich keinen gesteigerten Wert mehr. Seinem Wunsch wurde entsprochen, und man vereinbarte, ihn während der Nachtstunden in sein Ausgangsgefängnis zu verbringen, wo den Vorschriften gemäß die Freilassung zu erfolgen hatte. So konnten *yellow press* und zürnende Volksseele von ihm ferngehalten werden.

Die kleine Schar der Menschen, auf deren Solidarität er noch zählen durfte, polarisierte sich mehr und mehr. Robbie Ross, Adey, Harris und die Leversons taten alles Menschenmögliche für seine literarischen Belange, schrieben in seinem Auftrag an Gläubiger, Notare, die Queensberrys, an die Behörden im Strafvollzug und verhandelten mit Constance, ihren Rechtsvertretern und der Holland-Familie. Der Gefangene erteilte Befehle, gab Anweisungen. Er behandelte seine Freunde wie Vasallen. Sie taten alles für ihn, ihren Zeitaufwand und ihr Engagement stellten sie ihm niemals in Rechnung. Nicht immer wußte er ihre Treue zu schätzen. Gerieten einzelne Streitpunkte außer Kontrolle, so verübelte er es ihnen in autoritärem Ton. Er empfand es als selbstverständlich, daß die in Freiheit Lebenden sich ausschließlich und umgehend nur um seine Belange und Interessen zu kümmern hatten. Alles, was seine Bücher betraf, erörterte er intensiv mit Ross, als sei dieser sein ergebener, wenn auch unbezahlter Sekretär auf Lebenszeit. Immer mehr gerieten pekuniäre Angelegenheiten in den Mittelpunkt seiner Korrespondenz. Das

Thema Geld sollte in seinen letzten Pariser Jahren – wie zuvor schon bei seinem Exilkollegen Heinrich Heine – noch zu einer Obsession werden.

Der einzige Besucher, auf den er vergeblich wartete, den er zu Beginn seiner Inhaftierung aber sehnlichst herbeigewünscht hatte, war Bosie. Zwei Jahre lang kaum eine Zeile oder ein Lebenszeichen von demjenigen, der Wildes »ganzes Leben in Besitz genommen« und »nichts Besseres damit anzufangen gewußt« hatte, »als es in Stücke zu brechen«. Douglas befand sich nach Wildes Überführung nach Pentonville, gleich gegen Prozeßende, bis zu seiner Freilassung in einer denkbar schwierigen Position. Besuche in Großbritannien erschienen ihm wenig opportun, auch saß ihm weiterhin der Marquess of Queensberry im Nacken, für den es als ausgemacht galt, daß sein Sohn den Kontakt zu Wilde nun endgültig abbrach. Was Constance von weiteren Treffen und Briefen hielt, ist bekannt; die Clique der Wilde-Verehrer mied ihn, die Wurzel allen Übels, und schon im Verlauf der Gerichtsverhandlungen wurde Bosie von dem Gefühl beschlichen, daß Ross ihn von Oscars Seite verdrängt hatte. Wenn schon nicht als Liebhaber, dann doch als kompetenter und verläßlicher Compagnon – Tugenden, mit denen Bosie nie hatte glänzen können.

Alles, was er in den folgenden Monaten nun zu Wildes Gunsten unternahm, mißriet. Ohne seinen berühmten Lebensgefährten war er völlig verunsichert. Er fühlte sich alleingelassen und schuldig. Wurde ihm – über Ross – Oscars Kritik an seinen Initiativen überbracht, mischten sich wieder Aufbrausen und Jähzorn in diese Verunsicherung. Ganz bewußt spielte Wilde gegen Haftende, als seine tiefe Enttäuschung über Bosie als »Freund« die Oberhand gewonnen hatte, die treuen Vasallendienste Robbies gegen Douglas' vermeintlich leichtfertigen Umgang mit seinem Ansehen aus. Nicht nur, daß sein früherer Liebhaber sich als gestrenger Vater gebärdete und sich eine moralisierende Pose zulegte, womit Bosie noch nie umgehen konnte – ein hartes Urteil war so unangebracht wie ungerecht: Lord Alfred Douglas hatte sich auf seine Weise nach Kräften für Wilde eingesetzt.

Schon im Juni 1895 hatte er vom normannischen Rouen aus eine Petition an Queen Victoria gerichtet, Gnade vor Recht ergehen zu lassen. Allem Anschein nach war dieses Gesuch aber nie bis zur Adressatin selbst vorgedrungen, sondern zuvor abgefangen und vom Innenminister abschlägig beschieden worden. In Zeitungsinterviews warb Bosie französischen Journalisten gegenüber für öffentliche Initiativen, die Wildes Freilassung bewirken könnten, und pries dessen edle Gesinnung – Eigenlob und Geltungsstreben spielten in diese Stellungnahmen selbstredend immer mit hinein. Danach trug er sich eine Zeitlang mit dem Gedanken, Erinnerungen an sein Leben mit Wilde, zusammen mit einigen Briefen des Inhaftierten an ihn, zur Veröffentlichung im vielgelesenen »Mercure de France« freizugeben, in der Hoffnung, damit eine Welle der Empörung in Frankreich auslösen zu können, Wildes Namen nicht in Vergessenheit geraten zu lassen. Genau mit diesem Vorhaben aber zog er sich Oscars vehementen Zorn zu: Nicht noch einmal wollte der seine intimsten Bekenntnisse in der Presse ausgebreitet und in den Schmutz gezogen sehen. Er untersagte Bosie, der wiederum von Ross davon erfuhr, das empörende Ansinnen buchstäblich in letzter Minute.

Douglas schmollte. Sein Freund wollte keine seiner Aktionen als aufrichtig gemeinten Liebesdienst anerkennen, sprach ihm jegliches Recht ab, sich für ihn zu verwenden. Ließ er eine vertrauliche Botschaft über geheime Kanäle ins Zuchthaus einschmuggeln – »Prinz Fleur-de-Lys läßt Sie grüßen« wurde Wilde einmal von einem offiziellen Besucher in einem günstigen Moment zugeflüstert –, erntete er bitteres, zynisches Gelächter. Von ehemaligen Kosenamen wollte der Gefangene nichts mehr wissen. Die bloße Erinnerung an seinen jugendlichen Geliebten erregte bei ihm offensichtlich ausschließlich Abscheu und Wut, riß Wunden auf, die gerade erst im Abheilen begriffen waren. Er konterte, indem er Douglas seinerseits verletzte: »Es sollte ihm genügen, daß er mein Leben zerstört hat«, ließ Wilde ihm ausrichten – erneut mit Ross als Hiobsboten.

Von diesen fortgesetzten Zurückweisungen hatte Bosie bald genug, er stellte seine ungeschickten Bemühungen zugunsten Wildes ein. Er huldigte wieder ausschließlich seiner gewohnten Lebensführung. Zunächst ließ er sich noch in Le Havre, begleitet von dort ansässigen Fischerjungen, bei Ausflügen aufs offene Meer begleiten. Zum Entzücken der Lokalpresse, die sich diesen Leckerbissen nicht entgehen ließ, wurden Details solch ungehemmter sommerlicher Spritztouren rasch publik, sogar von kollektivem Nacktbaden im Kanal war die Rede. Man sorgte sich öffentlich um den Ruf der Hafenstadt und die sittliche Verfassung der heimischen Jugendlichen. Als es Douglas in Le Havre zu brenzlig wurde und die Herbsttemperaturen eine Verlagerung des Schauplatzes erforderlich machten, wich er nach Italien aus. In Sorrent und auf Capri hatte er leichteres Spiel, und die offensichtliche Präsenz von Gesinnungsgenossen verursachte in diesem Eldorado nicht einmal ein Achselzucken.

Dem verwöhnten Douglas kam seine eigene »Verbannung« nach Frankreich und Italien wie ein Äquivalent zu Wildes zweijährigem Einsitzen vor – gewiß eine extreme Wirklichkeitswahrnehmung, trennten den Alltag von Reading, skandiert von Princes Schreien in der Folterkammer, und einem Dolce vita an den Stränden Capris doch Welten. Bosie wie Wilde verschanzten sich hinter ihren Fassaden; unterbewußt stellten sie sich womöglich schon auf eine Wiedervereinigung in Freiheit ein. Vorerst jedoch begann Oscar mit der Niederschrift von *De Profundis* an seiner Selbststilisierung zu arbeiten – dreißigtausend Wörter zwischen Anklage, Haß, Vorwürfen, Dünkel, Reue, Demut und Verklärung, beflügelt von der Aussicht auf die bevorstehende Entlassung. *In carcere et vinculis* sollte Wildes Monumentalepistel an Bosie eigentlich lauten; Ross, in dessen Obhut er das kostbare Manuskript übergab, edierte es später jedoch unter dem heute bekannten Titel – eine Anspielung auf Verlaines gleichnamige Prosaschrift von 1893.

Um seine brisantesten Passagen beraubt, erschien der posthum publizierte »Brief« – die Grenzen zwischen Autobiographismus und vertraulichem Dokument sind hier fließend, eine Veröffentlichung war sicherlich von Anfang an stillschweigend intendiert – erst 1962 in seiner vollständigen Form. Ross muß man aus heutiger Sicht ausdrücklich zugute halten, daß er entgegen Wildes ursprünglicher Anweisung das Manuskript einbehielt und Douglas nur eine Abschrift zukommen ließ: Es läßt sich unschwer ausmalen, wie Bosie dem Original nach Lektüre der für ihn unerträglichsten, arroganten Abschnitte, in denen Oscar seinem Lebenspartner die Alleinschuld an der Zerstörung ihrer Liebe, die alleinige Verantwortung an seinem öffentlichen Niedergang zuweist, den

Garaus bereitet, die grausame Anklageschrift auf der Stelle vernichtet hätte. So wanderte wenigstens nur das Duplikat ins Kaminfeuer.

Klaus Mann etwa bereitete der Nachvollzug von Wildes überzeichneter, rhetorisch ambivalenter Liebes-Bilanz ausgesprochenes Vergnügen, denn er fügte sich in das posthum kultivierte Wilde-Bild des unversöhnlichen Märtyrers:

»*De Profundis!* Es war um dieses Dokumentes willen, daß ich dem späten Oscar Wilde einen so prominenten Platz in meiner Ruhmeshalle einräumte; der große Brief des Sträflings an Lord Alfred Douglas bedeutete mir mehr als *The Picture of Dorian Gray*, *The Importance of Being Earnest* und *Salome* zusammengenommen. Der brillante Wilde der Dandy- und Erfolgsepoche ließ mich … kalt. … Es war der ruinierte und verkommene Wilde, der seinen eigenen Untergang gewollt und provoziert hatte – aus Hybris? aus christlichem Leidenswillen? –; Wilde, der Büßer, dem immer noch freche Witzworte von den einst verführerischen Lippen kommen. Es war ein tragischer Wilde, den ich mit tiefem Bückling in meine erlauchte Gesellschaft bat.«[4]

Heute, mehr als hundert Jahre nach dem Schreibrausch von Reading, befremdet dieses Pamphlet zwischen Liebe und Haß eher: In das Mitleid mit Wilde, der eine ungemein schwierige Haftzeit zu verbüßen hatte, in das Verständnis für die Berechtigung seiner Vorwürfe an Douglas, ihn erst in die vertrackte Lage zu Prozeßbeginn gebracht zu haben, in die Zustimmung für Wildes Auffassung, danach als Spielball zwischen Vater und Sohn mißbraucht worden zu sein, mischt sich Erstaunen über die Einseitigkeit und Polemik der Darstellung des Künstlers. Nirgends ein Wort über die Lebensfreude und die physischen Genüsse, die ihm an der Seite Alfreds zuteil wurden, nirgends auch nur ein Sterbenswörtchen über die Eigenverantwortung für das Abtauchen in die promiske Subkultur in den Jahren vor 1895. Daß Oscar gerade unter dem Druck der hitzigen Beziehung zu Bosie seine besten Eingebungen hatte, ja Meisterwerke hervorbrachte, bleibt unerwähnt – dem in Freiheit Zurückgebliebenen lastet er seine angebliche Passivität und schöpferische Unfruchtbarkeit an.

Wilde listet seitenlang seine Ausgaben für das Leben zu zweit im Überfluß auf, vergißt aber zu erwähnen, daß er selbst aktiv mitpraßte, ihm sein Image als spendabler Gönner überaus zusagte. Zu solchen Auslassungen wollen die übrigen Abschnitte, Künstler-Christus-Allegorien und Einübungen in praktizierte Demut, schwerlich passen. Man gewinnt den Eindruck, daß hier – wie so oft in Briefen – einmal all die aufgestauten Gefühle mit brutaler Offenheit ausgesprochen werden, zu deren systematischer Schilderung im verbalen Schlagabtausch oft der Mut und die Schlagfertigkeit fehlen.

Erst in den allerletzten Sätzen dieser vernichtenden Flut von Beschuldigungen »aus der Tiefe« seiner Existenz – *E tenebris* lautet ein weit früheres Gedicht Wildes; und Bosie selbst sollte 1924 mit der Publikation seines Gedichtbandes *In excelsis* ein Pendant schaffen, dessen Titel einen optimistischeren Ansatz anklingen läßt[5] – schlägt Wilde einen ganz anderen Ton an, den der Selbsterkenntnis. Erst hier brechen sich Liebe und Verständnis für den wichtigsten Menschen in seinem Leben Bahn. »Es gibt kein Gefängnis auf der ganzen Welt, in das die Liebe sich nicht Einlaß schaffen könnte. Wenn Du das nicht verstanden hast, dann hast Du überhaupt nichts von der Liebe verstanden. ... Bedenke auch, daß ich Dich erst kennenlernen muß. Vielleicht müssen wir beide einander erst kennenlernen. ... Fürchte Dich nicht vor der Vergangenheit.« Und er schließt mit einer verheißungsvollen, ermutigenden Wendung, in der auf einmal ungebrochene Zuneigung aufschimmert: »Du bist zu mir gekommen, um die Freuden des Lebens und die Freuden der Kunst kennenzulernen. Vielleicht bin ich ausersehen, Dich weit Wunderbareres zu lehren: den Sinn des Leids und seine Schönheit. Dein Dich liebender Freund Oscar Wilde.«

Vorausgegangen ist dem Schlußwort eine selbstkritische Einschätzung des Geschriebenen, die manche der seitenlangen Tiraden der Schuldzuweisung auf den Seiten zuvor Lügen straft: »Wie weit ich noch entfernt bin von der wahren Seelenhaltung, das zeigt Dir dieser Brief mit seinen wechselnden, schwankenden Stimmungen, seinem Hohn und seiner Bitterkeit, seinem Sehnen und dem Unvermögen, dieses Sehnen zu verwirklichen. ... Und so unvollständig und unvollkommen ich [auch] bin, Du könntest dennoch viel von mir profitieren.« Stellt *De Profundis* am Ende gar eine verkappte Liebeserklärung dar? Fest steht, daß Alfred Douglas Wilde auch im Frühjahr 1897 noch viel, sehr viel sogar bedeutet haben muß, denn ihm und niemand sonst widmete er, ungeachtet aller Anfeindungen, drei Monate intensiver dichterischer Arbeit unter schwierigsten Bedingungen. Ein Akt der Selbstbefreiung, sich eine tonnenschwere Last von der Seele zu schreiben – und auch ein Akt der Liebe, ein Angebot für einen Neuanfang.

Mit »Oscar Wilde« unterzeichnete er mittlerweile nur noch selten, von nun an sollte er sich »Sebastian Melmoth« nennen – Melmoth als Allegorie des ewigen Wanderers und vom Teufel versuchten Einzelgängers, dessen Los er teilen, auf dessen Pfaden er fortan wandeln würde; Melmoth auch als Hommage an den illustren Ahnherrn Speranzas, Charles Maturin, dessen Schöpfung »Sebastian Melmoth« schon Baudelaire und Balzac verehrt und dichterisch weitergesponnen hatten. Es war ein Pseudonym, das in den Ohren der Franzosen, die ihn demnächst bei sich aufnehmen würden, glaubhaft klang und – variiert zu »Sébastien« – leicht auszusprechen war. Der Heilige Sebastian wurde im zwanzigsten Jahrhundert dann zu einer Art Schutzpatron der Homosexuellen, sein von Pfeilen durchbohrter, makelloser Männerleib zu einer Ikone ihres Selbstverständnisses. Oscar Wilde hatte vorerst aufgehört zu existieren, Sebastian Melmoth stand auf den Visitenkarten, die er in Dieppe bei sich führen würde und in den ersten Exilmonaten auszuteilen pflegte. Dieser neue Namenszug zierte auch ein Etui, das Ada, seine getreue »Sphinx«, eigens für ihn hatte anfertigen lassen. In ihm ließ sich das Pseudonym, schwarz auf weiß und vervielfacht, aufbewahren, ein Beweis seiner neuen Identität, glaubwürdiger als jeder gefälschte Personalausweis.

Und sollte er bei einer etwaigen Kontrolle einmal in Bedrängnis, sollte ein hartnäckiger Gläubiger ihm unvermutet auf die Schliche kommen, dann konnte er noch mit einem weiteren Alter ego aufwarten, einer bloßen Kombination aus Buchstaben und Zahlen, C. 3. 3. Das war seine Häftlingsnummer gewesen, so stand es über seiner Zellentür geschrieben: der berühmteste lebende Schriftsteller Europas um die Jahrhundertwende, für mehrere Jahre degradiert zu einem nichtssagenden Kürzel, mit dem nur

Der Häftling »C.3.3.«, Holzschnitt von Frans Masereel

Eingeweihte wie der Wärter Thomas Martin oder eine Handvoll seiner Gefängnisbesucher etwas anzufangen wußten.

C. 3. 3., diese rätselhafte Zeichenfolge zierte das Titelblatt der ersten Editionen seiner 1898 fertiggestellten Ballade. Ihr Verfasser war ein Mann, den man langsam, aber sicher mundtot gemacht hatte: Abgesetzte Theaterstücke, eingestampfte Restauflagen, Neuausgaben ohne Autorenvermerk. »C. 3. 3.« – dieser »Name war die Maske, mit der Oscar Wilde sein vom Zuchthaus zerstörtes und von den Anzeichen des nahen Todes starrendes Gesicht bedeckte, um noch einige Jahre im Dunkel dahinzuleben. Es war das Schicksal dieses Menschen, drei Namen nacheinander zu führen: Oscar Wilde, C. 3. 3., Sebastian Melmoth. Der Klang des ersten nichts als Glanz, Hochmut, Verführung. Der zweite fürchterlich, eines jener Zeichen, welche die Gesellschaft mit glühendem Eisen in eine nackte menschliche Schulter einbrennt. Der dritte der Name eines Gespenstes, einer halbvergessenen Balzacschen Gestalt. Drei Masken nacheinander: eine mit wundervoller Stirn, üppigen Lippen, feuchten, herrlichen, frechen Augen: eine Bakchosmaske; die zweite eine Maske von Eisen mit Augenlöchern, aus denen die Verzweiflung sieht; die dritte ein dürftiger Domino aus der Maskenleihanstalt, geborgt, um ein langsames Sterben darin vor den Blicken der Menschen zu bergen.«[6]

C. 3. 3. fungiert seither als Chiffre für den verzweifelten Außenseiter unter den Dichtern der Avantgarde schlechthin, wie er vergeblich um die Anerkennung seiner Kollegen und der Gesellschaft ringt. Der amerikanische Poet Hart Crane, zur Jahrhundertwende geboren, nutzte Wildes Zellennummer als Titel für sein erstes bahnbrechendes Experimentalgedicht, das er bereits als Pubertierender verfaßte und als Halbwüchsiger in einer kleinen Lyrikzeitschrift veröffentlichen ließ. Crane, vielversprechender Vertreter der »Lost Generation«, war ungemein talentiert, doch zugleich dem Alkohol verfallen, ein Männerfreund ohne amouröse Perspektiven und depressiver Choleriker. Mit nur 33 Jahren machte er seinem Leben in Mexiko ein Ende.[7]

Und 1995 brachte der Schriftsteller Robert Badinter, französischer Justizminister unter François Mitterrand und engagierter Gegner der Todesstrafe, seine ganz persönliche Wilde-Hommage als *C. 3. 3.* heraus – ein Plädoyer für einen humaneren Strafvollzug.

Hinter »C. 3. 3.« schließen sich die Tore der Strafanstalt. Im Morgengrauen des 19. Mai 1897 steht More Adey mit einer Kutsche vor dem Zuchthaus von Pentonville bereit, um »C.3.3.« abzuholen und in das Haus von Reverend Stewart Headlam zu führen. Dort, in den Wohnräumen dieses Verbündeten – er bürgte während der Prozesse für Wilde –, warten frische Kleidung, ein anständiges Bad und ein ordentliches Frühstück auf ihn. Oscar darf sich wieder als Mensch fühlen. Als Ada Leverson und ihr Gatte Ernest eintreffen, scheint Sebastian Melmoth dem alten Oscar Wilde schon wieder aufs Haar zu gleichen: Gelächter, Blümchen im Knopfloch, witzige Bemerkungen und Komplimente für die »Sphinx«. Er ist es, der seinen nervösen Freunden aus der beklommenen Situation hilft, der sich um eine möglichst ungezwungene Atmosphäre bemüht.

Noch beim *breakfast* richtet er per Boten eine schriftliche Anfrage an ein benachbartes Jesuitenkolleg, in dem er die Geistlichen um einen halbjährigen Aufenthalt hinter ihren Mauern bittet, um die Chance, man möge ihm dort für eine Weile innere Einkehr ermöglichen. Als sein Ansinnen umgehend zurückgewiesen wird, beraubt man ihn seiner letzten Illusion, auf britischem Boden noch an eine Zukunft für sich glauben zu dürfen. Für kurze Zeit verliert er die Fassung, dann reißt er sich zusammen. Also doch: Dieppe würde als sein Ersatzkloster herhalten müssen.

Den Nachmittag verbringen Adey und »C. 3. 3.« in Newhaven, wo sie auf das abendliche Ablegen der Frankreichfähre warten. Am 20. Mai 1897 frühmorgens um vier, der Häftling ist noch keine vierundzwanzig Stunden in Freiheit, geht er munter in Dieppe von Bord und schließt Robbie Ross und Reggie Turner in die Arme, die bereits am Pier auf ihn gewartet haben. Ross wird mit feierlicher Geste das Manuskript von *De Profundis* übergeben. Von Newhaven aus hat Wilde am Vorabend schon an Ross gekabelt und gebeten, Zimmer im Hôtel Sandwich reservieren zu lassen: »Vergiß all die dummen, unfreundlichen Briefe. ... Ich bin Euch allen so dankbar, daß ich meine Empfindungen nicht in Worte fassen kann. ... Ich werde überglücklich sein, wenn ich Euch wiedersehe, ja, ich bin schon glücklich bei dem Gedanken an die wunderbare Freundschaft, die mir bewiesen wurde. Sebastian Melmoth.«[8] Sich ein letztes Mal umzudrehen, kommt ihm nicht in den Sinn. Er würdigt den Ärmelkanal und die hinter ihm liegenden Küsten seines Gefängnisses, von denen er sich soeben für immer losgesagt hat, keines Blickes mehr.

Auf seinen nagelneuen Koffern, einem Geschenk von Turner, stehen die Initialen S. M.

Jeder tötet, was er liebt

❧

Ich habe nie einen moralwütigen Menschen getroffen,
der nicht herzlos, grausam, rachsüchtig, strohdumm
und ohne die geringste Menschenliebe gewesen wäre.
Sogenannte moralische Menschen sind wilde Tiere.
Lieber hätte ich fünfzig unnatürliche Laster als eine unnatürliche Tugend.
Denn die unnatürliche Tugend macht denen,
die Leid tragen, die Welt zur vorzeitigen Hölle.

Auf welchen Empfang sollte sich Sebastian Melmoth in Frankreich einstellen? In England hatten die Auswüchse entfesselter Sensationsgier die Öffentlichkeit zwar monatelang in Atem gehalten, die Grundfesten des viktorianischen Sittenkodexes zum Erzittern gebracht, solange Wilde noch nicht inhaftiert war, doch ein echtes Politikum war in den Jahren seiner Gefangenschaft aus der Affäre nicht geworden, kein prominenter Dichterkollege hatte sein »J'accuse!« einer korrupten, doppelzüngigen Staatsmoral entgegengeschleudert. Eine innenpolitische Debatte fand im Anschluß an Wildes Verurteilung im Vereinigten Königreich nicht statt, ein ideologischer Richtungsstreit blieb aus.

Ganz anders als auf dem Kontinent, wo sich alles, was in der Führungselite der »Grande Nation« Rang und Namen hatte, in »Dreyfusards« und »Anti-Dreyfusards« aufgespalten hatte. Der anfangs unscheinbare und fingierte Spionagevorfall hatte sich hier zu einer über Jahre währenden Staatskrise ausgewachsen, traditionelle Bündnisse zerrissen, die Köpfe ganzer Intellektuellen- und Funktionärsriegen rollen lassen. In dieser brisanten Angelegenheit einen eindeutigen Standpunkt einzunehmen war im Geburtsland der von Revolutionären erstrittenen Gedankenfreiheit Ehrensache.

Auch in Sachen Oscar Wilde hatten sich 1895 die Pariser Kolumnisten immerhin liberale Gedanken über die Unsinnigkeit und Ungerechtigkeit der Verfahren gegen ihn gemacht, hatten die Heuchelei der Londoner Justiz angeprangert. Der Publizist Octave

Mirbeau hatte sich für ihn verwandt, und die ganze Aufregung um harmloses homosexuelles Geplänkel außerhalb der Ehe amüsierte die Freidenker unter den Leitartiklern eher. Die skandalöse Härte, mit der die britische Gerichtsbarkeit gegen solch lapidare Verfehlungen vorging, überstieg ihr Fassungsvermögen. Ein junger Romanautor namens Hugues Rebell hatte sich, nomen est omen, sogar zu einem flammenden Plädoyer unter der Überschrift *Défense d'Oscar Wilde* hinreißen lassen; darin geißelt er die Prüderie der Richter, die gnadenlose Marginalisierung eines weltberühmten Dichters und fordert im Gegenzug alle Streiter wider Bigotterie und Doppelmoral zum Sturm auf die Bastille von Pentonville auf. Selbst Bosie war von Rebells kühnem Engagement für Toleranz, einem Pamphlet des Aufbegehrens und der moralischen Unbestechlichkeit im Namen der Poesie, frappiert gewesen.

Weniger Echo hatten dann schon die beiden Petitionen in London und Paris hervorgerufen, die von More Adey und Stuart Merrill im Winter 1895/96 angestrengt worden waren. Die meisten der angesprochenen prominenten Dichterkollegen hatten sich geziert oder ganz auf die Seite der Gerichtsbarkeit geschlagen. Henry James erfand Scheinargumente; Émile Zola, der Fürsprecher von Dreyfus, wollte nicht zu den Unterzeichnern in Sachen Wilde gerechnet werden. Kleinere Meister wie Victorien Sardou, François Coppée oder Jules Renard griffen zu Ausflüchten; allein André Gide zeigte Standfestigkeit. Die unerwartete Heftigkeit geballter Abfuhren hatte dazu geführt, daß Merrill und Adey kleinlaut von ihren hehren Vorhaben absahen und ihre Aktionen einstellten.

Im Frühsommer 1897 hatte Melmoth demnach in der Normandie nicht mit Menschenaufläufen, die sich an den Fensterscheiben des Hotelrestaurants die Nasen plattdrückten, zu rechnen; dennoch war er gut beraten, auf der Hut zu sein. Robert Ross und Reginald Turner empfahl er – es erscheint absurd –, aus Rücksicht auf den Ruf ihrer Familien bei Einträgen in Gästelisten stets ihre Namen zu vertauschen. Wenn Oscar Wilde die Strandpromenade von Dieppe entlangspazierte, kam es des öfteren vor, daß entgegenkommende Passanten unvermittelt die Straßenseite wechselten. Gewöhnlich waren das Landsleute auf Urlaub, die sich dann auch bei der Hoteldirektion und in Lokalen laut über die Anwesenheit dieses Gastes beschwerten. Angeblich sollte sich auch ein Privatdetektiv, gedingt vom nimmermüden Marquess von Queensberry, sogar hier in Frankreich an seine Fersen geheftet haben.

Sollte der Alptraum denn nie ein Ende nehmen? Also zog Wilde wieder um, diesmal in das Hôtel de la Plage im nur wenige Kilometer entfernten, einsam gelegenen Berneval-sur-Mer. Dort wies ihm der Direktor die schönsten Zimmer zu. Der Ort schien ein ideales Refugium für literarische Kreativitätsschübe zu sein, und das Problem der Anonymität war einstweilen gelöst. Nach einigen Tagen mietete Sebastian Melmoth für die restlichen Monate ein Landhaus, das Chalet Bourgeât, nebst Diener, der sich jedoch so unbeholfen anstellte, daß Wilde beinahe versucht gewesen wäre, einen Rollentausch vorzunehmen und dem Domestiken höchstpersönlich zur Hand zu gehen. Für »Sebastian« waren zweifellos wieder Zeiten eines komfortableren Lebensstils angebrochen, Reading gehörte endgültig der Vergangenheit an, aber es war ebenso offensichtlich, daß man hier auf dem Lande lebte, bescheiden und ohne die geringste Aussicht auf die Annehmlichkeiten der Metropole. An Geld mangelte es ihm vorerst jedenfalls nicht.

Eine von Ross initiierte Spendenaktion hatte über die Jahre immerhin knapp achthundert Pfund eingebracht, die ihm gleich nach der Ankunft feierlich überreicht worden waren. Doch der unverhoffte Geldsegen ließ den rekonvaleszenten Dichter schnell wieder in alte Gewohnheiten verfallen. Anstatt hauszuhalten und sparsam zu sein, gab er das Geld mit vollen Händen aus, als handle es sich um eine nie versiegende Quelle üppiger Tantiemen. Wilde genoß die ausgiebigen Tischgespräche bis tief in die Nacht hinein, hielt länger durch als die jungen Männer, die immer vor ihm erschöpft in ihre Betten sanken – ganz wie in alten Zeiten. Auch Ausflüge wie der zu den Burgruinen von Arques-la-Bataille wirkten belebend auf ihn, nur zum Fahrradfahren wollte er sich von Ross partout nicht überreden lassen. Als sich die ersten neugierigen Besucher einstellten, Lugné-Poë und Gide machten den Anfang, Vincent O'Sullivan traf aus Paris ein, Beardsley, der Poet Ernest Dowson, Wildes Übersetzer Henry Davray, die Maler William Rothenstein und Charles Conder sowie der Pianist Dalhosie Young schauten bald darauf in Dieppe und Berneval vorbei, schien die gewohnte Selbstherrlichkeit wieder hergestellt zu sein. Ein Bordellbesuch, zu dem ihn Dowson verführt hatte, verlief erwartungsgemäß enttäuschend; mit Robbie kam es zu einer Wiederaufnahme von Zärtlichkeiten, wie Sherard mißbilligend konstatieren mußte, der den beiden Freunden durchs offene Fenster beim Geschlechtsakt zugeschaut hatte.

Für Lugné-Poë zeigte Wilde uneingeschränkte Bewunderung. Mit dem Tetrarchen von Judäa, dem mutigen Helden der Pariser Uraufführung von *Salome*, verstand der Geschmähte sich prächtig, beide zogen ein neues Theaterstück Wildes, in dessen Zentrum ein Pharao stehen sollte, in Erwägung. Zugleich bat Melmoth den Regisseur eindringlich, er möge sich vor der Hauptstadtpresse in acht nehmen und nichts über seinen Besuch in der Normandie verlauten lassen. Gide, dessen eigene normannische Residenz von Cuverville ganz in der Nähe war, konnte ihm stolz seine *Nourritures terrestres* präsentieren, blieb aber unschlüssig, ob Wilde sich in der Figur des Ménalque wiedererkennen wollte. Der Ältere hatte denn auch gleich einen romantechnischen Tadel für seinen jüngeren Rivalen parat: »Streichen Sie das Wörtchen ›ich‹ aus Ihrem Vokabular!« Für jemanden, der seine Identität tagtäglich zu leugnen gezwungen war, kamen allzu deutliche autobiographische Anspielungen derzeit nicht in Frage.

Das Treffen mit Gide belebte Wilde sichtlich. Unbekannten gegenüber zeigte er sich spendabel und hilfsbereit. Nur zwei Tage nach Andrés Erscheinen beging jenseits des Kanals Queen Victoria ihr diamantenes, weltweit gefeiertes Krönungsjubiläum. Wilde nützte diese Gelegenheit und richtete im auf seine Veranlassung hin festlich geschmückten Hôtel de la Plage eine große Party aus, an die sich die Dorfbewohner, für die rauschende Feste eher eine Seltenheit darstellten, noch lange erinnern sollten. Seine Gäste waren mehr als ein Dutzend halbwüchsige Knaben aus Berneval, die noch kurze Hosen trugen und von der großzügigen Einladung förmlich überrumpelt wurden. Wilde überhäufte sie mit Süßigkeiten, Obst, Eis, Geschenken, verteilte Instrumente; beide Nationalhymnen wurden gesungen, und selbst Priester, Rektor und Briefträger durften mitfeiern. Als die verdutzten Gäste, einfaches Landvolk und mit der Vergangenheit des Dichters gottlob nicht vertraut, als kleines Dankeschön auf das Wohl ihres Gönners anstießen, nannten sie Melmoths Namen in einem Atemzug mit denen des französischen Präsidenten und der Jubilarin. Wilde war gerührt.

Es ist schon erstaunlich, daß die Erinnerung ausgerechnet an die britische Monarchin, unter deren rigider Rechtsprechung er ins Gefängnis gewandert war und von der persönlich man wohl nie eine Begnadigung oder Rehabilitierung hätte erwirken können, ihm Tränen des Patriotismus in die Augen trieb. Der reuige *poète forçat* entpuppte sich als eingefleischter Royalist, wenn er an die stattliche alte Dame dachte, deren Regentschaft nun schon eine halbe Ewigkeit währte.[1] Und vielleicht war ihm auch deshalb wehmütig ums Herz, weil er hier im Strandhotel mit fünfzehn Jungen in fröhlicher Unbefangenheit zusammensein durfte, während ihm mit seinen eigenen Söhnen Cyril und Vyvyan ein Wiedersehen nach wie vor verwehrt wurde. Die abwartende, frostige Haltung von Constance und Adrian Hope hatte sich verschärft. Man hielt Wilde mit Versprechungen und zögerlichem Taktieren hin.

Dabei hatte er Constance, kaum daß er den Landungssteg von Dieppe hinuntergeschritten war, sofort geschrieben und ein weiteres Mal seinen Willen zur Besserung beteuert, sie inständig gebeten, doch endlich eine Begegnung mit den Kindern herbeizuführen. Außerdem beunruhigte ihn die Nachricht, daß sie in der Tite Street die Treppe hinabgestürzt war, sich schwere Verletzungen an der Wirbelsäule zugezogen hatte, unter partiellen Lähmungen litt und eine komplizierte Operation zu gewärtigen hatte. Den Brief mit der detaillierten Beschreibung der Jubiläumsparty sandte Wilde aber lieber an Bosie, der schon Morgenluft witterte. Beinahe täglich gingen Depeschen hin und her, wurden Rendezvous angesetzt und wieder annulliert; mehr als einmal kündigte Lord Alfred sein Kommen an, um es dann doch wieder abzusagen. Oscar schwankte zwischen unverhohlener Freude und Pessimismus. Immerhin hatte Constance die Kontaktaufnahme mit den Kindern vom Ende der Beziehung zu Bosie abhängig gemacht. Beide Exliebhaber bettelten, hatten ihren Stolz, kokettierten. Constances Zaudern und ihre chronischen Zweifel, ob ihr Mann wirklich guten Willens sei, bereiteten im stillen den Boden für ein Wiederaufflammen der unseligen Liebesaffäre zwischen

Douglas und Wilde. Der Hartnäckigere seiner beiden Lebensgefährten trug den Sieg davon. Noch war es allerdings nicht soweit. Jedem Neuankömmling vermittelte Wilde alias Sebastian Melmoth einen anderen Eindruck. Einige staunten über seine königliche Erscheinung, als sei eine verbannte Majestät aus dem Exil zurückgekehrt, um nun huldvoll die Honneurs entgegenzunehmen. Anderen fiel sein schwankender Gang auf: Wie ein Elefant, gemächlich und wiegend, bewege sich Wilde durch das kleine Dorf an der See. Gide glaubte, wieder den alten Causeur von 1891, auf der Höhe seines Ruhmes, vor sich zu haben, was aufs heftigste mit den Beobachtungen guter Freunde kontrastierte. Denn Ross fand Oscars Gesichtsausdruck zunehmend abstoßend. Über die verfeinerten Züge des intellektuellen Dandys habe sich die Maske von Entbehrungen und Krankheit gelegt, ein ungesunder Teint. Ausschlag und der üble Geruch schlechter Zähne zeugten von Verfall – deutliche Spuren des langen Gefängnisaufenthaltes.

Mitunter drängte es Wilde für mehrere Stunden an den Schreibtisch, Ideen für neue Dramen sprudelten; das Fragment der *Florentine Tragedy* wurde wieder hervorgekramt. Mit Eifer machte er sich an die *Ballad*, seinen Schwanengesang, und mit Engagement brachte er die zwei offenen Briefe an den »Daily Chronicle« zur Gefängnisreform zu Papier, freute sich, als sie dann tatsächlich abgedruckt wurden. Was die *Ballad* betraf, so war Wilde schließlich Haldane gegenüber im Wort, und den dunklen Tag, an dem Wooldridge gehenkt worden war, hatte er keineswegs vergessen. Es gab sogar bereits einen potentiellen Verleger für die große lyrische Abrechnung mit seiner Haftzeit: Leonard Smithers, eine windige, trinkfeste Gestalt, die sich mit dem Vertrieb pornographischer Literatur hervorgetan hatte und sich rühmte, all jene Druckerzeugnisse an den Mann zu bringen, vor denen die »seriösen« Herren im Buchgeschäft lieber kniffen. *Teleny* etwa, lange Zeit ein Wilde zugeschriebener erotischer Roman mit deftigen Szenen und detaillierten Beschreibungen hetero- wie homosexueller Kopulationen, den Smithers 1893 herausgebracht hatte. Für »C. 3. 3.« waren eventuelle Rufschädigungen gegenstandslos geworden. Ihm imponierte Smithers' Mut. Der Verleger begab sich also mehrfach nach Berneval, und bald wurde man handelseinig. Eine Paralleledition in Paris wurde ebenfalls geplant, wie einst schon bei *Salome*.

In Länge, Umfang und Gewicht stellte die *Ballad* ein Pendant zur *Sphinx* dar. Hier konnte Wilde noch einmal alles hineinlegen, was ihm lieb und teuer war: formales Epigonentum, synästhetische Spielereien, preziöses Vokabular und Anspielungen auf die Lyriktradition; erstmals auch soziales Engagement, konkrete Verbesserungsvorschläge für den Strafvollzug, die Forderung nach Abschaffung unmenschlicher Gesetze und Vorschriften, Bekenntnisse persönlich durchlittener Qualen, quasi-religiöse und demütige Passagen. *The Ballad of Reading Gaol* ist eine Anklage, ein vielstimmiger Gesang aus den Untiefen menschlicher Existenz, gewissermaßen »de profundis«, aber auch eine Apologie. Mit Gide hatte er über die Befindlichkeit des Dichters im Zuchthaus am Beispiel Dostojewskis philosophiert – was für den russischen Romancier nach dessen Entlassung die *Aufzeichnungen aus einem Totenhaus* waren, wollte »C. 3. 3.« nun mit der *Ballad* leisten. Carlos Blacker gegenüber, einem Freund Constances, mit dem er häufig der Kinder und seines Unterhalts wegen korrespondierte, beschrieb Wilde das Poem. Deutlich geht daraus hervor, daß er sich selbst nichts mehr vormachen konnte, mehr noch, dieses Gedicht seine letzte Schöpfung sein würde:

»[Mein Gedicht ist] mein ›chant de cygne‹, und es tut mir leid, daß mein Abgesang ein Schmerzensschrei ist – ein Lied des Marsyas, kein Lied des Apoll; aber das Leben, das ich so sehr geliebt habe – zu sehr –, hat mich zerfleischt wie ein Tiger. Und wenn Sie zu mir kommen, so werden Sie die Ruine und das Wrack all dessen vorfinden, was einst wundervoll und glänzend und schrecklich unglaubhaft war. Aber die französischen Literaten und Künstler sind freundlich zu mir, und ich verbringe meine Abende mit der Lektüre der *Tentation* von Flaubert. Ich glaube nicht, daß ich je wieder schreiben werde: ›la joie de vivre‹ ist tot, und sie ist, zusammen mit der Willenskraft, die Grundlage aller Kunst. – Wenn Sie kommen, fragen Sie nach Monsieur Melmoth.«[2]

Solange die Kette seiner Besucher nicht abreißen wollte, solange seine Inspirationskraft nicht versiegte und das prächtige Sommerwetter anhielt, das ihm Strandspaziergänge und Meerbäder ermöglichte, schien Wildes Verfassung glänzend zu sein. Doch oft beschlich ihn das Gefühl, er setze seine Zellenhaft nur in veränderter Form, an einem idyllischeren Ort fort, werde von alten Bekannten und Widersachern wie ein exotisches Tier im Zoo begafft, eine Kuriosität hinter Gittern, der man einen Leckerbissen zusteckt, die man Kindern vorführt, auf die man mit Fingern zeigt und nach dem Besuch allein zurückläßt. Dann fühlte er sich isoliert, bekam depressive Anwandlungen. Das so gesunde, jedoch monotone Leben auf dem Lande war seine Sache letztlich nicht, und bei bedecktem Himmel und Dauerregen wurde ihm die ganze Trostlosigkeit des gottverlassenen Kaffs bewußt, in dem er sich nun schon wochenlang versteckt hielt. Unvorstellbar erschien es ihm, im Chalet Bourgeât noch mehrere Jahre fristen zu sollen – Wilde war immerhin erst zweiundvierzig –, zumal sich für ein Privatleben in Berneval keinerlei Perspektive auftat, und auch die herumlungernden Burschen aus den Dörfern um Dieppe waren nicht nach seinem Geschmack. Hinzu kam, daß er sich mit einem einzigen derartigen »Fehltritt« in der Provinz ins endgültige gesellschaftliche Abseits manövrieren würde. Auf Robbies Gunstbezeugungen zu hoffen, war gleichfalls ein schwacher Trost; Ross war noch jung und hatte ein Recht auf ein eigenständig bestimmtes Liebesleben; im Grunde war er auch nicht ununterbrochen abkömmlich. Wilde wollte nicht, daß ihm physisches Pläsir bloß aus Mitleid gewährt wurde.

Paris blieb die einzige Alternative. Der Weltstadt, die seiner Zwitternatur so sehr entsprochen hatte, galten seine Projektionen. Er selbst konnte nun im Herzen der *vieux quartiers* als Sphinx sein Unwesen treiben. Dort lockten die Foyers der Theater, die Gewölbe der Kabaretts. Allabendlich konnte man Zuschauer sein, Spektakel genießen, von Bewunderen umringt werden. Dort ließ sich inkognito eine Existenz etablieren, dort bestand Aussicht auf sexuelle Ablenkungen, dort würde so schnell kein Hahn nach seinem Privatvergnügen krähen; und er wäre nicht mehr auf den Kurzbesuch von Kollegen angewiesen, die nur während der Sommerfrische gelegentlich an die Küste eilten, weil sie besseres Licht zum Malen vorfanden oder in Ruhe einen Essay abschließen wollten. In Paris brauchte er sich nicht von solch beliebigen Treffen ab-

Robert »Robbie« Ross und Reginald »Reggie« Turner

speisen zu lassen, die Wilde nur als dürftiges Almosen empfand. Noch durfte er sich dem Wahn hingeben, in den Salons und Abendgesellschaften stünden ihm Tür und Tor offen, würde man wieder seinen rhetorischen Improvisationen lauschen, seine Virtuosität rühmen. Noch schreckte er vor der Sogkraft der Weltkraft zurück. Denn noch bekundete er:

»Aber ich habe Dir auch noch etwas anderes zu sagen. Ich vergöttere diesen Ort. Wunderschön ist die ganze Gegend mit den vielen Wäldern und hohen Wiesen – schlicht und gesund. Wenn ich in Paris lebe, so wird es vielleicht mein Verhängnis sein, Dinge zu tun, nach denen ich kein Verlangen habe. Ich fürchte mich vor der großen Stadt. Hier stehe ich um halb acht auf und bin den ganzen Tag über froh, gehe um zehn zu Bett. Ich habe Angst vor Paris und möchte hier leben.«[3]

In diesem pathetischen Schreiben an Ross gelang es ihm beinahe, sich selbst ein Dasein in der Provinz vorzugaukeln. In Gedanken sah er sich schon als Besitzer von Grund und Boden, ein wackerer normannischer Landmann, mit dem Baguette unterm Arm, von der Veranda in die klare, salzhaltige Meeresluft blinzelnd. Ein Lebenskünstler, mit sich im reinen; ein Aussteiger, der seine Seelenruhe gefunden hat. Er wäre sogar, so erzählte er Ross, zum Schrein der Wallfahrtskirche Notre-Dame-de-Liesse gepilgert, wo ihn die »liebreizende Wirtin« der dortigen Auberge, »eine wahre Perle«, angefleht hätte, sich für alle Zeiten in Berneval niederzulassen. Doch klang das alles wenig überzeugend. In Wahrheit war und blieb Oscar Wilde ein unverbesserlicher Nomade. Die Parfums der großen Städte waren sein Elixier.

Paris flößte ihm Furcht ein, aber an der Landluft erstickte er. Vor einem geregelten Tagesablauf mit frühem Aufstehen und zeitiger Nachtruhe graute es ihm. Wie schon für Lady Speranza, so begann auch sein Tag pünktlich zur Mittagsstunde. Wenn man sich darauf verlassen konnte, daß die Garçons in den Brasserien die ersten Apéritifs servierten, wagte er sich aus den Federn und begab sich zum Zeitungsstand. In Berneval hingegen war es schier unmöglich, an überregionale Periodika heranzukommen. 1897 war soeben *Dracula* in die Buchhandlungen gelangt, der Erfolgsroman von Bram Stoker, der ihm einst seinen Jugendschwarm Florence Balcombe vor der Nase weggeschnappt hatte. In Paris würde Wilde den Schmöker sofort erworben und verschlungen haben – aber ein Sebastian Melmoth mußte sich gedulden, bis einer seiner britischen Freunde die Gnade haben würde, es ihm zu schicken oder mitzubringen.

So kam es, wie es kommen mußte. Von beiden Seiten spitzte sich der Druck zu: Douglas klagte, er sei der einzige von Wildes Freunden, der in Gänze vernachlässigt würde, dann wieder fehlten ihm angeblich die nötigen Francs für einen Blitzbesuch in Berneval – gerne ließ sich der eitle Adonis ein wenig bitten. Auf der anderen Seite zogen sich die Verhandlungen mit Constance immer mehr in die Länge, das Einschalten von A. D. Hansell, Oscars Anwalt, als Vermittler erwies sich als wenig zuträglich. Robbie und Bosie konkurrierten miteinander, wer im Ansehen Wildes als besserer Freund oder »goldenerer Junge« dastehe. Constance und Lady Queensberry setzten alles daran, den jeweiligen Verführer des ihnen nahestehenden Mannes auszuhebeln. Letztlich waren sie es auch, die die beiden Liebenden einander wieder in die Arme trieben. Constances Güte wurde durch ihre Unversöhnlichkeit zunichte gemacht, und das unberechenbare Verhalten von Douglas war einfach viel faszinierender für Wilde. »Frauen sind so kleinlich, und Constance hat keinerlei Phantasie«, erfuhr Hansell von seinem Mandanten in Berneval.

Seine Gattin hatte also den entscheidenden Moment, ihn zurückzugewinnen, ungenutzt verstreichen lassen. Wilde fühlte sich fremdbestimmt, eine Entscheidungsohnmacht bemächtigte sich seiner; außerdem fürchtete er, zerrieben zu werden. Immer öfter war er geneigt, seinen inneren Widerstand aufzugeben, um Bosie in sein Leben zurückzuholen. Und der Sog, den Paris ausübte, überwog letztendlich seine Furcht vor alten Versuchungen. Paris – das war tatsächlich die Möglichkeit eines Neuanfanges mit Douglas, vielleicht sogar die Lösung. Ende August 1897 waren die Würfel gefallen, Oscar und Alfred verabredeten sich in Rouen für ein Versöhnungstreffen.

Wildes Argumente für ein Einlenken sind von entwaffnender Konsequenz und dienten wohl auch der eigenen Beruhigung, der Selbstrechtfertigung: »Meine Rückkehr zu Bosie war psychologisch unausweichlich. Ich kann ohne die Atmosphäre der Liebe nicht leben. Natürlich werde ich oft unglücklich sein, aber ich liebe ihn noch immer; allein die Tatsache, daß er mein Leben zerstört hat, zwingt mich, ihn zu lieben.«[4]

Vergessen waren all die schweren Vorwürfe und gewichtigen Anschuldigungen aus *De Profundis*, beide waren bereit, einander zu verzeihen. Keiner kam so richtig ohne den anderen aus. Am Bahnhof von Rouen war die Kerkerhaft von Reading wie ausgelöscht, aus »C. 3. 3.« wurde wieder der Sehend-Blinde aus den Jahren vor 1895, der unbeirrbar seiner Nemesis ins Auge blickte und auf den Abgrund zu marschierte. Das Wiedersehen war denkbar kurz. Einen Tag und eine Nacht verbrachten Wilde und Douglas miteinander. Hier stellten sie die Weichen für einen erneuertes Leben zu zweit. Sie beschlossen, demnächst gemeinsam nach Italien zu gehen. Schmutzige Wäsche wurde nicht gewaschen, man verlor keine Zeit mit Abrechnungen und Vorhaltungen, der Effekt der überlangen Epistel schien verpufft. Hatte Wilde sie überhaupt je geschrieben? Mit Douglas in Rouen am selben Tisch sitzend, eine Flasche guten Weines genießend und einen Teller Meeresfrüchte vor sich, schrumpften die endlosen Monate, in denen Wilde auf das bloße Augenzwinkern von Wächter Martin angewiesen war, um einen grauen Vormittag nach dem anderen hinter sich zu bringen, auf ein bedeutungloses, dunkles Fleckchen in seiner Erinnerung zusammen. Die Gefängniszeit verklärte sich, nahm fast märchenhafte, irreale Züge an. Irrealität beeinflußte auch die Gestaltung einiger Strophen der *Ballad*. Manche klingen, als habe sie ein Dichter verfaßt, der sich das Sträflingsdasein nur vorstellt und ausmalt, im Gegensatz zu jenen, wo konkrete Erfahrung und echtes Leid hinter der lyrischen Verbrämung spürbar wird.

Kaum zurück in Berneval, hielt ihn nichts mehr an diesem kümmerlichen Ort, an dem er noch vor Wochenfrist seßhaft werden wollte. Über seinen abrupten Sinneswandel informierte er selbstverständlich Ross zuallererst:

»Ich kann nicht ohne die Atmosphäre der Liebe leben: Ich muß lieben und geliebt werden, mag der Preis dafür auch noch so hoch sein. Ich hätte mein ganzes Leben mit Dir [Ross] verbringen können, aber Du hast andere Verpflichtungen …, und alles, was Du mir geben konntest, war eine Woche in Deiner Gesell-schaft. Reggie [Turner] gab mir drei Tage ..., aber den ganzen letzten Monat war ich in Berneval so einsam, daß ich drauf und dran war, mir das Leben zu nehmen. Die Welt verschließt ihren Zugang vor mir, doch das Tor der Liebe steht offen.«[5]

Es sind harte, ungerechte Worte, die der undankbare Wilde hier für seinen literarischen Vertrauensmann und gelegentlichen Lieb-haber findet: Nur eine Woche soll Ross ihm in all den langen, aufopferungsvollen Monaten gewidmet haben. Vom nahezu tag-täglichen Einsatz für den Sträfling und später für Melmoth, einer veritablen, nun schon seit Jahren andauernden Ganzzeitbeschäf-tigung für den selbstlosen Freund, ist keine Rede mehr.

Doch zuvor startete Wilde noch aus heiterem Himmel den Ver-such eines Zusammenlebens mit Reggie Turner, ein Ausweichma-növer aus Angst vor dem Treffen mit Bosie – wie Turner schnell durchschaute. Er ahnte, daß Oscar seine, Reggies Anwesenheit nur für einen Fluchtversuch mißbrauchen wollte. Womöglich hatte Wilde selbst die mangelnde Fairneß Ross und Turner gegenüber gespürt, denn er schob gleich eine weitere Begründung für ein Verlassen der Normandie nach – das schlechte Wetter würde ihn depressiv machen. Blacker und Constance wurde das neuaufge-legte Bündnis mit Bosie selbstredend zunächst verschwiegen:

»Ich kann nicht in Nordeuropa bleiben; das Klima bringt mich um. Das Alleinsein macht mir nichts aus, wenn die Sonne scheint und eine ›joie de vivre‹ mich umgibt, aber die beiden letzten Wochen in Berneval waren schwarz und schrecklich für mich, erweckten Selbstmordgedanken. Ich bin noch nie so un-glücklich gewesen. Ich versuche, Geld aufzutreiben, damit ich nach Italien reisen kann. ... Ich bin tief enttäuscht, daß Con-stance mich nicht aufgefordert hat zu kommen und die Kinder zu sehen. Ich glaube jetzt nicht mehr, daß ich sie überhaupt noch sehen werde.«[6]

Am 15. September 1897 machte Wilde einen Abstecher nach Paris. Bei einem Essen mit seinem Freund Vincent O'Sullivan konnte er diesen überreden, ihm für einen Neapelaufenthalt und das Verfassen eines neuen Theaterstückes Geld zu leihen. O'Sullivan fuhr mit Wilde zur Banque de France, wo er eine stattliche Summe von seinem Konto abhob. Oscar verlor keine weitere Minute in Paris und reiste auf der Stelle nach Aix-les-Bains, einem kleinen Thermalbad östlich von Lyon, wo er, wie verabredet, auf Douglas traf. Von dort aus zogen beide an den Golf von Neapel.

Nach einigen Tagen des Müßiggangs im Hôtel Royal und Exzessen sträflicher Sorglosigkeit mieteten sie sich in einer Villa in Posilipo nördlich vom Vesuv ein – die stattliche Rechnung beglich selbstredend Signore Melmoth. Wilde feilte an der *Ballad*, korrespondierte intensiv mit Smithers, unterzog eine italienische *Salome*-Übersetzung einer kritischen Prüfung und nahm die unfertige *Florentine Tragedy* wieder zur Hand. Bosie schrieb währenddessen schwache Sonette, über deren vermeintliche Qualitäten sein Liebhaber wahre Lobeshymnen anstimmte. Sie bummelten die Strandpromenade entlang, deren Charme ähnliche Ausflüge in Dieppe bei weitem in den Schatten stellte, erlebten die große Duse im Theater. Gern hätte der *Salome*-Autor die Monologe seiner entfesselten Prinzessin von dieser unvergleichlichen Diva deklamiert gehört – es blieb ein Wunschtraum. Auf Photos ließen sich Douglas und Wilde beim Mittagessen unter freiem neapolitanischem Himmel ablichten. Die Schnappschüsse zeigen das Paar in leichten Sommeranzügen, mit Strohhüten, auf dem Tisch halbgeleerte Chianti-Flaschen. Vordergründig schien es, als stünde alles zum besten. Doch die Gesichter wirken auf diesen Photos angespannt und seltsam leer. Von ausgelassener Fröhlichkeit keine Spur.

Constance machte sich in Genua auf einen Überfall ihres Mannes gefaßt, dem sie halb freudig, halb ängstlich entgegensah. Als sie allerdings erfuhr, wer die Villa Giudice mit Oscar teilte und ihr beider Pläne zu Ohren kamen, demnächst nach Capri, mitten ins schicke Mekka der Homosexuellen Europas, zu reisen, schrieb sie am 29. September den verhängnisvollen Brief, in dem sich Wut, Enttäuschung und wohl auch Haß endlich Bahn brachen: »Ich verbiete Dir, Lord Alfred Douglas zu sehen. Ich verbiete Dir, Dein schmutziges, ungesundes Leben wiederaufzunehmen. Ich verbiete Dir, in Neapel zu leben. Ich erlaube Dir nicht, nach Genua zu kommen.«[7] Doch damit stieß sie auf taube Ohren. Wilde hatte es satt, von ihr hingehalten und gegängelt zu werden. Seine fortgesetzte Abhängigkeit von ihrem stets in der Schwebe gehaltenen Zahlungswillen, den sein »unsittlicher« Lebenswandel unweigerlich ständig gefährdete, ließ ihn explodieren. Und er wollte auch endlich seine Söhne wiederhaben, die zur Zeit mit Blackers Familie den Herbst in Freiburg im Breisgau verbrachten. Smithers stellte er die verfahrene Situation etwas übertrieben dar: »Man will, daß ich Hungers sterben oder mir in einem Neapolitaner Pissoir eine Kugel durchs Hirn schießen soll.« Und More Adey versuchte er klarzumachen, warum er Bosie verteidigen müsse, warum er ohne dessen Anwesenheit einfach nicht mehr auskommen könne:

»Er ist der einzige Freund, mit dem ich noch in Kontakt sein kann, und es ist unmöglich, ganz ohne Gesellschaft zu leben. Schweigen und Einsamkeit hatte ich zwei Jahre lang: Mich jetzt neuerdings zu Schweigen und Einsamkeit zu verurteilen, wäre barbarisch.

Es ist [vielleicht] nicht sehr wichtig, aber ich habe meiner Frau nie geschrieben, daß ich ›mit Lord Alfred Douglas zusammenlebe‹. Ich dachte, nur Dienstmädchen benutzen den Ausdruck ›zusammenleben‹.

Ich schrieb ihr, … daß ich im übrigen nichts wolle als in Frieden mein eigenes Leben zu leben, so gut ich eben könne. Daß ich nicht in London und – noch nicht – in Paris leben könne und daß ich sehr hoffe, den Winter in Neapel zu verbringen.«[8]

Auf dieses Schreiben erhielt er aus Genua keine Antwort. An ihrer Entfremdung ließ sich nichts beschönigen, es war der endgültige Bruch zwischen Constance und Oscar. Wilde und Bosie versuchten noch, sie sowie Lady Queensberry, die ebenfalls mit der Einstellung von Zahlungen drohte, umzustimmen, indem sie so taten, als würde Lord Douglas jetzt allein nach Rom weiterziehen. Beide Männer zappelten in Italien wie Marionetten an den Fäden dieser Frauen, denen ihre Konten Macht über sie verliehen. Und als die von Robbie gesammelten Spenden aufgebraucht waren – Alfreds Capricen innerhalb und außerhalb der Villa hatten Unsummen verschlungen, für die niemand mehr aufkommen wollte –, war den Liebenden die entscheidende Basis ihrer Beziehung abhanden gekommen. Von einem Tag auf den anderen stand Wilde allein da. Wenn Bosie überhaupt noch etwas bei Oscar gehalten hatte, dann die Gewißheit, daß sein Freund auch weiterhin für seine immensen Ausgaben aufkommen würde. Dieser kleinste gemeinsame Nenner löste sich nunmehr in Luft auf. Als sein Gespiele schon im Dezember 1897 nach Paris zurückreiste, durfte Wilde in Neapel den Trümmerhaufen seiner italienischen Eskapade zusammenfegen. *Each man kills the thing he loves.* Das doppelte Debakel, Douglas' Geiz und Egoismus sowie Constances bornierte Unnachgiebigkeit führte ihm das Scheitern seiner voreiligen Pläne vor Augen. Das makabre Duell in *Florentine Tragedy* war unverhofft glücklich ausgegangen,[9] dieses Happy-End blieb freilich ganz auf seine Phantasie beschränkt; Wilde selber war unfähig, seine persönliche neapolitanische Tragödie einfach so wegzustecken. »Dies ist natürlich die bitterste Erfahrung eines bitteren Lebens«, schrieb Wilde an Ross, »ein gräßlicher und lähmender Schlag, aber es mußte so kommen, und ich weiß, daß es besser ist, wenn ich ihn nie wiedersehe. Ich möchte es [auch] gar nicht. Er erfüllt mich mit Abscheu.«[10] Aubrey Beardsley spottete hämisch, nun sei es endlich soweit – Wilde könne wieder unter seinem richtigen Namen öffentlich auftreten.

Ruhelose Wochen schlossen sich an. Wilde-Melmoth begab sich nach Sizilien und traf dort mit dem homosexuellen Knabenphotographen Baron von Gloeden zusammen, dessen Aktaufnahmen von Jünglingen vor antiker Kulisse begehrte Sammlerobjekte in den einschlägigen Zirkeln Zentraleuropas waren. Aber auch in Taormina hielt es ihn nicht lange; das Hin und Her nahm kein Ende. Aus seiner Villa in Posilipo wurden ihm Kleidung und wertvolle Bilder gestohlen, in Neapel floh er vor britischen Tugendwächtern, die ihm in allen möglichen Lokalen nachstellten und auf seinem Verschwinden bestanden. Von Grippe, Geldsorgen und Verleumdungen geplagt, kam eine Spendenaktion von der Pariser Gazette »Le Journal« zu seinen Gunsten, die allerdings einen eher unbedeutenden Ertrag erbrachte, gerade recht.

Der Winter schleppte sich in Italien mehr schlecht als recht hin. Dieses Land jagte ihn förmlich davon. Und auch in Frankreich interessierte man sich immer weniger für den homosexuellen Künstler. Der britische Konsul zu Neapel durfte in einer offiziel-

Wilde und Douglas, Karikatur von Max Beerbohm

len Meldung nach London mit Genugtuung berichten, daß die »Wohngemeinschaft Wildes mit Douglas« bereits seit längerem beendet sei. Soeben war Zolas Aufruf *J'accuse*, ein offener Brief an den französischen Staatspräsidenten, im »L'aurore« erschienen. Neben diesem wellenschlagenden Pamphlet nahm sich die Affäre Wilde, derer man allmählich müde wurde, wie ein Sturm im Wasserglas aus.

Mitte Februar 1898 kehrte Sebastian Melmoth für immer in die Stadt zurück, in der sich sein Schicksal besiegeln würde. In Paris bezog er Quartier im schäbigen Hôtel de Nice in der Rue des Beaux-Arts gleich unterhalb der Seinequais am linken Ufer, unweit seines künftigen Domizils. Sein Sterbehaus, das Hôtel d'Alsace, befand sich in derselben Straße. Wildes *Ballad* war vor wenigen Tagen erschienen, und er wollte hier, im Zentrum der Literatur, in Erfahrung bringen, wie es um sein opus summum bestellt sei. Sein berühmter Kollege Maurice Maeterlinck, dessen Dramen man in Paris feierte, war ihm zuvorgekommen, als er im Vorjahr dem stetigen Verlangen seiner Lebensgefährtin Georgette Leblanc nachgegeben hatte und in die französische Hauptstadt übergesiedelt war.

Paris begrüßte Wilde als Nekropole. Unheilvolle Botschaften erreichten ihn innerhalb weniger Monate: Am 16. März starb, gerade fünfundzwanzig Jahre alt, sein *Salome*-Illustrator Beardsley, der sich längst auf die Seite der Abtrünnigen geschlagen hatte. Am 9. September verschied Mallarmé, und mit ihm ging eine ganze literarische Ära zu Ende, zu deren Leitfiguren auch der Wilde der späten 1880er und frühen 1890er Jahre gehört hatte.

Überraschend verlor er am 7. April Constance. Mörderische Schmerzen hatten eine weitere Wirbelsäulenoperation in einer Genueser Privatklinik erforderlich gemacht, deren Folgen die Vierzigjährige nicht überlebte. Eine Prophezeiung bewahrheitete sich – auch von diesem Tod hatte er zuvor wieder geträumt. Die Chance, mit seinen Söhnen noch jemals zusammenzutreffen, war nun endgültig obsolet. Als Oscar im Februar 1899 dann auf Constances Grab in Italien Blumen niederlegte, suchte er vergeblich Hinweise auf seinen Namen.

Unter ihrem Mädchennamen Lloyd war sie bestattet worden, »Oscar Wilde« hatte man aus ihrer Vita getilgt. Zwar erhielt der Mittellose das Geld seiner Frau nun viel einfacher, ohne ihre Einsprüche und Proteste, aber zu einer Aussöhnung war es nicht mehr gekommen. Keiner von beiden hatte es mehr vermocht, die ausgestreckte Hand des anderen zu ergreifen. *Each man kills the thing he loves.*

Zwerg im Spiegel

‿⌒‿

Sein Blick ist vom Vorübergehn der Stäbe
so müd geworden, daß er nichts mehr hält.
Ihm ist, als ob es tausend Stäbe gäbe
und hinter tausend Stäben keine Welt.

RAINER MARIA RILKE: *Der Panther* (1907)
Paris, Jardin des Plantes

In seiner vierteiligen Sammlung phantastischer Erzählungen und
Fabeln, 1891 in London unter der zusammenfassenden Überschrift *A House of Pomegranates (Das Granatapfelhaus)* ediert, schildert
Wilde eine Geburtstagsfeier in königlichem Rahmen, die nur
sehr wenige Gemeinsamkeiten mit Melmoths Jubiläumsfest für
Queen Victoria im Strandhotel von Berneval aufweist. Im Zentrum von *The Birthday of the Infanta (Der Geburtstag der Infantin)* steht
nicht das Wiegenfest einer steinalten Monarchin, unter deren
Joch ein ganzes Weltreich der Epoche seinen Stempel aufdrückte,
sondern der Kindergeburtstag der spanischen Thronfolgerin im
Zeitalter der Inquisition. Die »little princess« lebt in einem goldenen Käfig, dem prächtigen Palast ihres Vaters mit ausgedehnten
Parkanlagen und reich geschmückten Festsälen. Zwölf Jahre wird
sie alt, und der gesamte Hofstaat und ganz Spanien feiern mit ihr.
Flimmernde Hitze, exotische Blumenanlagen, Stierkämpfe, itali-
nisches Marionettentheater – das südliche Ambiente der Gärten
der Alhambra an einem glutheißen Feiertag unter mediterraner
Sonne entsteht vor den Augen des Lesers, eine an Velázquez' Gemälde erinnernde Szenerie.

Die Infantin ist eine Halbwaise. Der noch immer trauernde Re-
gent erkennt in ihren anmutigen Zügen, ihrer Lockenpracht und
den gezierten Bewegungen seine alsbald nach der Geburt des
Kindes frühverstorbene Gattin wieder – »un vrai sourire de
France«, stammte die Königin doch aus dem Nachbarland Frankreich. In Fontainebleau hatte er sich in das unschuldige Geschöpf
verliebt, eine ihrer Locken als Unterpfand nach Hause, in den

Escorial, gebracht. Nach ihrem Tod ließ er sie einsalben, zur Mumie präparieren und in einer finsteren Kapelle aufbahren. Immer wieder zieht es den Witwer an den Ort, wo die Tote ruht; er kann sich an ihrem Anblick nicht sattsehen und betreibt einen schaurigen Kult. Sein Schmerz kennt keine Grenzen, »die Granatäpfel splitterten und barsten …, zeigten ihre blutenden roten Herzen.« Sein Schloß ist das im Titel der Sammlung evozierte Granatapfelhaus, in dem Liebe und Schönheit sowie Grausamkeit und Verlust aufeinandertreffen.

Die Parade der Attraktionen zu Ehren des verwöhnten Kindes will an diesem Sommermorgen, an dem es sich ausnahmsweise mit Gleichaltrigen umgeben und spielen darf, kein Ende nehmen. Gaukler und Zigeunerkapellen lösen einander ab, Bären und Affen werden vorgeführt, ein junger Graf imponiert der Prinzessin als galanter, mutiger Hidalgo, und selbst ihre mürrische Gouvernante, die Herzogin von Albuquerque, vergißt an diesem Freudentag ihr Los als alte, verbitterte Jungfer. Das meiste Aufsehen und nicht endenwollende Belustigung erntet aber der Tanzauftritt eines torkelnden, watschelnden Zwerges mit unförmigem Kopf, krummen Beinen, verwachsenen Gliedmaßen und ungestalten Bewegungen: ein »groteskes Ungeheuer« von einem Kind, das sein Vater, ein Köhler aus dem Korkwald, an Gefolgsleute des Königs verkauft hatte, um die Infantin zu überraschen. Die Köhlersleute sind heilfroh, ihr »häßliches und nutzloses Kind loszuwerden«, und in völliger Unkenntnis seiner grotesken Erscheinung vollführt es einen ungelenken, gleichwohl faszinierenden Tanz, der Hofstaat und Hauptperson Tränen der Schadenfreude in die Augen treibt. Man kichert über seinen Buckel, die Säbelbeine und sein teuflisches Grinsen. Dieser Gnom, der noch nie in einen Spiegel geblickt hat, die tolpatschige Monstrosität seiner Behinderungen ignoriert, verliebt sich bei seiner ersten öffentlichen Darbietung unsterblich in das edle Geburtstagskind. Die Infantin geht zum Schein auf sein Spiel ein, flirtet mit ihm und wirft ihm eine weiße Rose zu, als habe sie ihn unter vielen Anwärtern auserkoren. Dann zieht sich die gesamte Festgemeinschaft zur Siesta zurück. Am Nachmittag aber soll, auf besonderen Wunsch der Infantin, der Tanz des Zwerges wiederholt werden.

Die naive Mißgeburt ist stolz darauf, soviel Eindruck hinterlassen, so viele reiche Herrschaften in erlesenen Gewändern zu ausdauerndem Lachen gebracht zu haben. So sehr freut er sich, Auslöser von Ausgelassenheit und kollektivem Vergnügen zu sein, »daß er in den Garten hinauslief und in einer unsinnigen Ekstase des Vergnügens die weiße Rose küßte und in den linkischsten und plumpsten Gebärden sein Entzücken kundtat.« Er »nahm die Sache ganz ernst, preßte die Blume an seine rissigen Lippen, legte die Hand aufs Herz, sank vor [der Infantin] aufs Knie, grinste von einem Ohr zum andern, und seine kleinen, strahlenden Augen funkelten vor Vergnügen.« Die Zeit vor seinem nächsten Auftritt nutzt der vernarrte Zwerg zur Inspektion der Gärten und der in der Mittagshitze leerstehenden Schloßgemächer. Die eitlen Blumen verachten ihn, doch die Vögel, seine alten Vertrauten aus dem Wald, lauschen seiner vor Begeisterung übersprudelnden Erzählung, von der sie kein Wort verstehen. Von ihnen wird er geliebt. Im schlafenden Palast hüpft er ungeduldig über weiche maurische Teppiche und gelangt schließlich unbemerkt in den Thronsaal. Dessen Prunk läßt ihn völlig kalt. Seine Aufmerksamkeit wird von einem merkwürdigen kleinen Scheusal am anderen Ende des riesigen Raumes beansprucht, einer furchterregenden Erscheinung, die ihm entgegen kommt, ihn imitiert, die Hand nach der seinen ausstreckt, scheußliche Grimassen schneidet. Als ihm zu dämmern beginnt, daß alle Gegenstände im Saal ihr Ebenbild zu haben scheinen, jedes Möbelstück einen »Zwillingsbruder«, ergreift die schreckliche Gewißheit von ihm Besitz, daß das Scheusal sein eigener Doppelgänger ist, Objekt von Gelächter, Gespött und Fingerzeigen. Das Bewußtsein, »anders« zu sein als die anderen, mit gräßlichen Gebärden zu agieren, die Erkenntnis der eigenen, maßlosen Häßlichkeit, löst bei ihm Verzweiflungsschreie aus, schluchzend stürzt er zu Boden. »War es das Echo? Konnte es das Auge ebenso täuschen wie das Ohr? Konnte es eine Welt des Scheins schaffen, die völlig der wirklichen glich? Konnten die Schatten der Dinge Farbe haben und Leben und Bewegung?« Die Konfrontation mit seinem Spiegelbild wird zu seinem Todesurteil, fällt ihn wie ein Hieb, dessen Wucht er nicht verkraften kann.

Der Zwerg wünscht sich, auf der Stelle tot zu sein, zerfetzt die Rose, Symbol eines trügerischen Liebesversprechens, verbirgt sich, um den eigenen Anblick nicht mehr ertragen zu müssen. »Wie ein verwundetes Tier kroch er in den Schatten, und dort blieb er stöhnend liegen.« Die Enttäuschung über unerwiderte Liebe, mehr noch: über die völlige Aussichtslosigkeit, jemals wiedergeliebt zu werden, ist der schlimmste Schlag für den Gnom. Er ist ein Fremdkörper in diesen prächtigen Zimmerfluchten, deren Inventar jegliche Lebendigkeit ausgetrieben wurde, wo kein Vogelgezwitscher zu ihm dringt. Als die Prinzessin erscheint, um seinen nächsten drolligen Tanz zu erleben, stirbt er vor ihren Augen an gebrochenem Herzen. Die Infantin ist erzürnt über das plötzlich bewegungslose Spielzeug, das seinen Zweck nicht mehr erfüllt. Vergeblich versucht sie, es aufzuwecken und schickt nach Untergebenen, die es für seinen Ungehorsam bestrafen sollen.

Mit Verachtung und standesgemäßer Grandezza nimmt sie zur Kenntnis, daß das possierliche Kerlchen unwiderruflich kaputt ist. Das kleine Monster wird nie wieder tanzen, ihr Amüsement ist für immer beendet. »In Zukunft mögen die, die mit mir spielen, keine Herzen haben«, lautet ihr unbekümmerter Kommentar, als sie sich anderen Ablenkungen zuwendet. Und auch der Hofkanzler bedauert nicht den Tod des Zwerges, ihn grämt es vielmehr, daß das Mitbringsel nicht mehr funktioniert: »Schade, denn er ist so häßlich, daß er vielleicht sogar den König zum Lächeln gebracht hätte.« Im »Granatapfelhaus«, dessen in steifen Trachten und glockenförmigen Röcken steckende Bewohner sinnbildlich an Bewegungsfreiheit und Entfaltung gehindert werden, hat der Respekt vor den Gefühlen anderer keinen Platz, »verblutet« ein auf ewig untröstliches Herz.

Wildes berückende Parabel von schönem Schein und grausamer Menschenverachtung, von mit Füßen getretener Liebe, von der Marginalisierung des Abstoßenden und der unbarmherzigen Vernichtung nonkonformer Erscheinungen durch eine hierarchische, mächtige Gesellschaftsordnung greift viele vertraute Märchenmotive auf. Das »Spieglein an der Wand« aus *Schneewittchen* und auch der *Froschkönig* klingen an. Der Gegensatz von physischer weiblicher Vollkommenheit und unsäglicher männlicher Häßlichkeit ist ein vertrautes abendländisches Motiv, das im *Glöckner von Notre-Dame* oder im immer wieder gestalteten Topos von »the beauty and the beast«, am überzeugendsten in Jean Cocteaus Verfilmung *La belle et la bête* mit Jean Marais als »Monster«, vielfach begegnet.

Die Sphäre unberührter, verklärter Natur und die Dekadenz des Königshofes, verfeinert und doch menschlich verkommen, stehen einander unversöhnlich gegenüber, wie grelle, kontrastive Schwarz-Weiß-Malerei. Doch bei Wildes Kunstmärchen, denen man in gängigen Literaturlexika allen Ernstes Redundanz, Detailverliebtheit und »preziöse Weitschweifigkeit« attestiert, handelt es sich nur auf den ersten Blick um leicht lesbare, verschwenderisch ausgeschmückte Kindererzählungen mit didaktischen Untertönen. Wilde ahmt hier mit Raffinesse und stilistischer Virtuosität den volkstümlichen, naiven Ton des »Es war einmal« nach. Das doppelbödige Imitat läßt sich auf verschiedenen Ebenen begreifen, als unerhörter, staunenswerter Vorfall, dem schon aufmerksame Kinder beim Vorlesen erliegen können, aber auch als brisante gesellschaftspolitische Allegorie, ein Schmankerl für literarische wie für musikalische Gourmets.

Und auch hier hatte sein Autor autobiographische Erfahrungen vorweggenommen: Wilde wußte besser als jeder andere, was es heißt, im Rampenlicht der Salons oder auf dem spiegelglatten Parkett der Oberschicht den grotesken Clown zu spielen.

Diese märchenhafte »Tragödie des häßlichen Mannes« veranlaßte den österreichischen Komponisten Alexander von Zemlinsky, mit dem Operneinakter *Der Zwerg*, komponiert am Ende des Ersten Weltkrieges und 1922 in Köln uraufgeführt, sein persönliches Liebestrauma zu thematisieren[1] – er verarbeitete in seiner zweiten Wilde-Vertonung (nach der *Florentinischen Tragödie*, 1915/16) die Schmach, von einer geliebten, vielbegehrten Frau zurückgewiesen worden zu sein: Alma Schindler, selbst Komponistin und Muse etlicher berühmter Männer, hielt ihren Geliebten Zemlinsky bei ihrer ersten Begegnung in Wildes Todesjahr 1900 für einen »komischen Menschen«, für eine Karikatur: »kinnlos, klein, mit herausquellenden Augen«. Nur wenige Monate waren der Liaison zwischen der attraktiven Kompositionsschülerin und ihrem »zwergenhaften« Lehrmeister beschieden gewesen, danach hatte Alma den vielversprechenden jungen Tonsetzer verlassen, um sich Männern wie Gustav Mahler, Oskar Kokoschka und

Franz Werfel zuzuwenden. Die Enttäuschung hatte den Geschmähten in eine tiefe Krise gestürzt, aber auch einen ungeahnten Kreativitätsschub bewirkt, dem die deutsch-österreichische Musikmoderne zu Jahrhundertbeginn einige ihrer interessantesten und gewagtesten Schöpfungen verdankt.

Zemlinskys Librettist Georg C. Klaren nahm gewichtige Veränderungen bei der Erstellung des Szenenbuches vor: Sein Zwerg tanzt nicht nur, sondern bringt der von Zofen und Gespielinnen umringten Infantin auch ein schauriges Ständchen dar. Aus dem Köhlerssohn ist das Gastgeschenk eines Potentaten aus dem Orient geworden: Seine im Ungefähren verbleibende Herkunft trägt märchenhafte, exotische Züge, der spanische Königspalast erfährt hingegen eine realistische, kühl-distanzierte Darstellung. Der Hofstaat wird auf den geschäftigen Haushofmeister Don Estoban reduziert, und die Lieblingszofe Ghita vermittelt zwischen dem desillusionierten Gnom und der Prinzessin, einem grausamen, machtbewußten und sexuell reifen Mädchen an der Schwelle zur Frau. In der Oper feiert sie ihren achtzehnten Geburtstag und zerstört als Femme fatale, eine adoleszente »Dirne in nuce« (Klaren), skrupellos die ihr dargebrachte Puppe. Sie selbst ist es, die dem Zwerg die Augen öffnet und seine Häßlichkeit sowie ihr launenhaftes Spiel mit seiner Liebe unverhohlen anspricht.

Ghita, die mit einem Taschenspiegel ausgesandt worden ist, hat sich zuvor außerstande gesehen, ihn mit der Wahrheit zu konfrontieren. Um den Unglücklichen vor sich selbst zu schützen, hatte man die Spiegelwände anfangs noch mit Teppichen zugehängt, die er selbst nun herunterreißt. In einem ergreifenden Monolog vor seinem Ebenbild erkennt er sein Anderssein. Doch, anders als bei Wilde, flüchtet sich der von »einem Blitz getroffene«, zusammengebrochene Zwerg im Angesicht seines Todes wieder in den Liebeswahn. Im Sterben hält er die noch unversehrte weiße Rose umklammert. Seinen Glauben an die Erwiderung seiner Empfindungen durch die Prinzessin, Inkarnation vollkommener Schönheit, will er sich auch zuletzt nicht nehmen lassen.

Klarens Umdeutungen von Wildes Vorlage müssen einerseits vor dem Hintergrund der Schriften des Sexualpathologen Otto Weininger gesehen werden, die tiefgreifende Wirkungen im Wien der Jahrhundertwende zeitigten, in intellektuellen Zirkeln heftig umstritten waren und überall diskutiert wurden. Andererseits ist Zemlinskys Oper ohne das übermächtige Vorbild von Strauss' *Salome* kaum vorstellbar, das Ausweiten einer bis in die Extreme vordringenden Orchestersprache: der Abbildung und Klanggestaltung des Häßlichen und Grotesken, der Ausdeutung entfesselter Triebkräfte, jeweils auf nur einen Akt komprimiert.

Der Zwerg ist – nach *Salome* und *Florentine Tragedy* – ein weiteres Beispiel dafür, wie »operngerecht« Wilde im Grunde zu schreiben vermochte. Seine Variationen scheinbar entlegener, in der Vergangenheit schlummender Motive und Themenkreise (Bibel, Renaissance, das Spanien der Inquisitoren), seine eklektizistische Aneignung »gegenwartsfremder« Bildwelten besaßen immense Anziehungskraft für die modernen Tonsetzer unmittelbar zu Beginn des 20. Jahrhunderts; die sprachliche Behandlung seiner Stoffe war für die ambitionierten Musikdramatiker irritierend und verführerisch zugleich.

Insbesondere zwischen *Salome* und *Zwerg* bestehen erstaunliche Parallelen: Beide Male verfügt eine junge, selbstbewußte Frau – eine Prinzessin – kraft politischer Macht über einen Männerkörper, der sich ihren Launen beugen muß. Der asketische Prophet hat auf Befehl aus dem Brunnen zu steigen, das bizarre Geburtstagsgeschenk auf Geheiß seine Verrenkungen zu vollführen. Salome tanzt, um Herodes zu bezirzen, der groteske Liliputaner erntet Lachsalven bei seiner Darbietung. Hier wie dort wird der Gegensatz zwischen Schönheit und Häßlichkeit, zwischen sexueller Begierde und absolutem Verzicht auf körperliche Vereinigung, in den Mittelpunkt des Geschehens gestellt. Den Liebesentzug, den hinzunehmen sie beide nicht bereit sind, quittieren die dem Rausch verfallene Salome und der im Innersten getroffene Zwerg mit dem Tod. Die Schlußworte des verzweifelten Gnoms in Zemlinskys Oper: »Sag mir, daß es nicht wahr ist. Sage [mir], daß ich schön bin und daß du mich liebst!« könnten aus dem Mund der Schleiertänzerin stammen, als sie Jochanaans Kopf auf einer Silberschale zum Sprechen zu bringen versucht. Und Herodes' Erkenntnis im Augenblick der allergrößten Bedrohung, wenn Salome ihren Lohn für ihre Tanzdarbietung einfordert, klingt geradezu wie ein Motto für Wildes Märchenparabel: »Ich habe dich allzuviel angesehen. Aber ich will dich wahrhaftig nicht mehr an-

Henri de Toulouse-Lautrec

sehen. Man sollte gar nichts anschauen. Weder Gegenstände noch Menschen sollte man ansehen. Nur in Spiegeln sieht es sich gut. Denn die Spiegel zeigen uns bloß die Masken.« Der warmherzige Beruhigungsversuch der Zofe Ghita, »Zwerg, o Zwerg, Gott hat uns alle blind geschaffen vor uns selber«, vermag weder Herodes noch Salome, weder den Zwerg noch Dorian Gray, bei dem der Anblick seines eigenen Abbildes unüberwindlichen Ekel hervorruft, zu trösten. Das Leben, so lehren uns Wildes Dramen und Fabeln, ist wie ein gigantischer, endloser Karneval konzipiert. Im Dickicht von Verwechslungen und Selbsttäuschungen muß man lediglich den sich perpetuierenden Rollentausch beherrschen, um sich vor möglicher Entlarvung in Sicherheit zu bringen: Das Spiel funktioniert, solange die Masken nicht fallen. Für den Zwerg endet es tödlich, weil er, im Vertrauen auf seine Unschuld, auf den nötigen Selbstschutz verzichtet hat. Sein Blick in den Spiegel bringt ihn um: Angesichts der Fratze ungeschminkter Realität versagen alle Mechanismen der Tarnung, wie sie die Gesellschaft Außenseitern in begrenztem Maße zugesteht. Für ihn, Inbegriff der Ehrlichkeit, steht kein Ausweg mehr offen, der Karneval geht woanders weiter.

In Paris kreuzte ein Mann Wildes Lebensweg, der ihm schon im Vorfeld seiner Prozesse in London begegnet war: Henri de Toulouse-Lautrec. Hochbegabt und von zwergenhaftem Wuchs, verstand er sich wie kein zweiter darauf, den hauptstädtischen Milieus des Fin de Siècle den Spiegel vorzuhalten. Er zeigte die Menschen in ihrer sozialen Befangenheit und entblößte sie, ohne sie der Lächerlichkeit preiszugeben. Im Niederreißen der Masken war der Zeichner und Plakatemaler, selbst ein Unikum unter den schrägen Vögeln der Kabaretts und Variétés, der ungekrönte König in der von Talenten seinerzeit überbordenden Künstlerszene Frankreichs. 1864 im südfranzösischen Albi als Sohn eines Grafen geboren und damit zehn Jahre jünger als Wilde, hatte Lautrec einen skurrilen Werdegang hinter sich, bei dem er Falkenjagd und Ausritte in nobler Kluft mit dem Betreiben von Sittenstudien am Pigalle vertauscht hatte. Seine Porträts zierten mittlerweile die Litfaßsäulen vor den Vergnügungstempeln und die Wände der Weinschenken zwischen Montmartre und Montparnasse.

Als Kind war er kränklich gewesen, hatte an Kalkmangel gelitten. Zwei aufeinanderfolgende Brüche hatten obendrein das weitere Wachstum der Beine verhindert. In Gesellschaft seiner Mutter zeichnete er in Nizza die Pferde, die er nicht besteigen, den Einspänner, die Berline, die er nicht fahren konnte. Malerei begeisterte ihn. So nahm er Unterricht und befreite sich von der Familie und der Strenge der Schule. Ein rastloses Zickzackrennen durch alle Viertel von Paris leitete ihn »geradewegs in seine Jagdgründe: zum Zirkus Fernando, zum Élysée-Montmartre, zum Kabarett von [Aristide] Bruant, zum Ball im »Moulin-Rouge«, zu den Café-Concerts.« Hier speicherte er graphische Dokumente, hier trainierte er sein Gedächtnis, damit nichts verlorenginge »von den charakteristischen Zügen, den Gesten der Personen, die einem vorübergehenden Glanz geweiht sind und denen er durch seine Zeichnungen und Plakate Bestand ver[lieh]: La Goulue, Jane Avril«[2] und viele andere illustre Protagonisten hatten ihm bereits Modell gestanden, namhafte aus der Welt der Music-Hall wie namenlose von den Treffpunkten des Straßenstrichs.

Im Bordell der Rue d'Amboise hatte er das Vertrauen der Dirnen gewonnen, die ihm für eine hübsche Skizze manch kostenloses Schäferstündchen gewährten. Stets fand er Unterschlupf bei Käuzen, Sonderlingen, Chansonniers. Unter dem Vorwand, Milch zu trinken, begab er sich schon am frühen Morgen in kleine Bars rings um die Place des Abbesses, um sich mit Hochprozentigem zuzuschütten. Sein schmales Budget besserten Werbeaufträge auf, mit seiner unverwechselbaren malerischen Handschrift machte er Reklame für die großen und kleinen Tingeltangel.

Alkoholabhängig und abgerissen war Lautrec kaum Mitte dreißig, als es mit ihm bereits zu Ende ging. Seine deformierte, schwankende Silhouette wurde zu einem Wahrzeichen der Montmartre-Bohème. Die Zugehörigkeit zur Halbwelt sowie seine Behinderung, an der Butte noch am ehesten akzeptiert, hatte seinen Blick für das Groteske geschärft. Virtuos handhabe er seinen »Spiegel«, das Erfassen elementarer menschlicher Emotionen. Wenige Striche genügten, mitunter hatte er nur ein Kohlestückchen oder einen Bleistiftstummel dabei. Im rosaroten, beige oder sandgelben Hintergrund seiner Plakate und Genreszenen klingt noch die Farbskala seiner heimatlichen Festungsstadt am Tarn an.

Hundert Jahre später sind seine Studien, Profile und Croquis zum touristischen Allgemeingut von Paris geworden, unvermeidlicher Bestandteil einer auf nostalgische Folklore setzenden Massenkultur. Kein Bierdeckel, keine Postkarte, keine Nippesfigur ohne das Konterfei von Bruant, Yvette Guilbert,»La Goulue«, der»Königin des Montmartre«, ohne die schwarzen, breitkrempigen Hüte der Bohémiens oder Lautrecs charakteristische Schriftzüge. Die Werke des zwergenhaften Malers bestimmen als Versatzstücke unweigerlich jede Paris-Wahrnehmung, haben sich zu visuellen Chiffren kollektiven Wiedererkennens gewandelt – eine Inbesitznahme individuellen Ausdrucks durch eine ständig im Wachsen begriffene Öffentlichkeit, wie sie in der modernen Ikonographie sonst vielleicht nur noch Picasso, Dalí oder Magritte zuteil geworden ist.

Innerhalb der zeitgenössischen Malerei stand Lautrec abseits der Schöpfer,»deren Sonnenentdeckungen die französische Malerei ... erleuchteten.« Doch er war»ein unbestechlicher Zeuge der Gesten des menschlichen Tieres und seiner Zeit ..., mit einer Gabe der Selbstbeobachtung, die nur einige wenige Auserwählte besitzen.« Er hatte»das Format eines Goya der *Caprichos*, weder Satiriker noch Karikaturist, sondern ein aufrichtiger Mensch, der sich nicht enthalten« konnte, ein»vollständiges Geständnis darüber abzulegen, was er entdeckt« hatte.[3]

Mindestens viermal hat der Winzling aus Albi Oscar Wilde porträtiert. Dessen riesenhafte, imposante Erscheinung, der elefantenhafte Gang und die royalen Gebärden –»Gesten« eines»menschlichen Tieres« eben – müssen auf ihn einen ganz besonderen Eindruck gemacht haben. Ihr wahrscheinlich erstes Treffen, 1895 in London – Lautrec war für eine Ausstellung seiner Werke angereist –, war denkbar kurz, die Fakten sjnd zudem umstritten: Ihr gemeinsamer Malerfreund Charles Conder soll sie einander vorgestellt haben; Lautrec, der sich im Kreise von Straßenmädchen und Lesbierinnen bedeutend wohler fühlte als unter Homosexuellen, war von der Gestalt und dem Ruf Wildes dennoch ungemein fasziniert. Ihn drängte es nach einer persönlichen Begegnung. Wilde, mitten in der Vorbereitung auf seinen ersten Prozeß und zunehmend nervös, soll sich jedoch standhaft geweigert haben, Lautrec Modell zu sitzen. Ganz gegen seine eitlen Gewohnheiten sah sich der routinierte Narziß, mitten in seinem Angriff gegen britische Engstirnigkeit und Intoleranz, zu Stillsitzen und kontemplativer Muße außerstande. Von der Standhaftigkeit und Unbeugsamkeit des Dichters beeindruckt, soll Lautrec angeblich an einem der Verhandlungstage den Gerichtssaal aufgesucht und Skizzen von Wilde gemacht haben. Belege gibt es dafür keine.

Ausgeschlossen ist das nicht. Lautrec war daran gewöhnt, sich auf die Zehenspitzen zu stellen, um durch die johlende Menge einen kurzen Blick auf die Akteure in den Variétés zu erhaschen; er war darauf angewiesen, daß ihn bei Massenaufläufen ein freundlicher Zeitgenosse auf die Schultern hievte, als handle es sich bei ihm um ein Kleinkind. Ihm machte es nichts aus, die wesentlichen Merkmale einer Persönlichkeit zwischen zwei Chansoneinlagen oder mehreren Kneipenbesuchen auf einem Fetzen Papier festzuhalten, Anhaltspunkte lediglich, um dann aus der Erinnerung das unbestechlich genaue Porträt anzufertigen.

»Weit davon entfernt, an Wildes divenhafter Weigerung Anstoß zu nehmen, ging Lautrec auf dessen Spiel ein und schuf, gewissermaßen auswendig, zunächst ein außergewöhnliches Aquarell, alsdann eine Zeichnung, die in der »Revue blanche« erschien. Ganz bewußt übertrieb er alles Feminine an Wilde, seine schlaffen, weichlichen Züge, die fallenden Linien, die eingefallenen, hängenden Wangen, den weichen Mund, die arrogant gespitzten Lippen, den bleichen Teint, das gelbliche Haar, alles, was an ihm an eine alte Frau erinnerte.« Wilde hatte gerade erst sein vierzigstes Lebensjahr vollendet, Lautrec ließ den »poète-martyr« um Jahrzehnte älter erscheinen, verlieh ihm eine Maske aus Wachs, runzlig und welk, mit Tränensäcken unter den kleinen Augen eines müden Elefanten. Wilde wirkt gequält auf dem Porträt, sein blutroter Kußmund verkniffen. Nur die aufrechte, stolze Haltung seiner massigen Figur beeindruckt, seine Kleidung ist tadellos.

»Lautrec hatte die geniale Eingebung, dieses Porträt auf einen kaum aquarellierten Kartonuntergrund zu malen. Aufgepflanzt vor dem Hintergrund eines in dezent angedeuteten Nebelschwaden versinkenden Londons, von dem nur noch die grauschimmernden Themsewasser und der Turm des Parlamentsgebäudes auszumachen sind, thront Wilde: lebendige Statue seines eigenen

Schicksals, übergewichtiger Darsteller in seiner eigenen, zweideutigen Tragödie. Dieser ›geniale und zugleich traurige Dichter‹ schiebt, so weit es geht, das herzzerreißende Bild jenes Landes von sich weg, von dem er verraten worden ist, verweist es ins Reich des Nichts. Man stelle sich hier die Anwesenheit [Lautrecs], eines winzigkleinen Gnoms, vor, Brillenträger und Träger eines Melonenhutes, wie er sich ironischerweise von dieser Statue von der Osterinsel dominieren läßt, so grotesk wie furchteinflößend.«[4]

Lautrec, der sein widerspenstiges Modell vorher nicht persönlich kannte, erspürt den entscheidenden Stimmungsumschwung bei Wilde, als Ruhm in Verfemung umschlägt. Vor der Kulisse eines schimärenhaften, unwirklichen London von 1895 malt er – mit geradezu prophetischem Einfühlungsvermögen – den Pariser Melmoth von Anfang 1898, in dessen Züge sich schon der vernichtende Schuldspruch, die Zwangsarbeit von Wandsworth, die Demütigungen von Reading, der Schmerz um den Verlust seiner Söhne und die erneute Trennung von Bosie eingegraben haben. Er kreiert ein Bildnis, das dem verlebten Porträt des »echten« Dorian Gray sehr nahekommt. Der Zwerg betont das Androgyne, Zwitterhafte, Gigantische und Unbestimmte an seinem geächteten Modell – eine Sphinx, die stumm und lethargisch vor der Silhouette einer Stadt thront, mit der sie nichts mehr verbindet. Imponierend bewacht sie eine Weltsicht und Ästhetik, an die kein Eindringling rühren soll. Was diese Sphinx im Innersten bewegt, bleibt fortan Geheimnis: ein erratischer Block, den man umsonst befragt.[5]

Lautrec verwendete dieses Wilde-Porträt noch ein zweites Mal: Als Farblithographie zierte es den Programmzettel der Uraufführung von *Salome* im Théâtre de l'Œuvre. *Salome* hatte ab Februar 1896 gemeinsam mit *Raphaël*, einem Drama von Romain Coolus, auf Lugné-Poës Spielplan gestanden: Beide Stücke wurden an einem Abend gezeigt. Die auseinandergefaltete Blattfläche des Programms teilen sich Bildnisse der beiden Autoren, die einander den Rücken zuwenden: links Coolus, ein symbolistischer Dichter, Dramatiker und Romancier mit Bärtchen und Zylinder, rechts Wilde. Lautrec war mit Coolus befreundet, hatte bereits mehrere seiner Erzählungen illustriert, unter anderem eine weitere Version von *La belle et la bête*, und seinen Altersgenossen hier vor ei-

ner nur vage angedeuteten Pariser Szenerie plaziert.[6] Das haupt-
städtische Publikum durfte sich dank Lautrecs Vorstellungskraft
bereits ein Bild von dem irischen Dichter machen, wie er in wenigen Jahren als Stadtstreicher über die Pariser Boulevards ziehen
würde.

In der »Revue blanche« vom 15. Mai 1895, also zu einem Zeitpunkt, als Wilde in London auf seine dritte Verhandlung wartete,
war noch eine weitere Lautrec-Skizze des Dichters zu sehen gewesen, eine Silhouette, die Oscar nach links blickend im Profil zeigt;
er trägt einen kragenbesetzten Mantel und hält sich kerzengerade,
seine Züge sind nur angedeutet. Ebenfalls aus dem Jahre 1895
stammt das entweder als »La Goulue dancing« oder »La danse
mauresque« bekannte Gemälde Lautrecs, heute im Musée d'Or-
say zu besichtigen. Es handelt sich dabei um die rechte Hälfte einer
doppelten Reklametafel, die, getrennt von Stufen und einer Tür,
die »Baraque«, eine Art Schaustellerwagen mit zugehöriger Bühne,
schmückte. Die Baraque gehörte der legendären, von allen Bevöl-
kerungsschichten gefeierten Tänzerin »La Goulue«, was soviel
wie »der Vielfraß« bedeutet. Seinerzeit trat sie als Volksbelustigung
auf dem großen Pariser Jahrmarkt »Foire du Trône« auf, der noch
heute eine Institution ist. Wilde sowie der bedeutende Kunstkriti-
ker und Journalist Félix Fénéon befinden sich unter den Zuschau-
ern, die groß – im Vordergrund des Bildes – dem Betrachter von
Lautrecs Tafel den Rücken zuwenden.

Es ist allerdings zu bezweifeln, ob Wilde »La Goulue« überhaupt je zugesehen oder auch nur gekannt hat, sei es nun vor
oder nach seiner Gefangenschaft, und es fehlen des weiteren die
nötigen Nachweise für seinen Besuch ihrer Darbietungen im
»Moulin-Rouge« oder auf der »Foire du Trône«. Der Kontrast
zwischen Wildes breitem Rücken und der spindeldürren Gestalt
Fénéons, zwischen ihnen der fragile, nervöse Schemen der Tänzerin Jane Avril, ist immerhin amüsant, und vielleicht war es Lautrec auch nur um eine fiktive Anordnung von Personen zu tun,
zwischen deren Schicksal er einen Zusammenhang herstellen
wollte, um ein verschlüsseltes Ensemble mit Akteuren aus unterschiedlichen Pariser Lebensabschnitten des Malers. Wie auch immer, Wildes doppelbödige Persönlichkeit, in der Lautrec auch ein
Stück seiner eigenen Tragik wiederzuerkennen schien, hatte seine

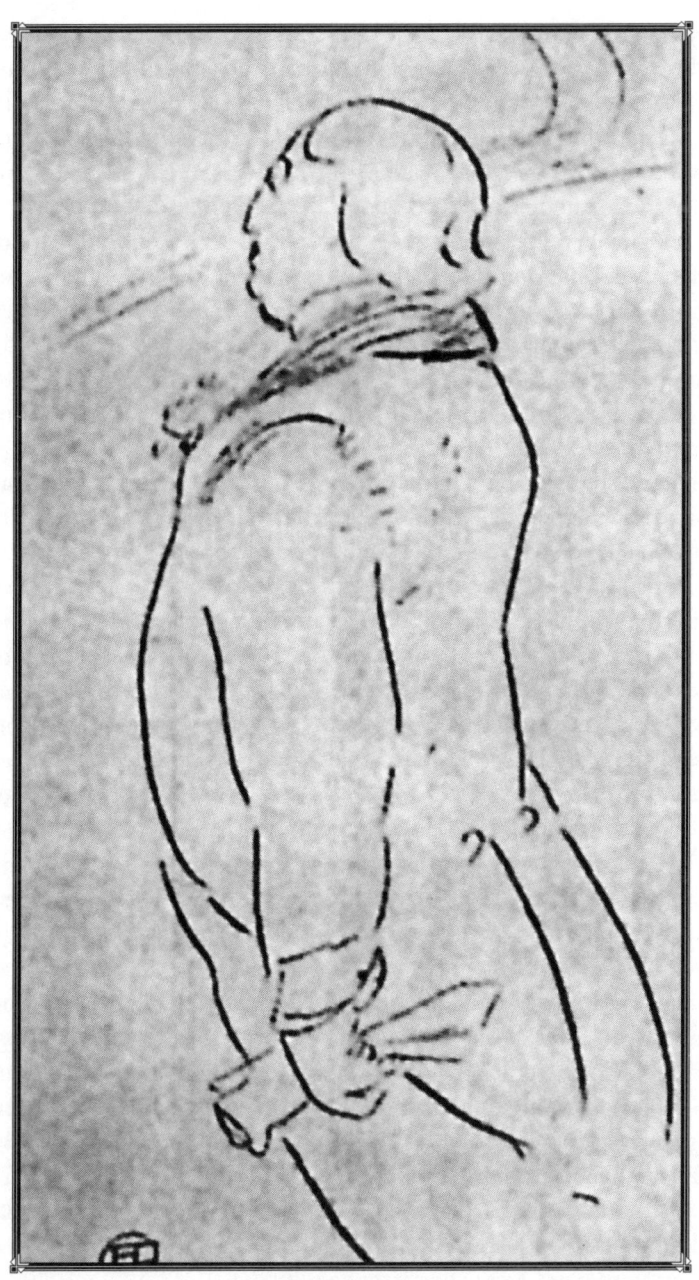

Wilde, Zeichnung von Henri de Toulouse-Lautrec für die »Revue blanche«

Sympathie geweckt. Wie selbstverständlich hatte der Zwerg sein Modell Melmoth in seine mit Dirnen, Diseusen, Gigolos und weiteren zwielichtigen Vertretern der Demi-Monde bestückte Figurensammlung eingereiht. Wildes monumentale Gestalt ragte unübersehbar aus den Rüschen, Girlanden, Cancan-Röcken und Plüschdecken der Tanzböden und Séparées heraus.

Möglicherweise sind sich Lautrec und Wilde ab 1898 noch mehrfach über den Weg gelaufen, zumal der Dichter immer öfter die Kneipen zwischen Pigalle und den Grands Boulevards frequentierte und auch in den Etablissements, wo die Straßenmädchen einkehrten, kein Unbekannter war. Vom Zeichner Opisso existiert jedenfalls ein 1898 mit dem Bleistift festgehaltenes Gruppenbild mit Dame, das Lautrec, den von diesem dutzendfach gemalten Chansonstar Yvette Guilbert und Wilde, am Tisch einer Brasserie sitzend, zeigt, unweit des »Moulin de la Galette«, vor oder nach einer Kabarettvorstellung.[7]

Hat Lautrec eher das Ambivalente und Tragische an Wilde zu erfassen vermocht, so stammen aus der Feder Max Beerbohms, eines Karikaturisten, der zum Dunstkreis von Wildes Londoner Bekanntschaften der neunziger Jahre zählte, einige der hinreißendsten, bei aller Häme immer auch liebevollen Spottzeichnungen des Schriftstellers. Mit Vorliebe präsentierte er Wilde als seine Umgebung dominierenden Giganten, Bosie hingegen als kleines Mäuschen, das im Schatten seines mächtigen Partners fast gänzlich verschwindet: ein dürrer Gnom, stets zur Flucht vor dem Riesen bereit, der am selben Tisch mit ihm tafelt und ihm Zigarettenrauch ins Gesicht pustet. Beerbohms Karikaturen lassen an das Gespann der überdimensionierten, ausladenden Lady Speranza und ihres zierlichen Gatten, Doktor Wilde, denken. Lord Alfred seinerseits hat – im übertragenen Sinne – mit sadistischer Genugtuung jahrelang auf ein Rumpelstilzchen herabgeblickt, ein nur unwesentlich kleineres Männchen, das wutentbrannt seine Fäuste ballt und ihm dennoch nicht wirklich etwas anhaben kann – am 2. April 1894, als sich die verfahrene Situation für das Skandalpaar zuzuspitzen begann, hatte er seinem Vater, dem Marquess von Queensberry, gekabelt:
»Was für ein lächerlicher kleiner Zwerg Du doch bist!«

Nachtfalter

⌒⌒⌒

Es schwebt ein Verhängnis über jeder physischen
und geistigen Auszeichnung,
jenes Verhängnis, das die stockenden Schritte der Könige
durch die Geschichte verfolgt.
Es ist besser, nicht anders zu sein als seine Mitmenschen.
Die Häßlichen und die Dummen haben es am besten in dieser Welt.
Sie können ruhig dasitzen und dem Spiel zuschauen.
Wenn sie vom Siege nichts wissen, so bleibt ihnen auch das Wissen
von der Niederlage erspart.
Sie leben dahin, wie wir alle leben sollten,
ungestört, gleichgültig und ohne Unruhe.
Sie bringen weder Unheil über andere,
noch erdulden sie es von fremder Hand.

Wilde trug bei seinem finalen Parisaufenthalt eine doppelte,
schlecht sitzende Maske:»Sébastien Melmoth« erwies sich beim
Eintrag in die Pensionsregister nur solange als tauglich, bis andere britische Residenten dem Exilanten auf die Schliche kamen
und der ahnungslosen Hoteldirektion auf die Sprünge halfen.
Dann ließ sich den Patrons eine Identität zwischen wohlklingen-
dem Pseudonym und seiner abgehalfterten äußeren Erscheinung
nicht länger vorgaukeln. Die zweite Larve, »C. 3. 3.«, hielt gerade
noch bis zur siebten Auflage der *Ballad of Reading Gaol* im Jahre
1899. Als sie in Druck ging, entschloß sich ihr Verfasser – selbst
verblüfft vom überwältigenden Verkaufserfolg seines 109 Strophen langen Klagegesangs über seine Gefangenschaft –, auch dieses Kürzel abzustreifen. Den Käufern in Paris und London war
beim Kauf von Smithers' Druckerzeugnis ohnehin klar, daß sie
damit das neueste Opus des vielgesichtigen Sittenstrolchs in den
Händen hielten.

Schon wenige Wochen nach Wildes Ankunft an der Seine war
die Aufmerksamkeit prominenter Pariser an seiner Person Desinteresse gewichen. Anfangs war noch eine gewisse Neugier zu spüren gewesen, der neuerliche Aufenthalt des Autors der *Ballad* in

der Hauptstadt hatte als Kuriosität gegolten. Sogar eine Luxusedition seines Schwanengesangs zirkulierte; im Mai 1898 präsentierte Henry Davray seine französische Übersetzung im »Mercure de France«. Literaten wie Bibliophile wollten in Erfahrung bringen, wie Wilde nach seiner Haft auf sie wirken würde. Ihr Eindruck war ernüchternd. Wenn sich auch nirgends Empörung über seinen unverbesserlichen Lebenswandel breitmachte, so befand man doch, daß er mit seiner Jagd auf Knaben und der unverändert manierierten Sprechweise im antiken Griechenland oder im Italien der Renaissance besser aufgehoben wäre als hier. Selbst in Paris, an der Schwelle zur Moderne, erschien sein Gehabe unangebracht und wenig zeitgemäß.

Hinzu kam, daß ungeachtet der hohen Verkaufszahlen die Besprechungen der *Ballad* gemischt ausfielen. Das »Flair eines zweitrangigen Poeten« liege über diesem »Wirrwarr von Erlesenheit und Kitsch«, hieß es beispielsweise im »Outlook«, und in die allgemeine Auffassung, man habe es mit einem bedeutenden Poem zu tun, das überdies geeignet sei, die unmenschlichen Bedingungen im britischen Strafvollzug zu brandmarken und damit auch lindern zu helfen, mischte sich harsche Kritik an Wildes Hang zu Eklektizismus und Epigonalität. Solche Stellungnahmen drangen bis über den Kanal. Entweder war man in Paris also enttäuscht, daß er sich im Vergleich zu früheren Jahren augenscheinlich kaum verändert hatte, oder man konstatierte mit Mißfallen, daß alle seine unangenehmen Züge jetzt noch ausgeprägter hervortraten. Sich mit Wilde sehen zu lassen fiel sogar jenen schwer, die an Vergebung glaubten und ihn zu aufrichtiger Reue ermunterten. Denn ließ man sich in einem Anfall von Gutmütigkeit erweichen, dem stark gealterten, aufgedunsenen Einzelgänger Gesellschaft zu leisten, wurde man unweigerlich zur Kasse gebeten oder rückte sich selbst in ein schiefes Licht. So etwas passierte kein zweites Mal.

Gide etwa bekam von Oscar unerwartet Schmeichelhaftes über sein neuestes Theaterstück *Saül* zu hören – so viele Komplimente hatte er zuvor noch nie von seinem kritischen Kollegen einheimsen können. Die literarische Segnung verblaßte jedoch schnell, als sein Gesprächspartner übergangslos in Bettelei verfiel. Gide lauschte dem einst so faszinierenden Mann nur noch mit halbem Ohr; was sich ihm einprägte, war Wildes erschreckend veränderte

Erscheinung: der abgewetzte Hemdkragen, der abgerissene Anzug, der Mantel, an dem Knöpfe fehlten, die ungesunde Gesichts-
farbe, die enorme Leibesfülle. Er verspürte keine Lust mehr,
Wilde-Mephisto gegenüber erneut mal Gretchen, mal Faust zu
spielen. Der Bann war gebrochen. Gide seufzte ungeduldig, ließ
ein paar Münzen auf dem Bistrotisch liegen und hütete sich, die
Bahnen des Bittstellers durch pure Unachtsamkeit wieder zu
kreuzen. Briefe, in denen Wilde um finanzielle Unterstützung
buhlte, ließ Gide unbeantwortet.

Das Gejammere Wildes über Geldnöte, die fortgesetzten Klagen
über seine materielle Lage, die unverhohlenen Aufforderungen,
ihn auf der Stelle zum Essen auszuführen oder auf einen Drink
einzuladen, verschreckten selbst Wohlmeinende. Tatsächlich gab
er enorme Summen für Alkohol und Droschkenfahrten aus, anstatt sich zu mäßigen oder wenigstens kürzere Strecken zu Fuß
zurückzulegen. Öffentliche Verkehrsmittel kamen für Wilde fast
nie in Frage. Die Streifzüge durch Nachtbars, die kleinen Aufmerksamkeiten für neue männliche Bekanntschaften fraßen die
aus London regelmäßig eingehenden Anweisungen, für die Ross
Sorge trug, innerhalb weniger Tage auf. Schon zur Monatsmitte
war Wilde wieder blank, speiste allerdings weiterhin auf den Terrassen der feinsten Restaurants. Dabei hätte ein durchschnittliches
Pariser Ehepaar mit seinem Budget spielend über die Runden
kommen können. So mußten Leute, die ihm ohnehin nicht wohlgesonnen waren, ihn fast für wohlhabend halten und meinen,
daß es ihm in Anbetracht seiner Selbstbemitleidung noch viel zu
gut gehe.

Was seine Herbergen betraf, so war der soziale Abstieg in der
Tat unübersehbar. Er pendelte im Monatsabstand zwischen gleich
vier einfachen Behausungen, von denen zwei unmittelbar am linken, zwei weiter nördlich am rechten Seineufer lagen. Dem Hôtel
de Nice und vor allem dem Hôtel d'Alsace, dessen Besitzer Jean
Dupoirier Wilde mit großem Verständnis und Entgegenkommen
begegnete – bis in die schweren Tage des Siechtums erwies er sich
als guter Engel seines zahlungsunfähigen Gastes –, hielt er noch
am ehesten die Treue. Einige Wochen brachte er aber auch im
Hôtel Marsollier und im Hôtel de la Néva in der Rue Monsigny
zu, beide im zweiten Arrondissement gelegen. Letztere boten zwar

einen ebenso geringen Komfort, doch war es hier von Vorteil, daß man schnell an die Grands Boulevards und zum Montmartre gelangen konnte. Vom Marsollier, zwischen Nationalbibliothek, Palais Royal, Börse, Oper und dem Dickicht der Glaspassagen situiert, war es nur ein Steinwurf zu den Bouffes Parisiens, jenem Theater, das Jacques Offenbach glanzvoll eröffnet hatte und an dem in späteren Jahren Jean Cocteaus Bühnenwerke triumphieren würden. Nahezu täglich zog es Wilde ins »Calisaya« oder ins Grand Café, zu deren Erreichen war ein zentrales Domizil im Herzen der »Rive Droite« überaus praktisch.

Seine Zimmer waren winzig. Im Alsace, wo er seine Kammer über einen kleinen Gang erreichte, der von einer klapprigen Wendeltreppe noch weiter ins Gebäudeinnere führte, ging ein Fensterchen in einen düsteren Hof. Fast fühlte er sich in seine Zelle zurückversetzt. Allein in dieser unwirtlichen Enge bekam Wilde Beklemmungen und konnte sich selbst nicht mehr ertragen. Und dennoch bereute er es nicht, sein Landhaus in Berneval-sur-Mer aufgegeben zu haben. In Paris gab es immerhin stets einen billigen Mittagstisch, Wein inklusive, wo er sich unerkannt vollstopfen konnte, auf Kosten seiner Figur: Sein Übergewicht nahm bedrohliche Ausmaße an.

Wenn Wilde sich in einem der Gourmettempel in den *beaux quartiers* einen edlen Tropfen gönnte, setzte sich manchmal Bosie zu ihm. Hatte Lord Alfred beim Pferderennen ausnahmsweise einmal das große Los gezogen, sprang auch für seinen alten Liebhaber eine standesgemäße Champagnerrunde heraus. Bis zuletzt steckte er ihm auch hin und wieder beträchtliche Summen zu, mit denen Oscar längere Zeit ausgekommen wäre, hätte er nur gewollt. Waren beide aber abgebrannt, harrten sie gewöhnlich aus, bis die Ober die Markisen einfuhren und die Stühle aufeinanderstapelten. Bis zum endgültigen Lokalschluß war dann meist ein alter Bekannter vorbeispaziert, der mit zusammengebissenen Zähnen ihre üppige Zeche übernehmen würde, und sie konnten aufatmen.

Für Bosie und Oscar war nunmehr eine groteske Situation entstanden. Eigentlich war die Bahn endlich frei für ein unbeschwertes Zusammenleben, weder Constance noch der inzwischen erkrankte Wüterich Queensberry konnten ihnen mehr in die Quere

Caféhausszene mit William Rothenstein, Max Beerbohm, Charles Conder
und Oscar Wilde, Karikatur von Beerbohm

kommen. Theoretisch hatten sie es geschafft. Aber jetzt, da sie in
derselben Stadt residierten, war ihnen die Basis für eine tragfähige
Beziehung abhanden gekommen; Wilde, mit sich selbst beschäftigt, zelebrierte seinen nahenden Untergang, Bosie vertändelte
seine Zeit und sein Guthaben wie eh und je. Großen Gefühlen
gingen beide aus dem Weg. Im Oktober 1898 kam es zu einer
letzten, flüchtigen Annäherung. Douglas hatte in Kasinos viel Geld
verspielt, das von seiner Mutter stammte und ursprünglich für
eine Venedig-Reise bestimmt gewesen war. Liebe oder auch nur
Anhänglichkeit flammten dennoch nicht auf. Lord Alfred siedelte
sich bald dauerhaft in Paris an, zog in eine vornehme Gegend unweit des Étoile, in die Avenue Kléber. Daß er Oscar nicht in seinem Appartement aufnahm, ihm nicht einmal vorübergehend
Unterschlupf bot, verstand sich von selbst. Das Fiasko ihrer Italienreise war beiden noch gut in Erinnerung.

Statt dessen suchte Wilde, dem das stilgerechte Einrichten neuer

Häuser stets besonderes Vergnügen bereitet hatte, ungefragt teure Möbel für Bosie aus. Das war ausnahmsweise ein kreativer Zeitvertreib. Das ungleiche Gespann besuchte auch einmal gemeinsam eine Oper von Massenet, die Eintrittskarten waren ihnen von Georgette Leblanc spendiert worden. Herrschte nach außen hin auch eitel Sonnenschein, so hielt das den alternden Nachtschwärmer nicht davon ab, an der Legende von Douglas' Unmenschlichkeit, von dessen krassem Egoismus zu stricken. Ihn wurmte seine absolute Zweitrangigkeit in Bosies Leben. Deshalb nährte er seine unhaltbaren Anschuldigungen und pflegte die Animositäten, eine Ebene, auf der sie immer prächtig miteinander ausgekommen waren.

Zum Glück fand Wilde unverhofft einen neuen Gefährten. Maurice Gilbert war ein junger Infanterist, dessen männlichschneidiges Auftreten in einer feschen Uniform seine Wirkung auf Oscar nicht verfehlte. Besitzansprüche wurden keine erhoben. Er teilte seine Eroberung brüderlich mit Douglas, Robbie und Reggie Turner, ein munteres Bäumchen-wechsle-dich-Spiel, das dem Novizen offenkundig zusagte. Wilde küßte Gilbert auf offener Straße, kaufte ihm ein nagelneues, laut Korrespondenz »todschickes« Fahrrad und ließ sich anhimmeln: ein Jungbrunnen für sein geschundenes Ego. Der Infanterist folgte ihm überall hin.

Gilbert war nicht der einzige, mit dem Wilde sich vergnügte. Sexuelle Eskapaden mit »boys« waren für ihn mittlerweile an der Tagesordnung. Sehr offen sprach er nun über die Freuden der Promiskuität, vorzugsweise mit Leuten, die gar nichts davon hören wollten. Wie einst in London gab er sich alle erdenkliche Mühe anzuecken. Insofern erweiterte er seine Pariser Aktivitäten um die einzige Komponente, die er zuvor eher ausgeklammert hatte. Die Gelage mit »Panthern« hatten im Verlauf seiner früheren Paris-*séjours* nicht unbedingt im Vordergrund gestanden, sie waren in London zu voller Blüte gelangt – mit den bekannten Folgen. In Paris fielen nun die letzten Hemmungen. In der Lichterstadt schien übertriebene Vorsicht fehl am Platze, es gab keinen Grund, das Tageslicht zu scheuen. Er schwärmte vielmehr als Nachtfalter aus, machte die Lokale zwischen Pigalle und Saint-Germain unsicher und präsentierte seine Beute anderntags beim Promenieren auf den Prachtmeilen. Wenn er irgendeiner unangenehmen Bekanntschaft von früher den Jüngling vom Vorabend vorführte, konnte er sich der Schockwirkung sicher sein. Über den Affront entrüstet, würde dieser neue Intimfeind seiner Erregung Luft machen und die Kunde von dem mehr denn je verwahrlosten Wilde überallhin tragen. So blieben ihm die Türen der Salons verschlossen, und Bezeugungen von Solidarität, deren er sich in den ersten Monaten noch erfreuen konnte, verloren sich zusehends, bis sie gänzlich verebbten. Ihm war es nur recht – mit selbstzerstörerischem Impetus trug er dafür Sorge, daß nur noch Negatives und Ruchbares über seine Person verbreitet wurde. Wilde focht einen Spiegelkampf mit seinem Image aus, an dessen Ausgang er nicht zweifelte. Für seine Paradoxien nahm er ewige Verfemung in Kauf, gemäß seiner Maxime: »Ich glaube, ich wäre [eher] bereit für das zu sterben, woran ich nicht glaube, als für das, was ich für wahr erachte. Ich würde den Scheiterhaufen besteigen um eines Gefühles willen und Skeptiker bleiben bis zuletzt.«[1] Defätismus und Eintreten für Positionen, von denen er im Grunde herzlich wenig hielt, dieses grausame Spiel mit enttäuschten Erwartungshaltungen Dritter, das ihm schadete, Freunde irritierte, harmlose Gemüter gegen ihn aufbrachte, betrieb er mit Feuereifer.

Sein ambivalentes Interesse für den Commandante Ferdinand Esterházy, ausgerechnet für jenen Mann, dessen Spionagetätigkeit Dreyfus zu Unrecht angelastet worden war und dessen Machenschaften zur Deportation des Unschuldigen geführt hatten, mag als Beispiel dienen. Mehrere Treffen mit diesem Windhund der Geschichte faszinierten Wilde so sehr, daß er sich zu gefährlichen Äußerungen hinreißen ließ. In seinem Gespräch mit Esterházy räsonnierte er mit unverhohlener Autodestruktivität über die Langeweile von Unschuldigen, pries die Courage und den Erfindungsreichtum der Kriminellen. Wahre Größe mache es aus, tatsächlich Schuld auf sich zu laden, vom Heiligenschein eines kapitalen Verbrechens gekrönt zu sein, um die Magie der Sünde zu wissen. In einem imaginären Wettstreit zwischen drei Märtyrern – Wilde und Dreyfus konnten sich zu Recht als solche bezeichnen, allein Esterházy beanspruchte diesen Ehrentitel lautstark zuallererst für sich – schlug sich der Dichter auf die Seite des Intriganten und strafte seine persönlichen Erfahrungen Lügen.

Das tat er nicht wider besseres Wissen, sondern mit diebischer Freude, Unpassendes zum ungeeigneten Zeitpunkt herauszuposaunen. Das Vergnügen an sinnloser Provokation zog er dem Mitleid der Doppelzüngigen vor. Esterházy ging Wildes fingierter, vollmundiger Lobeshymne auf den Leim, und prompt bekannte er sich zu seiner Alleinschuld an Dreyfus' Verhängnis – ein Geständnis, das sein Gegenüber keineswegs gegen ihn verwenden sollte. Mit Carlos Blacker, dem Vertrauten Constances, verscherzte es sich Oscar hingegen für immer: Blacker, der wie viele Franzosen von der Schuldlosigkeit Dreyfus' überzeugt war und in Petitionen ohne Unterlaß auf einen Freispruch des Unglücklichen von der Teufelsinsel gedrungen hatte, fand Wildes Spottlust einem Leidensgenossen gegenüber geschmacklos. Mit dem Übeltäter gemeinsame Sache, sich willkürlich unbeliebt zu machen, Wildes seltsame Strategie, sich in Paris in jeder Hinsicht und um jeden Preis zum Buhmann abstempeln zu lassen, erregten Blackers unüberwindlichen Abscheu.

Kaum eine Berühmtheit hielt noch Verabredungen mit ihm ein, er selbst hatte es so gewollt, und als im Laufe des Jahres 1899 endlich *The Importance* und *An Ideal Husband* bei Smithers in London herauskamen – beide Stücke hatten seit ihrer Uraufführung 1895 auf ihre Publikation warten müssen –, blieben Reaktionen oder Rezensionen fast völlig aus. Seine literarische Arbeit kam vollends zum Versiegen. Einige wenige, nicht gezeichnete Gelegenheitsarbeiten für französische Zeitungen, ein improvisiertes Gedicht auf einer Papierserviette, damit ihm irgendein staunender Tourist, der ihn in einem Café erkannt hatte, einen Schnaps spendierte: Das war auch schon alles. Zuweilen kritzelte er sein Autogramm in Bücher, die er zufällig bei sich trug, und erschlich sich so einen Lunch – der spendable Unbekannte trug die Widmung wie eine Trophäe davon und konnte sich rühmen, in Paris buchstäblich für das »Überleben« Oscar Wildes gesorgt zu haben.

Konkrete Nachfragen, wie es mit seiner derzeitigen Kreativität stehe, beschied Monsieur Melmoth mit der Auskunft, er könne angesichts seiner angegriffenen Gesundheit nur noch im Süden arbeiten. Interessenten an neuen Werken gab es durchaus. Im Oktober 1899 gelang ihm diesbezüglich sein letzter Coup: Idee und Handlungsgerüst eines schon seit längerem ausstehenden

Theaterstückes verhökerte er ohne Gewissensbisse gleich mehrfach. Schließlich gewann er Frank Harris als »Mitarbeiter«, was nichts anderes hieß, als ihm *Mr and Mrs Daventry*, so der endgültige Titel, zu überlassen; Harris brachte es letzten Endes als Ghostwriter an Wildes Stelle zu Papier. Wenige Wochen vor Wildes Tod, im Oktober 1900, wurde das Phantom-Stück produziert, aber erst 1956 veröffentlicht.

Seiner grenzenlosen Einsamkeit, über die ihn auch Bummeleien mit Gilbert nicht dauerhaft hinwegtäuschen konnten, wirkten die zahllosen Ablenkungen entgegen, mit denen Paris für einen Gesellschaftsmenschen wie Wilde aufwarten konnte. Immer öfter mischte er sich unter die Menge und bekam so einen erschöpfenden Eindruck von der Volkskultur der Franzosen, einer Sphäre, auf die er als Dandy und Snob eher verächtlich herabgeblickt hatte. Feuerschlucker, Cancan-Tänzerinnen, Schießbudenhelden und kreischende Pärchen in Karussells beobachtete er bei der Arbeit oder beim Freizeitvergnügen. Wie sein Porträtist Lautrec wurde er so zu einem Voyeur der Straßenkünste und des populären Amüsements. Im Mai 1898 besuchte er die »Folies Bergère«, gegen Ende desselben Monats nahm er mit Stuart Merrill an der »Fête des Fous« im Quartier Latin teil – es wäre ein »köstlicher« Abend gewesen, bekundete Wilde in einem Brief, bei dem das ganze Viertel vor Schönheit und Weinlaune nur so geglänzt und geschimmert hätte. Eine irreale, fröhliche und ausgelassene Szenerie – das ominöse Wörtchen »gay« verwendet er noch in seiner ganzen Bedeutungsvielfalt – hätte ihn umgeben. Die festliche Soiree beschloß ein Diner mit Merrill.

Mehrfach, einmal auch mit Bosie, begab er sich inkognito in den Salon, wo er Rodins Statue von Balzac bewunderte; oder er schwärmte in Begleitung des französischen Schriftstellers Robert Scheffer aus. Von Robbie Ross ließ er sich einen neuen Anzug bezahlen, dessen Weite seinem stattlichen Körperumfang Bewegungsfreiheit verschaffte.

Mitte Juni 1898 hielt er sich östlich von Paris in Nogent-sur-Marne in einem Landgasthaus auf, zwischen Juni und August auch im Südwesten der Metropole, in der Nähe von Versailles. Diese Episode ist im Wilde-Schrifttum bisher nirgendwo verzeichnet, doch eine am Boulevard St.-Antoine Nummer 61 angebrachte Gedenktafel gibt Hinweise darauf. An der Stadtgrenze zu Le Chesnay, nur wenige Schritte vom Osteingang des Parks von Versailles entfernt, hatte Wilde von hier aus durch die Porte Saint-Antoine in den Lustgarten von Ludwig XIV. spazieren können. Im September zog es ihn noch weiter in die *campagne*, Richtung Normandie: Charles Conder hatte ihn ins malerisch-verschlafene Chantemesle eingeladen, ein Nest mitten in den hügeligen, geschwungenen Seinekurven kurz vor Giverny und Vernon. Von Knaben ließ er sich dort wie ein König in die nächstgelegene Kleinstadt, nach La Roche-Guyon, rudern und kehrte, mit Geflügel und Wein beladen, stolz zu seinem Gastgeber zurück.

Wildes beschauliche Landpartien hatten einen pragmatischen Hintergrund: Oftmals konnte er sein Gepäck bei einem der Pariser Hoteliers nicht auslösen – es war zum Pfand umfunktioniert worden –, oder er wurde wegen mangelnder Zahlungsmoral als Gast erst gar nicht aufgenommen. Um Zeit zu gewinnen oder neue Geldquellen aufzuspüren, waren die weitaus preiswerteren Herbergen an der Marne und die Bequemlichkeit verheißenden Wochenendhäuschen betuchter Freunde, zumal in den Sommermonaten, eine willkommene Alternative. Besonders großzügig zeigte sich Frank Harris, obwohl Oscar mehr als einmal ungerecht mit ihm umsprang, wenn der getreue Wegbegleiter nicht sofort spurte. Harris' Vermögen war beträchtlich angewachsen. Nach dem Verkauf eines Zeitungsbetriebes hatte er ein Hotel in Monte-Carlo erworben und lud Wilde ein, gemeinsam mit ihm den Winter in einem Mittelmeerstädtchen namens La Napoule zu verbringen, in unmittelbarer Nachbarschaft des Grimaldi-Felsens.

Am 18. Dezember 1898 fuhr Melmoth schon einmal voraus, doch aus dem Aufenthalt zu zweit wurde vorerst nichts. Ganze drei Monate blieb er, ohne Harris, im milden Südfrankreich. Dort kam es zu einem tränenreichen Wiedersehen mit Sarah Bernhardt. Sie trafen sich in deren Garderobe in Nizza, wo die Heroine in *La Tosca* ein Gastspiel gab. Die Rührung hielt nicht lange an. Wie in Theaterkreisen üblich, vergaß man einander dann auch gern wieder – ganz so, wie George Alexander ihn längst vergessen hatte: Der Londoner Intendant aus Wildes erfolgreichen Bühnenjahren schnitt den Autor, dessen Stücke jahrelang seine Kassen zum Klingeln brachten, in Nizza ganz bewußt – das war nicht unbedingt einem schlechten Gedächtnis anzulasten. Die Weihnachtstage an der Riviera wollte sich Alexander nicht von einem Treffen mit Wilde verderben lassen.

An der Promenade des Anglais, die ihrem Namen mehr als gerecht wurde, erkannte der Winterflüchtling zum wiederholten Male, daß man ihn als Franzosen sein Leben leben ließ, daß er als Engländer aber vor Nachstellungen seiner Landsleute nie sicher sein würde. In Nizza mußte er mehrfach umziehen, wie schon in Neapel beschwerten sich britische Gäste über seinen Aufenthalt. Ruhelos zog Wilde daher in den kommenden Wochen durch Italien, Südfrankreich und die Schweiz. Doch seine Eskapade verlief relativ zufriedenstellend. An den Stränden zwischen Villefranche und dem Hafenbecken der Küstenstadt weidete er sich am Anblick muskulöser Fischerjungen. Noctambule Eroberungen stimmten ihn wohlgelaunt, im Schutze der Dunkelheit waren alle Katzen grau. »Romantik«, philosophierte er, »ist [hier] eine Profession, der man unter dem Mond nachgeht.« Er erwog sogar, als Pendant zu seinem Abgesang auf die Kerkerhaft von Reading, eine ähnlich ausufernde *Ballad of the Fisherboy* zu komponieren, ein Projekt, das er jedoch schnell wieder verwarf. Im Februar 1899 reiste Wilde nach Cannes weiter, um dort den Höhepunkt des Karnevalsumzugs, die farbenfrohe »Bataille des Fleurs«, zu erleben.

Ganz unvermutet trat ein neuer Gönner auf den Plan. So konnte Oscar es sich ausnahmsweise sogar sparen, die von Constances Erbverwaltern regelmäßig eintreffenden Wechsel einzulösen. Er machte die Bekanntschaft eines reichen jungen Engländers, Harold Mellor, der mit Eolo, einem noch viel jüngeren Italiener, Lustknaben, Sekretär und Faktotum in Personalunion, dem Müßiggang frönte und quer durch Europa reiste. Mellor hing förmlich an Wildes Lippen und lud seinen berühmten Gesprächspartner zu sich in die Schweiz ein. Dem Verfemten tat es gut, endlich einmal wieder gebührend hofiert zu werden. Via Genua, wo er Constances Grab einen kurzen Besuch abstattete, begab er sich nach Gland an die Ufer des Genfer Sees. In Mellors Villa verflog die Euphorie weitaus rascher als erwartet, den der wohlhabende Jüngling bewirtete ihn mit einer seltsamen Mischung aus Großzügigkeit und Geiz.

»Ich mag Mellor nicht, weil er ungesellig, wortkarg, ein miserabler Gesellschafter ist, sich nicht die geringste Mühe macht, damit sein Gast sich bei ihm wohlfühlen kann. ... Zum Essen gibt er mir den gräßlichsten Schweizer *vin ordinaire*, obwohl er einen fabelhaften Weinkeller hat, und amüsiert sich noch, weil er mir nicht schmeckt. In seiner Familie sind Fälle von Geisteskrankheit. Seine Mutter steht unter Beobachtung, und sein Bruder wurde verrückt und beging Selbstmord. Bei ihm äußert sich die Krankheit in Menschenhaß ... Ich nehme das Ganze jetzt philosophisch; wir sehen uns nur noch bei den Mahlzeiten. Am Abend liest er *The Times* oder schläft – beides hörbar. Ich möchte schrecklich gern hier weg.«[2]

Wilde fühlte sich deklassiert und eingesperrt, in der stillen eidgenössischen Abgeschiedenheit langweilte er sich zu Tode. Wenn man sich schon seiner erbarmte, dann wollte er auch hemmungslos verwöhnt werden. Die Landschaft bedrückte ihn. Die Schweizer, so Oscars nüchterner Befund, hätten letztlich außer Theologen und Kellnern keine nennenswerten Persönlichkeiten hervorgebracht: »Schön sind nur die großen Rassen: hier sind die Leute wie Höhlenmenschen: kein Impuls, der aus der Pracht physischer Perfektion geboren wird, hat sie je erfüllt, ihr Weidevieh hat ausdrucksvollere Gesichter. *Je m'ennuie, je m'ennuie.*«[3] Mellor nützte es nichts, ihn unter Tränen anzuflehen, doch noch länger zu bleiben: Dieser Gastgeber samt italienischem Liebhaber war für Wilde unerträglich geworden. Ende März kehrte er der Schweiz, Harold und Eolo den Rücken.

Über Genf ging die Odyssee weiter an die ligurische Küste ins italienische Santa Margherita, wo er im April ankam. Der Ort versprach Kurzweil und war überdies preiswerter als Paris: »I can live for ten Francs a day, *boy compris.*« Seine anglophonen Freunde fehlten ihm, wiederholt bat er Robbie, ihn doch besuchen zu kommen. »Alles, was ich tue, ist falsch, weil meinem Leben die rechte Grundlage fehlt. In Paris versinke ich im Laster: hier in der Langeweile: das letztere ist schlimmer. Ich möchte Dich so gern sehen. Ein paar Tage mit Dir würden mir wieder Kraft geben.«[4] Im Mai mußte er sich einer Rachenoperation unterziehen, dann endlich holte ihn Ross aus Santa Margherita wieder nach Paris.

Kaum im Hôtel d'Alsace eingetroffen, stellte sich der gegenteilige Effekt ein, Oscar wurde erneut von heftiger Unruhe ergriffen. Die Nachricht vom Tode seines Bruders Willie beschäftigte ihn, ohne daß er übermäßige Trauer empfand. Über die Jahre hatte man einander ignoriert, sich gänzlich aus den Augen verloren; eine Verbindung wurde nur noch über die Schwägerin und jetzige Witwe Lily aufrechterhalten. Willie und Oscar Wilde eint am Ende allein der Umstand, daß beide 46jährig aus der Welt scheiden, doch daß sein Bruder starb, ohne einen Stammhalter gezeugt zu haben, warf für Wilde momentan neue erbrechtliche Perspektiven auf. Unterm Strich änderte sich an seiner materiellen Lage aber nichts.

Bosie bereitete Oscar dagegen einen unerwartet stürmischen Empfang: Seit der Publikation seiner Gedichtesammlung *The City of the Soul*, die großen Zuspruch genoß, schwebte Douglas auf Wolken und verfügte über selbstverdientes Geld. Wilde profitierte kurzfristig von diesem Finanzsegen und ließ sich gern von Lord Alfred durch Nachtlokale schleifen. Im Juni dann reiste Wilde mit Robert Sherard und Ernest Dowson nach Le Havre und Trouville und verbrachte wieder einige Tage auf dem Lande außerhalb der Stadt, in Chennevières-sur-Marne südöstlich von Paris. Seine Unternehmungen hatten zunehmend etwas Gehetztes an sich. Mit diesem unablässigen Leben aus dem Koffer plünderte er seine letzten Energievorräte. Wilde war zu einem Heimatlosen geworden.

Herbst und Winter mußte er diesmal in kalten Hotels fristen, Paris zeigte sich von seiner unfreundlichsten Seite. Innen- und außenpolitische Neuigkeiten bestimmten das Tagesgespräch, nicht das Wohlergehen eines launischen Exilanten. Wenige Monate zuvor war der französische Staatspräsident Félix Faure bei einem galanten Abenteuer in den Armen seiner Mätresse Marguerite Steinheil verschieden; die Nation hatte ihm dieses Kavaliersdelikt *à la française* allerdings kaum verübelt. Für eine größere Sensation sorgte Faures Nachfolger Émile Loubet im September: Nur einige Tage, nachdem Capitaine Dreyfus in Rennes abermals zu zehn Jahren Haft verurteilt worden war, setzte Loubet sich über das Fehlurteil der Justiz hinweg und begnadigte den Sündenbock von der Teufelsinsel. Dieser überfällige Toleranzakt befreite Wildes berühmten Leidensgenossen von einem jahrelangen Martyrium. Loubet hatte sich seine Entscheidung angesichts der zu erwartenden giftigen Reaktionen der Klerikalen, des Militärs und der Académie Française nicht leichtgemacht. So erwuchsen dem neuen Präsidenten gleich zu Beginn seiner Amtszeit viele Feinde. Unmittelbar darauf sorgte der Ausbruch des Burenkrieges im südlichen Afrika für den nächsten internationalen Donnerschlag. Im Januar und Februar 1900 erreichten Wilde mehrere Todesmeldungen. John Ruskin, Symbol seiner Oxforder Lehrjahre, und Queensberry, Inkarnation seiner Nemesis, hatten das Zeitliche gesegnet. Genugtuung über den Verlust des fanatischen Mannes, der seinen Sohn Percy noch vom Totenbett aus angespuckt und verflucht hatte, empfand zuallererst Bosie, denn immerhin bereicherte ihn das Dahinscheiden seines tyrannischen Erzeugers um zwanzigtausend Pfund. Das hatte Oscar und Robbie auf die Idee gebracht, Wilde als ehemaligen »C. 3. 3.«, als Queensberrys Opfer, vom Erbe eine monatliche Leibrente aussetzen zu lassen. Eine Entschädigung erschien mehr als angebracht. Lord Alfred wies dieses Ansinnen in einem Anfall von Jähzorn brüsk zurück. Sein Aufbrausen hätte dem Marquess zur Ehre gereicht. So blieb es bei gelegentlichen Spenden. Wirklich nahe ging Wilde dann lediglich der dritte Verlust dieser unseligen Wintermonate, der Tod von Ernest Dowson im Februar. Daß dieser junge Poet, dieses »tragische Inbild aller tragischen Dichtung«, so Wilde, nun nicht mehr auf Erden weilte, traf ihn ins Mark, wußte er doch, »was Liebe ist«.

Hiobsbotschaften, die ihn wie Geier in der Wüste erbarmungslos einkreisten, ließen Wilde ahnen, daß auch seine Stunden gezählt waren. So raffte sich der Pariser Pflastertreter ein letztes Mal zu einem Ausbruchsversuch gen Italien auf, tauschte die naßkalten Boulevards und den Schneematsch auf den Champs-Élysées gegen die gnädige Frühlingssonne südlich der Alpen ein. Sein Zickzackkurs führte ihn über die Alpen zur äußersten Spitze des italienischen Stiefels, nach Sizilien. Erneut war er einer Offerte von Harold Mellor aufgesessen, anregendere Reisebegleiter ließen sich einfach nicht mehr auftreiben. Palermo, Neapel, Genua und Rom waren Wildes Stationen. Am Gründonnerstag traf er in der Ewigen Stadt ein, am Ostersonntag 1900 wurde er von Papst Leo XIII. gesegnet. Vor dem Vatikan hatte ihm ein Unbekannter eine der begehrten Eintrittskarten für den Petersdom überlassen, Oscar sah darin ein günstiges Zeichen. Denn »binnen Stunden« wäre er von einer »schweren Muschelvergiftung geheilt« worden. Kein Wunder, daß ihn die Audienz in Ekstase und aufgesetzte Frömmigkeit versetzte. Seine Begeisterung für die heiligen Stätten am Tiber kannte keine Grenzen. In Briefen schrieb er, Rom habe ihn völlig eingefangen, fortan müsse er hier den Winter verbringen, dies sei »die einzige Stadt für die Seele«. Und er betätigte sich als Hobbyphotograph. Die römischen Schnappschüsse präsentieren ausschließlich ihn allein, einen mächtigen Koloß mit abwechslungsreicher Garderobe, der sich vor Ruinen, Statuen und Kathedralen auf ein Spazierstöckchen stützt. Versüßt wurde ihm seine italienische Reise, die letzte Exkursion in ein Reich ungetrübter Wonnen, von den Gefälligkeiten der allgegenwärtigen Ragazzi. An jedem Aufenthaltsort gabelte er einen dieser Jünglinge auf. In Genua traf er auf einen »wunderschönen« jungen Schauspieler aus Florenz namens Didaco, Romeo ähnelnd, »aber ohne dessen Traurigkeit: ein Gesicht, gemeißelt für leidenschaftliche Liebe. Wir verbrachten drei Tage miteinander.« In Palermo kam es zum Austausch von Zärtlichkeiten und religionsphilosophischen Standpunkten mit Giuseppe Loverde, einem fünfzehnjährigen Seminaristen. Am römischen Trevi-Brunnen spielte ihm das Schicksal Omero, einen blutjungen Führer, in die Hände, eine abgelegte Liebschaft von Ross.

Daß Omero ein ungeeigneter Lotse war und seine Stadt überhaupt nicht zu kennen schien, tat nichts zur Sache. Wilde machte es Freude, ihm Rom zu schenken. Seiner überdrüssig geworden, brauchte er nicht lange auf Ersatz zu warten. Ob Omero, Armando, Philippo, Arnaldo oder Dario, er genoß ihre Schönheit. An Dario wiederholte Wilde die gute Tat vom Ostersonntag und offerierte ihm ebenfalls eine Karte für die Papstaudienz. Robbie erhielt ein Schreiben, in dem Hybris und Selbstironie eine gelungene Verbindung eingehen: »Sein Name gefällt mir so gut: es war das erste Mal, daß er [Dario] den Papst gesehen hat, und er übertrug seine Bewunderung für den Nachfolger Petri auf mich. Er hätte mich sicherlich geküßt, als wir das Bronzetor durchschritten, wenn ich ihn nicht streng zurückgewiesen hätte. Ich bin sehr

Titelseite für Wildes Gedicht *The Sphinx* von Charles Ricketts

grausam gegen die Knaben geworden und lasse mich nie mehr in der Öffentlichkeit von ihnen küssen.«[5]

Auch die Photographie eines hübschen, engelgleichen Briten, den »die Natur als Abbild von Dorian Gray geschaffen« habe, trug er überall mit sich herum. Auf Dauer taugten jedoch weder Rom noch die Gesellschaft netter italienischer Burschen zum Aufrechterhalten trügerischer Illusionen. Aus Verzweiflung unternommene Ausflüge ließen sich nicht beliebig perpetuieren. Seine angegriffene Gesundheit setzte ihm zu. Antike Stadtlandschaften und südliches Ambiente hatten ihn nicht mehr dazu bewegen können, zu Papier und Feder zu greifen, seine Inspirationskraft versagte auch hier.

Wildes letzte Reiseetappe war Chambéry. Dort geriet er wieder in die Fänge von Mellor. Mit dessen neuem Automobil fuhren sie über Gland zurück nach Paris. Eigentlich wollte Wilde viel lieber in Rom bleiben, aber seine Willenskraft war restlos aufgebraucht. Zehn Tage lang immerhin funktionierte eine tragikomische Neuauflage des Arrangements in Mellors Schweizer Haus. Da der knauserige Mellor für Wildes Beköstigung ein schmales Budget von fünfzig Pfund festgesetzt hatte, stellten sich die Symptome vom Vorjahr ein: Überdruß und wechselseitige Demütigungen.

Ende Mai 1900 war Wilde wieder zurück im Hôtel d'Alsace, wo er sich vom gutmütigen Dupoirier als erstes eine ordentliche Flasche Wein kredenzen ließ. Letztendlich zog er die Freiheit in der Bescheidenheit der Gängelung im Luxus vor.

> Was zauderst du? Mach fort, mach fort!
> Mich langweilt deine finstre Art,
> Der starre Blick mit Trotz gepaart;
> was säumst du noch so schläfrig dort!
> Dein schreckhaft schwerer Atem macht,
> daß bang der Lampe Flamme fliegt
> Und kühl auf meiner Stirne liegt
> der grausige Tau von Tod und Nacht.
> Gespensterhaft dein Auge blickt,
> wie Mondlicht webt auf trägem Teich.

Der Heimkehrer brauchte nur einen Blick in den Spiegel zu riskieren, um sich zu vergegenwärtigen, daß er dem von Toulouse-Lautrec geschaffenen Sphinx-Porträt von 1895 allmählich bis zum Verwechseln ähnelte. Sein Konterfei war nunmehr mit den androgynen Zügen des Fabeltieres, dem er in seinem siebenundachtzig Verspaare umfassenden Poem die wildesten Ausschweifungen angedichtet hatte, verschmolzen. Dessen anstößige Vergangenheit war mit der seinen identisch geworden. Von allen autoprophetischen Schöpfungen Wildes erwies sich die in Paris kreierte *Sphinx* als die aussagekräftigste.[6]

Der Sphinx oder *die* Sphinx? Im Französischen ist das anthropomorphe Geschöpf eindeutig männlichen Geschlechts, bezeichnet darüber hinaus aber auch einen Schmetterling, der nur des Nachts seine Bahnen zieht und oft mit einem Totenkopf verziert ist – einen Nachtfalter.[7] Bewußt mischt Wilde bei seinem dichterischen Experiment die Identitäten seiner vielgestaltigen Kreatur. Als junger Poet war er einst von deren fremdartiger, tierhafter Schönheit fasziniert gewesen. Das lyrische Ich geht aber noch einen bedeutenden Schritt weiter, es strebt nach Kontaktaufnahme und Vereinigung: »Es streichelt [die Sphinx] mit wollüstiger Inbrunst. Und mehr sogar noch, es identifiziert sich mit ihr.«[8]

Flaneur wider Willen

⚮

> J'erre à travers mon beau Paris
> sans avoir le cœur d'y mourir.
> Les dimanches s'y éternisent
> et les orgues de Barbarie
> y sanglotent dans les cours grises
> les fleurs aux balcons de Paris
> penchent comme la tour de Pise.

GUILLAUME APOLLINAIRE: *La chanson du mal-aimé* (1904)

Kaum zurück im Hôtel d'Alsace, blieben seine Koffer nun für immer ausgepackt. Wilde fragte sich, wie er die sich endlos vor ihm ausdehnenden Tage bewältigen sollte. Einsiedlertum und Askese im stillen Kämmerlein waren ihm fremd, hätten ihn gar in Panik versetzt. So konnte er eigentlich nur weiterhin, als einsamer Wanderer, zwischen Schenken und Kabaretts herumirren und das Heer der ziellos streunenden Bohémiens um eine pittoreske Gestalt bereichern. Einem geflügelten Wort Balzacs zufolge bedeutet Bummelei nichts weiter als bloßes Vegetieren, flanieren heißt dagegen zu leben. Zwischen diesen beiden Polen bewegte sich Wilde in seinen letzten Monaten vor dem Jahrhundertende. Er mußte damit fertigwerden, es nie mehr eilig zu haben; er hatte sich damit abzufinden, daß niemand mehr auf ihn wartete. Planlos in den Tag hineinzuleben fiel ihm schwer. Seine Auftritte und Abgänge hatte er stets mit Improvisation und Genialität im Griff gehabt. Eine ganze Stadt als Welttheater zu nutzen, damit hatte gerade er Erfahrung. Doch für einen Neubeginn war es zu spät. Dieses junge, aufbegehrende Paris entglitt ihm, und er war viel zu müde, noch einmal die Hand danach auszustrecken. Anstatt entspannt zu schlendern, begann er nun systematisch zu streunen: ohne Verabredungen.

Apollinaire, der Ahnherr des Surrealismus, beschritt bald darauf die Pfade des Provokateurs *par excellence* und strich als »ungeliebter Sänger« durch Paris. Für beide wurden die langen, einsamen Sonntagnachmittage zu einer quälenden Geduldsprobe, beide hörten das Schluchzen der Leierkästen, wie es sich in den grauen Hinterhöfen der Großstadt im Echo vervielfachte. *La chanson du mal-aimé*, Wilde konnte schon jetzt ein Lied davon singen. Er riskierte Kollisionen. Auf Schritt und Tritt lief der Müßiggänger den Gespenstern seiner Vergangenheit in die Arme, die Choreographie schien geradezu vorgezeichnet zu sein: Beim Überqueren eines Boulevards etwa wurde Wilde von seinem einstigen Ankläger Edward Carson angerempelt und beinahe zu Fall gebracht. Beide hielten sekundenlang den Atem an und stürzten dann, so schnell es ging, auseinander. Auch dem Maler Whistler, seinem inzwischen stark gealterten Kontrahenten von früher, entging er in der Drehtür eines Restaurants nur knapp. Als sie sich wiedererkannten, floh Wilde mit der Rotation nach draußen. Ein gehetztes Tier.

Wie lange darf man einen Menschen auf einen einzigen Aspekt seiner Vergangenheit reduzieren? Wer kann sich herausnehmen zu bestimmen, wann die Läuterung abgeschlossen ist, wann die Untaten verjährt sind? An Wildes Fall schieden sich die Geister: Selbsternannte Philister zeigten sich unversöhnlich; tolerantere Gemüter sprangen, drei Jahre nach der Haftentlassung von »C. 3. 3.«, endlich über ihren Schatten. Mit George Alexander, noch in Nizza zu feige, seinem Erfolgsgaranten die Hand zu schütteln, kam es in Paris zu einer Versöhnung. Wilde, Alexander und seine Gattin, die ein äußerst freundliches und einfühlsames Benehmen an den Tag legte, lunchten zusammen. Der Intendant versprach, von nun an Einkünfte aus den Aufführungsrechten von Wildes Stücken an Monsieur Melmoth weiterzuleiten. Sein Autor bedankte sich überschwenglich, fühlte sich wie rehabilitiert: Ein von Finanzsorgen unbeschwertes Jahr eröffnete sich ihm, so glaubte er jedenfalls, aber das Gefühl, einmal nicht übergangen worden zu sein, war ihm beinahe wichtiger als die Aussicht, von den ihm zustehenden Tantiemen zu profitieren.

Leute, die ihm systematisch ausweichen wollten, irritierte manchmal der Eindruck, von ihm nachgerade verfolgt zu werden: Wilde war einfach überall. Wie ein aufdringliches Plakat, das einem von allen Litfaßsäulen entgegenstarrt, trafen sie an den unwahrscheinlichsten Orten auf ihn. Spazierten sie beim »Calisaya« am Boulevard des Italiens vorbei, hockte er schon grinsend in der vordersten Tischreihe. Begaben sie sich gegen Feierabend zu den populären Ringkämpfen, wo die Arbeiter von Ménilmontant und Belleville johlten und ihre Gladiatoren anfeuerten, erblickten sie im Dunst der Schweißwolken Oscar Wilde, der sich in Begleitung des Balladendichters Paul Fort mit glänzenden Augen die Verrenkungen der ineinander verknäuelten Männerkörper anschaute. Daß er im Café de la Régence oder im Café de Paris verkehrte, entsprach hingegen seinen früheren Gewohnheiten. Zuweilen schloß ihm sich der Dichter Jean Moréas für eine kurze Debatte an. Nur das Café de la Paix mied Wilde fortan, denn seit Bosies dortiger Abfuhr, ihm auch nach Antritt seines Erbes keinen einzigen Sou zukommen lassen zu wollen, verband er reichlich ungute Erinnerungen mit diesem Ort.

Am schönsten war es freilich, wenn Turner, Ross oder Harris in Paris vorbeischauten und ihn ein paar Tage lang freihielten. Dann hatte er, ohne ausnahmsweise einmal an die Rechnung denken zu müssen, Oberwasser, dominierte die Runde, ließ seinen Esprit funkeln. Einmal schaffte er es noch bis Fontainebleau, führte sich das berühmte Schloß vor den Toren der Metropole zu Gemüte. Peter Mitchell, ein britischer Wissenschaftler und Freund von Ross, wurde in einem Lokal in der Nähe des Château auf den Exilanten aufmerksam. Obwohl Mitchells Begleiter auf der Stelle demonstrativ das Weite suchten, setzte er sich auf eine Tasse Tee zu Wilde. Bei einer Plauderei über Fragen der Dichtung und des Strafvollzugs gab ein Bonmot das andere; Mitchell fühlte sich sichtlich wohl. Den einsamen Mann daraufhin zum Abendessen einzuladen, erschien ihm selbstverständlich. Um so überraschter war er, als Wilde, der seine unvoreingenomme neue Bekanntschaft nicht in Verlegenheit bringen wollte, das Angebot ausschlug. Oscar wußte, Mitchells Freunde würden es ihm übelnehmen, wenn sie beide den Abend zu zweit verbrächten. Es war unnötig, den freundlichen jungen Mann nur um einer Geste des Mitleids willen in eine heikle Situation zu bringen. Dennoch war er gerührt, und er verabschiedete sich höflich. Mitchells Reputation blieb von einem Schandfleck verschont. Wilde hatte inzwischen dazugelernt.

Sein Verhalten hatte durchaus System. Wer ihm mit Offenheit

begegnete, kam ungeschoren davon, ohne daß er einen Obulus entrichten mußte. Wer Melmoth aber, den Blick aufs Pflaster geheftet, auswich, in der Hoffnung, das ihm entgegenschwankende Gespenst möge ihn ausnahmsweise übersehen, wurde regelmäßig um ein paar Francs erleichtert. Unbarmherzig griff Oscar ihm in die Tasche. In solchen Situationen waren Wilde sämtliche Hemmungen abhanden gekommen. Über die Amoralität seines Handelns war er sich vollkommen im klaren, hatte er doch in *The Soul of Man under Socialism* einst selbst die entsprechende Benimmregel geliefert:»Was das Betteln betrifft, so ist Betteln sicherer als Stehlen, aber es ist anständiger zu stehlen als zu betteln.« Gesellschaftlicher Ungehorsam war für ihn nach wie vor oberstes Gebot:»Ein Armer, der undankbar, nicht sparsam, unzufrieden und rebellisch ist, ist wahrscheinlich eine echte Persönlichkeit, und es steckt viel in ihm. Er stellt auf jeden Fall einen gesunden Protest dar. Was die tugendsamen Armen betrifft, so kann man sie natürlich bedauern, aber keinesfalls bewundern. Sie haben mit dem Feinde gemeinsame Sache gemacht und haben ihr Erstgeburtsrecht für eine sehr schlechte Suppe verkauft. Sie müssen außerdem äußerst dumm sein.«

Wilde war nun weder dumm noch wirklich arm, und er wußte auch, daß ihn solche Almosen nur über den Tag retten würden. Doch noch Zukunftspläne zu schmieden, verbat er sich. Eine heitere Gelassenheit ergriff von ihm Besitz, was seine materielle Lage betraf, und es kümmerte ihn kaum noch, daß er bei seinem Hôtelier Dupoirier nun schon seit Wochen auf Pump wohnte. Mehrere unter seinen französischen Gefährten waren bereit zu finanzieller Hilfe, hätten ihm ein Refugium zur Verfügung gestellt, wenn Wilde bereit gewesen wäre, ein unauffälliges, zurückgezogenes Leben auf dem Lande zu führen. Provinzstädte schieden natürlich aus: Bürgermeister und Stadträte hätten sich mit Händen und Füßen gewehrt. Ob Dorf, Waldherberge oder Wochenendhaus – auf eine Neuauflage des Experimentes von Berneval war Melmoth die Lust vergangen. Es war nichts zu machen: Allein in Paris genoß er eine gewisse Narrenfreiheit.»Ob im Triumph oder in der Niederlage – Wilde sorgte immer für Aufsehen; in Paris war er, nach eigenem Bekunden, so berühmt wie der Eiffelturm. Es gab auch Momente der Würde. Aber sie waren selten und kurz.«[1]

Als Prinz Paradox hatte er sich vor Jahrzehnten an der Seine eingeführt, als König ohne Königreich würde er sein Exil bis zum bitteren Ende durchstehen. Seinen Beruf hatte er aufgegeben, Schreiben war ihm keine Berufung mehr. Neue schöpferische Impulse blieben aus. Noch in Reading hatte er über mehr Inspirationskraft verfügt als jetzt, an einem sonnigen Nachmittag zwischen Louvre und Saint-Germain. »In meinem Herzen – jener Kammer voller bleierner Echos – weiß ich, daß ich nie wieder schreiben werde. Es genügt, daß die Geschichten bereits erfunden sind, daß sie recht eigentlich schon existieren und daß ich ihnen im Geist die erforderliche Form geben konnte.«[2]

Sein Œuvre war vollendet, nun konnte er sich als Lebensziel höchstens noch innere Einkehr und Selbsterkenntnis aufbürden – eine schwierige Aufgabe, eine fast unüberwindbare Hürde für einen so ausgeprägten Individualisten wie Wilde, für den Selbststilisierung eine Lebensmaxime darstellte. Ein Leben in Demut kam für den Lebemann nicht in Frage. Religiöse Regungen hatten sich als voreilig, ja trügerisch erwiesen. Und sich tagtäglich auf Scham, Sühne und Selbsterniedrigung zu verlegen, das war zu viel verlangt. Seinen Dämonen vermochte er auf Dauer nicht zu entrinnen. Wie er sein Los auch zu drehen und zu wenden versuchte, den verbleibenden Monaten einen Sinn zu verleihen, es blieb ein vertracktes Unterfangen. »Ich lebe jetzt zwischen Echos, und in mir selbst ist nur noch wenig Musik.«[3]

Sein französischer Biograph Léon Lemonnier hat die These gewagt, Wilde sei in Paris nie willkommen gewesen, sondern letztlich nur toleriert worden. Diese Aussage läßt sich lediglich auf sein Lebensende beziehen, als er sich in die Rolle eines Zaungastes gedrängt fühlte. Aber berüchtigt zu sein, das ließ ihn immerhin seine Existenz spüren. Niemand sollte umhinkommen, ihn zur Kenntnis zu nehmen; selbst enttarnen ließ er sich jetzt gern. Die Anonymität war ihm verhaßt: »Paris ist voll zweitklassiger Touristen. Deutsch und Amerikanisch sind die einzigen Sprachen, die man hört. Es ist grauenhaft«[4], klagte er bei Gelegenheit Robbie sein Leid. Am schlimmsten war es, unter Menschen zu sein, die tatsächlich noch nie etwas von ihm gehört hatten – zu jung oder zu ungebildet, um zu wissen, wer dieser Oscar Wilde überhaupt war.

Mochte ihn Paris auch ignorieren, untergehakt an der Seite von Frank Harris gingen Wilde nun auf einmal die offensichtlichen Schönheiten »seiner« Metropole auf, ihr einzigartiges Flair, ihre ganze Pracht. Nun stimmte er »plötzlich ein Loblied auf Paris an. ›Die herrlichste Stadt der Welt, die einzige zivilisierte Großstadt, der einzige Ort auf der ganzen Erde, wo eine unbedingte Nachsicht gegen alle menschlichen Schwächen, vereint mit leidenschaftlicher Bewunderung für alle menschlichen Tugenden und Fähigkeiten, zu Hause ist.‹«[5] Eine wahrhaft euphorische Stellungnahme aus seinem Munde.

Die Stadt als Synonym von Lebensfreude und Modernität, Zukunftsbejahung und Mut zur Veränderung: Ein ekstatischer Aufschrei – »Paris!« –, Freiheit und Abenteuer verheißend, wühlte seit Februar 1900 das Publikum in der Opéra-Comique auf: Er zog sich wie ein »Leitmotiv« durch Gustave Charpentiers neue Oper *Louise*. In diesem sogenannten »Roman musical«, der im Arbeitermilieu von Montmartre spielt, brennt die Titelheldin, ein tugendhaftes junges Mädchen, aus ihrem proletarischen, freudlosen Elternhaus durch: zu einem Dasein voll *glücklicher* Armut. Im fast anarchistischen, ungeregelten Lebensstil der Bohémiens, die trotz materieller Bedrängnis von einem rauschenden Fest zum anderen ziehen, dafür sorgen, daß Kreativität und Phantasie den Sieg davontragen, emanzipiert sie sich. Der muffigen Enge der Arbeiterwohnung, der sie nur mit Mühe entrinnen konnte, werden die erleuchteten Straßen auf dem Künstlerhügel gegenübergestellt, Paris bietet als Hintergrund das ihnen zu Füßen liegende Lichtermeer. Louise wird zur Königin von Montmartre gekrönt; sie darf entdecken, daß sich vor den Fenstern des Viertels, in dem sie aufgewachsen ist, ein Paradies auftut, zum Greifen nahe. Tausendfach erschallt der Zweisilber »Paris« wie ein Lockruf in Charpentiers Hymne an Unabhängigkeit und Mondänität. Vor ausverkauftem Haus bestaunten wochenlang die Zuschauer aus den höheren Schichten die hier mit veristischer Detailgenauigkeit geschilderte Courage der einfachen Leute, deren Vorhandensein sie bisher geflissentlich ignoriert hatten. Louise hatte ein Exempel statuiert, den Akt der Selbstbefreiung stellvertretend für die noch Unschlüssigen vollzogen.

Im aufmüpfigen Montmartre-Viertel hätte Wilde auf einen anderen berühmten Paris-Wanderer treffen können, der in jenen Jahren die Kabarett-Szenerie entscheidend mitprägte: Erik Satie. Dieser kauzige Sonderling, den die musikalische Avantgarde damals noch nicht als ihren Vorreiter entdeckt hatte, verdingte sich vor der Jahrhundertwende als Aushilfspianist für betrunkene Berufsmusiker, komponierte tagespolitisch inspirierte Parodien, schrieb Chansons für Diseusen, Chansonniers und Music-Hall-Sängerinnen. Zu Hause in allen kleinen und großen Vergnügungsstätten an beiden Seineufern, beheimatet aber im »Chat Noir«, im »Divan Japonais« oder in der »Auberge du Clou«, trat Satie als Partner von Vincent Hyspa, dem begnadeten Wortakrobaten, und von Paulette Darty, dem gefeierten Star der Café-Concerts und Vaudevilles, vor eine Zuhörerschaft, wie sie buntgeflickter nicht hätte sein können. In diesen verqualmten, kaum zimmergroßen Gewölben, wo Fusel ausgeschenkt wurde, hockten Intellektuelle, selbsternannte Poeten, Tagediebe, aber auch *le Tout-Paris* dicht an dicht.

Nonsens und ätzende Sozialkritik, unbekümmerte Unterhaltung und anspruchsvolle Kammermusiknovitäten gingen hier am selben Abend über die Bühne. Satie bewies Zeitgenossen und Nachwelt, wie unkonventionell sich ein Komponistenleben in Paris fristen ließ. Seiner winzigen Bude am Montmartre, dem verschachtelten »maison du placard«, überdrüssig geworden und stets an der Armutsgrenze entlangbalancierend, zog er nach Arcueil, in die südlichen Vorstädte, um. Den kilometerlangen Marsch zwischen Pigalle und Banlieue bewältigte er jeden Tag, in beide Richtungen: Als Paris-Nomade war Satie, dessen kalligraphische Partituren und ironische Schriften von einer Mehrfachbegabung ohnegleichen kündeten, kaum zu überbieten. Seine Energie und sein Durchhaltevermögen verschlugen manchem seiner faulenzenden Kollegen vom Montmartre schier den Atem. Der in *Louise* heraufbeschworene Traum eines ungebundenen, vielseitigen Künstlerdaseins ohne jegliche materielle Absicherung brach sich in Saties ungewöhnlicher Existenz Bahn.

Paris brodelte, als hätte es sich vorgenommen, Wilde noch einmal mit geballtem Aufbruchswillen zu beeindrucken. Das Jahrhundert ging zu Ende, und Frankreichs Zugpferd meldete erneut seine Vorrangstellung vor den anderen europäischen Kapitalen an. Die »Hauptstadt des neunzehnten Jahrhunderts« bewies auch an der Schwelle zum zwanzigsten, daß ihr der Ausnahmerang nicht so schnell streitig gemacht werden konnte. In Paris wurden 1900 die zweiten Olympischen Spiele der Neuzeit ausgetragen. Das hiesige Musikleben befand sich im Umbruch, *wagnérisme*, französische Klangzauberei und derbe Music-Hall-Kost wetteiferten miteinander um die Gunst der Kritiker und der Melomanen. Malerei und Skulptur beanspruchten schon seit Jahrzehnten Weltgeltung: von den Impressionisten über die Symbolisten zu den Neo-Impressionisten, von der École de Pont-Aven über die »Nabis« zu den »Fauves« und den Naiven um den Zöllner Rousseau. Auf Pariser Staffeleien rang man um das bildnerische Vokabular der Moderne; Auguste Rodin und die stets in seinem Schatten schaffende Camille Claudel gestalteten im Atelier monumentale Meditationen über das Leben: Riesige Wellen rollten über Menschengruppen hinweg, begruben Alternde unter sich. Erotische Plastiken bahnten sich trotz akademischen Widerstandes ihren Weg in die Öffentlichkeit; das Volk als anklagende Masse und der einzelne, als in Gedanken vertiefter Grübler, wurden verherrlicht.

Als die »Exposition Universelle« am 14. April 1900 ihre Pforten öffnete, war unübersehbar, daß man die Gigantomanie zum Leitmotiv erhoben hatte. Zwei enorme Glaspaläste, das Petit Palais und das Grand Palais, enstanden direkt am nördlichen Seineufer unterhalb der Champs-Élysées: Sie zählen heute noch zu den größten Ausstellungshallen von Paris und sind, zusammen mit dem goldgeschmückten Pont Alexandre III, der gleichfalls eigens für die Weltausstellung fertiggestellt wurde, aus der Topographie der Belle Époque nicht mehr wegzudenkende Wahrzeichen. Durch die »Porte Monumentale« in Gestalt eines gigantischen Meerestieres schritten die Besucher in ein Zauberreich, dessen Schätze selbst die Sensationen von 1889 in den Schatten stellten. Zu sehen waren unter anderem ein »Palais des Illusions« sowie ein riesiges Aquarium; der Erfinder George Wheeler stellte den Prototyp der Rolltreppe einem eingeschüchterten, aber faszinierten Publikum vor. Schon vor einem sich im Kreise drehenden Bürgersteig, dem *trottoir roulant*, der Wagemutige gleich dutzendweise zu Fall brachte, hatte man sich in acht nehmen müssen. Es gab ein Riesenrad, das die Ausstellungsflächen überragte, in manchen seiner Holzkabinen ließ sich sogar speisen. In luftiger Höhe wurde vielen Parisern mulmig zumute, wenn sich das Häusermeer zu ihren Füßen wie eine Spielzeugstadt ausnahm. Wem solcher Nervenkitzel nicht genügte, der konnte dem Sieger eines spektakulären Concours de Ballons zujubeln oder bekam im Théâtre des Bonhommes Guillaume deftige Unterhaltung geboten.

Automobil und Eisenbahn standen im Zentrum, Schiffsfahrten ließen sich simulieren, bis die Passagiere in der Tat seekrank wurden; im Bois de Vincennes lockte eine »Velozipedbahn«. Im Palais de l'Électricité, einer weiteren Attraktion, verbreiteten Bogenlampen gleißendes Licht, beleuchtete Springbrunnen und glitzernde Kaskaden strahlten in hellstem Glanz. Auch für Exotik war gesorgt: Ferne Länder wie Kambodscha oder Transvaal zeigten besonders auffällige Bauten und Pavillons; das Ba-Ta-Clan, ein innerstädtischer Pariser Amüsierbetrieb, legte sich eine chinesische Pagode zu. Entlang der Seine besaßen die meisten Nationen ihre um Originalität bemühten Vorzeigebauten, für sechs Monate verwandelten sich die Quais in ein baustilistisches Sammelsurium. Mit Ausflugsbooten konnte man beliebig oft die Ufer wechseln und an einem Nachmittag quer durch Italien, Holland, Andalusien oder die Vereinigten Staaten reisen. Die Schweiz warb für ein neues Zeitalter mit Ballonfahrten auf das Matterhorn, am unteren Ende des Marsfeldes entstand ein Village Suisse mit grasenden Kühen und Milchausschank. Heute residieren dort Antiquare. Für die neu eingerichtete Galerie des Machines war es schade, daß sie, wie die meisten anderen gelungenen Bauwerke auf dem Gelände, schon nach Ausstellungsende wieder der Funktionalität des Alltags weichen mußte.

Der Phantasie schienen zur Jahrhundertwende keine Grenzen gesetzt: Es gab ein echtes Wasserschloß im Louis XV-Dekor mit neobarocken Bassins und Wasserfällen. Der »Designer« René Lalique verfügte über einen eigenen Stand, an dem er seine eleganten Vasen und Schmuckstücke vorführen konnte. Anthropomorphes hatte, wie überall in Europa, Konjunktur; Jugendstil und Art Nouveau trieben ihre Blüten: Türknäufe in Form von Masken oder Tintenfischen, Ringe und Ketten mit Schlangenköpfen oder Schmetterlingsflügeln, auf die ein *tête-de-mort* – ein Nachtfalter – gezeichnet war. Tiffany-Juwelen in Pflanzenform. Allegorische Figuren in Hülle und Fülle, Frauenkörper wie Frauenbildnisse und Jugendkult allerorten, nackte Adoleszente tummelten sich in bukolischen Landschaften. Man zerbrach sich über die Stadtplanung der Zukunft den Kopf, die beiden Seineufer nahmen den Charakter eines aus den Fugen geratenen Utopia an. Und immer wieder Züge des Gigantomanischen. Der Tscheche Alfons Mucha hatte ursprünglich den Plan, den Sockel des Eiffelturms mit einem riesigen »Pavillon de l'Homme« einzuhüllen. Der Erfindungsreichtum aller sich präsentierenden Staaten trug inflationäre Züge.

Auch Oscar Wilde tauchte ein in die Phantasmagorien der großartigen Ausstellung. Er bevorzugte für seine Expeditionen, zu denen er meist in Gesellschaft seines Geliebten Maurice Gilbert aufbrach, den Eingang Cours-la-Reine. Oft saßen sie dann im Café de l'Égypte in der Nachbarschaft des Théâtre Égyptien, wo sie sich mit einem Mokka stärkten und mit dem Kellner, einem schlanken, braunen Ägypter, der »wie ein hübscher Spazierstock aus Bambus« aussah, herumschäkerten. Das Grand Palais wartete mit einer umfassenden Skulpturenschau auf, und Rodin hatte man zu Ehren seines sechzigsten Geburtstages einen Sonderpavillon eingerichtet, in dem viele seiner Hauptwerke zu sehen waren. Wilde war von Rodins »Höllentor«, einer allegorischen Darstellung der Pforte zur Unterwelt, sehr beeindruckt und pries den Bildhauer in den höchsten Tönen: Er schätze sich glücklich, »alle seine großen Träume in Marmor« hier versammelt zu sehen, selbst die unvollendeten. Rodin sei, so ließ Oscar sich vernehmen, der bei weitem bedeutendste »Dichter« Frankreichs, vor dessen imposanter Gestalt eine Epochenfigur wie Victor Hugo verblasse.

Angesichts dieser Schau des internationalen Narzißmus, dem außerdem eine ungebrochene pro-kolonialistische Ausrichtung eignete, fanden sich auch kritische Stimmen. Das gesamte siebte Arrondissement versank während der Bauarbeiten nämlich unter einer dicken Staubschicht, denn die Pavillons der Nationen waren mit Gipsfassaden versehen. Nicht alle Anwohner teilten den Enthusiasmus der Organisatoren, als sie dabei zusehen mußten, wie sich ein Zuckerguß über Dächer und Balkons legte. Und daß

Weltausstellung Paris 1900: Die Pavillons der Nationen am Seineufer

man zur gleichen Zeit in Paris an der Basilika von Sacré Cœur werkelte, von 1876 bis 1914 wurde ununterbrochen daran gebaut, galt vielen Stilpuristen und frommen Traditionalisten als Sakrileg. Die Fertigstellung zog sich freilich in die Länge. Geweiht wurde die architektonisch eigenwillige Kirche, die von weitem oft an einen indischen Tempel erinnert, erst 1919.

Publizisten, denen die Begeisterung für die Exposition zu weit ging, sahen darüber hinaus das alte, *le vieux Paris* bedroht. Ganze Stadtviertel wurden zugunsten der betörenden Reklameschau seit Jahren vernachlässigt. Der Photograph Eugène Atget bewahrte mit seinen Bildserien die mittelalterlichen Fassaden der Seinestadt, die Atmosphäre der schiefen Häuschen und verwinkelten Gassen vor dem Vergessen. Daß es sich keineswegs um Unkenrufe handelte, demonstrierte ein Imitat des *vieux Paris* inmitten der Nationenbauten auf der Weltausstellung: Die baufälligen Quartiers, die man insgeheim längst ihrem Schicksal überantwortet hatte, zeigte man den Touristen bereits als artifizielle Phantomstadt. Das Unechte erwies sich als Publikumsmagnet – eine Erkenntnis des zwanzigsten Jahrhunderts; für Authentizität mußte der Blick erst geschärft werden.[6]

Paris drückte der Belle Époque also einen unverwechselbaren Stempel auf, wobei die Diskussion, was an diesem Zeitalter eigentlich so »schön« war und wer überhaupt in den Genuß dieser Schönheiten kam, vorerst zweitrangig blieb. Ganz sicher prallten hier erstmals grenzübergreifende, einander verwandte ästhetische Phänomene mit voller Wucht aufeinander. Die Experimente des Belgiers Henry van de Velde oder des Katalanen Antoni Gaudí lernten Menschen kennen, die sich gerade erst daran gewöhnen mußten, mit welchen eigenwilligen Schriftzügen und kunstvoll verschnörkeltem Blätterwerk aus Metall Hector Guimard die neueröffneten Pariser Métro-Stationen verzierte – von den Einheimischen als »Nudelstil« verunglimpft.

Dieser schöne Schein war ganz nach Wildes Geschmack. Als er 1883 noch mit Sherard unternehmungslustig durch Paris gezogen war, entstand in den Werkstätten des Bildhauers François Bartholdi, mitten im siebzehnten Arrondissement, die kolossale amerikanische Freiheitsstatue, ein Geschenk Frankreichs für New York. Als Hüterin einer noch einzulösenden *liberté* ragte ihr Kopf aus den Dächern der Rue de Chazelles hervor, harrte seiner Vollendung. Daß nunmehr Duplikate dieses monumentalen Sinnbilds ihrerseits Paris bevölkerten, hinter Bäumen versteckt im Luxemburg-Park oder auf einer Seine-Insel unterhalb des Pont de Grenelle plaziert, vermittelte ihm eine Ahnung von den Eklektizismen der Neuzeit. Einmaligkeit sollte künftig zu einer fragwürdigen Kategorie werden, reale und virtuelle Phänomene einander durchkreuzen. Die Weltausstellung hatte ihren Besuchern eine des zwanzigsten Jahrhunderts würdige Retortenstadt präsentiert, mit wiedererkennbaren Versatzstücken fremder Kulturen, häppchenweise konsumierbar, über Nacht demontierbar. Nichts war echt daran, nichts ließ sich mehr verifizieren. »Unsere Zeit«, so Wilde, »steckt voller Spiegel und Masken.«

Paul Verlaine (links) und Arthur Rimbaud,
Ausschnitt aus einem Gemälde von Henri Fantin-Latour

Natur und Kunst, Original und Kopie, Authentizität und Fäl-
schung: Diesen Oppositionspaaren war Oscar Wilde in seinem
Schaffen mit Hartnäckigkeit und Leidenschaft auf den Grund gegangen. Er hatte nachzuweisen versucht, daß den Spiegelbildern
eine größere Wahrhaftigkeit zuzutrauen war als dem gefallsüchti-

gen Narziß. *Who was that man?* fragte der Buchautor Neil Bartlett 1988 und nahm bekannte Wilde-Porträts unter die Lupe, holte die Abbildungen so dicht an die Augen seiner Leser heran, daß bei größtmöglicher Auflösung nur noch schwarze Flecken und Punkte über die Seiten tanzten. Nähe und Eindeutigkeit war mit solchen Zoom-Effekten nicht herzustellen.

Klaus Mann sah in Wilde einen tragischen Märchenprinzen und Leidensfürsten, einen entfernten Doppelgänger seines Zeitgenossen, Ludwig II. von Bayern, über den die Untertanen nur den Kopf schütteln konnten, »schon etwas angefault, schon entstellt, mit schlechten Zähnen und gedunsenen Lippen, bei freilich schön gebliebenem Blick und immer noch sehr majestätischer Gebärde.«[7]

Ein halbes Jahrhundert später gelangte der deutsche Schriftsteller Peter Weiss ins Pariser Exil. An einem Nachmittag fand er sich in der Mitte der Seine auf einem Damm wieder, um festzustellen, daß die Dimensionen dieser Stadt geeignet waren, Frieden zu schließen mit sich selbst. Sie verschafften ihm Muße zur Kontemplation und die Rückgewinnung innerer Ruhe. »Ich stand still,« schreibt Weiss über seinen *Fluchtpunkt* Paris, »sah Boote vorbeifahren, sah den Abglanz der gesunkenen Sonne auf der Spitze des Eiffelturms, wußte, wie ich hieß, woher ich kam und wohin ich weiterreisen würde, obgleich ich dort nur ein Provisorium fand, ein Dach über dem Kopf, und dies war kein Umherirren mehr. ... Ich hatte keinen Begriff von dem Dasein gewonnen, hatte keine Absichten, ich spürte nur die Klarheit der Luft, spürte, wie ich dastand und atmete, und daß ich aus der Umnachtung, in die mich der Schock der Freiheit geworfen hatte, herausgeraten war. Die Freiheit war nicht vorhanden, doch ich hatte Boden in ihr gewonnen. ... Ich hatte nur den Blickpunkt geändert.«[8]

Auch Wilde-Melmoth, Flaneur wider Willen, »ewiger Wanderer«, der sein Glück einst verpfändet hatte, um den Untiefen der menschlichen Seele auf die Spur zu kommen, war jetzt am Ausgangspunkt seiner Selbstbefragung angelangt – in Paris, wo er mit den Anfangszeilen seiner *Sphinx* erstmals den Versuch unternommen hatte, sein Ego zu ergründen. Weiterzureisen, das war auch für ihn jetzt nicht mehr nötig. Die Larve des Nomaden konnte fallen.

Was blieb, war die Maske des »ewigen Gefangenen«. Im amerikanischen Pavillon auf der Exposition Universelle wurde Wilde eines Tages vor den aufsehenerregenden Erfindungen von Thomas Edison erkannt. Der Aufforderung, doch eine von ihm selbst gesprochene Passage aus seinen Werken von Edisons Phonographen aufzeichnen zu lassen, kam er gerne nach. Die Umstehenden waren auf seine Wahl gespannt. Er rezitierte weder aus *Salome* noch aus *Dorian Gray*, weder aus *An Ideal Husband* noch aus *The Importance*. Er wählte vielmehr die *Ballad of Reading Gaol*. Mit den letzten drei Strophen aus dem Schlußteil der Ballade schenkte er der Nachwelt das wohl einzige Zeugnis seiner weichen, melodiösen Stimme, seiner unvergleichlichen Modulations- und Intonationsfähigkeit.

In ihrem Klang war sein Leben als Globetrotter eingeflossen; irische, englische und französische Akzente überlagerten einander: die Erfahrungen im öffentlichen Vortrag auf monatelangen Lesereisen; das Parlando der Salons; die geschliffene Ausdrucksweise und Diktion; bei unzähligen Diners erprobt; das Liebesgeflüster mit den »Panthern«. Der unwiderstehliche Charme seiner Bühnenfiguren; die Monotonie seiner Selbstgespräche in Gefängniszellen und Hotelzimmern.

»C. 3. 3.« sprach:

> And all men kill the thing they love,
> By all let this be heard,
> Some do it with a bitter look,
> Some with a flattering word,
> The coward does it with a kiss,
> The brave man with a sword!

Hier brach die Aufnahme ab.

Der Flügelschlag des Todesengels

ᴄᴏᴀᴄᴏ

Ich fühle, wie der Tod mich beständig in seinen Klauen hat.
Wie ich mich auch verhalte, er ist überall da.

MONTAIGNE

Die Rue des Beaux-Arts ist eine ruhige, unscheinbare Seitenstraße
im Sechsten Arrondissement, eine kurze, schmale Querverbin-
dung ohne Baumbestand. Sie verläuft in West-Ost-Richtung parallel zum Quai Malaquais. Um zu zwei der schönsten Brücken
von Paris zu gelangen, dem Pont Neuf und dem Pont des Arts,
braucht man nur wenige Schritte zurückzulegen. Die Nähe der
Seine mit den Holzkästen der Bouquinisten auf den Ufermauern
ahnt man hier dennoch kaum. In direkter Nachbarschaft befindet
sich die noch engere Rue Visconti, wo Balzac eine Druckerei betrieb und auch Racine, zwei Jahrhunderte vor Wilde, seine allerletzten Tage verbrachte. Delacroix besaß dort ein Atelier, und der
Verhüllungskünstler Christo errichtete an gleicher Stelle bei einer
seiner ersten Aktionen eine Barrikade aus Fässern und Tonnen.
Von der Inszenierungsstätte seiner Straßensperre ist es wiederum
nicht weit zur idyllischen Place de Furstenberg, einer schmucken,
quadratischen Enklave, an der heute das Delacroix-Museum seine
Heimat gefunden hat. Gleich um die Ecke gelangt man zur Rue
Saint-Benoît, wo Marguerite Duras residierte, und drei der berühmtesten Établissements von Paris, das »Flore«, das »Deux Ma-
gots« und die Brasserie Lipp, rufen Erinnerungen an die goldenen
Jahre von Saint-Germain-des-Prés wach, als das Viertel noch fest in
der Hand der *expatriates* und wenig später der Existentialisten war.
Schräg gegenüber vom spitzen Kirchturm palaverten in diesen Cafés nacheinander Ernest Hemingway, die Surrealisten, die Dichter der Résistance und Simone de Beauvoir; ein paar Häuser weiter spielte Jean-Paul Sartre mit seiner Mutter vierhändig Klavier.
An ihrem westlichen Ende stößt die Rue des Beaux-Arts auf die
Rue Bonaparte, am östlichen auf die Rue de Seine, traditionell

die Straße der Kunstgalerien. Von drei wichtigen Gebäuden wird sie eingerahmt: dem Institut de France, dem Hôtel des Monnaies, inzwischen als Münzenmuseum ein Wallfahrtsort für Numismatiker, und der École Nationale des Beaux-Arts. Im Institut mit seiner markanten Kuppel haben gleich fünf Akademien ihren Sitz, darunter die ehrwürdige Académie Française, die Richelieu einst ins Leben gerufen hatte. Wilde hatte davon geträumt, in den geweihten Zirkel aufgenommen zu werden, seinem Nachfolger und Geistesverwandten Jean Cocteau sollte es dann gelingen. Dort, wo in heutiger Zeit die angesehene staatliche Kunsthochschule angesiedelt ist, hatte »la Reine Margot«, Marguerite de Valois, die erste Frau Heinrichs IV., zu Beginn des 17. Jahrhunderts ein Kloster gegründet. In der kleinen, sechseckigen Chapelle des Petits-Augustins sangen auf ihr Geheiß die Mönche bei Tag und bei Nacht. Schon seit langem wurde die Kapelle zweckentfremdet, diente als Grabstätte alter Meister und beherbergt noch in unseren Tagen Kopien von Skulpturen und Gemälden, an denen sich Generationen nachwachsender Kunststudenten schulen. Vom gepflasterten Innenhof der Kunstakademie fällt der Blick der Passanten, wenn sie aus der Augustinerkapelle treten, auf die Hausnummer 13 in der Rue des Beaux-Arts, das ehemalige Hôtel d'Alsace.

Die Straße, in der Oscar Wilde aus dem Leben schied, entstand in ihrer heutigen Gestalt erst zu Beginn des 19. Jahrhunderts. 1824 waren die Häuserzeilen fertiggestellt, und bereits ab 1830 wurde eine von ihnen für über fünfzig Jahre zu einer eminent literarischen Adresse: Die »Revue des Deux-Mondes« hatte im Haus Nr. 6 ihren Sitz. Zuvor war hier der Standort der Abtei von Saint-Germain, an die Seinewiesen grenzend, und des Manoirs der Königin Margot gewesen, und schließlich tat sich ein großer Park auf, den die Familie La Rochefoucault-Liancourt an die Abtei abtrat. Die Fremdenzimmer von Wildes Patron Dupoirier in einem ordinären, mehrstöckigen Pariser Wohnhaus lösten danach einen über Kellergewölben errichteten *pavillon d'amour* ab. Oscars bescheidene Kammer trägt heute die Nummer sechzehn. Im September 1900 wurde sie von einer häßlich gemusterten Tapete verschandelt, die dem mittlerweile Bettlägerigen zusätzliche Pein verursachte. Wilde vermochte zwar noch zu scherzen, er führe mit der geschmacklosen Wandverkleidung einen Kampf auf Leben und Tod. Doch insgeheim ahnte er schon, daß die Tapete den Sieg davontragen würde.

In diesem Spätherbst fesselten ihn schwere Krankheiten an sein Zimmer: Bei der noch in Rom konstatierten »Muschelvergiftung« hatte es sich nur um das erste Symptom ernster, langwieriger Qualen gehandelt, Spätfolgen seiner Syphilis, Hautausschläge und eine verschleppte Mittelohrentzündung, hervorgerufen vom nicht verheilten Sturz in den Tagen seiner Gefangenschaft. Nahezu neunzig Besuche in zwei Monaten stattete ihm Dr. Maurice Tucker, der von der britischen Gesandtschaft in Paris abgestellte Arzt, ab, doch konnte er auch nach Wochen keine verläßliche Diagnose stellen. Eine Anfang Oktober im Alsace vorgenommene Ohrenoperation schwächte seinen Patienten über die Maßen. Maurice Gilbert, außer Dupoirier zuletzt der einzige Franzose an Wildes Krankenbett, sandte in dessen Auftrag ein Telegramm an Robert Ross, er möge sofort nach Paris eilen. Mit Reggie Turner teilte sich Robbie, der auf der Stelle die Reise antrat und wenige Stunden vor Wildes letztem Geburtstag eintraf, die undankbare Aufgabe täglicher Besuche und Aufheiterungsversuche. Ross, Turner, Tucker, Dupoirier und Gilbert hielten stundenweise Wache, registrierten Wünsche und Befehle, redigierten Briefe, brachten die Mahlzeiten aufs Zimmer. Aus London bemühte sich nur seine Schwägerin Lily, die wieder geheiratet hatte, zu ihm. Bosie wurde auf dem laufenden gehalten, er schickte auch ab und zu einen Scheck; aber nie fand er den Weg zum Krankenbett seines Freundes.

Von Meningitis, dem Abszeß im Ohr, Juckreiz und Infektionen geplagt, wechselte Wildes Befinden von Tag zu Tag. Mal war er zu Albernheiten aufgelegt, verglich sich mit einem großen Affen, der sich von morgens bis abends kratzen müsse – Ross wurde gewarnt, er wolle dennoch keinesfalls Nüsse von ihm gereicht bekommen, er verlange nach einem anständigen Mittagessen. Mal sprach er im Delirium, tadelte Reggie, den er als »ungezogenes Jüdelchen« apostrophierte, dann wieder fürchtete er, am »Scheitern« der Weltausstellung schuldig zu sein. Unablässig klagte er über seine Schulden, war davon überzeugt, er könne es sich nicht einmal leisten, zu sterben. Wenn sich seine Laune besserte, bekam er Lust auf Ausflüge in Cafés oder auf eine Spazierfahrt in den

Bois de Boulogne. Doch solche Aktionen gingen längst über seine Kräfte, handelten ihm Erkältungen und Schwindelanfälle ein. Hinzu kam, daß er bei diesen Gelegenheiten nicht davon abzubringen war, Alkohol in großen Mengen herunterzuschütten. Einwände waren zwecklos.

Brandy und Absinth versetzten ihn wenigstens stundenweise in bessere Laune, mündeten allerdings stets in Migräne und Halluzinationen. Wilde hatte herausgefunden, daß die geballte Einnahme alkoholischer Getränke »dieselben Effekte hervorrief wie eine Vergiftung. ›Das erste Glas zeigt einem die Dinge, wie man sie gerne sehen möchte, das zweite zeigt sie einem, wie sie nicht sind, und nach dem dritten sieht man sie in ihrer wirklichen, realen Gestalt – etwas Schlimmeres auf der Welt gibt es nicht. Alles ist in Auflösung begriffen, ein Zylinder beispielsweise richtet sich ganz von alleine auf, und man bricht in Lachen aus.‹«[1]

Wilde befand sich kurioserweise in der fürsorglichen Gesellschaft derselben jungen Männer, die ihn dreieinhalb Jahre zuvor bereits in Dieppe empfangen hatten. Sein Versteckspiel hatte ihn keinen Schritt weitergebracht, hatte keinen Sinn mehr. Das Pseudonym Sebastian Melmoth hielt er nur noch dem arglosen, herzensguten Dupoirier zuliebe aufrecht, der ihn wenigstens jetzt nicht mit lästigen Geldfragen bedrängte. Momentan hauste er gewissermaßen umsonst im Alsace. Wilde begann zu ahnen, daß ihn die Schwingen des Todesengels bald erfassen würden. Es war nicht nötig, wie Herodes in die Blutlache eines schönen Jünglings zu treten, um zusätzliche Gewißheit zu erlangen.

Dr. Tucker, der die Ursache der Leiden seines Patienten lange Zeit zu verkennen schien, verabreichte ihm Morphium und Opiate zur Linderung seiner fürchterlichen Schmerzen; Wilde modifizierte diese Diät, indem er sich seine Wachzustände mit Champagnerkonsum versüßte. Er berichtete Ross und Turner von intensiven Träumen, schwor jeden Eid, »mit den Toten zu Abend gespeist« zu haben, fiel übergangslos vom Englischen ins Französische, erkundigte sich nach einer passenden Grabstätte auf dem Friedhof Père-Lachaise. Als er erfuhr, daß Ross für einige Tage zu seiner Mutter nach Nizza reisen müsse, so wie er es ihr versprochen hatte, brach Wilde in Panik aus. Ohne dessen Anwesenheit sterben zu müssen, war ihm unvorstellbar.[2]

Ab Anfang November war Oscar kaum mehr in der Lage zu schreiben. Er, der in seinem Leben weit über tausend Briefe verfaßt hatte, war zum Verstummen verurteilt. Sein letztes Schreiben an Frank Harris diktierte er Maurice Gilbert, natürlich ging es um Geld. Im Schlußsatz insistierte Wilde, Harris schulde ihm noch 150 Pfund. Nachdem Frank, die ersten Aufführungen von *Mr and Mrs Daventry* waren soeben in London über die Bühne gegangen, Oscars listigem Mehrfachverkauf der »Rechte« an seiner Dramenidee auf die Schliche gekommen war, hatte er den Differenzbetrag zwischen seinen Auslagen und Wildes »Tantiemen« vorerst selbstverständlich einbehalten: Die übers Ohr gehauenen »Co-Autoren« wollten schließlich erst einmal abgefunden werden.

Als um den 20. November mit einer Wende zum Besseren nicht mehr zu rechnen war, gab Turner seine angestammte Pariser Unterkunft auf und bezog ein Zimmer des Alsace. Wilde war nunmehr ein hoffnungsloser Fall. Dr. Tuckers Fehldiagnosen begannen sich zu rächen. Reggie fiel es schwer, allein mit dem Todgeweihten auf das Ende warten zu müssen, er war verzweifelt und fürchtete, dieser Belastung nicht länger gewachsen zu sein. Zu einem Dialog kam es nur noch selten. Oscars Gesicht war blau angelaufen und unrasiert, die ungepflegten braunen Haarsträhnen ergrauten, von seinem Leib ging ein übelriechender Geruch aus. Verlaine, dessen Lebenslauf so viele Gemeinsamkeiten mit Wildes aufwies, hatte die vielversprechende Wendung geprägt: »La décadence, c'est l'art de mourir en beauté« – Dekadenz ist die Kunst, in Schönheit zu sterben. Legte man diese Definition auf Wilde an, der sich in einer erbärmlichen Lage befand, so bestand wenig Hoffnung, daß er als Vertreter dieser ästhetischen Bewegung Eingang in die Geschichte finden würde. Am 28. November kabelte Reggie an Ross, er müsse augenblicklich nach Paris zurückkehren, wenn er Wilde noch lebend wiedersehen wolle. Robbie brach umgehend den Besuch bei seiner Mutter ab, nahm den Nachtzug von der französischen Riviera und hastete in die vertraute Pariser Straße.

Schon zuckt der Turmuhr Goldbelag
durchs Morgengrau, und Regen rinnt
Am Fensterglas, der Schleier spinnt
von Tränen für den jungen Tag.

Wer war der Höllenunhold, der
dich nahm der Herrscherin der Nacht,
Und der dich heimlich mir gebracht
in meine stille Klause her?
Welch zungenloser Unhold stahl
sich durch die schwarze Schleierwand
Der Nacht zu meinem Kerzenbrand?
Wer war's, der dich zu mir befahl?
Sind denn nicht andre mehr verflucht,
weißer von Aussatz noch als ich?

29. November 1900. Aus Wildes schmerzverzerrtem Mund dringen nur noch Schreie. Bevor es zu spät ist, hat Ross noch eine
schwerwiegende Entscheidung zu treffen. Wildes verbale Zustimmung kann er nicht mehr einholen. Beide verständigen sich mit
Händedruck und Zeichen. Obwohl Ross die in Rom erneut erwachte Begeisterung seines Freundes für das Katholische nicht
wirklich glaubhaft erscheint,[3] schickt er nach einem Priester.
Leicht ist es nicht, einen freiwilligen Beistand für diesen schweren
Sünder zu finden; Ross muß Überzeugungsarbeit leisten. Ein Seelsorger läßt sich dann doch erweichen, womöglich, weil er selbst
aus Dublin stammt. Als der Passionistenpfarrer Cuthbert Dunne
von St. Joseph's an der Avenue Hoche in letzter Minute herbeieilt,
liegt der Sterbende bereits im Koma. Nur seine Hand vollzieht
noch unkontrollierte Bewegungen. Father Dunne geht von Wildes
Einverständnis aus. Nottaufe, Absolution, letzte Ölung, Gebete –
dem Verdikt von Oscars Vater zuwiderhandelnd, das wie ein
Damoklesschwert über den jugendlichen Versuchungen des Studenten geschwebt hat. Ross glaubt fest an die Richtigkeit seines
Entschlusses, auch wenn sie ihm persönlich gegen den Strich
geht. Mit den provokativen Attributen eines Heiden verstörte
Oscar ein Leben lang seine Umwelt; mit den Sterbesakramenten
blickt er dem Tod ins Auge. *Comme il faut* klingt das Feuerwerk seiner Paradoxien aus.
　　Weder Ross noch Turner finden in dieser Nacht Schlaf. Wildes
letzte Stunden ziehen sich entsetzlich in die Länge, er leidet unvorstellbare Schmerzen. Die Agonie ist eine höllische Tortur; das
fortgesetzte Röcheln wird für seine Freunde immer unerträglicher;

ein grausiger Gesang dringt aus der Kehle des Gemarterten. Mit sinnlosem Hin- und Herräumen und Sortieren von Wildes Habseligkeiten bringen sie die Nacht hinter sich. Im Morgengrauen entledigt sich der Körper des Sterbenden aller nur erdenklichen Flüssigkeiten. Die Getreuen müssen sich zusammenreißen, um den schrecklichen Anblick auszuhalten. Mittags um zehn vor zwei am 30. November explodiert der geschundene, entstellte Leib; Blut und Schaum treten aus. Ein letzter Atemzug, dann ist der Todeskampf vorüber. »Er hatte sein Leben gelebt, bis zum Äußersten – den steilen Flug, den tiefen Sturz, die lange Qual. Da alles durchaus ausgekostet und durchlitten war, durfte er endlich gehen: aus dem unbezahlten Hotelzimmer hob sich seine erlöste Seele – nun gereinigt von den Verzerrungen und Affereien, nun geprüft und geläutert, nun bereit zur Unsterblichkeit.« Mit dem »Weiterpilgern im Staub«[4] als Melmoth ist es vorüber. Für immer.

Worte des Abschieds sind von Oscar Wilde nicht überliefert. Für Turner waren diese Nachtstunden, wie er Max Beerbohm anvertraute, die bestürzendste und zugleich verabscheuungswürdigste Erfahrung seines Lebens gewesen. Dupoiriers Tochter behauptete noch Jahre danach, die Uhr in Wildes Zimmer sei genau um 13 Uhr 50 stehengeblieben. Die einzige Aufnahme Wildes auf dem Totenbett stammt von Maurice Gilbert, wobei leider das Blitzlicht versagt hatte. Wie eine Maske erhob sich das aufgedunsene Gesicht aus locker hingeworfenen Dahlien und dem Blütenweiß der Bettwäsche vor Dupoiriers geschmackloser Tapete. Der *poète maudit* trug einen geweihten Rosenkranz um den Hals, auf seiner Brust thronte ein Heiligenbildchen; Kerzen, Weihwasser und Kruzifix vervollständigten das skurrile Konterfei: Grüne Nelken, Lilien und Sonnenblumen waren durch Devotionalien ersetzt worden. Während zwei Nonnen die Totenwache hielten, betrunkene Bezirksärzte und strenge Beamte sich die Klinke in die Hand gaben und Dupoirier sich von seinem Schrecken erholt hatte, daß der Fremde in seiner Pension unter einem falschen Namen gestorben war, konnte nach vielen administrativen Wirren endlich ein Totenschein ausgestellt werden. Robbie und Reggie mußten die Behörden förmlich davon abhalten, Oscars Leichnam, der nunmehr, gewaschen und eingesalbt, wieder »friedlich und würdig aussah«,

Wilde auf dem Totenbett im Hôtel d'Alsace,
Fotografie von Maurice Gilbert

kurzerhand in die Morgue zu überführen, denn die Abwesenheit
von Familienmitgliedern war diesen mißtrauischen Menschen
kaum begreiflich zu machen.

Wildes Übersetzer Davray stattete seinem Autor noch einen
pietätvollen Besuch ab. Bosie erhielt ein Telegramm. Am 2. Dezember erschien Lord Alfred Douglas dann persönlich. André
Gide erfuhr erst aus der Zeitung vom Dahinscheiden seines Me-
phistos: im algerischen Biskra.

Am Morgen des 3. Dezember mußten sich die wenigen Trauer-
gäste durch eine verschämt offen gelassene Seitentür der Kirche
von Saint-Germain-des-Prés hindurchzwängen, das Hauptportal
blieb verschlossen. Dunne verlas die Begräbnisliturgie, ansonsten
wurde lediglich ein schlichtes Zeremoniell abgespult. Ross erinnerte sich, daß insgesamt sechsundfünfzig Personen zugegen

waren, »darunter fünf Damen in tiefer Trauer«. Auch Anna de Brémont wurde gesichtet. Anzeigen waren nicht verschickt worden. Angeblich soll Bosie die Kosten des bescheidenen, »sechstklassigen« Begräbnisses in Bagneux, südlich von Paris, übernommen haben. »In Paris ist das Sterben für einen Ausländer wirklich ein sehr schwieriger und kostspieliger Luxus«, resümierte Ross.[5]

So ging Wildes Epilog in aller Stille über die Bühne. Bei Sarah Bernhardts Begräbniszug im Jahre 1923 sollten mehr als 600 000 Schaulustige die Pariser Straßen säumen, das Théâtre de la Ville, dem gefeierten Theaterstar zu Ehren, sogar fortan ihren Namen tragen. Für die Menschen, die an Oscars Ableben Anteil nahmen und seinen einfachen Sarg bis zur Beerdigung begleiten wollten, reichte dagegen eine Handvoll Kutschen hin. Niemand, der an diesem feuchtgrauen Dezembermorgen auf den Boulevards unterwegs war, ahnte auch nur im entferntesten, wen diese Droschken transportierten. Douglas, Turner, Ross und Dupoirier teilten sich das mittlere Gefährt; der Leichenwagen trug, in Übereinstimmung mit der Adresse des Hôtel d'Alsace, die Nummer 13.

Anderthalb Stunden dauerte die Fahrt bis in die tristen Vorstädte. Vierundzwanzig Kränze wurden auf dem gesichtslosen Totenacker niedergelegt, darunter einige von anonymen Spendern. Melmoths Hôtel war gleich zweimal vertreten, das Personal hatte ein Angebinde aus künstlichen Blumen geschickt, während Dupoirier auf seinen Kranz »für meinen Mieter« setzen ließ. Neben Gedenksprüchen der Anwesenden auf Wimpeln und einem von Ross niedergelegten Lorbeerkranz, der ausschließlich Wildes literarische Leistungen würdigte, gab es auch Grabschmuck, der aus der Ferne nach Bagneux gelangt war: von Harold Mellor, Ada Leverson, Beerbohm, Adey, Harris und, allem Anschein nach, von Carlos Blacker. Nach Pariser Intellektuellen hielt man vergeblich Ausschau. Lediglich dem »Mercure de France«, schon immer ein Partisan des unbequemen Wahlfranzosen, war das Ereignis von Wildes Tod die Entsendung eines Bouquets wert.

Was an der unauffälligen Grabstelle gesagt, ob aus Wildes Werken gelesen oder aus der Bibel rezitiert wurde, davon ist nichts überliefert. Bei einem Gerangel unter den Umstehenden um den Ehrenplatz in vorderster Reihe soll sich Bosie durchgesetzt haben; andere wollen gesehen haben, wie er ansetzte, dem Sarg in die Grube zu folgen, und konnten ihn nur mit Mühe am Vollzug dieser pathetischen Geste hindern.

Als Robert Ross einige Tage später ein letztes Mal über den Korridor des Alsace in Wildes Kammer schritt, um den kümmerlichen Nachlaß seines Freundes in ein paar Koffer zu packen, schaute er sich noch einmal um. Das Hotelzimmer war leer.

> Falsch falsche Sphinx! Am schilfigen Styx
> schaut wartend Charon nach mir aus
> Und will den Zoll. Geh du voraus
> und laß mich meinem Kruzifix,
> Des[sen] bleiche Last, dem Schmerz vereint,
> um jede Seele wacht und wirbt,
> Um jede Seele weint, die stirbt,
> und immer doch vergebens weint.

Ross ließ die Tür ins Schloß fallen. Er stieg die Wendeltreppe hinab, drückte eine Etage tiefer Dupoirier die Hand und trat auf die fast verlassene Straße. Er atmete die frische Winterluft ein und reihte sich, als er um die Ecke bog und auf die Seine zuging, in das Gewimmel der Pariser Passanten ein.

Wildes erste Ruhestätte hatte Robbie auf seinen eigenen Namen gepachtet, er betrachtete den schmalen Grabstein und das zugehörige, von einem Eisengitter eingerahmte Blumenbeet von vornherein als Provisorium. Ihm war es sehr wichtig, zunächst alle Gläubiger des leichtfertigen Monsieur Melmoth zufriedenzustellen und sogar dafür zu sorgen, daß dessen Söhne – trotz gegenteiliger Bestimmungen ihres Vormundes – Nutznießer an seinen Rechten werden konnten. Letzteres gelang Ross im Jahre 1904, als Hopes unerwarteter Tod für Cyril und Vyvyan, zu diesem Zeitpunkt immer noch minderjährig, den Weg für eine rechtliche Neuregelung freimachte.

Wildes Söhne begriffen erst als Erwachsene in vollem Umfang, was dieser Robert Ross für das Ansehen ihres Vaters geleistet und wie uneigennützig er sich für sie selbst eingesetzt hatte. Auch Dupoirier und Tucker bewiesen menschliche Größe und hielten mit ihren stattlichen Forderungen lange hinter dem Berg. Ihre

Ehrfurcht vor dem Toten hielt sie davon ab, Robbie schon beim Leichenschmaus die Belege für ihre Ausgaben zu präsentieren. Erst 1902 konnte Ross offene Rechnungen wie diese begleichen, oft nur mit der Hilfe alter britischer Freunde. Erst nach der Erledigung des nervenaufreibenden finanziellen Kleinkriegs, der ihm noch jahrelang den Schlaf rauben sollte, erwog er eine Umbettung an einen würdigeren Ort, an dem man Oscars Bedeutung Tribut zollen konnte. So lag doch etwas Tröstliches darin, daß Wilde ganz zum Schluß nur noch von gütigen Menschen umgeben war.

Sogar den Epitaphen von Bagneux wohnte etwas Vorläufiges inne. Gedichte für Wilde verfaßten Bosie und auch John Gray erst Monate bzw. Jahre nach der Bestattung; auf den Stein ließ Ross kein Werkzitat von Oscar, sondern eine Bibelpassage setzen, den 22. Vers aus dem 29. Kapitel des Buches Hiob: »Nach meinen Worten redete niemand mehr, und meine Rede troff auf sie nieder.«

Ein halbes Jahrhundert später. Die französische Hauptstadt hat mit Mühe den Zweiten Weltkrieg überstanden, die Tage der Befreiung von den Nazis sind in die Geschichte eingegangen. In Saint-Germain herrscht bitterste Armut, überall fehlt es am Nötigsten. Viele Menschen hungern. Ein deutsch-französisches Emigrantenpaar, die Surrealisten Claire und Yvan Goll, klopfen im Juni 1947 an die Tür des Hôtel d'Alsace. Sie suchen eine Bleibe in der Herberge, in der man einem verfemten Dichter gegenüber so viel Milde an den Tag gelegt hat. Doch Dupoirier ist tot, die Zeiten haben sich geändert. Der Empfang ist kühl, schroff, ja feindselig. Die Pension wirkt verwahrlost, als sei sie seit Wildes Tod nicht renoviert worden. Die Papiertapeten lösen sich von den Wänden – Oscar hätte sich die Hände gerieben –, das Treppenhaus ist baufällig, zwischen Rezeption und Gästezimmern huschen Ratten über den morschen Holzboden. »Vielleicht sollte ich auch so abkratzen wie Oscar Wilde«, [sagt Yvan] Goll. ›Dann werde ich wie er sagen können: Ich sterbe über meine Verhältnisse.‹«

Claire und Yvan müssen sich in einem veränderten Paris zurechtfinden. Die Menschen sind mit sich selbst beschäftigt, stehen nach Waren und Nahrungsmitteln an, organisieren ihr Leben mit Tauschgeschäften, der Schwarzmarkt blüht. An die Anfangstage des Surrealismus erinnern sich nur noch wenige, und die Golls kapitulieren vor der geballten Ignoranz, die ihnen in ihrer einstigen Heimat entgegenschlägt. Die Miete für ihr primitives Logis können sie bald nicht mehr bezahlen, und die unfreundliche Patronne besitzt nicht die Herzenswärme ihres Vorgängers, ist sich selbst die Nächste. Ihre Reaktion ist verständlich: Wie alle anderen kämpft sie ums nackte Überleben, feinsinnige Parasiten kann sie jetzt nicht gebrauchen. Nach einer kurzen Abwesenheit »stellte [uns] die Inhaberin des Hôtel d'Alsace unsere vierzehn Koffer, die im Speicher gewesen waren, vor die Tür. ›Ich brauche keine zweite Gedenktafel an der Fassade‹, sagte sie. Sie hatte es Oscar Wilde nie verziehen, daß er ausgerechnet in ihrem Hotel gestorben war, und fürchtete wohl, daß noch ein Dichter in ihrer Bettwäsche den Geist aufgeben könnte.«[6] Monsieur und Madame Goll kommen nach langer Suche in einer anderen Pension am Odéon unter. Um die literarische Tradition des legendären Hôtels ist es nicht gut bestellt, der Geist Wildes muß verstummen, wo schon das Kleingeld für Brennmaterial und Brot fehlt.

Ein Leidensgenosse der Golls, der österreichische Dichter Joseph Roth, macht ähnliche Erfahrungen. Ihn hat es gleich nach 1933 ins Exil verschlagen. Engagiert, am Ungeist seiner Epoche verzweifelnd, irrlichtert er durch halb Europa, findet in Frankreich Zuflucht vor den Nachstellungen eines mörderischen Regimes. 1938 schreibt er für ein Pariser Emigrantenblatt folgende Beobachtung nieder: »Gegenüber dem Bistro, in dem ich den ganzen Tag sitze, wird jetzt ein altes Haus abgerissen, ein Hotel … Jetzt sitze ich gegenüber dem leeren Platz und höre die Stunden rinnen. Man verliert eine Heimat nach der anderen, sage ich mir. Hier sitze ich am Wanderstab. Die Füße sind wund, das Herz ist müde, die Augen sind trocken. Das Elend hockt sich neben mich, wird immer sanfter und größer, der Schmerz bleibt stehen, wird gewaltig und gütig, der Schrecken schmettert heran und kann nicht mehr schrecken. Und dies eben ist das Trostlose.«[7] Im Folgejahr 1939 stirbt auch Roth, ein heimatloser Schriftsteller, von seinen Mitbürgern verfemt und in die Fremdsprachigkeit vertrieben, als gestrandeter Alkoholiker im Hôpital Necker – mitten in Paris.

Zu Beginn des Jahres 2000 ist in der Rue des Beaux-Arts von der

Tristesse der Vor- und Nachkriegsjahre nichts mehr zu spüren. Schon seit geraumer Zeit präsentiert sich die Straße in einem ganz anderen Gewand, die Fassaden haben einen frischen Anstrich bekommen, und auch im Inneren der Häuser lebt man mit den Annehmlichkeiten des Wohlstandes. Nahezu alle Erdgeschoßwohnungen sind zu Ladengalerien umfunktioniert worden, moderne Kunst und Antiquitäten werden dort feilgeboten, zeitgenössische Malerei und Masken aus Übersee sind in den Vitrinen ausgestellt. In einer für den Nachwuchs der Kunststudenten reservierten Ausstellungsfläche zeigt man, zwei Schritte vom Alsace entfernt, regelmäßig vor, was die Jahrgangsbesten der benachbarten Akademie zu bieten haben. Vernissagen am Freitagabend, kultiviertes Laufpublikum an Werktagen und gähnende Leere am Wochenende beweisen deutlich, daß es sich hier mittlerweile um eine »schicke« Wohngegend handelt – im Einzugsbereich von Touristenströmen und den Habitués der Kunstszene, doch weit genug von den austauschbaren Billigläden, Schuhgeschäften und Restaurantketten entfernt, die das postmoderne Image auch der Grands Boulevards von Paris dominieren.

Das Hôtel d'Alsace gibt es noch. Man hat es allerdings umbenannt: Die lapidare Bezeichnung »L'Hôtel« reicht für diesen Geheimtip völlig aus. Wer, von der Straße kommend, an die Rezeption tritt und sich für eine der täglich abgehaltenen Hausführungen eintragen läßt, erkennt bald, daß er sich in einem Kleinod aufhält, das mit zahlreichen Überraschungen aufwarten kann. Gewiß, man wuchert auch hier mit den Pfunden der Legendenbildung, Wildes »rekonstruierte« Kammer Nr. 16 erstrahlt in nie gekannter Pracht und wird stolz vorgeführt, genau wie das im perfekten Art déco gehaltene Zimmer Nr. 36, in dem die große Mistinguett sich für ihre glanzvollen Kabarettauftritte an der Butte einzusingen pflegte. Es geht auch noch vornehmer: In den oberen Etagen warten Suiten und Appartements auf betuchte Gäste, ein »Kardinalszimmer« und intime Terrassen mit atemberaubendem Ausblick auf Saint-Germain stehen zur Verfügung. Dieses »Hôtel« ist etwas für Privilegierte, die gehobenen Luxus auf kleinstem Raum schätzen. Gediegene Atmosphäre regiert, fein ziselierte Stuckmotive schmücken die Wände, imitierte Säulen, Medaillons und Kronleuchter verheißen eine zeitlos-altmodische

Die Fassade des Hôtel d'Alsace in Paris, 13, rue des Beaux-Arts

Verwöhnkultur. Wilde ist auf seinem kreisrunden Porträt am Eingang indessen beim besten Willen nicht wiederzuerkennen. Das Bildnis gleicht eher einem Ritter, dessen Konterfei man auf eine Münze geprägt hat, weder Gesichtszüge noch Frisur ähneln dem Dandy.

Und doch, auf den zweiten Blick sind sie überall anzutreffen, die kleinen Exzentritäten, die der anspruchsvolle Ahnherr, der auf die Details gelungener Intérieurs ungeheuren Wert legte, so geschätzt hatte: ein Treppenhaus, das spiralförmig wie die Windungen eines Schneckenhauses auf die Kuppel einer kleinen Kapelle zuläuft – ein entfernter Verwandter des Aufgangs im New Yorker Guggenheim-Museum, im Miniaturformat. Empfangsräume mit gewölbten Decken, die in Farbgebung und Dekor an das Innere eines Harems erinnern. Ein Lamm mit goldenem Vlies – als Metallskulptur. Ein echter Baumstamm, der sich an den Eßtischen entlangwindet. Ein plätschernder, von üppigem Blumenschmuck gekrönter Brunnen mitten im Speisesaal, durch dessen Wasserbecken ein künstlicher Pelikan watet. Ein Papagei aus Fleisch und Blut in einem riesigen Käfig. Ab und zu flattert er durch die Gemächer, schwingt sich zur Lichtkuppel empor und setzt auf der Schulter eines illustren Gastes zur Landung an. Prunk und Kitsch liegen hier dicht beieinander, für Stilpuristen ist diese Edelherberge nicht konzipiert worden.

Ob Wilde die schwere rotgoldene Tapete verkraftet hätte, deren Muster der elegante Bettüberwurf wieder aufnimmt? Die Lampen und Nippesfiguren, die ein nachgeahmtes neunzehntes Jahrhundert heraufbeschwören, das einer Photographie nachempfundene Gemälde seiner Person mit gelbem Hintergrund, wo er als grübelnder Dichter schwermütig seinen Kopf mit der Hand abstützt? Sicher ist, bei den exklusiven Zusammenkünften und Brunchs, die hier allwöchentlich zur Teilnahme einladen – *sur réservation*, versteht sich –, kommt jedesmal eine bunte Mischung von Pariser Milieus und Gestalten zusammen, die es mit dem Personal von Lady Speranzas Dubliner und Londoner Salons spielend aufnehmen kann: Künstler, Ausländer und Touristen; Stammgäste, Neureiche, Bewohner der Vorstädte; Blasierte, Neugierige, Wortführer. Konventionalität und Voreingenommenheit schicken sich im »Hôtel« nicht als Visitenkarten; wer hier speist oder an seinem

Apéritif nippt, will selbst bestaunt werden. Nachtschwärmer sind sie allesamt, lichtscheues Gesindel, das sich auf keinen Fall unter das gemeine Volk mischen würde, das sich aber in angemessener Beleuchtung, im Widerschein der Kerzen und Lüster, perfekt in Szene zu setzen versteht. Schon insofern zeigt sich die preziöse Auberge den Maßstäben von Dupoiriers Dauergast gewachsen. Ihre Klientel weiß, was sie dem nonchalanten Schuldenmacher von Zimmer 16 schuldig ist. Einen Abstecher für Skurrilitätensammler, eine angeregte Kontroverse über Geschmacksfragen ist dieser Kuriositätentempel allemal wert.

An zwei geflügelten Leuchtenhaltern vorbei – unausrottbare Anthropomorphismen einer sich in alle Ewigkeit ausdehnenden Belle Époque – wird der Gast in Richtung Ausgang entlassen. Draußen, links und rechts vom Entrée, sind zwei der in Paris so beliebten Plaketten angebracht, die auf historische Begebenheiten und Persönlichkeiten aufmerksam machen sollen. Rechts weist ein Schild auf den großen argentinischen Erzähler Jorge Luis Borges hin. Der blinde Bibliothekar, ein Jahr vor dem Tod des Iren geboren, 1946 außerdem Verfasser eines prägnanten Wilde-Essays, hielt sich im hohen Alter, von 1977 bis 1984, des öfteren im Ex-Alsace als Hotelgast auf.

Links, auf Wildes Plakette, hat sich ein charmanter Fehler eingeschlichen: Das Geburtsjahr von Monsieur Melmoth wurde irrtümlich von 1854 auf 1856 verlegt. Diesem Kompliment hätte der hier posthum dekorierte Insasse mit Wohlwollen zugestimmt – hatte er es doch stets meisterhaft verstanden, diesbezüglich zu schwindeln, seinen Lebensdaten untreu zu werden. *Corriger la fortune* gehörte für ihn zum Handwerkszeug. Noch im Kreuzverhör, auf der Anklagebank Edward Carsons, wurde er dabei ertappt, wie er sich mit Koketterie wieder einmal zwei Jahre jünger zu machen versuchte.

So hält die Pariser Erinnerungstafel mit schöner Beharrlichkeit fest, daß die Wahrheit für Wilde keine verifizierbare Größe war – gelegentlich muß man ihr schon einmal auf die Sprünge helfen.

Ikone

つつつ

… die Vergangenheit ist ohne Bedeutung.
Die Gegenwart ist ohne Gewicht.
Mit der Zukunft allein haben wir uns auseinanderzusetzen.
Denn die Vergangenheit ist, was der Mensch nicht hätte sein dürfen,
die Gegenwart ist, was der Mensch nicht sein sollte.
Die Zukunft ist, was die Künstler sind.

Nur wenige Wochen trennten Wildes Erdenwandel vom Beginn
des zwanzigsten Jahrhunderts, Doch kaum war das schwache
Presseecho auf Wildes Ableben verhallt, in dem schnöde Wendungen wie »es war besser so für ihn« überwogen, wurde sein literarisches Erbe der Neuzeit einverleibt. Eine Anstandspause ver-
strich, bevor man zaghaft mit der Edition seiner Gesammelten
Werke begann, anstößige Stellen »bereinigte«, seine Dramen vor
allem im deutschsprachigen Raum wiederentdeckte. Bosie und
Ross stritten – jeder auf seine Weise – eifrig für die bevorstehende
Wilde-Renaissance, um dann in einen publizistischen Wettstreit
mit immer kürzeren Intervallen einzutreten. Das Karussell von Be-
hauptungen und Verleumdungen, Gegendarstellungen und Prozessen drehte sich zwischen ihnen unverdrossen weiter; Wildes
Zeitgenossen sprangen auf. Jeder hatte die Wahrheit für sich gepachtet, jeder hielt die Veröffentlichung seiner persönlichen Sichtweise für angebracht und unverzichtbar. Es kam zu einer Flut nos-
talgisch verklärter Porträts des späten Melmoth, Randgestalten
verfaßten dicke Erinnerungsschwarten. Das Gerangel wurde immer unübersichtlicher. Insbesondere Ross wurde Opfer dieser
Anfangsphase der historisch vermeintlich »korrekten« Wilde-
Rezeption, in der ihm geballte Häme und die Vehemenz verzerr-
ter Darstellungen entgegenschlugen. Douglas hatte am Ende das
letzte Wort.

Daß Wilde der Welt ausgerechnet Ende 1900 von Paris aus
Adieu gesagt hatte, besaß unverkennbar Symbolcharakter. 1900,
das war auch Nietzsches Todesjahr, ein Schwellendatum, an dem

so unterschiedliche Publikationen wie Jack Londons Roman *Wolfs-blut*, Paul Claudels Lyriksammlung *Connaissance de l'Est*, Sigmund Freuds *Traumdeutung*, Georg Simmels *Philosophie des Geldes* und Paul Gauguins *Noa-Noa*, sein exotischer Lebensbericht von Tahiti, das Licht der Öffentlichkeit erblickten. Im Jahre 1900 wurde der amerikanische Romancier Thomas Wolfe geboren, begann Enrico Caruso mit Schallplattenaufnahmen, setzte sich erstmals ein Zeppelin in Bewegung, nahm der Briefwechsel zwischen Wildes »erstem Komponisten«, Richard Strauss, mit seinem künftigen Librettisten Hugo von Hofmannsthal seinen Anfang.

Hofmannsthal war eine der ersten literarischen Gestalten, die als Ästheten und Sprachvirtuosen Wildes Erbe antraten. Seine grundlegenden Zweifel an Durchschlagskraft und Zuverlässigkeit der dichterischen Sprache hatte er im *Lord-Chandos*-Brief eindrucksvoll niedergelegt; in seiner 1905 verfaßten Tragödie *Ödipus und die Sphinx* rollte er den antiken Mythos als Konflikt zwischen Sehern und Sehend-Blinden wieder auf. Im dritten Aufzug dieses 1906 in Berlin uraufgeführten Dramas ließ er die Figur des »Sterbenden« sagen: »Seid ihr nicht Menschen? Gebt mir doch den Tod!/Die anderen sind alle tot, die Seligen!/Auf ihnen sitzen Geier. Warum kann ich/nicht sterben? Über lauter Leichen bin ich/herabgeklettert, und ich lebe noch./Ist Nacht? ist Tag? ist Sturm? ist grausenhafte Nacht/für immer?«[1] Ein Monolog, wie man ihn dem hinfälligen Wilde nicht zutreffender in den Mund hätte legen können. Hofmannsthal, der, an *Salome* anknüpfend, gemeinsam mit Strauss um eine hochliterarische, dramatisch effiziente neue Librettistik rang und mit seinen Opernvorlagen (etwa für *Rosenkavalier, Ariadne auf Naxos, Frau ohne Schatten*) eine ganze Reihe von Meisterwerken schuf, setzte sich früh mit der Persönlichkeit Wildes auseinander.

Wie Wilde galt er in jungen Jahren als großes, allzu sprachverliebtes Talent, verführte seine Leser mit Lustspielen und geschliffenen Versdramen. Schon 1905 widmete er Sebastian Melmoth einen Essay, sprach »C. 3. 3.« darin aber jegliche Zugehörigkeit zum Ästhetentum ab. Den Dandy, Snob und Verführer ließ er hingegen gelten. Für Hofmannsthal stand der Maskenträger und rastlose Wanderer bei seiner Betrachtung im Vordergrund. Wildes tiefen Sturz interpretierte er als schlüssigen Endpunkt eines konsequent gelebten Lebens[2] und lieferte die überraschende Definition:

»Ein Ästhet ist naturgemäß durch und durch voll Zucht. Oscar Wilde aber war voll Unzucht, voll tragischer Unzucht. Sein Ästhetismus war etwas wie ein Krampf. Die Edelsteine, in denen er vorgab mit Lust zu wühlen, waren wie gebrochene Augen, die erstarrt waren, weil sie den Anblick des Lebens nicht ertragen hatten. Er fühlte unaufhörlich die Drohung des Lebens auf sich. Das tragische Grauen umlagerte ihn fortwährend. Unablässig forderte er das Leben heraus. Er insultierte die Wirklichkeit. Und er fühlte, wie das Leben sich duckte, ihn aus dem Dunkel anzuspringen.«[3]

Der Ästhet und der Unzüchtige sind demzufolge einander bis zum Verwechseln ähnelnde Erscheinungen, außergewöhnliche Menschen auf Messers Schneide, die der Lebenswirklichkeit nicht standhalten können, von Konformismus und gesellschaftlichen Zwängen »angesprungen«, attackiert und vernichtet werden – Archetypen der modernen Literatur. In Hermann Brochs geschichtsphilosophischer, ambitionierter Romantrilogie *Die Schlafwandler* etwa, einer Epochenanalyse der historischen Umwälzungen in Mitteleuropa im Vorfeld des Ersten Weltkrieges, geistert die Traumgestalt des Eduard von Bertrand als »passive Hauptfigur« durch alle drei Einzelwerke. Bertrand ist ein lebensfremder, raffinierter Ästhet, von Broch mit Zügen der Irrealität und des Ungreifbaren, Entrückten ausgestattet. Er wird als Reisender und Ironiker gekennzeichnet, als Schauspieler, Dämon, Mephisto und »Agent Provocateur«. Er fasziniert seine Umgebung, stößt aber auch ab. Alle Protagonisten der drei Romane geraten mit ihm in Konflikt, lassen sich von ihm verunsichern: Als Prototyp des Außenseiters, so effeminiert wie souverän, so zynisch wie gewandt, stellt er ihre konventionellen, bürgerlichen Lebensformen in Frage.

Bertrands Schwebezustand als ständig in Bewegung befindlicher, zeitlos durch die Epochen wandelnder Einzelgänger bringt die Romanhelden dazu, ihn als »Verschulder allen Übels in der Welt« zu bezeichnen, ihn mit dem Antichristen zu identifizieren.

Seine bloße Existenz wächst sich zur bedrohlichen Allgegenwart aus. Als er sich, gegen Mitte der Trilogie, als Homosexueller entpuppt, dessen Versuchungen die Helden kaum widerstehen können, entwickelt Broch in Traumsequenzen die Zwangsvorstellung von der unausweichlichen, rituellen Reinigung: Nur mit dem Mord an Bertrand kann das gesellschaftliche Gleichgewicht wiederhergestellt werden. Der pervertierte Sündenbock kommt seiner Auslöschung jedoch durch den Suizid zuvor und »verschwindet« so aus dem Geschehen. Im letzten der drei Romane erfährt Bertrand bei Broch dann eine weitere Transformation: Aus dem zu beseitigenden Nomaden ist Ahasver, der zur ewigen Wanderschaft verdammte Jude, geworden.

Drei Jahre später, 1935, erschien in den USA Thomas Wolfes gigantischer Entwicklungsroman *Of Time and the River (Von Zeit und Strom)*, gleichfalls ein episches, philosophisches Epochenporträt von titanischen Ausmaßen. Im Mittelpunkt steht Wolfes Held Eugene Gant, ein wissensdurstiger Jüngling aus der amerikanischen Provinz, den es aus einer kleinbürgerlichen Südstaatenfamilie ins elitäre Harvard verschlagen hat. Dort, unter dem Einfluß des Ästheten Frank Starwick, nimmt seine metaphorische Wanderung durch Zeit und Erkenntnis ihren Ausgang. Sie führt Eugene über New York nach Paris. Erst in Frankreich, in einer ihm gänzlich unvertrauten, hochkultivierten Umgebung, in der erdverbundene Geschöpfe der Neuen Welt keine Heimat haben, verschafft er seinem über Hunderte von Seiten aufgestauten Unbehagen endlich Luft: Sein ganzer Haß richtet sich gegen den verfeinerten, überlegenen Starwick, in dem er auf einmal den Feind, den Homosexuellen schlechthin, erblicken will. Erst die ungehemmte Entladung von Aggressionen gegen denjenigen, der »anders« ist, dem er jahrelang wie ein dummer Junge gefolgt ist, verhilft Gant zu einer Identität ohne Fremdbestimmung. Aber sie führt ihn auch zu der Einsicht, daß er nie so selbstverständlich in literarisch-künstlerischen Zirkeln seinen Platz einnehmen wird wie Starwick, dem in Paris Tür und Tor offenstand, der gerade hier als Inkarnation des Ästhetizismus brillieren konnte.

Ein Topos begann sich zu verfestigen: Zum homosexuellen Ästheten gehörte ein im Blühen begriffenes kulturelles Umfeld, in dem sich solche sensiblen Einzelgänger wie Fische im Wasser zu bewegen vermochten. Bodenständigen Kreaturen blieb dieses glanzvolle Universum unzugänglich, deren Hauptstadt – Vorurteile und Beispiele hatten es zur Genüge bestätigt – auch weiterhin Paris hieß. Vor Ort, so verlangte es die gängige Moral, hatten die Versucher und Außenseiter aber auch Strafe und Isolierung zu gewärtigen: Wie Melmoth-Wilde selbst an der Stätte seiner früheren Erfolge nie mehr richtig Fuß fassen konnte, kommt auch Wolfes Antiheld Starwick in Paris ins Straucheln. Folgerichtig etablierte die neuere französische Literaturszene ein Gegenbild zum Typus des tragisch-homosexuellen Ästheten, den zwar umstrittenen, doch letztendlich erfolgreichen »créateur artistique«.

Den Übergang markiert das von Gide dominierte literarische Vorkriegs-Paris und dessen extremer Gegensatz, die von Jean Cocteau kontrollierten Zwischenkriegsjahre ab 1918. Gide tat sich, ungeachtet des offensichtlichen autobiographischen Kontextes seiner Romane und Sottisen und trotz seines öffentlichen Bekenntnisses mit *Corydon*, weiterhin schwer, seine gesellschaftliche Stellung, Ehe, Liebhaber und homosexuelle Identität miteinander in Einklang zu bringen. 1917 verfiel er dem jungen Marc Allégret, um dessentwillen er als fast fünfzigjähriger Mann, also im Lebensalter des späten Wilde, seine Scheinehe mit Madeleine Gide endgültig scheitern zu lassen bereit war. Ebendiesen Allégret mußte er jedoch nach einer Phase euphorischer Verliebtheit und befreiender Selbstverwirklichung an den jungen Tausendsassa Cocteau abtreten. Eifersucht und Zorn auf den Konkurrenten bemächtigten sich Gides; Wildes bewährte Dreieckskonstellation aus *Dorian Gray* zwischen scheiterndem Liebhaber, lebensgewandtem Zyniker und adoleszentem Objekt der Begierde feierte fröhliche Urständ.

Gides Widersacher Cocteau schien nach Kriegsende tatsächlich alles, was er im Kulturbetrieb berührte, zu gelingen: Er triumphierte als *touche-à-tout*, war Prosaautor und Lyriker, Maler und Zeichner, Theoretiker und Ästhet, Gesellschaftsmensch und Privatmann, Intrigant und Anreger, Theaterschriftsteller und bald auch Filmemacher in Personalunion. Ein Multitalent, dem jede künstlerische Disziplin offenstand, aber ebenso selbstverständlich ein Talentsucher, der immense Begabungen aufspürte und zusammenführte, als musikalischer Dilettant das erste eigenständige französische Komponistenbündnis seit Generationen, die »Groupe des Six«, mitbegründete, Zusammenhalt stiftete, für Werbekampagnen unermüdlich die Trommeln rührte. Cocteau arbeitete mit Satie und Picasso zusammen, karikierte und porträtierte, führte Regie, organisierte Ausstellungen, schrieb Pamphlete, agierte auf Partys, knüpfte Verbindungen in Salons, gewann Mäzene für sich, lud den Nachwuchs zu sich ein. Gattungsgrenzen bedeuteten ihm nichts, jedes fertiggestellte Projekt, ob Film, Drama, Gedicht, Essay, Roman, geriet ihm zu »poésie«. Zeitgenossen waren geblendet von seiner Agilität, von der »kühnen Bravour seines Virtuosentums, von der radikalen Unbedingtheit seines Ästhetizismus; eines Ästhetizismus, der den entscheidenden Schritt über Oscar Wilde hinaus, den Schritt zur äußersten Konzentration und Stilisierung, zur quasi-asketischen Härte, zum Unsentimental-Tragischen wagte.«[4]

Bei Wilde drehten sich Selbstinszenierung und Auswüchse von Narzißmus und dichterischer Originalität ausschließlich um die eigene Person; der produktive Austausch mit anderen Künstlern, der zum Kollektivkunstwerk hätte führen können, die Förderung von Dritten waren ihm unbekannt. Er beschränkte sich rein aufs Literarische, er war kein Hansdampf in allen Gassen. Wilde betrieb Nabelschau. Gemeinsam waren ihm und Cocteau hingegen das Geschick, künstlerische Ereignisse hemmungslos und gezielt zu vermarkten, die Genußsucht – hier Alkohol, dort Opiate –, Prophetentum, Hedonismus, Exhibitionismus und die Zelebrierung des Exzentrischen. Der schöne Schein war ihnen heilig, Stil- und Geschmacklosigkeiten ein Greuel. Beide züchteten mit Eifer Widersacher, Neider und schlimme Feinde; ehemalige Freunde wie Maurice Sachs machten Cocteau mit besonderer Intensität den Prozeß – ein Pendant zur Haßliebe, die Whistler mit Oscar verband. Beiden, Cocteau wie Wilde, warf man Charakterlosigkeit, Günstlingswirtschaft und Opportunismus vor, verunglimpfte sie als eitle Clowns und selbstgefällige Snobs. Beide waren Herrscher über Masken und Spiegel.

Cocteau veränderte mit der offensichtlichen Zurschaustellung seines Privatlebens indessen das öffentliche Bild des homosexuellen Künstlers. Seine Liaisons mit Raymond Radiguet, dem frühreifen Schriftstellergenie, und mit Jean Marais, dem epochalen Film-

und Theaterschauspieler, verankerten das Bild einer Verbindung des älteren Entdeckers mit einem heranwachsenden Schützling als relativ harmonische und stabile Lebensform zwischen zwei begabten Männern. Beide Male griff Cocteau seinen jüngeren Partnern unter die Arme und gab ihnen eine Chance. Er setzte sich für Radiguets Skandalromane ein und ließ das Pariser Publikum den Götterliebling Marais in zahllosen, eigens für den angebeteten Jüngling konzipierten Filmen und Theaterstücken bejubeln. Das »unmögliche« Verhältnis zwischen Knabenfreund und Adonis, hier schien es zu funktionieren. Verdoppelte Kreativität fungierte als Stimulans und nicht die selbstzerstörerische Überschätzung der künstlerischen Fähigkeiten des Liebespartners. Absolute Hingabe an das Talent des jungen, noch fragilen Menschen besaß Priorität vor dem schmeichelhaften Renaissance-Imitat von erfahrenem Gönner und zu ihm aufblickenden Liebhaber. Kulturszene und Nachwelt begriffen die neue Botschaft: Nicht Cocteau wurde, wie vor ihm Wilde, zur Kultfigur, sondern stets die von ihm geförderten Ausnahmeerscheinungen – Radiguet, Marais und, in weit emphatischerem Maße, einige Jahre später dann der Dramatiker und Romancier Jean Genet.

Genet setzte sich wie kein anderer homosexueller Dichter über Moralschranken und gesellschaftliche Tabus hinweg. Als Dieb und jugendlicher Delinquent kam er immer wieder mit dem Gesetz in Konflikt, brachte Jahr um Jahr in den schlimmsten Strafanstalten und Gefängnissen von Frankreich zu – dort machte er freilich Erfahrungen, die ihn nicht zu Larmoyanz oder Selbstmitleid veranlaßten, sondern im Gegenteil ein Hohelied auf die Grausamkeit und Schönheit seiner Mithäftlinge anstimmen ließen. Cocteau, fasziniert von dieser so eigentümlichen Glorifizierung des Abgründigen, überzeugt von Genets Genie als Dramatiker und Romanautor, brach vor Gericht so manche Lanze für diesen Häftling, setzte sich mit dem ganzen Gewicht seiner Reputation für den modernen Outcast ein – ein wahrhaft uneigennütziger Akt, den Genet, als er wieder in Freiheit war, am liebsten aus seinem Gedächtnis gestrichen hätte. Dankbarkeitsbezeugungen durfte Cocteau für seine Geste von ihm nicht erwarten, und die Heiligsprechung Genets erfolgte nicht etwa durch den mondänen Drahtzieher, sondern durch einen anderen Chefintellek-

Jean Cocteau, Roberto Rossellini und Jean Marais in Venedig

tuellen: Jean-Paul Sartre verfaßte die monumentale Genet-Studie als zeitgenössisches Evangelium unter dem Titel *Saint Genet – comédien et martyr*.

Genets Botschaften waren, selbst für ein hartgesottenes, aufgeschlossenes Publikum in den Jahren nach 1945, nicht leicht zu verdauen: Er brachte Schwarze, Vaterlandsverräter und Prostituierte auf die Bühne *(Les nègres; Pompes funèbres)*, zeichnete ein Bild der Welt als Bordell *(Le balcon)*, pries Anarchie und Promiskuität, filmte masturbierende Gefängnisinsassen *(Un chant d'amour)*. Seine Sympathie galt Verbrechern, Denunzianten und Mördern. In seinem berühmtesten Roman, *Querelle de Brest*, muß ein schöner Matrose seinen notorischen Hang zu Verrat, Raub und Totschlag sühnen, indem er sich im nächtlichen Nebel der französischen Hafenstadt Polizisten und Kneipenwirten als passiver Sexualpartner hingibt. Als der deutsche Regisseur Rainer Werner Fassbinder

dieses Kultbuch 1982 in einer Atmosphäre kühler Studiokünst-
lichkeit verfilmte, wählte er die französische Kinolegende Jeanne
Moreau für die Rolle der frustrierten Bordellwirtsgattin Lysiane.
Zum untätigen Zuschauen in einem männlichen Liebeskosmos
verdammt, in dem Frauen nur als Statistinnen ihren Platz haben,
kommentiert sie Querelles »Pakt mit dem Teufel«, so Fassbinders
Untertitel, mit einer Songeinlage, die auf Wildes finale Maxime
rekurriert: Ihr Refrain lautet *Each man kills the thing he loves*.

Vom Futuristen Filippo Marinetti, der Wildes ästhetische Haltung in seinem Londoner Manifest von 1914 in Bausch und Bogen ablehnte,[5] bis hin zu Fassbinder und seinem letzten Film, wo
dem Gefängnis-Autor Genet mit der Gefangenen-*Ballade* von
»C. 3. 3.« eine deutliche Reverenz erwiesen wird: Der Geist und
das Schicksal Wildes ziehen sich wie ein roter Faden durch die
vielgestaltigen Schöpfungen bemerkenswerter Individualisten[6]
wie gesellschaftlicher Randfiguren im Verlauf der letzten Jahrzehnte.[7] Obwohl Wilde, ähnlich wie Cocteau, keine Schüler hatte
oder ausbildete, obwohl er keine literarische Bewegung gründete,
deren Anhänger einen ästhetischen Kreuzzug in seinem Namen
hätten führen können, spukte der »Fall Wilde« als moralisches
und ästhetisches Phänomen durch die gesamte Geistesgeschichte
des zwanzigsten Jahrhunderts. Denn man hatte sich daran gewöhnt, seine Werke als Symptom eines kulturellen Übergangs
aufzufassen, an der Schnittstelle zweier Epochen, wie sie die Jah-
reszahl 1900 eindrucksvoll markiert. Bei einer erneuten Lektüre
der wichtigsten Schöpfungen Wildes läßt sich, spätestens ab *De
Profundis* und der *Ballad*, aber auch schon seit *Salome, Dorian Gray*
und der *Sphinx* nicht mehr eindeutig trennen, wo das Interesse an
seinem Œuvre endet und wo das Interesse an seiner Person beginnt. Werkimmanente und biographische Interpretationen durchkreuzen einander.
  Für die Homosexuellenszene taugte er zur Galionsfigur: ein Vorreiter beim Erstreiten von Grundrechten, der für seine Liebe zu
Bosie durchs Feuer ging. Ein Märtyrer, der das Kreuz seiner Veranlagung stellvertretend für Abertausende auf sich genommen
hatte, Opfer einer vorsintflutlichen, unmenschlichen Gesetzgebung. Ein unersättlicher Knabenfreund, der den Anhängern der

Promiskuität den Weg wies. Ein unbedingter Fürsprecher der Emanzipation. Ein Vorbild, auf das man sich bei vielerlei Gelegenheiten berufen konnte; ein großer Name, mit dem sich weitreichende Forderungen verbinden ließen. Das Ideal eines Alleinunterhalters, vor köstlichen Eingebungen nur so übersprudelnd, den man auf jeder Party des zwanzigsten Jahrhunderts mit offenen Armen empfangen hätte. Ein Trendsetter in puncto Outfit und Lifestyle, den Accessoires der kommenden Saison immer ein Stück weit voraus. Eine Ikone.

Ein leuchtendes Beispiel aber auch für die Vergänglichkeit von Attraktivität und für die Kurzlebigkeit gesellschaftlicher Gunst. Als Nachfahren des mythischen Dandys Brummel ließ man ihn seinerzeit wie eine heiße Kartoffel fallen, als er sich nicht mehr an die Spielregeln hielt und einen Schritt zu weit vorwagte[8] – eine makabre Metapher im Zeitalter von Aids: Inzwischen erfolgen Bestrafung und Verbannung in einem tödlichen Roulette nach dem Zufallsprinzip; am Einzelfall braucht sich keine gesellschaftliche Instanz mehr die Finger zu verbrennen. Der französische Soziologe Didier Éribon ging 1999 in seiner allumfassenden Studie über Belange und Hintergründe der Homosexuellenbewegung sogar so weit, disparateste Fragestellungen zum *mouvement gay* unter dem Oberbegriff »Spectres de Wilde« zu vereinen: Als Schreckgespenst, Phantom und unsichtbarer Übervater prägt die Jahrhundertgestalt Wilde noch heute jede literarische wie publizistische Diskussion in Sachen Liberalisierung und Normalisierung. »Masques« – Masken – heißt nicht umsonst ein anspruchsvolles literarisches Pariser Homosexuellen-Periodikum, das sich die Inventarisierung legendärer »Kronzeugen« zum Ziel gesetzt hat. Und die »angry young men« der neuen französischen Literatur seit 1980, Hervé Guibert und Bernard-Marie Koltès, haben aus der Stigmatisierung als Aids-Kranke ein neues Märtyrertum, aber auch die Kraft zur Rebellion und innovative ästhetische Impulse hergeleitet.

Wildes Kanonisierung ist längst abgeschlossen – das Risiko, ihn als unerschöpfliche Zitatquelle für wechselnde gesellschaftspolitische Zwecke zu vereinnahmen, seine Werke als Alibi im Munde führen zu können, schließt ein Verständnis seiner Person als »Klassiker« notgedrungen mit ein. Der Gefahr, seine literari-

Jean Genet

sche Hinterlassenschaft würde eines Tages dem Schubladendenken zum Opfer fallen, hat der Autor durch die offensichtliche Qualität und Vielfalt seiner Schriften vorgebeugt: *An Ideal Husband* etwa, viele der Märchen oder Gedichte lassen sich gottlob nicht auf Gesinnungskunst reduzieren. Ein illustrer Name wie der seinige kann allerdings helfen, auch heikle, gleichwohl verdienstvolle Veröffentlichungen salonfähig zu machen. So geschehen im Falle der »Skandal«-Romane von Roger Peyrefitte: 1944 hatte sich dieser Schriftsteller mit der Publikation seiner *Amitiés particulières*, der feinfühligen Schilderung einer homoerotischen Liebesgeschichte, bereits großen Ärger eingehandelt, wenngleich er damit auch einen beträchtlichen Verkaufserfolg verbuchen konnte. 1959 ließ Peyrefitte dem berüchtigten Vorgängerwerk sein Buch *L'exilé de Capri* folgen, dankte dort in seiner Vorbemerkung all denjenigen, die mit Courage, ohne falsche Scham und ohne Rücksicht auf Familieninteressen, sein Unterfangen gefördert hatten, und besorgte sich als Gewährsmann fürs Vorwort keinen Geringeren als Jean Cocteau, damals allein schon über seine Zugehörigkeit zur Académie Française »qualifiziert« und nicht länger auf den zweifelhaften Ruf eines windigen Männerfreundes reduziert.

Im Einleitungskapitel seines Capri-Romans führt Peyrefitte in einer fiktiven Konstellation Wilde und Bosie im Jahre 1897 mit seinen Protagonisten, dem siebzehnjährigen Jüngling Jacques d'Adelswald-Fersen und seinem dreißigjährigen Begleiter, dem Gelegenheitspoeten Tournel, auf dieser Mittelmeerinsel zusammen, ein nur scheinbarer Inbegriff von Toleranz und freier Liebe. Denn während Jacques und Tournel auf der Hotelterrasse des »Quisisana« über ein weiteres Paar diskutieren – Verlaine und Rimbaud kommen ihnen als ideale Kombination von älterem und jüngerem Mann in den Sinn –, werden sie Zeugen, wie Wilde und Douglas unter fadenscheinigem Vorwand des vornehmen Lokals verwiesen werden. »Allein auch Capri lag in der Bürgerwelt.«[9] Fersen ist empört und wird zornig, als er miterlebt, wie sich sein Compagnon Tournel heuchlerisch auf die Seite der Moralisten schlägt und Wildes erneute Verbannung gutheißt. Der Ephebe will dem »Exilanten« von Capri seine Solidarität bekunden und läßt, ohne namentlich zu zeichnen, einen Blumenstrauß in Oscars Villa abgeben. Wilde, so erzählt es Peyrefitte, ist von der Gefühlsaufwallung des schönen jungen Franzosen gerührt und antwortet ihm:

»Monsieur, Ihre Jugend ist wie Balsam auf meine Wunden, die mir die Pharisäer zugefügt haben. Ihre Regung erstaunt mich eigentlich nicht, denn schließlich sind Sie Franzose, und in Frankreich ist mir bislang auch der würdigste Rückhalt zuteil geworden, seit mich das Unglück ereilt hat. Möge Ihnen Ihre Geste Glück bringen! Mit diesem Wunsch auf den Lippen verlasse ich diese Insel, ohne daß mir das Vergnügen gewährt worden ist, Ihre Bekanntschaft zu machen. An Capri werde ich mich nur noch aufgrund Ihrer Tuberosen und Ihrer Gladiolen erinnern.«[10]

Eine weitaus anspruchsvollere Gestaltung erfährt das Motiv der verbotenen Liebe zwischen respektiertem Mann von Welt und attraktivem Jüngling in Giorgio Bassanis Erzählung *Die Brille mit dem Goldrand*. Bassani beschreibt darin die allmähliche Ausgrenzung des kultivierten Ferrareser Arztes Fadigati durch seine ehrenwerten Mitbürger. Zunächst werden seine Neigungen noch geduldet, doch durch sein – gegen seinen Willen – zur Schau gestelltes Verhältnis mit einem skrupellosen Studenten macht er sich die Außenwelt zum Feind: Fadigati wird erst in die Einsamkeit, dann in den Tod getrieben; sein Liebhaber war nur das Vehikel seines Untergangs. Lediglich der Ich-Erzähler, selbst ein isolierter, geächteter Jude, bringt durch seine menschliche Schilderung Verständnis für die ausweglose Lage des Gestrauchelten auf.

Humor, Sarkasmus und Selbstbespöttelung, hervorstechende Charakteristika Wildes, gehen jedoch vielen der zuletzt aufgeführten Werke ab, in denen Anklage und Pathos tonangebend sind; sie finden sich dafür aber um so häufiger in der zeitgenössischen anglophonen *gay literature*. Sowohl Gilbert Adair als auch Alan Hollinghurst haben mit ihren Romanen in neuester Zeit bewiesen, daß sich die Beschreibung homosexueller Partnerschaften und Dreieckskonstellationen sowie die Problematik gesellschaftlicher Verankerung mit leichterer Hand bewerkstelligen läßt. Adair, selbst ein Londoner Dandy, nimmt in *Love and Death on Long Island* mit Beobachtungsgabe und Fingerspitzengefühl die aussichtslose Schwärmerei eines verknöcherten britischen Altphilologen für einen ungebildeten, aber dafür um so smarteren Nebendarsteller in einer amerikanischen Fernsehserie aufs Korn: eine bittersüße Komödie, in der Tiefsinn und Satire Platz haben. Hollinghurst variiert in seiner charmanten Romantrilogie,[11] einem Kaleidoskop von Männerporträts aus dem modernen London, das ewige Gespann von alterndem Ästheten versus unreifem Athleten zwar einmal mehr, würzt sein Sittenpanorama dafür aber mit deftigen Sexszenen und kann, was die Selbstverliebtheit seiner eitlen Protagonisten betrifft, auch mit einem gerüttelt Maß an Selbstironie aufwarten. Beide Autoren entgehen so, mit einem Blick über Ghettoschranken hinaus, einer voreiligen Erwartungshaltung und wenden sich an einen Leserkreis auch jenseits von »Zielgruppen«.

Bliebe nur noch Stephen Fry zu erwähnen, dessen Buch *The Liar (Der Lügner)*, ganz im Geiste Wildes, mit dem verheißungsvollen Motto »Not one word of the following is true« eröffnet wird. Ein ausführlicheres Eingehen auf Fry erübrigt sich, hat sich dieser Schriftsteller, dessen Gesichtszüge und Physiognomie ihn geradezu zum idealen Doppelgänger des Verfassers von *The Decay of Lying* erklären, doch bereits durch die Übernahme der Titelrolle in Brian Gilberts filmischer *Wilde*-Biographie längst als würdiger Erbe seines großen Vorfahren erwiesen.

Für das Jubiläumsjahr 2000 scheint Paris bestens gerüstet: Oscar Wilde ist omnipräsent. Mit blasiertem Gesichtsausdruck, affektiert abgewinkeltem Unterarm, tadellosem Hemdkragen sowie Sträußchen im Knopfloch blickt er von Postkartenständern und aus den Vitrinen der Buchhandlungen auf die Passanten. Nicht jedoch dem vielschichtigen Pariser Wilde gilt hier das Interesse, man gibt dem smarten Dandy aus den frühen 1890ern den Vorzug. Die Imagepflege huldigt nicht Melmoth, der sich in den Fallstricken der Vulgarität verfangen hatte, sondern dem Gentleman Wilde, einem naserümpfenden Aristokraten des Geistes. Dessen Sinnsprüche und Epigramme funkeln in formvollendeter Kalligraphie auf dem Einband von Kalendern und Notizbüchern, Zitate aus seinem Spätwerk sind nicht darunter. Für zehn Francs kann man zur Erbauung Aperçus und geflügelte Worte erstehen, die nahezu ausnahmslos aus den Komödien, Märchen und aus *Dorian Gray* stammen: zum Durchblättern in der Métro bestens geeignet. Absoluter Favorit für den hundertsten Todestag ist offenbar: »Allem läßt sich widerstehen, nur nicht der Versuchung.« Oder vielleicht doch Viscount Arthur Gorings narzißtische Maxime: »Eigenliebe ist der Beginn einer lebenslangen Schwärmerei«? Die Pariser Kinogänger haben die Qual der Wahl. In den Lichtspielhäusern der Sorbonne-Studenten rings um das Odéon, wo seit jeher der europäische Autorenfilm beheimatet ist, läuft nun schon im dritten Jahr Gilberts ausgezeichnete Adaptation von Wildes zweiter Lebenshälfte. Fry vermag als so beleibter wie sanfter Riese zu überzeugen, besitzt Esprit, Intelligenz und Charisma; Vanessa Redgrave spielt Oscars Mutter Speranza, und Jude Law in der Rolle Lord Alfreds ist womöglich der »beste« Bosie, den es je gab: verführerisch und grausam, bildschön und jähzornig, männlich und unberechenbar. Gilberts *Wilde* klammert allerdings die Pariser Jahre in Gänze aus, leistet sich nur einen kleinen Schwenk in die Vereinigten Staaten, wo Wildes brillanter Diskurs vor halbnackten Minenarbeitern den Auftakt des Filmes bildet. Gleich nach der Entlassung aus Reading, im Anschluß an die Versöhnung, die Gilbert kurzerhand vom grauen Rouen ins sonnige Italien verlagert, wird abgeblendet. Melmoths Einsamkeit und die Sterbewochen im Alsace passen hier nicht ins Bild: Dem Regisseur des Jahres 1997 ist es vornehmlich um die Liebe zu Bosie zu tun.

Wem an Wildes eigenen Dramen gelegen ist, dem haben die Pariser Opernhäuser zuletzt fast zur gleichen Zeit Zemlinskys *Zwerg* im Palais Garnier und Strauss' *Salome* im futuristischen Neubau an der Bastille geboten. Allmonatlich gastieren Bühnenkompagnien aus England und den USA mit *The Importance*, nicht selten – garantierten Lachsalven zuliebe – präsentiert von einem *all-male cast*, was bedeutet, daß alle Rollen mit Männern besetzt sind. Vor ausverkauftem Haus wurden während der Wintersaison, zwischen Concorde und Tuilerien, unter dem Titel *Outrage aux mœurs* Wildes drei Prozesse im Originalwortlaut gegeben, für das Sprechtheater bearbeitet: Die Zuschauer erlebten quasi die gesammelten Verhandlungstage als »La passion de Saint-Oscar«.

Und auf den Champs-Élysées zeigt man auf Großleinwänden

Oliver Parkers aktuelle Kinoinszenierung von *An Ideal Husband*. Gewiß ein Kostümfilm, ungewöhnlich genug für das Entstehungsjahr 1999. Aber Rupert Everett, ein vorzüglicher Arthur Goring von besten Manieren und blendendem Aussehen, und Julianne Moore als so sinnliche wie raffinierte Mrs. Cheveley liefern sich einen derart vollkommenen verbalen Schlagabtausch, daß man sich in der Tat um ein Jahrhundert zurückversetzt in einer Londoner Galavorstellung wähnt – die Stilkopie ist perfekt. Hinzu kommt, daß sich das Drehbuch fast wortgetreu an die Choreographie von Wildes furiosen Repliken hält und mit Everett, ähnlich wie schon im Falle von Fry, ein bekennender Homosexueller von großem internationalem Bekanntheitsgrad und zugleich ein Verfasser witziger Kurzromane die Leinwand ausfüllt – ein Weltstar, der im Trend liegt. Die Rolle Gorings ist Everett wie auf den Leib geschneidert.

In den Internet-Cafés von Ménilmontant und Quartier Latin läßt sich Wissenswertes über den Jubilar mit Hilfe der globalen Vernetzung in Erfahrung bringen, lockt wie überall auf dem Planeten das »World Wide Wilde Web« – eine gelungene Alliteration. Und im goldenen Dreieck der Pariser Schwulenszene im Marais-Viertel, Schnittpunkt der Rue des Archives, der Rue Sainte-Croix de la Bretonnerie und der Rue Vieille du Temple, hat es sich neuerdings ein weiterer Herrenausstatter namens Teleny bequem gemacht – mit einer Anspielung auf den pornographischen, von Smithers verlegten Roman, den Wilde wahrscheinlich nie geschrieben hat, möchte man hier die Kunden anlocken. Oscar, Souverän über die Paradoxa, hätte es sicher gefallen, daß hier, in unmittelbarer Nachbarschaft dieser Boutique, zwei Minoritäten friedlich Seite an Seite hausen, wie sie verschiedener nicht sein könnten: Juden und Homosexuelle teilen sich seit Jahrzehnten das Marais und sorgen in den engen Gassen für ein Laufpublikum, in dem – augenscheinlich ohne die geringsten Berührungsängste – Weltanschauungen und Lebensformen aufeinanderprallen. Praktizierte Toleranz ist die Voraussetzung für diese ungewöhnliche Koexistenz.

Was den Esprit betrifft, ist Paris sich demnach seit Wildes Tagen treu geblieben – so stimulierend wie verführerisch, so unaufgeregt wie großzügig, so gelassen wie zuversichtlich. Er hatte dies urbane Gemisch zuweilen benötigt wie die Luft zum Atmen, als Kontrastprogramm zur Euphorie seiner Italien-Aufenthalte, als Schutz vor den Londoner Querelen. Erquickt von einer Atmosphäre des Laisser-faire, gelang es selbst ihm hier manchmal besser als anderswo sonst, sich in ihm nahestehende Personen hineinzuversetzen. More Adey bekam von Wilde einmal zu hören:

»Die intellektuelle Atmosphäre von Paris hat mir gutgetan, und jetzt verfüge ich wieder über meine Ideen, lasse mich nicht nur von Leidenschaften treiben. Neapel war fatal.
Bist Du am Schreiben?
Bist Du verliebt?
Bist Du glücklich?
Ewig Dein Oscar Wilde.«[12]

Für jeden Zeitreisenden wäre unübersehbar, daß die Stadt, wie sie uns etwa auf Eugène Atgets Photographien um die Jahrhundertwende vorgeführt wird, zum überwiegenden Teil nicht mehr existiert. Ihre volkstümlichen, fast dörflichen Züge hat man eliminiert. Die Markthallen im Ersten Arrondissement, der sprichwörtliche »Bauch von Paris«, sind verschwunden und einem mehrgeschossigen Einkaufszentrum gewichen, in dem sich die arbeitslosen Jugendlichen und Drogenabhängigen, von Schnellbahnen aus den Vorstädten im Viertelstundenrhythmus ins Stadtinnere gepumpt, zu Hunderten herumdrücken. Dort, wo bis Ende der siebziger Jahre noch ganze Häuserzeilen aus dem siebzehnten und achtzehnten Jahrhundert zu einem organischen, wenn auch arg verfallenen Ganzen verwachsen waren, überragt heute das futuristische, inzwischen renovierte Centre Pompidou die Dachfenster und Kaminreihen. Die Bouquinisten sind noch da, bei ihnen werden fast nur noch Tagestouristen fündig; zu den Kabaretts am Montmartre fährt man mit Sightseeing-Bussen. Verschwiegene Plätze sind rar geworden. Wer auf Intimität setzt, wird auf den ersten Blick enttäuscht sein.

Verschwunden aus dem Stadtbild sind auch die »Vespasiennes«, jene an metallene Pagoden gemahnenden Bedürfnisanstalten für Männer, deren bloßer Anblick, will man Henry Miller Glauben schenken, so manchen fremden Päderasten in Paris stärker erregt

haben soll als die Besteigung des Eiffelturms oder eine Ausflugs-
fahrt mit den Bateaux-Mouches. Sie sind dem Fortschrittsglauben
einer toleranten urbanen Mehrheit gewichen, die den anonymen
Sex ins Internet verbannt hat, zugleich in Werbung und Ge-
sprächsrunden den Exhibitionismus proklamiert und einer virtuellen Libertinage den Vorzug gibt. Proust hatte die Vespasiennes
einst mit den Streifzügen seines Barons de Charlus in der *Recherche du temps perdu* in den Rang von Kultstätten erhoben – Andachts-
schreine für homosexuelle Pilger; Prousts Anhänger haben die
Herren aus ganz unterschiedlichen Milieus, die diese Pissoirs fre-
quentierten, schlicht zu Protagonisten der Weltliteratur erklärt.

Derartige erotische *rencontres* gehören seit langem der Vergangenheit an. Fehlanzeige allerorten beim Aufspüren liebenswerter Details: Mit einst Geächteten tut man sich auch hier schwer. Keine
Straße, keine Avenue, kein Platz sind nach dem Schöpfer von *Salome* benannt worden. Verlaine und Proust, Gide und Cocteau hat
man immerhin im Pariser Stadtplan verewigt, wenn auch nicht
unbedingt an prominenten Stätten, sondern vornehmlich in dis-
kretem Abstand zum Zentrum. Nebenstraßen in Randlage eig-
nen sich anscheinend besser für gewisse Dichter. Nach einer Rue
Jean Genet, nach einem Place Alfred Dreyfus, nach einem Boulevard Oscar Wilde gar sucht der heutige Promeneur vergebens.
Kein Bezirksbürgermeister wollte ihnen bisher die Ehre erweisen –
Outcasts müssen sich ihren Standort erst noch verdienen. Und
das Hôtel d'Alsace, das »Hôtel« unserer Tage, ist ausgerechnet
jetzt, mitten im Sommer 2000, von Gerüsten umstellt. Logieren
wird hier vorerst niemand.

Die Pariser Hommage an »Sébastien Melmoth« steht noch aus.
Das *Requiescat* für »the dead poet« stammt dagegen von Bosie.[13]
Dem angemessensten Wallfahrtsort für Wilde kommt freilich
nur auf die Spur, wer den Stadtkern weit hinter sich läßt.

In excelsis

༺᠆᠆᠆᠆᠆᠆᠆᠆᠆᠆᠆᠆᠆᠆᠆᠆᠆᠆᠆᠆᠆᠆᠆᠆᠆᠆᠆᠆᠆᠆᠆᠆᠆

> Manchmal denke ich,
> das Leben des Künstlers sei ein langer, lieblich-süßer Freitod;
> und ich bedauere nicht, daß es so ist.

An heißen, drückenden Sommertagen, wenn sich eine undurchdringliche graue Wolkenwand wie Blei über die Kapitale legt und vom Ärmelkanal ein Gewitter nach dem anderen heranrollt, ist Paris nicht unbedingt nach jedermanns Geschmack. Die ganze Stadt macht Urlaub, Boulevards und Cafés sind verwaist, bei der Parkplatzsuche wird man fündig. Insbesondere am Wochenende wirken die illustren Plätze öde, ja beängstigend; allein vor den Sehenswürdigkeiten drängeln sich die Reisegruppen aus Übersee. Die wenigen verbliebenen Pariser huschen vereinzelt durch eine Geisterstadt. Nur am 14. Juli, wenn des Sturms auf die Bastille mit aufwendigen Militärparaden und spektakulärem Feuerwerk gedacht wird, kommt es zu Volksaufläufen – selbst Euphoriker geraten danach in Versuchung, Trübsal zu blasen.

Wilde schätzte diese Jahreszeit ganz und gar nicht, fügte sie doch seiner Wanderung durch die Quartiers noch eine weitere gespenstische Dimension hinzu.»Paris ist schrecklich bei dieser Hitze. Ich wandere durch Straßen aus glühendem Erz, und kein Mensch ist hier«, schrieb er kurz vor seinem Tode an Frank Harris.»Selbst die Leute aus den Verbrecherkreisen sind an die See gegangen, und die Gendarmen gähnen und bedauern ihre erzwungene Muße. Ihr einziger Trost besteht darin, den englischen Touristen falsche Auskünfte zu geben.«[1]

Und dennoch fand seine zweite, endgültige Grablegung mitten im Sommer statt. Am 19. Juli 1909 wurden seine sterblichen Überreste vom Friedhof Bagneux zu den Prominentengräbern auf dem Cimetière du Père-Lachaise im Osten der Stadt überführt. Damit hatte er auch sein allerletztes Exil in der Stille und Abgeschiedenheit der Vorstadt seit der Agonie im Alsace überstanden; ein Jahrzehnt später war die Versöhnung mit Paris vollzogen.

Nun steht sein neues Grab in der 89. Division dieses gigantischen Totenackers einer weitaus größeren Pilgerschaft von Verehrern offen.

Auf Ross war also Verlaß gewesen. Nachdem alle finanziellen Forderungen abgegolten und Oscars Söhne versorgt waren, hatte er sein ultimatives Versprechen eingelöst. Verwickelte Copyrightfragen waren geklärt; die Tantiemen flossen fortan Cyril und Vyvyan zu. Diese drei Männer begleiteten die Verlegung des Leichnams, und ein junger Diplomat, Sir Coleridge Kennard, sorgte dafür, daß alles den Vorschriften gemäß vor sich ging.

Die neuerliche Bestattung hielt eine makabre Überraschung bereit, als hätte das Gespenst von Canterville seine Hand im Spiel gehabt: In Bagneux hatte man den Körper vorsorglich mit *quicklime*, ungelöschtem Kalk, umgeben, um das Skelett zu erhalten und damit die spätere Verlagerung zu erleichtern. Doch, welch Wunder, als man den Sargdeckel hob und Ross beim Umbetten der verbliebenen Knochen assistieren wollte, stellten die Totengräber fest, daß Wildes Körper beinahe unversehrt war. Sein Leib schien unverändert, als sei er soeben in das erste Stadium der Mumifizierung eingetreten. Erstaunlicherweise hatte eine Konservation stattgefunden, wie bei der spanischen Königin aus dem »Zwerg«-Märchen. Bart und Haupthaar waren weitergewachsen, Wildes Züge unverkennbar. Den Umstehenden liefen Schauer über den Rücken.

Mit einer schlichten Granitplatte war es diesmal natürlich nicht getan. Man wollte dem Exzentriker zu einem »angemessenen« Denkmal verhelfen, das Aufsehen erregen würde. Eine anonyme Gönnerin – kein Mann: eine Frau – hatte zur Errichtung des geplanten Monumentes eine stattliche Summe zur Verfügung gestellt.[2] So konnte man den expressionistischen britischen Bildhauer Jacob Epstein, erst dreißigjährig und bereits eine Berühmtheit, für die Übernahme dieser herausfordernden Aufgabe verpflichten. Epstein zeigte sich dem ihm entgegengebrachten Vertrauen durchaus gewachsen und verwendete nicht weniger als drei Jahre auf die Fertigstellung der Skulptur, die er aus einem einzigen, massiven Steinblock herausschlug. 1912 präsentierte er seine Schöpfung in seinem Londoner Atelier, ließ verhältnismäßig gnädige Pressekommentare über sich ergehen und begab sich nach

Paris, um dabeizusein, wenn sein tonnenschweres Kunstwerk an Ort und Stelle installiert würde.

Bei seiner Ankunft auf dem Père-Lachaise sollte er allerdings sein blaues Wunder erleben: Das Grabmal war zwar technisch korrekt über Wildes Grabstein gestülpt geworden, Epsteins steinerner »Bote« blickte in die richtige Richtung – gen Osten. Aber zu sehen war von der gewaltigen Figur nichts. Als handle es sich um die noch feierlich zu enthüllende Büste eines verdienten Staatsmannes, war das Monument unter einer riesigen Zeltplane verschwunden, und die Behörden hatten zur Einschüchterung sogar einen *flic* abgestellt, der Neugierige verscheuchen sollte.

Epstein benötigte eine Weile, um herauszufinden, was inzwischen vorgefallen war: Die Polizei hatte seine Skulptur gleich nach der Errichtung beschlagnahmt, weil sie befürchtete, Trauernde und Passanten könnten Anstoß an der allzu freizügigen Gestaltung nehmen. Epstein hielt diese Verfügung zunächst für einen schlechten Witz, mußte sich aber der Autorität des zuständigen Konservators beugen. Gegen ein beträchtliches Geldgeschenk, das täglich zu erneuern war, drückte der Polizist schließlich beide Augen zu. Der Bildhauer durfte vor Ort weiterwerkeln, während der Bewacher ostentativ nach Westen schaute, sich keinesfalls umzudrehen wagte und bummelnde Voyeuristen mit gezielten Stockhieben vertrieb. Allabendlich wurde die Plane wieder fest verschnürt, der »Bote« blieb weiterhin unsichtbar – heutzutage hätte man das amorphe Gebilde für einen Verwandten von Christos verblüffenden Verhüllungen gehalten.

Direkt an einem Hauptweg gelegen, konfrontiert Epsteins Einbildungskraft die Friedhofsbesucher mit einem großen, geflügelten Götterboten – einer Sphinx, die sich vom Betrachter ganz offensichtlich abwendet. Ihr Schöpfer entschied sich gegen eine Frontaldarstellung: Im Profil in den Stein gemeißelt, starren die Augen des Fabelwesens, zu schmalen Schlitzen verengt, in eine unbekannte Ferne. Die Arme an den Körper gelegt, die Beine angewinkelt, die Brustmuskeln angespannt, schickt diese Sphinx sich an, zum Flug abzuheben. Zwischen den abstrahierten, parallel übereinandergeschichteten Flügelelementen scheint sich eine ungeheure Last zu befinden, der Sarkophag einer unbestimmten Gottheit, der seinen startbereiten Boten wieder niederdrückt und am Abflug hindert. Die anthropomorphe Erscheinung trägt edle Züge, Haare und Koteletten sind stilisiert; der verächtlich zugekniffene Mund lächelt nicht. In eine Art Krone sind kleine mythische Figuren eingefügt – eine eindeutige Zugehörigkeit zu einer bestimmten Kultur läßt sich bei dieser ambivalenten Gestalt nicht ausmachen. Ägyptische, fernöstliche und auch indianische, mittelamerikanische Einflüsse sind in Epsteins Vision eingeflossen. Wildes Bildhauer legte deutlichen Wert auf die Kennzeichnung des männlichen Geschlechts seiner Schöpfung: 1912 befand sich ein Genitalapparat von beeindruckenden Ausmaßen in ihrem Schoß.

Sei es, weil Epstein sich gegen eine »würdigere« Androgynität seiner Kreatur entschieden hatte, sei es, weil die Anhänger des Dichters die potente Sphinx mit dem Objekt ihrer Verehrung identifizierten – um dieses Gemächt ist es auch nach Entfernung der Plane gegen 1914 nie mehr still geworden, von Beginn an trug der Totenkult um Wilde so kuriose wie absurde Züge. Ein nackter Mann, nur notdürftig als allegorische Gestalt getarnt, das war mehr, als die meisten Tugendwächter verkraften konnten. Mit Steinwürfen, Regenschirmen, Wanderstöcken, Hämmern und Meißeln rückte man dem umstrittenen Phallus zu Leibe, ein ums andere Mal wurde er abgehackt, die Sphinx geschändet und verstümmelt. Der Legendenbildung waren keine Grenzen gesetzt: Am stattlichen Zeugungsorgan sollen sich wahlweise empörte englische Ladys, pubertierende Gymnasiasten, indignierte Pariser Spaziergänger oder homophobe Zeitgenossen zu schaffen gemacht haben – womöglich hätte man den Polizeischutz doch besser bis in alle Ewigkeit verlängern sollen. Eine Pressekampagne, in der sich Pro und Contra die Waage hielten, war der Garant dafür, daß die hier mit besonderer Inbrunst geführte Debatte um die Freiheit künstlerischer Darstellung nie gänzlich verebbte.

An den vehementen Attacken bereits nach der Aufstellung des Grabmals änderte sich auch dann wenig, als Ross und Epstein sich zum Gießen einer Bronzetafel durchrangen, die sich, ein Tuch vortäuschend, um die Lenden des Götterboten schmiegte und von nun an als Feigenblatt fungieren sollte. Man machte die Monstrosität selbst im Versteck ausfindig, vor einem Anschlag oder indiskreten Blicken war sie auch unterhalb des künstlichen

Faltenwurfs nicht sicher. Was den einen als unerhörte Obszönität galt, wollten die anderen wenigstens aus nächster Nähe gesehen oder berührt haben. Gleichgültig ließ der geflügelte Bote niemanden. Das Bearbeiten des Grabmals mit spitzen Gegenständen wuchs sich zu einem Volkssport aus; unter dem Vorwand, an irgendeinem Familiengrab zu trauern, schlich sich so manch ehrbarer Bürger hierher und betätigte sich als wildgewordener Specht. Eines Tages wurde es den Friedhofswächtern, die wiederholt mit Gewalt eingreifen mußten, wenn sie die Attentäter in flagranti erwischten, zu bunt: Sie sammelten das, was von den maskulinen Attributen der Sphinx übriggeblieben war, auf und trugen die kümmerlichen Reste zum Denkmalpfleger ihres Totenackers. Auf dessen Schreibtisch sollen sie dann mehrere Jahre lang als Briefbeschwerer gedient haben.

Buchstäblich ein Stein des Anstoßes, weist die empfindliche Körperstelle nun schon seit Jahren kleine Aussparungen und Vertiefungen auf, wie man sie von indizierten antiken Statuen in Museen und Tempelanlagen gewöhnt ist. Ob sie nun wollte oder nicht, die Sphinx hat mit Gewalt zu ihrer ursprünglichen Bestimmung als Zwitterwesen zurückkehren müssen. Ohne Geschlechtsteil, doch nicht wirklich geschlechtslos hat sie Schmähungen und Kastrationen über sich ergehen lassen: ein verspätetes Pendant zu Beardsleys kühnen *Salome*-Illustrationen, wo zur Schau gestellte Männlichkeit ebenfalls zu weichen hatte. Oscar Wildes geschundener »Grabwächterin« machte man ihre Aufgabe wirklich nicht leicht. Über seinen Tod hinaus verbreitete der einstige Skandaldichter Unruhe, provozierte mit Exhibitionismus. Und wie schon zu seinen Lebzeiten wurden im Verlauf der hitzigen, ausschließlich mit emotionalen Argumenten bestrittenen Diskussion moralische Bedenken und ästhetische Werturteile, Prüderie und Progressivität, Jugendschutz und Aufklärertum heillos vermengt.

Epsteins Denkmal, 1992 in die hochangesehene staatliche Liste schützenswerter »Monuments Historiques« aufgenommen, ist gewissermaßen zweiteilig. Unterhalb des geflügelten Reliefs befindet sich ein schlichter, rechteckiger Sockel mit der einfachen Inschrift »Oscar Wilde« in Großbuchstaben. Ein ihn umgebender Vorsprung eignet sich als Sims hervorragend zum Ablegen von Devotionalien: Botschaften und Visitenkarten, Gedichte und

Wilde als »Sebastian Melmoth«, Bleistiftskizze von Walter Sickert

Briefchen, Blumensträuße und Photos finden auf ihm Platz. Der Sockel selbst ist mit Signaturen, Wünschen, Komplimenten sowie obszönem Gekritzel übersät, Poeten verewigen sich hier zu jeder Tageszeit, und auch der schattige Zwischenraum unterhalb des steinernen Brustkorbes ist selten leer. Zuletzt waren hier Windlichter, ein Topf mit Geranien, ein ausgedienter Reisewecker und – als Verpflegung für den verehrten Toten – eine Banane zu bestaunen. Übermütige Fans haben den Sockel in jüngster Zeit mit unzähligen roten Kußmündern dekoriert. Ihr Enthusiasmus machte nicht einmal vor den Lettern des Verstorbenen halt, die inmitten dieser Insignien stürmischer Zuneigung nur noch schwer zu entziffern sind. Doch ein wenig frische Farbe tut dem hier überall vorherrschenden einförmigen Graubraun im Grunde ganz gut.

Auf der Hinterseite der Sphinx ist auf einer Tafel eine kurze Würdigung von Wildes Wirken angebracht, auch das Hiob-Zitat von Bagneux kehrt hier wieder. Zusätzlich hat man das Ende des IV. Abschnitts der *Ballad of Reading Gaol* aufgenommen. Die letzten vier Verse der sechszeiligen Strophe lauten in deutscher Übertragung:

> [Doch laßts gut sein. ... Er gelangt' an das Ziel,
> Das gesetzt ist dem Leben von weit.]
> Des Mitleids gesprungene Urne sind
> Fremde Tränen zu füllen bereit,
> Denn die ihn betrauern – Geächtete sinds,
> Und Geächtete trauern allzeit.

Man ließ es nicht gut sein. Der Totenkult trieb auch weiterhin seltsame Blüten, und die im Laufe der Jahrzehnte anwachsende Gemeinde aus unverdrossenen Bewunderern und kritischen Lesern besaß höchst unterschiedliche Vorstellungen von der angemessenen Art, um Oscar Wilde zu trauern. Cyril, seinem ältesten Sohn, und Robbie Ross war nicht mehr viel Zeit vergönnt, dem Geächteten vom Père-Lachaise zu gedenken. Der eine ließ sein Leben mit nur dreißig Jahren bereits im Ersten Weltkrieg; der andere starb, nicht einmal fünfzig, als die Völkerschlachten 1918 ein Ende nahmen. Erst im Jahre 1950, als man erstmals Wildes Todestag mit einer Zeremonie gedachte, wurde Ross' sehnlichster Wunsch erfüllt und seine Asche von London nach Paris ins Innere von Epsteins Mausoleum überführt. Verzeichnet wurde Robbies Präsenz auf dem Grabstein allerdings nicht. 1954 trug eine Gedächtnisfeier zum hundertsten Geburtstag Wildes in der Tite Street dann einen schon weit offizielleren Charakter, da neben Vyvyan, eminenten zeitgenössischen Dichtern und einigen, mittlerweile uralten Weggefährten auch Diplomaten verschiedener Nationen daran teilnahmen – wahrhaftig ein Sinneswandel: Man hatte das Andenken an diesen Autor kurzerhand zur Staatsangelegenheit erklärt. Eine bei dieser Gelegenheit an der Front des Hauses von Constance und Oscar enthüllte Gedenktafel wurde nur wenige Tage später mit Graffitis verschandelt. Diese Londoner Vandalen erwiesen sich als weniger inspiriert als ihre liebevollen Pariser Nachfolger.

Vyvyan, Wildes jüngerer Sprößling, betätigte sich wie sein Vater als Schriftsteller und Übersetzer, verfaßte ein Buch über ihn und starb 1967 als betagter Mann. Bosie hingegen konnte mit neuen Überraschungen für die Nachwelt aufwarten. Er heiratete gleich zu Jahrhundertbeginn – seine Ehe war freilich nur ein Intermezzo und scheiterte. Er konvertierte zum Katholizismus. Er schwor der Homosexualität energisch ab und stellte seine persönlichen Ausschweifungen im nachhinein sogar mehrfach in Abrede. Und trotzdem: Seine sämtlichen Aktivitäten, Veröffentlichungen und Prozesse kreisten unablässig um Wilde. Vom Eifer getrieben, in den Augen der Nachwelt als der authentischere Zeitzeuge zu gelten, ließ er einen Band nach dem anderen erscheinen, brachte Autobiographisches zu Papier, vervollkommnete sich als Lyriker, focht noch viele Verleumdungsklagen durch und mußte es dennoch ertragen, daß die schlimmsten, für ihn beschämendsten Passagen von *De Profundis* im Gerichtssaal vor ein Publikum kamen. Er blieb der Opportunist, der er immer gewesen war, bekam seine Spielleidenschaft bis ins hohe Alter nicht in den Griff, beschimpfte und vergötterte seine bewegten Jahre mit Wilde im selben Atemzug. Im Laufe des zwanzigsten Jahrhunderts hat man ihn aber auch allzu oft und allzu leichtfertig zum Alleinschuldigen am Untergang seines Geliebten, zum ewigen Störenfried und Buhmann schlechthin abgestempelt. Douglas starb 1945, als Oscars Verurteilung immerhin schon fünfzig Jahre zurücklag.

Dorothy Wilde, genannt Dolly, die Tochter von Schwägerin Lily und Bruder Willie, machte ihrem Onkel in Paris alle Ehre, indem sie dort jahrelang als beliebte Salondame auftrat und die literarischen wie gesellschaftlichen Gepflogenheiten einer versunkenen Epoche am Leben erhielt und mit neuem Geist erfüllte. Im August 1962 hatte Übernatürliches seine Hand im Spiel: Wilde soll sich nämlich noch einmal gemeldet haben. Höchstpersönlich – aus dem Totenreich. Das britische Medium Leslie Flint behauptete, während einer ausführlichen spiritistischen Séance seine Stimme eingefangen und ein längeres Gespräch mit dem großen Dichter geführt zu haben. Vom Smalltalk zwischen Flint und »Oscar's voice« existiert zu allem Überfluß eine Aufnahme, die man im übrigen ruhig einmal mit der originalen Aufzeichnung von der Weltausstellung vergleichen sollte.

Wie nicht anders zu erwarten, ging es »Wilde« im Jenseits prächtig. Er ließ es sich nicht nehmen, während des »Interviews« darauf hinzuweisen, daß der Klatsch um seine Person nie verstummt sei und daß man sich an seinem Ruhm und seinen Tantiemen schadlos halte – was ihn eher amüsierte als wirklich entrüstete. Seine Hörer erfahren, er habe G. B. Shaw »auf der anderen Seite« getroffen, hege mannigfaltige literarische Projekte, und überhaupt sei alles ähnlich wie auf Erden, nur weitaus angenehmer. Der Höhepunkt des virtuellen Geplauders mag überraschen: Denn als besonderen Vorzug seines neuen Lebens »in excelsis« würdigte die »Stimme«, daß man im *au-delà* nie mehr von Schmeißfliegen geplagt werde.[3]

Der Père-Lachaise im Juni 2000: Als sich vor sechs Monaten ein Jahrtausend rundete, ist der vorhergesagte elektronische Kollaps ausgeblieben. Dafür haben Naturgewalten das Ruder an sich gerissen, ist ein Orkan von nie dagewesener Stärke quer über Frankreich hinweggefegt, hat Dächer und Turmspitzen in Mitleidenschaft gezogen. Am Eiffelturm ist das eigens für den Jahresbeginn installierte Chronometer, das eigentlich die allerletzten Sekunden bis Mitternacht zählen sollte, kurz vor zwölf stehengeblieben; die Pariser Parks hat man aus Sicherheitsgründen wochenlang verriegeln müssen. Der sommerliche Spaziergänger hat nunmehr Gelegenheit, das Ausmaß der Verwüstungen in Augenschein zu nehmen. Im Park von Versailles und im Bois de Boulogne, wo Bäume zu Hunderten entwurzelt wurden, sieht es aus wie nach einem Krieg. Auf diesem innerstädtischen Großfriedhof aber, wo man Präsident Félix Faure und Baron Haussmann, Colette und Molière, Balzac und Delacroix zur letzten Ruhe gebettet hat, sind die prächtigen Grabmäler noch einigermaßen glimpflich davongekommen – sieht man von umgestürzten Stelen und zersplitterten Buntglasfenstern ab.

Ein ausgedehnter Spaziergang über das gigantische Terrain des extravaganten Totenhains führt den Promeneur durch eine Stadt in der Stadt, ein Labyrinth aus Avenuen, Gäßchen, Plätzen, Hügeln und Aussichtspunkten, mit Haupt- und Seitenstraßen, Kopfsteinpflaster und Treppenstufen, mit Grünflächen, einer Kapelle und einem »Columbarium«, in dessen zweistöckigem Viereck die Urnengräber untergebracht sind. Hier erinnert die Urne Nr. 407 an den 1988 an Aids gestorbenen Philosophen Guy Hocquenghem, einen prominenten Aktivisten der französischen Schwulenbewegung, der sich als Romancier wie als Vorkämpfer gegen die Auswüchse der Homophobie einen Namen gemacht hat.

Wer in Richtung Wilde unterwegs ist, muß sozusagen ein ganzes Arrondissement durchqueren und bergan in Richtung Norden schreiten, die Skulpturen und efeubewachsenen Grabplatten von Ludwig Börne und Yvette Guilbert links und rechts liegen lassen. Bevor Édith Piaf, Maria Callas und vor allem der Doors-Sänger Jim Morrison in dieser weltberühmten Nekropole Einzug hielten, waren die Ruhestätten von Chopin, Wilde und die »Mur des Fédérés« die Hauptattraktionen – hier, in der Südostecke, unweit der »Division«, in der Paul Éluard begraben liegt, hatte sich nämlich im Mai 1871 das letzte, blutige Drama der Pariser Kommune abgespielt: Hinter der Friedhofsmauer verschanzt, wurden die am heftigsten Widerstand leistenden Rebellen am Ende überwältigt und an Ort und Stelle hingerichtet. Zu ihrem Mahnmal machten sich um 1909 noch zahlreiche Pilger auf.

Oberhalb von Wildes Planquadrat ist der »Jardin du souvenir« angesiedelt, eine schmale, schmucklose freie Rasenfläche, wo Angehörige und Freunde von Menschen, denen man keine bestimmte Grabstelle zugedacht hat, stellvertretend wie anonym Blumensträuße und Kränze ablegen dürfen.[4] Hügelaufwärts, in

Wildes Sphinx-Grabmal auf dem Pariser Friedhof Père-Lachaise,
gestaltet von Jacob Epstein

der 12. Division, meint man der Schlußszene aus *Salome* beizuwohnen – nur sind hier die Geschlechterrollen vertauscht worden. In Lebensgröße liegt dort das steinerne Abbild des Komponisten und Violinvirtuosen Charles-Philippe Lafont auf dem
Rücken und hält einen Frauenkopf in seinen ausgestreckten Händen. Mit Wohlwollen fixiert der Musiker das Haupt seiner Geliebten: »Sie waren überwältigt von der schönen Reise, die sie gemeinsam bis ans Ende des Lebens führte«, lautet die Inschrift.
Oscar Wilde fühlte sich am Ende seiner Lebensreise »der Armut
vermählt«: »Ich dürstete nach der Schönheit des Lebens: sehne
mich nach der Freude.«[5] Eine Sehnsucht, die sich nur sehr selten
und sehr unvollkommen stillen ließ.

»Plätze, o Platz in Paris, unendlicher Schauplatz«, heißt es in einer
ekstatischen Wendung am Ende von Rilkes fünfter *Duineser Ele-
gie*:[6] Die Chronik von Wildes angekündigtem Tode, hier auf dem
Père-Lachaise, wahrlich einem »unendlichen Schauplatz« von tragischen und erfüllten Lebensbahnen, findet sie ihren Abschluß.
Die Größten seiner Zunft ruhen in unmittelbarer Nachbarschaft.
Und auch er ist, nachdem er den letzten Akt seiner Tragödie hinter sich gebracht hat, doch noch an dieser begehrten, legendenumwobenen Stätte heimisch geworden[7].

Erleichtert von der Bürde der Vergangenheit, befreit von der
Festlegung auf ein einziges Geschlecht, breitet die Sphinx die Flügel aus und schwingt sich in den Pariser Abendhimmel empor.

Anhang

❦

Anmerkungen

Für alle Zitate aus Werken Wildes wurde die zweibändige, von Rainer Gruenter herausgegebene Werkausgabe (München 1970) zugrunde gelegt – mit Ausnahme von *Die Sphinx*, zitiert nach der von Arnold Zweig eingeleiteten, ebenfalls zweibändigen Werkausgabe (Berlin 1930) in der Übersetzung von Gisela Etzel. Nachweise von Briefen Wildes beziehen sich auf die von Rupert Hart-Davis edierten Ausgaben.

OW = Oscar Wilde; B=Briefe; SL=Selected Letters; (JR) = Übersetzung durch den Verfasser.

STADTSTREICHER
Motto und paraphrasierte Zitate: vgl. Anna de Brémont, *OW and his Mother,* ab S. 178

BOULEVARDIER
Motto: OW an Robert Ross, 8. November 1897; B S. 743
1 Ludwig Börne, *Der Greve-Platz*. In: *Schilderungen aus Paris,* S. 225
2 Charles Baudelaire, *Die kleinen Alten*. In: *Gesammelte Schriften,* Bd. 6, S. 187
3 Franz Hessel, *Berlins Boulevard*. In: *Ein Flaneur in Berlin*. [1929] Berlin 1984, S. 145
4 Siegfried Kracauer, *Seinefahrt* [1928], o. S.
5 Arthur Rimbaud war vier Tage jünger als Wilde, aber weitaus frühreifer – in jeder Hinsicht: Er hatte dem artigen Oxford-Aspiranten Oscar bei dessen erstem Paris-Besuch die Niederschrift seines gefeierten Gedichtes *Le bateau ivre* voraus, das er bereits 1871, mit nur siebzehn Jahren, zu Papier gebracht hatte. Und seine tumultuöse, Krisen, Reisen, Verfolgungsjagden und Mordversuche einschließende Liebesbeziehung zu Paul Verlaine war schon 1873 zu Ende gegangen, lange bevor sich Oscar überhaupt ernsthafte Gedanken darüber machen sollte, ob es möglich sei, einen anderen Mann zu lieben oder gar mit ihm zusammenzuleben. – In diesem für seinen Werdegang entscheidenden Lebensjahrzehnt hatte Wilde wenig Muße für private Verwicklungen: Andere Facetten seines Erlebnishungers dominierten.

LIEBESANWÄRTER

Motto: OW Robert Ross gegenüber; vgl. H. M. Hyde, *OW – Triumph und Verzweiflung*, S. 307

1 OW an Clarisse Moore, April/Mai 1883; B S. 175
2 Jacques de Langlade, *OW – écrivain français*, S. 21 (JR)
3 OW an Clarisse Moore, April/Mai 1883; B S. 175
4 OW; vgl. Robert Ellmann, *OW* [dt.], S. 312
5 OW an Robert Sherard, Mai/Juni 1883; B S. 177
6 OW an Lily Langtry, 16. Dezember 1883; B S. 183
7 OW an Robert Sherard, Mai/Juni 1883; B S. 177

SALONLÖWE

Motto: Gabriele Tergit, *Atem einer anderen Welt*, S. 69/70

1 deutsche Titel, falls noch nicht genannt: *Der glückliche Prinz; Der Kritiker als Künstler; Lord Arthur Saviles Verbrechen; Das Granatapfelhaus; Fingerzeige.*
2 Klaus Mann, *André Gide und die Krise des modernen Denkens*, S. 128
3 OW, Interview mit dem Londoner Korrespondenten der Pariser Zeitschrift »Le Gaulois«; vgl. Hyde, *Triumph und Verzweiflung*, S. 123
4 André Gide, *In memoriam*, S. 14 (JR)
5 Vincent O'Sullivan, *Aspects of Wilde*, S. 33

MONDSÜCHTIGER

Motto: OW an H. C. Marillier, Januar/Februar 1886; B S. 212

1 Aurélien Lugné-Poë, *La Parade*, Teil II: *Acrobaties*, S. 148–150 (JR)
2 Rainer Gruenter, Nachwort zur Werkausgabe 1970, Bd. II, S. 624
3 1905 brachte das Bijou Theatre im Londoner Bayswater endlich die englische Erstaufführung von Wildes Bühnenstück heraus, 1907 begeisterte die Oper bereits die Melomanen an der New Yorker Met. Ebenfalls 1907 kam es im Pariser Théâtre du Châtelet zur deutschsprachigen Premiere von Strauss' Musikdrama, von dem der Komponist und »Bürgerschreck« zusätzlich noch eine französischsprachige Fassung erstellte (zuerst gezeigt in Brüssel 1907, im Théâtre de la Monnaie). Noch im selben Jahr versuchte sich die epochale Ausdruckstänzerin Louïe Fuller an einem von Florent Schmitt komponierten Tanzsolo mit dem Titel *La tragédie de Salomé*, 1910 brachte Antoine Mariotte seinerseits eine *Salome*-Oper in Paris am Châtelet heraus, und 1912 schließlich, wieder an der prominenten Avantgardebühne an der Seine, kreierte die Tanzlegende Ida Rubinstein Alexander Glasunows *Salome*-Version, choreographiert von Michail Fokine. Im Musiktheater war die Prinzessin von Judäa so präsent wie als Archetyp für die moderne Kunst: Lovis Corinth malte Wildes Mondsüchtige im Jahre 1899, gefolgt von Picasso, 1905, und Dalí im Jahre 1937.

VERFÜHRTER

Motto: OW an Carlos Blacker, Poststempel 4. August 1897; B S. 692
1   W. H. Auden, *An Improbable Life*, S. 307/308 (JR)
2   Ellmann, *OW* [dt.], S. 386
3   Klaus Mann, *Der Wendepunkt*, S. 157/158
4   OW; vgl. Merlin Holland, *Das OW-Album*, S. 141
5   Norman Page, *An OW Chronology*, S. 60 (JR)

PROVOKATEUR

Motto: OW an Robert Ross, 14. Mai 1900; B S. 916
1   Frank Harris, *OW – eine Lebensbeichte*, S. 112
2   OW an Robert Sherard, Mai/Juni 1883; B S. 177
3   und alle nachstehenden, nicht gesondert gekennzeichneten Zitate: Mann, *Gide und die Krise des modernen Denkens*, S. 80, S. 74–79, S. 142/143
4   André Gide, *Si le grain ne meurt*, S. 331 (JR)
5   ebda., S. 340 (JR)
6   Gide an seine Mutter am 30. Januar 1895; vgl. Jonathan Fryer, *André & Oscar*, S. 115 (JR)
7   vgl. Paul Claudel & André Gide, *Correspondance*, S. 217 ff.
8   OW an Alfred Douglas, Januar 1893 (B S. 342), Juli 1894 (B S. 372), August 1894 (B S. 378)

ANGEKLAGTER

Motto: OW an Robert Ross, 18. Februar 1898; B S. 781
1   OW an Alfred Douglas, Januar 1893; B S. 342
2   Lord Alfred Douglas, *Two Loves;* vgl. Fryer, *André & Oscar*, S. 102
3   William Butler Yeats an Edward Dowden; vgl. Page, *An OW Chronology*, S. 67 (JR)
4   OW an Alfred Douglas, 29. April 1895; B S. 409
5   Jahrzehntelange Debatten um das Für und Wider eheähnlicher Gemeinschaften für gleichgeschlechtliche Paare, insbesondere die stürmische Auseinandersetzung in Frankreich um den »Pacte civil de solidarité«, der im Jahre 1999 endlich eine minimale Rechtssicherheit für die betroffene »Minderheit« gesetzlich verankerte, haben deutlich gezeigt, auf welch immensen gesellschaftlichen Widerstand die Anerkennung Homosexueller weltweit weiterhin stößt.
6   Vgl. die zahlreichen, polemischen Schriften von Odon Vallet zu diesem Themenkreis.
7   Aus *Dorian Gray* wurde *An Afternoon Party*, aus dem im Juni 1894 endlich veröffentlichten *Sphinx*-Gedicht, das immerhin für ihren Spitznamen verantwortlich war, machte Ada Leverson *The Minx – a Poem in Prose. An Ideal Husband* inspirierte sie zum *Overheard Fragment of a Dialogue*, und höchst ingeniös wirkt ihre Umformung des *Bunbury*-Titels in den kongenialen Doppelzeiler *The Advisability of Not Being Brought up in a Handbag: A Trivial Tragedy for Wonderful People*.

8   vgl. Ellmann, *OW* [dt.], S. 630, 636, 643

9   OW an Alfred Douglas, 29. April 1895; B S. 409

C. 3. 3.

Motto: OW an Max de Morès; vgl. Guillot de Saix, *Souvenirs inédits sur OW.*
In: *L'Européen*, o. J.

1   Hugo von Hofmannsthal, *Sebastian Melmoth,* zuerst erschienen in: *Der Tag,* Berlin, 9. März 1905, als Rezension einer deutschen Übersetzung von *De Profundis* (bei Fischer in Berlin; 1905). Wieder abgedruckt in: Hofmannsthal, *Reden und Aufsätze I,* S. 341–344

2   OW; laut Harris, *Lebensbeichte,* S. 322

3   OW; Motto von Harris, *Lebensbeichte,* S. 5

4   Mann, *Wendepunkt,* S. 112. – Weiter heißt es dort im Zusammenhang mit den *poètes maudits*:»Dort gesellt sich der arme Oscar – oder tritt er unter dem Namen ›Sebastian Melmoth‹ auf, aus Angst vor den Gläubigern? – zu anderen verdächtigen und verehrungswürdigen Figuren [wie Poe und Baudelaire]. Verlaine ist leichter zu verstehen [als Wilde, Poe und Baudelaire]. Die raffinierte Simplizität seines lyrischen Stils wirkt unmittelbar, unwiderstehlich auf eine empfänglich-empfindsame junge Seele. Wie bezauberte mich die sanfte Klage des *pauvre Gaspard* ...! Die frommen Weisen der *Sagesse* ... waren mir ebenso vertraut und köstlich wie die inspirierte Pornographie der *Hombres.*« (ebda., S. 112/113)

5   Lord Alfred Douglas' *In excelsis,* 1924 bei Martin Secker in London in kleiner Auflage herausgekommen, entstand ebenfalls im Gefängnis. In seinem Vorwort bezieht sich Bosie auf einen weiteren Verleumdungsprozeß, diesmal um den jungen Winston Churchill und ihn selbst. Douglas unterlag seinerzeit gegen Churchill und wurde am 13. Dezember 1923 zu sechs Monaten Gefängnis verurteilt. Wie er nicht ohne Selbstironie kommentiert, handelte es sich um den siebenten Versuch in den vergangenen zehn Jahren, ihn einzusperren. Und dieser siebente Versuch war erfolgreich. – *In excelsis* besteht aus achtzehn Sonetten und einem Epilog (ebenfalls ein Sonett). Die Gedichte enthalten zahlreiche, von Douglas explizit nachgewiesene Shakespeare-Zitate, aber auch Einsprengsel aus antisemitischen Pamphleten. Bosie definiert seinen Zyklus als »sonnet-sequence«, die er im Wormwood Scrubs Prison verfaßt habe, begonnen am 5. Februar 1924 und beendet am Karfreitag, den 18. April 1924 – ein mit *De Profundis* kompatibler Zeitraum, gleichfalls in den Winter- und Frühlingsmonaten.
Der letzte Sechszeiler des Epilog-Sonetts lautet wie folgt (Kursivierungen von Douglas):
»*Follow the star and enter where it rests,/Be it on palace or on lowly shed.*
What house is this whose hideous bolt and bar/Groan on the opening?
Who are these pale guests?
These creeping shadows? Whither am I led?/What iron holf is here?
Follow the star.«

Dem XIV. Sonett von *In excelsis* verlieh Douglas' Verleger nachträglich den Titel *Sonnet on Wilde*.

6 Hofmannsthal, *Melmoth*, S. 341
7 Hart Crane, *Complete Poems and Selected Letters and Prose*, S. 125. Cranes Gedicht *C.3.3.* erschien erstmals in *Bruno's Weekly* no. 3 am 23. September 1916, irrtümlich unter dem Namen Harold H. Crone. Crane (1899–1932) war damals gerade siebzehn Jahre alt. Weitere wichtige Schöpfungen Cranes sind der Lyrikzyklus *The Bridge* (1930) mit seinem berühmten Kernstück *To Brooklyn Bridge* sowie achtzehn, unter dem Titel *Key West – An Island Sheaf* zusammengefaßte Gedichte (1927–33).
8 OW an Robert Ross; SL S. 267

JEDER TÖTET, WAS ER LIEBT

Motto: OW an Leonard Smithers, 28. November 1897; B S. 761

1 In ihrer scharfsinnigen Wilde-Polemik *The Unimportance of Being Oscar* zieht Mary McCarthy Parallelen zwischen Queen Victoria und Lady Augusta Bracknell, McCarthy zufolge die »Göttin« und einzige wirklich tragfähige Figur in Wildes letzter Komödie *The Importance of Being Earnest*: »Diese Zitadelle der Willkür stellte für ihn das Schloß schlechthin dar; in seinen späteren Jahren bemerkte [Wilde] einmal, es hätte ihn glücklich gemacht, Queen Victoria zu heiraten.« (in: *OW – A Collection of Critical Essays*, S. 110; JR). – Der der bärbeißigen alten Dame zugedachte Familienname Bracknell geht kurioserweise auf den Ort Bracknell zurück, dem Landsitz derer von Queensberry.
2 OW an Carlos Blacker, 9. März 1898; B S. 791
3 OW an Robert Ross, 31. Mai 1897; SL S. 286; siehe auch: Harris, *Lebensbeichte*, S. 290
4 OW; vgl. Holland, *Das OW-Album*, S. 178
5 OW an Robert Ross, 21. September 1897; B S. 711
6 OW aus Rouen an Carlos Blacker, 6. September 1897; B S. 703
7 Constance Wilde an OW; zitiert in OWs Schreiben an More Adey. Vgl. Page, *An OW Chronology*, S. 79; siehe auch: Hyde, *Triumph und Verzweiflung*, S. 300
8 ebda.
9 Übersetzt von Meyerfeld, inszeniert von Max Reinhardt, kam *Eine florentinische Tragödie* 1906 in Deutschland zur Uraufführung, im Deutschen Theater Berlin, mit Tilla Durieux und Alexander Moissi in den Hauptrollen. Das Originalmanuskript von *A Florentine Tragedy* war schon während Wildes Untersuchungshaft aus ungeklärten Gründen abhanden gekommen, als Vorlage diente künftig eine Abschrift des Dramas ohne den ursprünglichen Beginn.
Nachdem sich bereits Giacomo Puccini umsonst um die Rechte zur Vertonung von Wildes Fragment bemüht hatte – der französische Komponist Antoine Mariotte hatte sie inzwischen erworben –, komponierte Alexander von Zemlinsky 1915/16 schließlich die gleichnamige Oper in

einem Aufzug. Im Jahre 1917 gelangte sie im Stuttgarter Hoftheater zur Uraufführung.

Schauplatz von Theaterstück und Oper ist das Florenz des 16. Jahrhunderts. Der florentinische Kaufmann Simone ertappt bei der Rückkehr von einer Geschäftsreise seine Frau Bianca in flagranti beim Ehebruch. Ihr Liebhaber ist Guido Bardi, Sohn des florentinischen Herzogs. Anstatt ihr eine Szene zu machen, verwickelt der gehörnte Simone seinen prominenten Rivalen in ein Spiel mit tödlichem Ausgang: Präsentation und Verkauf von Stoffen, gemeinsames Trinkgelage der beiden Nebenbuhler, gefährliche Wortwechsel – am Ende steht ein Duell, bei dem der Herzogssohn Bardi getötet wird. Überraschend ist die Reaktion der Ehebrecherin: Noch während des Zweikampfs hielt sie unverbrüchlich zum Prinzen Bardi, spornte ihn an, ihren Gatten umzubringen; nach dem Tod ihres Geliebten kehrt sie mit wehenden Fahnen an ihren ursprünglichen Platz zurück, begehrt ihren Ehemann mehr als je zuvor. Das Ausschalten Bardis war erforderlich, um der erkalteten Liebe zu Simone wieder neue Glut zuzuführen – ein willkommenes Stimulans, das die rücksichtslose Opferung des Jünglings rechtfertigt. *Each (wo)man kills the thing (s)he loves.*

»Die Sympathie des Autors [Wilde] gehört zunächst dem Prinzen Bardi, dem schönen Jüngling, einem Ästheten nach seinem eigenen Bild, geht mehr und mehr aber auf den Älteren über, den engstirnig-brutalen Kleinbürger, der zunehmend geschickter und souveräner handelt.« Die Schlußwendung ist mehr als ein effektvoller »Theatercoup: Bianca, die eben noch leidenschaftlich die Tötung ihres Mannes verlangt hatte, schlägt sich nach dessen Sieg über [Bardi] auf seine Seite, nicht aus opportunistischen Gründen, sondern weil sie erst jetzt [Simones] ganze Männlichkeit entdecken kann.« (vgl. Peter Dannenberg, *Zemlinsky – Eine florentinische Tragödie*, S. 792/793)

10   OW an Robert Ross, 22. März 1898; B S. 786

ZWERG IM SPIEGEL

Motto: Rainer Maria Rilke, *Der Panther*. In: *Die Gedichte*, S. 451

1   Zemlinsky hatte ursprünglich seinen Kollegen Franz Schreker damit beauftragt, ein entsprechendes Libretto zu erstellen. Schreker fand aber während der Arbeit an dem Textbuch selbst soviel Gefallen an dem Stoff, daß er Zemlinsky um Verständnis bat, wenn er dessen Bitte nicht nachkommen könne. Statt dessen komponierte er eine eigene ambitionierte Oper: *Die Gezeichneten* (1918). Die aus einem ähnlichen Motivvorrat schöpfenden Musikdramen zählen seit der Renaissance der beiden Komponisten, die in den 1980er Jahren einsetzte, zu den bahnbrechenden Bühnenwerken der Wiener Avantgarde. Schreker hatte im übrigen bereits 1908 Wildes Märchen als Vorlage für seine Ballettpantomime *Der Geburtstag der Infantin* verwendet. – Theodor W. Adorno polemisierte später in seiner Beschäftigung mit Zemlinsky gegen den Eklektizismus

Wildes, hielt die zweifache Auseinandersetzung Zemlinkys mit Wildes zeitentrückt finsteren,»neo-romantischen« Stoffen für verfehlt.

2 vgl. George Besson, *Henri de Toulouse-Lautrec, témoin de son temps*. In: *Silhouette*, no. 239, März 1950; wieder abgedruckt in: Besson, *Moderne Kunst in Frankreich*, S. 374–376

3 vgl. ebda., S. 376

4 Alfred Simon, *1894–1895: Les filles de la Rue des Moulins*. In: *Toulouse-Lautrec*, S. 248/249 (JR). – Simons nachfolgendes Kapitel, das die Jahre 1895–1896 behandelt, ist – im Zusammenhang mit Lautrec und Wilde nicht umsonst – *Les masques; Carnaval; La mascarade* betitelt.

5 »Aus diesem gewaltigen Koloß mit einem Teint aus Porzellan, den man bei seinen Londoner Prozessen verhöhnt und in den Dreck gezogen hat und der nun eine schattenhafte Existenz in Paris führt, macht Toulouse-Lautrec eine emblematische Figur, die die Befindlichkeit des Künstlers widerspiegelt: Diesem Provokateur, der unerschrocken der Schamhaftigkeit und der Überempfindlichkeit der viktorianischen Gesellschaft die Stirn geboten hat, gibt er ein Gesicht, eine Identität. Wie ein Bildhauer schafft er ihm eine Maske. Lautrecs Porträt ist nicht länger das des besungenen, mit Ruhm bekränzten Poeten, sondern schon das Bildnis eines heruntergekommenen Wesens, das seinen Skeptizismus in den Straßen von Paris spazierenführt.« – Jean Sagne, *Toulouse-Lautrec*, S. 287/288 (JR)

6 René Weil (1868–1952) hatte für seine schriftstellerische Tätigkeit das Pseudonym Romain Coolus gewählt und schrieb regelmäßig Beiträge für die seinerzeit hoch im Kurs stehende »Revue blanche«. Zu Werbezwecken für die Vorstellungen des Thêatre de l'Œuvre erschien Lautrecs Doppellithographie von Coolus und Wilde auch in der »Revue encyclopédique«.

7 Abgebildet im 1996 veröffentlichten Pléiade-Sonderband *Album Oscar Wilde*.

NACHTFALTER

Motto: OW, *The Picture of Dorian Gray* [1890]; dt.: Werkausgabe 1970, Bd. I, S. 162

1 OW an H. C. Marillier, Januar/Februar 1886; B S. 212

2 OW an Robert Ross, 21. März 1899; B S. 874

3 OW an Louis Wilkinson, 20. März 1899; B S. 872

4 OW an Robert Ross, April 1899; B S. 880

5 OW an Robert Ross, Mai 1900; SL S. 360 (JR)

6 Ganz entgegengesetzte Deutungen erfährt das Sphinx-Motiv in Ingeborg Bachmanns Parabel von 1949 (aufgenommen in ihre *Erzählungen*, München ³1984, S. 19–22) und in Robert Schumanns Klavierzyklus *Carnaval* (op. 9; 1834/35): Bei Bachmann tritt am Ende ihrer Erzählung »eine Welle, aus einem Meer von Geheimnissen geworfen«, über das Gesicht der Sphinx: »Sodann lächelte sie und entfernte sich.« Bei Schumann flat-

tert eine enigmatische Viertonfolge, die jeweils nur einen Takt umfaßt, als Nachtfalter über die Partiturseiten und kontrastiert aufs heftigste mit den narrativen Episoden innerhalb dieser tänzerischen Programmusik. – Auch Lord Alfred Douglas verfaßte während seines Kairo-Aufenthaltes ein Sphinx-Gedicht.

7   In einer skurrilen Episode aus Huysmans' *A rebours* (Kapitel IX) bittet Des Esseintes eine seiner Geliebten, die im Café-Concert als begabte Bauchrednerin auftritt, in privatem Rahmen für ihn den Flaubertschen Dialog der Sphinx und der Schimäre zu rezitieren. Der Mätresse gelingt das seltsame Kunststück. Des Esseintes darf als Zuhörer und Zuschauer zugleich die Raffinesse von Flauberts Prosa genießen, ein Zwiegespräch, wie es aus dem Leib seiner Freundin vernehmlich zu ihm dringt. Im abgedunkelten Zimmer vollführen zur selben Zeit zwei Statuen, eine Sphinx aus schwarzem Marmor und eine irdene, vielfarbige Schimäre, von der Kaminglut nur unzulänglich beleuchtet, stellvertretend für die imaginären Gesprächspartner einen stummen Tanz auf dem Teppich.

8   Robert Merle legt in seiner *Sphinx*-Interpretation (*OW*, S. 180–187; JR) den Akzent auf den »Autoerotismus« Wildes. Danach sind die im Gedicht evozierten monströsen Paarungen und die zwitterhafte, maßlose Geschlechtlichkeit des Menschentieres Abbild einer selbstbezogenen Begierde, unstillbar, unaufhörlich und unersättlich, für die real gelebte Promiskuität immer nur einen schwachen Ersatz darzustellen vermag. Daß die Befriedigung nie zu einer »Erfüllung« gelangen könne, stets unvollkommen bleibe, lastet Merle noch 1948 einer grundsätzlichen Charakteristik homosexuellen Begehrens an. In der überarbeiteten Fassung seiner Wilde-Studie favorisiert er dann eine »tolerantere« Lesart, favorisiert eine »pan-sexuelle« Deutung des Poems, kennzeichnet die Grenzen zwischen homo- und heterosexuellen Paradigmen als unscharf und fließend. – Rein formal verdanke Wildes *Sphinx* nach Merles Urteil nichts der englischen, aber nahezu alles der französischen Literaturtradition.

FLANEUR WIDER WILLEN

Motto: Guillaume Apollinaire, *Voie lactée ô sœur lumineuse*, Schlußteil von *La chanson du mal-aimé*. In: *Œuvres poétiques*, S. 59

1   Ellmann, *OW* [dt.], S. 784
2   OW; laut Laurence Housman, *Écho de Paris*, S. 34
3   OW an Frances Forbes-Robertson, Juni 1899; B S. 889
4   OW an Robert Ross, 1. September 1900; B S. 922
5   OW; laut Harris, *Lebensbeichte*, S. 321
6   Der *gigantisme* machte auch vor dem Stadtinneren nicht halt: Am 13. Mai 1900, kurz vor Wildes Rückkehr aus der Schweiz, fand am oberen Ende der Place de Clichy die pompöse Eröffnung eines Hippodroms statt. Ein selbst für heutige Verhältnisse überdimensioniertes Reiterspektakel im Gewand eines Historienschinkens, genannt »Vercingétorix«, machte mehrere Tausend Zuschauer mit einem der größten Pariser Prachtsäle

aller Zeiten vertraut. Zweihundert Artisten, fünfzig Pferde und sechs Elefanten gaben eine alle Vorstellungskraft sprengende Zirkusvorstellung. Die Halle blieb Volksbelustigungen, Pferderennen, Rollschuhläufen und Fußballturnieren vorbehalten, bevor sie 1911 vom Kinozaren Léon Gaumont ihrer eigentlichen Bestimmung zugeführt wurde. Als »Hippo-Palace« diente sie jahrzehntelang als Filmtheater, ein würdiger Tempel für den Siegeszug der bewegten Bilder. Nur die schon zur Jahrhundertwende eingebauten Riesenorgeln überlebten den Abriß von Paris' althergebrachtem Vorführungssaal im Jahre 1973 – einer veränderten Welt, in der Luxus, Bequemlichkeit und Kunstgenuß für den zahlenden Gast nicht mehr vereinbar schienen.

7   Mann, *Wendepunkt*, S. 372

8   Peter Weiss, *Fluchtpunkt*, S. 195

DER FLÜGELSCHLAG DES TODESENGELS

Motto: Montaigne; von Thomas Bernhard als Einleitung zu seinem Roman *Auslöschung. Ein Zerfall* verwendet. – Der französische Lyriker Jean-Claude Ettori greift dieselbe Vorstellung von der Omnipräsenz des Todes in seinem Gedichtband *Odeurs de Sphinx* wieder auf, wenn er konstatiert: »La mort est toujours là/présente/surgit de je ne sais où.« (S. 71).

1   OW; laut Philippe Jullian, *OW* [1967], S. 374 & wieder in: *OW* [2000], S. 397 (JR)

2   Schenkt man den fiktiven Tagebuchaufzeichnungen Wildes Glauben, die ihm der britische Schriftsteller Peter Ackroyd in den Mund legte, so kam es noch kurz vor dem Ende zu einem Gedankenaustausch mit Ada Leverson. Danach soll sie ihm geschrieben haben: »Ohne den Gott ist die Sphinx stumm und zum Schweigen verdammt. Sie vermag nur noch absurde Nachrichten über öden, vertrockneten Landstrichen zu verbreiten.« Vgl. Ackroyd, *The Last Testament of OW*, S. 110 (JR)

3   Ellmann behauptet sogar, Wilde habe sich im April 1900 nicht nur ein-, sondern gleich siebenmal vom Papst segnen lassen – damit sei dem Bekehrten ein »Kunststück« gelungen (vgl. *OW* [dt.], S. 771).

4   Mann, *Gide und die Krise*, S. 80

5   Robert Ross an More Adey, 14. Dezember 1900; SL S. 369 (dt. in: Harris, *Lebensbeichte*, S. 430)

6   Claire Goll, *Ich verzeihe keinem*, S. 199 und 202

7   Joseph Roth, *Rast angesichts der Zerstörung*. In: *Das Neue Tage-Buch Paris*, 25. Juni 1937; wieder abgedruckt in: *Werke*, Bd. 3, S. 813–815; hier: S. 813

IKONE

Motto: OW, *The Soul of Man under Socialism* [1891]; dt.: Werkausgabe 1970, Bd. I, S. 592

1   Hugo von Hofmannsthal, *Ödipus und die Sphinx*. In: *Dramen II*, S. 381–499

2   »Man sagt: Welch eine Wandlung! Man sagt: Oscar Wilde der frühere, und Oscar Wilde der andere. Man spricht von einem Ästheten, aus dem

ein neuer Mensch geworden ist, ein Gläubiger, gar ein Christ. … Es hat gar keinen Sinn so zu sprechen, als ob [sein] Schicksal und [sein] Wesen zweierlei gewesen wären und als ob das Schicksal ihn so angefallen hätte wie ein bissiger Köter ein ahnungsloses Bauernkind, das einen Korb mit Eiern auf dem Kopf trägt. Man sollte nicht immer das Abgegriffenste sagen und denken. [Sein] Wesen und [sein] Schicksal sind ganz und gar dasselbe. Er ging auf seine Katastrophe zu, mit solchen Schritten wie Ödipus, der Sehend-Blinde. Der Ästhet war tragisch. Der Geck war tragisch. Er reckte die Hände in die Luft, um den Blitz auf sich herabzuziehen. Man sagt: Er war ein Ästhet, und dann kamen unglückliche Verwicklungen über ihn, ein Netz von unglücklichen Verwicklungen. Man sollte nicht mit den Worten alles zudecken.« (Hofmannsthal, *Melmoth*, S. 341–344)

3   ebda.

4   Mann, *Wendepunkt*, S. 219

5   Am 11. Juni 1914 proklamierte Marinetti unter der Überschrift *Vitale Englische Kunst* »Kampfsignale« der »Italienischen Futuristischen Bewegung«. Marinetti war ausgezogen, die englische Kunst von einer »schweren Krankheit« zu heilen, deren Symptome er unverzüglich auflistete: »Die pessimistischen, skeptischen und engen Ansichten des englischen Publikums, das dumm das Niedliche, die Gemeinplätze, das Sanfte, Süße und Mittelmäßige, die kränklichen Wiederbelebungen des Mittelalterlichen, … den Ästhetizismus, Oscar Wilde, die Präraffaeliten, die Neo-Primitiven und Paris verehrt.«
Wieder abgedruckt in: Wolfgang Asholt/Walter Fähnders, *Manifeste und Proklamationen der europäischen Avantgarde 1909–1938*. Stuttgart/Weimar 1995, S. 77–79

6   Im Rahmen seiner Sammlung philosophischer Essays *Der Mensch in der Revolte* (*L'homme révolté*; 1951 vorgelegt) ging der spätere Nobelpreisträger Albert Camus im Kapitel *Die Revolte der Dandys* u. a. der althergebrachten Vorstellung auf den Grund, daß der Künstler, »der Dichter im besonderen, von einem Dämon besessen sei«, was dazu führen könne, zwanghaft etwas Böses zu vollbringen, »aus Sehnsucht nach einem unmöglich zu vollbringenden Guten.« (dt. S. 57)
Konkret mit Wilde setzte sich Camus in seinem 1952 publizierten Vorwort zur zweisprachigen Ausgabe der *Ballad of Reading Gaol* auseinander, einer Definition der Befindlichkeit von Künstlern im Gefängnis schlechthin: *L'artiste en prison*.

7   Die deutsche Filmemacherin Ulrike Ottinger rückte 1984 mit ihrem Experimentalstreifen *Dorian Gray im Spiegel der Boulevardpresse* Wildes berühmtester Erzählung auf den Leib, indem sie mit einem fulminanten Bilderbogen den Titelhelden zum Leidtragenden der postmodernen Mediengesellschaft umdeutete – ein ironisches, visuell verstörendes Feuerwerk, das Gray als Kunstmenschen aus der Retorte um die halbe Welt schickt. Dorian wird bei Ottinger von einer Frau in Männerkleidern ver-

körpert. Ihm/ihr zeigt und erklärt die Verführerin, Frau Dr. Mabuse, Chefin eines internationalen Pressekonzens, bei einer alptraumhaften Nachtfahrt durch Großstädte und über exotische Kontinente eine schöne neue Welt. Der androgyne Dorian, gespielt von Veruschka von Lehndorff, dem legendären Fotomodell der »swinging sixties«, hat als willenloses Mediengeschöpf lediglich die Wahl, Opfer oder Meisterschüler seiner skrupellosen Erzeuger zu werden. Ottinger führt vor, welche Suggestivkraft von einem künstlich geschaffenen, zwitterhaften Adonis ausgeht, geht indirekt aber auch Wildes Schicksal als von Presse und Schaulustigen zermalmter »Figur von öffentlichem Interesse« nach: im Kontext eines wohlständigen Nachkriegseuropas ohne Zensur, das für den Medienrummel jedoch weiterhin, wie die Berichterstattung über Prominente belegt, neue, zumeist »inszenierte« Skandale benötigt.

8   George Bryan Brummel (1778–1840) brachte es als Günstling des Prince of Wales, des späteren Königs George IV., vom Eton-Schüler zum hochrangigen Militär, bevor er als Szeneliebling von Mayfair der Haute-Volée Londons den Weg wies. Seine ausgefallenen Inszenierungen immer raffinierterer, dekadenter Abendgesellschaften machten ihn beliebt und umstritten. 1811, auf dem Höhepunkt seines Ruhms, führten seine immensen Spielschulden dazu, daß er für den Ruf des Königshauses untragbar wurde. Brummel ging seiner bis dahin uneingeschränkten Wertschätzung durch den Regenten, die für steten Nachschub in der Londoner Gerüchteküche gesorgt hatte, verlustig und mußte sich nach Frankreich absetzen. Unter prekären Bedingungen verbrachte er seine letzten Lebensjahre und starb, völlig verarmt, als Exilant in Caen.

9   Hans Mayer, *Außenseiter*, S. 179. – Mayer liefert im »Sodom«-Abschnitt seiner Studie ein Panorama der »Fallgeschichten« prominenter Homosexueller, das von Christopher Marlowe bis Johann J. Winckelmann, von August Platen bis Hans Christian Andersen, über Wilde, Verlaine und Rimbaud bis hin zu Proust, Ludwig II. und Tschaikowski reicht. Im Anschluß daran wagt Mayer, am Beispiel von Gide, Peyrefitte, Cocteau, Klaus Mann, Maurice Sachs und Genet, eine Bestandsaufnahme und Typologie der homosexuellen Literatur.

10 Roger Peyrefitte, *L'exilé de Capri*, S. 32/33 (JR)

11 *The Swimming-pool Library; The Folding Star; The Spell* (1988–1998) – ganz im Sinne der amerikanischen Literaturpäpstin Susan Sontag, die erst kürzlich behauptete: »Modern camp is the dandyism in the age of mass culture.«

12 OW an More Adey aus Paris (Hôtel de Nice), 21. Februar 1898; in: *More Letters*, S. 167/168 (JR)

13 *The Dead Poet*, Douglas' Sonett aus dem Jahre 1901 und 1928 in dessen »Gesammelte Gedichte« aufgenommen (*Complete Poems*, S. 82), schildert eine Vorahnung von Wildes Tod im Traum. Vor dem lyrischen Ich entsteht die verzaubernde Vision vom strahlenden Antlitz des Dichters, von keinem Kummer verdüstert. Der Träumende meint, die goldene Stimme

des Poeten zu vernehmen; aus vulgären Erscheinungen und Leere vermag jener Anmut und Wunder heraufzubeschwören: »Till mean things put on beauty like a dress/And all the world was an enchanted place.« Der abschließende Sechszeiler zeichnet den Stimmungsumschwung nach: Unvermittelt wähnt sich der Träumende hinter einer verschlossenen Tür, trauert um Worte, die für immer verloren sind, um vergessene Märchen und halbausgesprochene Geheimnisse, Gedanken, denen niemand mehr seine Stimme zu leihen vermag. Der Verlust all dieser Qualitäten des »Dichters« bringt ihm die Gewißheit nahe: »[I mourned] voiceless thoughts like murdered singing birds/And so I woke and knew that he was dead.«

IN EXCELSIS

Motto: OW an H. C. Marillier, Januar/Februar 1886; in: *Letters*, S. 185. – Dieser Satz diente Patricia Highsmith für ihren Roman *Ripley under Ground* als Vorrede.

1 OW, undatierter Brief an Frank Harris. In: Harris, *Lebensbeichte*, S. 421
2 Den Angaben von Hyde (*Triumph und Verzweiflung*, S. 365) und Ellmann (*OW* [dt.], S. 787) zufolge soll Mrs. Carew, die Mutter von Baron Kennard, für die ungewöhnliche Spende verantwortlich gewesen sein.
3 Klangbeispiele (»sound clips«) dieser burlesken »Unterredung« zwischen Flint und Wildes »Stimme« sind in der Tat via Internet abrufbar.
4 Im weiter nordöstlich gelegenen Théâtre de la Colline, einer der progressiven staatlichen Bühnen von Paris, dem das Sphinx-Monument des Verfassers von *The Importance* den Rücken zukehrt, steht schon seit geraumer Zeit kein Stück von Wilde mehr auf dem Spielplan.
5 OW an Frances Forbes-Robertson, Juni 1899; B S. 889
6 Rainer Maria Rilke, *Duineser Elegien* & *Sonette an Orpheus*, S. 27
7 Proust und Apollinaire, Sarah Bernhardt und Jules Romains, Alfred de Musset und Georges Perec, Gertrude Stein und Raymond Radiguet sind nur wenige hundert Meter entfernt. In einem Doppelbett für die Ewigkeit haben es sich Claire und Yvan Goll bequem gemacht.
   Und auch in der 89. Division befindet sich die Sphinx in bester Gesellschaft: Hier wurden Wildes Freund Jean Moréas sowie der Literat Raymond Roussel, den Surrealisten wie Strukturalisten als Vorläufer reklamierten, bestattet, der Dirigent Édouard Colonne, Leiter einer nach ihm benannten, sehr populären Konzertreihe um die Jahrhundertwende, und Jean-Antoine Chaptal, der bekannte Chemiker. Ein steinerner Pelikan auf dem Pyramidengrab der Familie Delage schaut, ein Dutzend Reihen weiter, Epsteins Boten über die Schulter, und um die Ecke stößt man auf den Gedenkstein für einen gewissen George Harrison – natürlich handelt es sich dabei nicht um den Beatle.

Bibliographie

OSCAR WILDE – WERKAUSGABEN, BRIEFEDITIONEN,
NACHSCHLAGEWERKE

Sämtliche Werke in deutscher Sprache. Wien 1908
Werke in zwei Bänden. Hg. von Rainer Gruenter. München 1970
Gedichte und Balladen. Wiesbaden 1978
Sämtliche Werke in zehn Bänden. Hg. von Norbert Kohl. Frankfurt/Main 1982
Œuvres. Hg. von Jean Gattégno, Einführung von Pascal Aquien. Bibliothèque de la Pléiade. Paris 1996
Complete Works. Hg. von J. B. Foreman. London/Glasgow 1976
The Artist as Critic: Critical Writings. Hg. von Richard Ellmann. Chicago 1982
The Complete Illustrated Stories, Plays and Poems. London 1991
Complete Works. Glasgow 1994
Teleny. Der Priester und der Meßnerknabe. [Wilde zugeschrieben.] Reinbek 1984
»I can resist everything except Temptation« and other Quotations. [Epigramme und Aphorismen.] Hg. von Karl E. Beckson. New York 1997
The Importance of Being a Wit. – Insults. [Epigramme und Aphorismen.] Hg. von Maria Leach. London 1997

Briefe. Hg. von Rupert Hart-Davis. Übersetzt von Heddy Soellner. Reinbek 1966 (B)
After Reading. Letters to Robert Ross. Westminster 1921
After Berneval. Letters to Robert Ross. Hg. von More Adey. Westminster 1922
The Letters. Hg. von Rupert Hart-Davis. London 1962; dt. Reinbek 1966
Selected Letters. Hg. von Rupert Hart-Davis. Oxford/London 1979 (SL)
More Letters. Hg. von Rupert Hart-Davis. London 1985; Oxford 1988

Norman Page, *An Oscar Wilde Chronology.* London 1991; Boston 1991
Thomas A. Mikolyzk, *Oscar Wilde – An Annotated Bibliography.* Westport/London 1993

LITERATUR ZU WILDES ŒUVRE UND VITA

Peter Ackroyd, *The Last Testament of Oscar Wilde. A novel.* London 1983
Peter Ackroyd, *Das Tagebuch des Oscar Wilde.* München 1999
Anne Clark Amor, *Mrs. Oscar Wilde – A Woman of Some Importance.* London 1983
Pascal Aquien, *Préface, notes, bibliographie.* In: Wilde, *De profundis* & *La ballade de la geôle de Reading & Deux lettres au »Daily Chronicle«.* Paris 2000, S. 7–39 & 273–281
Philipp Aronstein, *Oscar Wilde – sein Leben und Lebenswerk.* Vorwort zu: *Oscar Wildes Werke in fünf Bänden,* Bd. 1: *Gedichte.* Berlin 1922

Wystan Hugh Auden, *An Improbable Life*. Essay [1963]. In: *Forewords and Afterwords*. New York 1973, S. 302–324

Robert Badinter, *C.3.3*. Arles 1995

Neil Bartlett, *Who was That Man? A present for Mr. Oscar Wilde*. London 1988

Karl Beckson, *The Oscar Wilde Encyclopedia*. New York 1998

Thomas Beer, *The Mauve Decade*. London 1926

Max Beerbohm, *Letters to Reggie Turner*. London 1964

Brendan Behan, *Brendan Behan's Island*. London 1962

Patricia Flanagan Behrendt, *Oscar Wilde: Eros and Aesthetics*. New York 1991

Maud de Belleroche, *Oscar Wilde ou l'amour qui n'ose dire son nom*. Lausanne 1987

Jacques-Émile Blanche, *Portraits of a Lifetime*. London 1937

Eduard J. Bock, *Oscar Wildes persönliche und früheste literarische Beziehungen zu Walter Pater*. Bonn 1913

Jorge Luis Borges, *Sur Oscar Wilde*. [1946] In: *Autres inquisitions. [Œuvres complètes I.]* Hg. von Jean Pierre Bernès. Bibliothèque de la Pléiade. Paris 1993, S. 732–734

Frédéric Boutet, *Les dernières années d'Oscar Wilde*. Zeitungsartikel, Quelle unbekannt, 3. Dezember 1925

Anna de Brémont, *Oscar Wilde and his Mother. A memoir*. London 1911

Lewis Broad, *The Friendships and Follies of Oscar Wilde*. London 1954

Alin Caillas, *Oscar Wilde tel que je l'ai connu*. Paris 1971

Albert Camus, *L'homme révolté* [1951]; in: *Essais*. Hg. und kommentiert von Roger Quilliot & Louis Faucon. Bibliothèque de la Pléiade. Paris 1993, S. 407–709. Darin: *La révolte des dandys*. S. 458–464; dt.: *Der Mensch in der Revolte*. Reinbek 1953, S. 52–59

Albert Camus, *L'artiste en prison [Der Künstler im Gefängnis]*. Vorwort zu Wildes *The Ballad of Reading Gaol* in der Übersetzung von Jacques Bour, Paris 1952. Wieder abgedruckt in: *Essais*, [s. o.], S. 1123–1129

Terence Cawthorne, *The Last Illness of Oscar Wilde*. In: *Proceedings of the Royal Society of Medecine*, Jgg. 52, Nr. 2: Februar 1959, S. 123–127

Davis Coakley, *The Importance of Being Irish*. Dublin 1994

Rupert Croft-Cooke, *Bosie*. Indianapolis/New York 1963; London 1963

Rupert Croft-Cooke, *The Unrecorded Life of Oscar Wilde*. London 1972

Timothy D'Arch Smith & Horst Schroeder, *Feasting with Panthers*. In: *N & Q*, Juni 1995

Henry D. Davray, *Oscar Wilde – la tragédie finale*. Paris 1928

Lord Alfred Douglas, *The City of the Soul*. London 1899

Lord Alfred Douglas, *Oscar Wilde and Myself*. London 1914; dt. Leipzig 1929

Lord Alfred Douglas, *In excelsis*. London 1924

Lord Alfred Douglas, *The Complete Poems*. London 1928

Lord Alfred Douglas, *Autobiography*. London 1929

Lord Alfred Douglas, *Oscar Wilde et quelques autres*. Paris 1932

Lord Alfred Douglas, *A Letter on André Gide's Lies about Himself and Oscar Wilde. Set forth with comments by Robert H. Sherard*. [vgl. Sherard 1933; s. u.]

Lord Alfred Douglas, *Sonnets*. Paris 1935

Lord Alfred Douglas, *Without Apology*. London 1938

Lord Alfred Douglas, *Oscar Wilde – A Summing up*. London 1962

Wolf von Eckardt, Sander L. Gilman & J. Edward Chamberlin, *Oscar Wilde's London*. Garden City 1987; London 1988

Richard Ellmann, *Oscar Wilde*. New York 1988; dt. München 1991

Richard Ellmann, *Vier Dubliner: Wilde, Yeats, Joyce und Beckett*. Frankfurt/Main 1990

Otto Flake, *Versuch über Oscar Wilde*. München 1946

Michael S. Foldy, *The Trials of Oscar Wilde. Deviance, morality and late-Victorian society*. New Haven 1997

Jonathan Fryer, *André and Oscar – the Literary Friendship of André Gide & Oscar Wilde. [The gay art of living]*. London 1997; New York 1998

Peter Funke, *Oscar Wilde*. Reinbek [17]1999

Regenia Gagnier, *Idylls of the Marketplace. Oscar Wilde and the Victorian public*. Stanford 1986; Aldershot 1987

Cecil Georges-Bazile, *Oscar Wilde et Paris*. In: *Paris Soir*, 29. Oktober 1925

André Gide, *Journal I: 1887–1925*. Hg. von Éric Marty. Bibliothèque de la Pléiade. Paris 1996

André Gide, *Le traité du Narcisse*. [1891] Paris 1989

André Gide, *Les nourritures terrestres*. [1897] Paris 1989

André Gide, *Oscar Wilde: In memoriam (Souvenirs). Le »De profundis«*. [1901–1910–1946] Paris 1989

André Gide, *L'immoraliste*. [1902] Paris 1963

André Gide, *Corydon*. Vier sokratische Dialoge [1911–1920–1924]. Paris 1991

André Gide, *Les faux-monnayeurs*. [1925] Paris 1967

André Gide, *Journal des faux-monnayeurs*. [1926] Paris 1971

André Gide, *Si le grain ne meurt*. [1926] Paris 1972

Jonathan Goodman (Hg.), *The Oscar Wilde File*. London 1988

Ronald Gower, *My Reminiscences*. London 1883

Frank Harris, *Oscar Wilde – eine Lebensbeichte*. Übersetzt von Toni Noah. Berlin 1924

Frank Harris, *Oscar Wilde – His Life and Confessions*. New York 1930

Philip Hoare, *Wilde's Last Stand. Decadence, conspiracy and the First World War*. London 1997

Hugo von Hofmannsthal, *Sebastian Melmoth*. [1905] In: *Reden und Aufsätze I*, hg. von Bernd Schoeller. Frankfurt/Main 1979, S. 341–344

Merlin Holland, *Das Oscar-Wilde-Album*. München 1998

Vyvyan Holland, *Son of Oscar Wilde*. New York 1954

H. Montgomery Hyde (Hg.), *The Trials of Oscar Wilde*. London 1948

H. Montgomery Hyde, *Oscar Wilde – Häftling C.3.3. [The aftermath]*. Heidelberg 1964

H. Montgomery Hyde, *Les années maudites*. Paris 1968

H. Montgomery Hyde, *Oscar Wilde. A biography*. New York 1975; dt. *Oscar Wilde – Triumph und Verzweiflung*. München 1997

James Joyce, *Oscar Wilde – The Poet of Salome*. [1909] In: *Critical Writings*, hg. von Richard Ellmann. London 1959

Philippe Jullian, *Oscar Wilde*. Paris 1967; dt. Hamburg 1972; Neuausgabe Paris 2000

Moïsès Kaufman & Jean-Marie Besset, *Outrage aux mœurs*. [L'avant-scène théâtre; no. 1059] Paris 1999

Melissa Knox, *Oscar Wilde – A Long and Lovely Suicide*. New Haven 1994

Norbert Kohl, *Oscar Wilde – das literarische Werk zwischen Provokation und Anpassung*. Heidelberg 1980 [mit ausführlicher Bibliographie]

Norbert Kohl, *Oscar Wilde. Leben und Werk*. Frankfurt/Main 2000

Jacques de Langlade, *Oscar Wilde – écrivain français*. Einführung von Jacques de Ricaumont. Paris 1975

Jacques de Langlade, *Oscar Wilde ou la vérité des masques*. Paris 1987

Jacques de Langlade, *La mésentente cordiale: Wilde – Dreyfus*. Paris 1994

Lily Langtry, *The Days I Knew*. London 1925

Louis Latourette, *Dernières heures avec Oscar Wilde*. In: *Nouvelles littéraires*, 5. Dezember 1925

Léon Lemonnier, *La vie d'Oscar Wilde*. Paris 1931

Léon Lemonnier, *Oscar Wilde*. Paris 1938

Rudolf Walter Leonhardt, »*Das Bildnis des Dorian Gray« – Oscar Wilde*. In: Fritz J. Raddatz (Hg.), *ZEIT-Bibliothek der hundert Bücher*. Frankfurt/Main 1980, S. 310–312

Ada Leverson, *Letters to the Sphinx from Oscar Wilde and Reminiscences of the Author*. London 1930

Mary McCarthy, *The Unimportance of Being Oscar*. In: *Theatre Chronicles*. New York 1963, S. 106–110

Jerusha McCormack (Hg.), *Wilde the Irishman*. New Haven 1998; darin: Owen Dudley Edwards, *Impressions of an Irish Sphinx* (S. 47–70); Seamus Heaney, *Oscar Wilde Dedication: Westminster Abbey, 14 February 1995* (S. 174–176)

Klaus Mann, *Der Wendepunkt. Ein Lebensbericht*. [1942] Reinbek 1984

Klaus Mann, *André Gide und die Krise des modernen Denkens*. [1943] Reinbek 1984

Hans Mayer, *Außenseiter*. Frankfurt/Main 1981

Joy Melville, *Mother of Oscar. The life of Jane Francesca Wilde*. London 1994

Robert Merle, *Oscar Wilde*. Paris 1948, überarbeitete Fassung Paris 1984

Stuart Merrill, *Pour Oscar Wilde: Épilogue*. In: *La plume*, Januar 1896, S. 8–10

Max Meyerfeld, *Gedenkblätter: Robert Ross*. In: *Das literarische Echo*, 4. Januar 1919, S. 779–785

Octave Mirbeau, *Les écrivains 1885–1910*. Paris 1926

Peter Chalmers Mitchell, *My Fill of Days*. London 1937

Ivan Nagel, *Nachwort*. In: Oscar Wilde, *Bunbury. Eine triviale Komödie für ernsthafte Leute*. Stuttgart 1979

Mark Nicholls [Leslie Frewin], *The Importance of Being Oscar. The wit and wisdom of Oscar Wilde set against his life and times*. New York 1980; London 1986

Ria Omasreiter, *Oscar Wilde – Epigone, Ästhet und wit*. Heidelberg 1978

Vincent O'Sullivan, *Aspects of Wilde*. London 1936

Simona Pakenham, *Sixty Miles from England: The English at Dieppe 1814–1914*. London 1967

Joseph Pearce, *The Unmasking of Oscar Wilde*. London 2000

Hesketh Pearson, *The Life of Oscar Wilde*. London 1946; dt. Bern 1947

Choral Pepper, *Walks in Oscar Wilde's London*. Salt Lake City 1992

Peter Raby, *Oscar Wilde*. Cambridge 1988

Peter Raby (Hg.), *The Cambridge Companion to Oscar Wilde*. Cambridge 1997

Jörg W. Rademacher, *Oscar Wilde*. München 2000

Yvanhoe Rambosson, *Oscar Wilde and Verlaine*. In: *Comœdia*, o. J.

Jean Paul Raymond & Charles Ricketts, *Oscar Wilde – Recollections*. London 1932

Hugues Rebell, *Défense d'Oscar Wilde*. In: *Mercure de France*, 8/1895, S. 184

J. Joseph Renaud, *The Last Months of Oscar Wilde's Life in Paris*. Unveröffentl. Radio-Typoskript

Rennell Rodd, *Social and Diplomatic Memories – 1884–1893*. London 1922

Édouard Roditi, *Oscar Wilde – Dichter und Dandy*. München 1947

Margery Ross, *Robert Ross – Friend of Friends*. London 1952

Robert Ross, *Mr. Oscar Wilde on Mr. Oscar Wilde*. In: *St. James Gazette*, 18. Januar 1895, S. 4–5

Robert Ross, *Aubrey Beardsley*. London 1909

William Rothenstein, *Men and Memories. Recollections*. London 1934/39

Guillot de Saix, *Le cinquième évangile selon Saint Oscar Wilde: dix-neuf contes inédits*. In: *Mercure de France*, 1. Februar 1940, S. 257–273

Guillot de Saix, *Le chant du cygne. Contes parlés d'Oscar Wilde*. Paris 1942

Guillot de Saix, *Oscar Wilde chez Maeterlinck*. In: *Nouvelles littéraires*, 25. Oktober 1945

Walter Satterthwait, *Oscar Wilde im Wilden Westen. [Wilde West]*. Paris 1995; Zürich 1996

Gary Schmidgall, *The Stranger Wilde – Interpreting Oscar*. New York 1994

Horst Schroeder, *Additions and Corrections to Richard Ellmann's »Oscar Wilde«*. Braunschweig 1989

George Bernard Shaw, *Erinnerungen an Oscar Wilde*. In: Harris, *Lebensbeichte* [s. o.], Berlin 1924, S. 439–462

George Bernard Shaw, *[My Memories of] Oscar Wilde*. In: *Pen Portraits and Reviews*. London 1963, S. 283–296

Robert [Harborough] Sherard, *Oscar Wilde – the Story of an Unhappy Friendship*. London 1902; dt. Minden 1903

Robert H. Sherard, *Twenty Years in Paris*. London 1905

Robert H. Sherard, *The Life of Oscar Wilde*. New York 1906; dt. Berlin 1918

Robert H. Sherard, *The Real Oscar Wilde*. London 1917

Robert H. Sherard, *André Gide's Wicked Lies about the Late Mr. Oscar Wilde in Algiers in January 1895*. Calvi 1933

Rodney Shewan, *Oscar Wilde – Art and Egotism*. London 1977

Robert Tanitch, *Oscar Wilde on Stage and Screen*. London 1999

Vance Thompson, *Oscar Wilde – Last Dark Poisoned Days in Paris*. In: *Sun*, New York, 18. Januar 1914

Odon Vallet, *Faut-il réhabiliter Oscar Wilde?* In: *Journal de Genève*, 13./14. August 1994

Odon Vallet, *Il y a cent ans: le procès Oscar Wilde.* In: *Le monde*, 25. Februar 1995

Odon Vallet, *L'affaire Oscar Wilde ou Du danger de laisser la justice mettre le nez dans nos draps.* Paris 1995

Terence De Vere White, *The Parents of Oscar Wilde.* London 1967

Edmund Wilson, *Oscar Wilde – One Must always Seek what Is Most Tragic.* In: *The New Yorker*, 20. Juni 1946, S. 65–70

George Woodcock, *The Paradox of Oscar Wilde.* London 1949

Horace Wyndham, *Speranza – a Biography of Lady Wilde.* New York 1951

Arnold Zweig, *Versuch über Oscar Wilde.* Einleitung zu: *Oscar Wildes Werke in zwei Bänden*, Bd. 1: *Gedichte.* Berlin 1930

Album Oscar Wilde. Hg. von Jean Gattégno und Merlin Holland. Sonderband Nr. 35 der Bibliothèque de la Pléiade. Paris 1996

Oscar Wilde. A collection of critical essays. Beiträge von Richard Ellmann, William Butler Yeats, André Gide, Walter Pater, Lionel Johnson, John Betjeman, Lord Alfred Douglas, Hart Crane, Édouard Roditi, James Joyce, George Bernard Shaw, Mary McCarthy, W. H. Auden, Thomas Mann, Jorge Luis Borges, Brendan Behan. (Reihe »Twentieth Century Views«.) Englewood Cliffs 1969

Pour Oscar Wilde. Des écrivains français au secours du condamné. Texte von Hugues Rebell, Paul Adam, Jean Lorrain, Octave Mirbeau, Henri de Régnier, Laurent Teilhade, Henry Bauër, Alain Chevrier. Rouen 1994

PARIS-BILDER, PARIS-LITERATUR, ZUR FIGUR DES FLANEURS

Louis Aragon, *Le paysan de Paris.* [1926] Paris 1991

Jacques Barozzi, *Guide des cimetières parisiens.* Paris 1990

Charles Baudelaire, *Gesammelte Schriften in sechs Bänden.* Hg. von Franz Blei. Dreieich 1981

Sabine Becker, *Urbanität und Moderne. Studien zur Großstadtwahrnehmung in der deutschen Literatur 1900–1930.* St. Ingbert 1993

Walter Benjamin, *Die Wiederkehr des Flaneurs.* [1929] In: *Gesammelte Werke*, Bd. III: *Kritiken und Rezensionen.* Hg. von Hella Tiedemann-Bartels. Frankfurt/Main 1991, S. 194–199

Walter Benjamin, *Paris, die Stadt im Spiegel. Liebeserklärungen der Dichter und Künstler an die »Hauptstadt der Welt«.* [1929] In: *Gesammelte Werke*, Bd. IV-1: *Kleine Prosa.* Hg. von Tillman Rexroth. Frankfurt/Main 1991, S. 356–359

Walter Benjamin, *Städtebilder.* Frankfurt/Main 1963

Ludwig Börne, *Schilderungen aus Paris.* [1822/24] & *Briefe aus Paris.* [1830/33] In: *Börnes Werke in zwei Bänden.* [Bibliothek deutscher Klassiker.] Berlin (DDR)/Weimar 1981

Rolf Dieter Brinkmann, *Rom, Blicke.* Reinbek 1979

Colette, *De ma fenêtre.* [1942] Paris 1987

Julio Cortázar, *Rayuela*. [1963] Frankfurt/Main 1987

Judi Culbertson & Tom Randall, *Permanent Parisians. An illustrated guide to the cemeteries of Paris*. London 1991

Michel Dansel, *Au Père-Lachaise. Son histoire, ses secrets, ses promenades*. Paris 1976

Bertrand Dreyfuss, *Le guide du promeneur du Sixième Arrondissement*. Paris 1994

Léon Paul Fargue, *Le piéton de Paris*. [1932–1939] Paris 1993

Manfred Flügge, *Paris ist schwer. Deutsche Lebensläufe in Frankreich*. Berlin 1992

Anke Gleber, *The Art of Taking a Walk. Flanerie, literature and film in Weimar culture*. Princeton/NJ 1999

Arthur Gold & Robert Fizdale, *Misia – la vie de Misia Sert*. Paris 1994

Claire Goll, *Ich verzeihe keinem. Eine literarische »chronique scandaleuse« unserer Zeit*. München o.J.

Julien Green, *Paris*. [1983] München 1989

Undine Gruenter, *Der Autor als Souffleur. [Pariser] Journal 1986–1992*. Frankfurt/Main 1995

Peter Handke, *Das Ende des Flanierens*. Frankfurt/Main 1980

Peter Handke, *Versuch über den geglückten Tag*. Frankfurt/Main 1991

Ernest Hemingway, *A Moveable Feast*. [1960] New York 1961; dt. 1965

Gerhard Henschel, *Im Wiegeschritt der Moderne*. In: *Frankfurter Allgemeine Zeitung*, 6. Januar 2000, S. 48

Franz Hessel, *Letzte Heimkehr nach Paris. Franz Hessel und die Seinen in Paris*. Hg. von Manfred Flügge. Berlin 1989

Laurence Housman, *Écho de Paris – A Study From Life*. London 1923; dt. Berlin 1925

Heather Jones (Hg.), *Paris Eyewitness Travel Guide*. London 1995

Siegfried Kracauer, *Pariser Beobachtungen*. In: *Frankfurter Zeitung* (FZ), 13. Februar 1927 (o. S.)

Siegfried Kracauer, *Seinefahrt*. Aus: *Die Berührung. Sieben Pariser Szenen*. In: *Frankfurter Zeitung* (FZ), 18. Januar 1928 (o. S.)

Siegfried Kracauer, *Straßen in Berlin und anderswo*. Frankfurt/Main 1984; frz. Paris 1995

Christina Mareske, *Treffpunkt Eiffelturm. Die Pariser Weltausstellungen von 1889, 1900, 1925 und 1937*. In: *Absolut modern sein. »Culture technique« in Frankreich 1889–1937*, hg. vom NGBK Berlin, Berlin 1986, S. 118–127

Henry Miller, *Wendekreis des Krebses*. [1934] Reinbek 1979

Fritz J. Raddatz, *Taubenherz und Geierschnabel. Heinrich Heine – eine Biographie*. Weinheim 1997

Rainer Maria Rilke, *Die Aufzeichnungen des Malte Laurids Brigge*. [1910] Frankfurt/Main 1982

Rainer Maria Rilke, *Die Gedichte*. Frankfurt/Main ²1986

Rainer Maria Rilke, *Duineser Elegien. Die Sonette an Orpheus*. [1912/22] Frankfurt/Main ⁵1982

Ned Rorem, *The Later Diaries – 1961–1972*. San Francisco 1983

Ned Rorem, *Setting the Tone. Essays and a diary*. New York 1984

Ned Rorem, *The Nantucket Diary – 1973–1985*. San Francisco 1987

Ned Rorem, *Knowing when to Stop. A memoir*. New York 1994

Ned Rorem, *The Paris Diary & The New York Diary – 1951–1961*. New York 1998

Joseph Roth, *Das journalistische Werk 1929–1939*. [*Werke*, Bd. 3.] Hg. von Klaus Westermann. Köln 1991

Rüdiger Severin, *Spuren des Flaneurs in deutschsprachiger Prosa*. Frankfurt/Main 1988

Georg Simmel, *Die Großstädte und das Geistesleben*. In: *Brücke und Tür*. Hg. von Michael Landmann & Margarete Susmann. Stuttgart 1957, S. 227–242

Nicolaus Sombart, *Pariser Lehrjahre – 1951–1954*. Frankfurt/Main 1996

Bernard Stéphane, *Petite et grande histoire des rues de Paris*. Paris 1998

Karlheinz Stierle, *Baudelaires »tableaux parisiens« und die Tradition des »tableau de Paris«*. In: *Poetica* 6, 1974, S. 285–322

Gabriele Tergit, *Atem einer anderen Welt. Berliner Reportagen*. Hg. von Jens Brüning. Frankfurt/Main 1994

Keith Tester (Hg.), *The Flaneur*. London 1994

Dietmar Voss, *Die Rückseite der Flanerie. Versuch über ein Schlüsselphänomen der Moderne*. In: Klaus Scherpe (Hg.), *Die Unwirklichkeit der Städte. Großstadtdarstellungen zwischen Moderne und Postmoderne*. Reinbek 1988, S. 37–60

Peter Weiss, *Fluchtpunkt*. Frankfurt/Main 1965

Peter Weiss, *Die Ästhetik des Widerstands*. Frankfurt/Main 1983

Angelika Wellmann, *Der Spaziergang. Stationen eines poetischen Codes*. Würzburg 1991

Stephen Moore Whiting, *Satie the Bohemian – From Cabaret to Concert Hall*. Oxford 1999

Johannes Willms, *Paris – Hauptstadt Europas 1900–1914*. München 2000

Thomas Wolfe, *Von Zeit und Strom. Eine Legende vom Hunger des Menschen in der Jugend*. [1935] Hamburg 1952

WILDE, HOMOSEXUALITÄT UND LITERATUR

Gilbert Adair, *Love and Death on Long Island*. London 1990

Elisabeth Badinter, *XY – de l'identité masculine*. Paris 1992

Giorgio Bassani, *Die Brille mit dem Goldrand*. [1958] München 1985

Gisela Bleibtreu-Ehrenberg, *Tabu Homosexualität. Die Geschichte eines Vorurteils*. Frankfurt/Main 1978

J. Chevalier, *L'inversion sexuelle*. Paris 1893

Jean Cocteau, *Journal 1942–1945*. Hg. von Jean Touzot. Paris 1989

Jean Cocteau, *Le passé défini 1951–54*. Journal in drei Bänden. Hg. von Pierre Chanel. Paris 1983/89

Jean Cocteau, *Lettres à Jean Marais*. Paris 1987

Jean Cocteau, *Romans, poésies, œuvres diverses*. Paris 1995

Hart Crane, *C.3.3.* [1916] In: *Complete Poems and Selected Letters and Prose*. Hg. von Brom Weber. New York 1933; London 1968, S. 125

Hart Crane, *The Letters of Hart Crane: 1916–1932*. Hg. von Brom Weber. New York 1952

Benoît Duteurtre, *Gaieté parisienne*. Paris 1998

Rupert Everett, *The Hairdressers of Saint Tropez*. London 1995

Didier Éribon, *Réflexions sur la question gay*. Paris 1999; insbes. Teil II: *Spectres de Wilde*, S. 203–343

E. M. Forster, *Maurice*. [1914] Cambridge 1971

Stephen Fry, *The Liar*. London 1991

Jean Genet, *Querelle de Brest*. [1947] Paris 1981

Hervé Guibert, *A l'ami qui ne m'a pas sauvé la vie*. Paris 1990

Hervé Guibert, *Vice*. Paris 1991

Hervé Guibert, *Le paradis*. Paris 1992

Havelock Hellis, *L'éonisme ou l'inversion esthético-sexuelle*. Paris 1965

Alan Hollinghurst, *The Swimming-pool Library*. London 1988

Alan Hollinghurst, *The Folding Star*. London 1995

Alan Hollinghurst, *The Spell*. New York 1999

Bernard-Marie Koltès, *Prologue*. Paris 1991

Michel Larivière, *A poil et à plume*. Paris 1987

Hugo Marsan, *Un homme – un homme*. Paris 1983

Robert Merle, *Oscar Wilde ou la destinée de l'homosexuel*. Paris 1955

Detlev Meyer, *Im Dampfbad greift nach mir ein Engel*. Hamburg 1985

Max Nordau, *Degeneration [Entartung; 1893]*. London 1895

Ulrike Ottinger, *Dorian Gray im Spiegel der Boulevardpresse*. Spielfilm 1984 [Archiv aus Materialien und Presseausschnitten im Besitz von JR]

Roger Peyrefitte, *Les amitiés particulières*. Paris 1944

Roger Peyrefitte, *L'exilé de Capri*. Vorwort von Jean Cocteau. Paris 1959

Patrick Pollard, *André Gide – homosexual moralist*. New Haven 1991

Marcel Proust, *Sodom und Gomorra. [Sodome et Gomorrhe]*. [1921/22] Frankfurt/Main 1983

Marc-André Raffalovich, *Uranisme et unisexualité: étude sur différentes manifestations de l'instinct sexuel*. Lyon/Paris 1896

Arthur Rimbaud, *Œuvres complètes*. Hg. von Antoine Adam. Bibliothèque de la Pléiade. Paris 1988

Jean-Paul Sartre, *Saint Genet – comédien et martyr*. [Œuvres complètes de Jean Genet, vol. I.] Paris 1952

Alan Sinfield, *The Wilde Century: Effeminacy, Oscar Wilde and the Queer Movement*. London 1994

Colin Spencer, *Histoire de l'homosexualité – de l'antiquité à nos jours*. Paris 1999

Maurice Sachs, *Le sabbat*. Paris 1946

Andreas Sternweiler & Hans Gerhard Hannesen u. a. (Hg.), *Goodbye to Berlin? Hundert Jahre Schwulenbewegung*. Katalog der Ausstellung der Akademie der Künste und des Schwulen Museums Berlin. Berlin 1997

Paul Verlaine, *Œuvres complètes* in 2 Bänden. Hg. von Jacques Borel. Bibliothèque de la Pléiade. Paris 1984/1996

Paul Verlaine, *Femmes – hombres*. Paris 1990

Odon Vallet, *Le poil et la loi*. In: *Adolescence*, no. 1

Odon Vallet, *Oscar Wilde ou le procès de l'homosexualité*. In: *L'histoire*, Dez. 1993

Odon Vallet, *Errances du porno*. In: *Adolescence*, no. 23, Paris 1994

Gore Vidal, *The City and the Pillar & Seven Early Stories*. New York 1995

Gore Vidal, *Palimpsest. A memoir*. New York 1996

Edmund White, *Genet. A biography*. New York 1993

Masques – Revue des homosexualités, Nr. 20. Paris, Winter 1983. *Dossier Oscar Wilde*. In: Sondernummer der Zeitschrift: Mit Beiträgen von Daniel Mauroc, Léo Lack, Alin Caillas, Natalie Barney, Édouard Roditi, Hugo Marsan, Serge Grünberg, Philippe Mezescaze, Simone Benmussa, Michel Lhomme.

DANDY, SNOB, ÄSTHET

Honoré de Balzac, *Le chef-d'œuvre inconnu*. [1831] Paris 1848

Maurice Barrès, *Le culte du moi*. Romantrilogie [1887/91]. Paris 1965

Franz Blei, *Das große Bestiarium der modernen Literatur*. Berlin 1924

Hermann Broch, *Die Schlafwandler*. Eine Romantrilogie. [1929/32; Kommentierte Werkausgabe, hg. von Paul Michael Lützeler, Bd. 1.] Frankfurt/Main 1978

Hermann Broch, *Die Kunst und ihr Un-Stil am Ende des 19. Jahrhunderts*. Kapitel I der Studie *Hofmannsthal und seine Zeit*. [1947/48] In: Broch, *Schriften zur Literatur 1 – Kritik*. [Werkausgabe, Bd. 9/1.] Frankfurt/Main 1975, S. 111–175

Edmond de Goncourt, *La Faustin*. [1882] Arles 1995

Joris-Karl Huysmans, *À rebours*. [1884] Paris 1999

Joris-Karl Huysmans, *Là-bas*. [1891] *Œuvres complètes*, vol. XII. Genf 1972

Joris-Karl Huysmans, *La cathédrale*. [1898] Saint-Cyr-sur-Loire 1986

Henry James, *The Tragic Muse*. [1890] New York 1978

Philippe Jullian, *Dictionnaire du snobisme*. Paris 1958; Neuausgabe Paris 1992

Maurice Rollinat, *Les névroses*. [1883] Paris 1972

Eike Schönfeld, *Der deformierte Dandy. Oscar Wilde im Zerrspiegel der Parodie*. Frankfurt/Main 1986

KULTURGESCHICHTLICHES UMFELD

Guillaume Apollinaire, *Alcools. La chanson du mal-aimé. Calligrammes*. In: *Œuvres poétiques*. Hg. von Marcel Adéma & Michel Décaudin, Einführung von André Billy. Bibliothèque de la Pléiade. Paris 1994, S. 37–154; 46–59; 163–314

Louis Aragon, *Les cloches de Bâle*. [1934] Paris 1954

Ingeborg Bachmann, *Das Lächeln der Sphinx*. [1949] In: *Werke*. Bd. 2: *Erzählungen*. Hg. von Christine Koschel u. a. München ³1984, S.19–22

Honoré de Balzac, *Melmoth réconcilié*. [1835] Genf 1946

Thomas Beecham, *A Mingled Chime*. London 1944

Maxime Benoît-Jeannin, *Georgette Leblanc: 1869–1941. Une biographie*. Brüssel 1998

Thomas Bernhard, *Auslöschung. Ein Zerfall*. Frankfurt/Main 1986

George Besson, *Moderne Kunst in Frankreich. Ausgewählte Schriften*. Dresden 1985

André Billy, *L'époque 1900*. Paris 1951

Arndt Brendecke, *Die Jahrhundertwenden. Eine Geschichte ihrer Wahrnehmung und Wirkung*. Frankfurt/Main 1999

Alain Buisine, *Verlaine – histoire d'un corps*. Darin: *La crise Rimbaud; La descente aux enfers*. Paris 1995

Pierre Champion, *Marcel Schwob et son temps*. Paris 1927

Paul Claudel & André Gide, *Correspondance*. Hg. von Robert Mallet. Paris 1949

Peter Dannenberg & Rudolf Stephan, *Alexander von Zemlinsky – Eine florentinische Tragödie* & *Der Zwerg*. In: *Pipers Enzyklopädie des Musiktheaters*, Bd. 6. Hg. vom Forschungsinstitut für Musiktheater der Universität Bayreuth. München 1997, S. 792–796

Jean Delay, *La jeunesse d'André Gide: 1890–1895*. Paris 1957

Alfred Dreyfus, *Lettres d'un innocent*. Paris 1898

Alfred Dreyfus, *Cinq années de ma vie: 1894–1899*. Paris 1901

Leon Edel, *Henry James – a Life*. New York 1985; frz. Paris 1990

Jean-Claude Ettori, *Odeurs de Sphinx. Poésies*. Paris 1992

Gustave Flaubert, *Herodias*. In: *Drei Erzählungen*. Minden/Westf. 1907

Paul Fort, *Mes mémoires. Toute la vie d'un poète. 1872–1943*. Paris 1944

Théophile Gautier, *Mademoiselle de Maupin*. [1835] Paris 1957

Arthur Gold & Robert Fizdale, *The Divine Sarah*. New York 1991; frz. *Sarah Bernhardt*. Paris 1994

Jean-Paul Goujon, *Pierre Louÿs – une vie secrète: 1870–1925*. Paris 1988

Undine Gruenter, *Ein Bild der Unruhe*. Frankfurt/Main 1986

Willy Haas, *Die Belle Époque*. München 1967

Franz Herre, *Jahrhundertwende 1900. Untergangsstimmung und Fortschrittsglauben*. Stuttgart 1998

Patricia Highsmith, *Ripley under Ground*. [1970] Zürich 1972

Klaus Hildebrand, *Neunzehnhundert: »Was das 19. Jahrhundert alles brachte« oder »Die gute neue Zeit«*. In: Lothar Gall (Hg.), *Das Jahrtausend im Spiegel der Jahrhundertwenden*. Berlin 1999, S. 343–378

Theo Hirsbrunner, *Igor Strawinsky in Paris*. Laaber 1982

Hugo von Hofmannsthal, *Ödipus und die Sphinx*. [1905/06] In: *Dramen II*, hg. von Bernd Schoeller. Frankfurt/Main 1979

Peter Iden, Wilfried Wiegand, Wilhelm Roth u. a. (Hg.), *Rainer Werner Fassbinder*. [Reihe Film 2] München ⁵1985

Marcus Imbsweiler, *Modernität zum Zwecke »schärfster Personencharakteristik.« Zu Richard Strauss' Oper »Salome«*. In: *Richard Strauss und die Moderne*. Aufsatzsammlung; hg. von der Direktion der Münchner Philharmoniker zum 50. Todestag des Komponisten. München 1999, S. 359–362

Karl Kraus, *Literatur und Lüge*. Frankfurt/Main 1987

Georgette Leblanc, *Maeterlinck and I*. London 1932; New York 1932

Philippe Lejeune, *Exercices d'ambiguïté – Lectures de »Si le grain ne meurt« d'André Gide*. Paris 1974

Félix Longaud, *Dictionnaire de Balzac*. Paris 1969

Aurélien Lugné-Poë, *La Parade. Souvenirs et impressions de théâtre*. Bd. 2: *Acrobaties;* Bd. 3: *Sous les étoiles*. Paris 1931/33

René Magritte, *Sämtliche Schriften*. Hg. von André Blavier. Berlin 1985

Stéphane Mallarmé, *Poésies*. Paris 1989

Klaus Mann, *»Ruhe gibt es nicht, bis zum Schluß.« Bilder und Dokumente – 1906–1949*. Hg. von Uwe Naumann. Reinbek 1999

Alexis Massery, *Oscar Wilde à l'opéra*. In: *Alexander von Zemlinsky – »Der Zwerg«*. Programmheft der Opéra National de Paris, Saison 1998/99, S. 25–29

Charles Robert Maturin, *Melmoth the Wanderer*. [1820] London 1968

Catulle Mendès, *Méphistophéla. Roman contemporain*. [1890] Paris 1890

Catherine Millot, *Gide Genet Mishima. Intelligence de la perversion*. Paris 1996

Walter Pater, *Studies in the History of the Renaissance*. London 1874

Arthur K. Peters, *Jean Cocteau and André Gide – an Abrasive Friendship*. New Brunswick 1973

Axel Plathe, *Klaus Mann und André Gide. Zur Wirkungsgeschichte französischer Literatur in Deutschland*. Bonn 1987

Hanspeter Renggli, *La tragédie de »l'homme laid« au »paradis artificiel«*. In: *Alexander Zemlinsky – »Der Zwerg«*. Programmheft der Opéra National de Paris, Saison 1998/99, S. 39–43

John Ruskin, *Werke*. Hg. von E. T. Cook & Alexander Wedderburn. 39 Bände. London 1903–1912

Maurice Sachs, *Au temps du Bœuf sur le Toit*. Paris 1939

Jean Sagne, *Toulouse-Lautrec*. Paris 1988

Jürgen Schläder, *Richard Strauss – Salome*. In: *Pipers Enzyklopädie des Musiktheaters*, Bd. 6. [s. o.] München 1997, S. 83–89

Gérard de Senneville, *1900 – journal d'un changement de siècle*. Paris 2000

Roger Shattuck, *The Banquet Years. The origins of the avant-garde in France, from 1885 to World War I*. New York 1968; frz.: *Les primitifs de l'avant-garde*. Paris 1974

Alfred Simon, *Toulouse-Lautrec*. Paris 1990

Richard Strauss, *Dokumente – Aufsätze, Aufzeichnungen, Vorworte, Reden, Briefe*. Leipzig 1980

Philippe Thiébaut u. a. (Hg.), *1900*. Katalog der Ausstellung im Pariser Grand Palais. Paris 2000

C. D. E. Tolton, *André Gide and the Art of Autobiography. A study of »Si le grain ne meurt«*. Toronto 1975

Hilary Utchinson, *André Gide et Oscar Wilde – une nouvelle perspective*. In: *Bulletin des amis d'André Gide*, no. 94, April 1992, S. 135–142

Margit Wagner, *Irland*. München 1995

Lewis Wickes, *Franz Schreker – Die Gezeichneten*. In: *Pipers Enzyklopädie des Musiktheaters*, Bd. 5. [s. o.] München 1994, S. 637–641

Michel Winock, *Le siècle des intellectuels*. Paris 1997

Thomas Wright, *The Life of Walter Pater*. London 1907

Émile Zola, *J'accuse. Lettre ouverte au Président de la République*. In: *L'aurore*, 13. Januar 1898

Dank

für begleitende Inspiration, Betreuung, Initiativen und Ratschläge
auf meinem Parcours
»entre-deux-livres«,
von Weill zu Wilde,
gebührt

Anette Selg
Christian Seeger, Manuela Runge, Dorina Ting & Gisela Hidde
Maria Ossowski
Renate Petzinger
Hanne Stricker
Hans-Joachim Trippler
Ute & Günther Koenig
Jörg-Christian & Mathias Schillmöller
Renate Wicke & Julia Vogelsänger
Unda Hörner
Sylvain
Corinna, Li & Fu.

Personenregister

Ackroyd, Peter   330
Adair, Gilbert   290
Adey, More   100, 119, 167, 183 f.,
   193, 196, 209, 270, 294
Adorno, Theodor W.   327
Alexander, George   111, 149,
   238 f., 248
Allégret, Marc   282
Andersen, Hans Christian   332
Anderson, Mary   51, 59, 65
Apollinaire, Guillaume   79, 247
Aragon, Louis   28
Armstrong [Student]   13 f.
Atget, Eugène   257, 294
Auden, Wystan Hugh   116 f.
Avril, Jane   222, 226

Bachmann, Ingeborg   328
Badinter, Robert   192
Balcombe, Florence   63, 205
Balzac, Honoré de   17, 46, 76,
   190, 237, 247, 262, 305
Barrès, Maurice   81 f.
Bartholdi, François   258
Bartlett, Neil   258
Bassani, Giorgio   290
Bataille, Henry   100
Baudelaire, Charles   17, 26, 38 f.,
   45, 48, 68, 81, 190, 325
Beardsley, Aubrey   97 ff., 101,
   197, 210, 212, 300
Beauvoir, Simone de   262
Beckett, Samuel   22, 100
Beerbohm, Max   133, 211, 228,
   233, 268, 270
Benjamin, Walter   27
Berlioz, Hector   68
Bernhard, Thomas   330
Bernhardt, Sarah   19, 44, 58, 60,
   65, 67, 84, 92, 94 f., 98, 100, 125,
   238, 270, 333
Bismarck, Otto Fürst von   49

Blacker, Carlos   201, 207, 209,
   236, 270
Blanche, Jacques-Émile   57, 84
Bloy, Léon   80
Bogue, David   42
Borges, Jorge Luis   22, 277
Börne, Ludwig   26, 305
Boulanger, Georges   51
Boulanger, Lili   82
Bourget, Paul   57, 67 f., 80
Bowles, Paul   19
Brémont, Anna de   10–13, 29, 270
Breton, André   28
Broch, Hermann   20, 280 f.
Bruant, Aristide   9, 88, 222 f.
Brummel, George Bryan   30,
   287, 332
Burroughs, William S.   19
Byron, Lord George N. Gordon
   58

Callas, Maria   305
Calvé, Emma   181
Camus, Albert   331
Carew [Spenderin]   333
Carrillo, Enrique Gómez   88
Carson, Edward   162 f., 248,
   277
Caruso, Enrico   279
Cassavetti-Zambaco, Maria   46,
   53
Cellini, Benvenuto   20
Cendrars, Blaise   79
Chagall, Marc   79
Chamberlain, Lord Joseph   95 f.
Chaptal, Jean-Antoine   333
Charpentier, Gustave   252
Chatterton, Thomas   67
Chopin, Frédéric   305
Christo   262, 298
Churchill, Winston   325
Clarke, Edward   172

Bildnachweis

Ein Paar wie
Blitz und Donner

Jens Rosteck | **Zwei auf einer Insel**
Lotte Lenya und Kurt Weill | 400 Seiten
Gebunden | **ISBN 3-549-05385-1**

»Das Klischee des Künstlers und seiner Muse, das Klischee von
männlichem Schöpfergeist und willigem weiblichen Echo, es
findet bei Kurt Weill und Lotte Lenya wenig Nahrung. In seiner
ausgesprochen interessant zu lesenden Doppelbiographie des
Paares, *Zwei auf einer Insel*, trägt der Musikwissenschaftler
Jens Rosteck diesem Phänomen erstmals ernsthaft Rechnung –
ein gewaltiges, richtungweisendes Verdienst. ... Dabei hat
Rosteck famos recherchiert: In gewandtem, schönem Erzählton
strickt er die beiden Lebensläufe ineinander, liefert Werk-
beschreibungen, mit denen Fachleute wie Laien etwas anfan-
gen können, und ortet die verschiedenen Stationen des gemeinsamen Erfolges, von Flucht und Exil, von Heirat, Scheidung
und zweiter Eheschließung stets auch in der zeitgenössischen
Reflexion über Kunst.« *DIE ZEIT*